HARALD
SOHLBERG

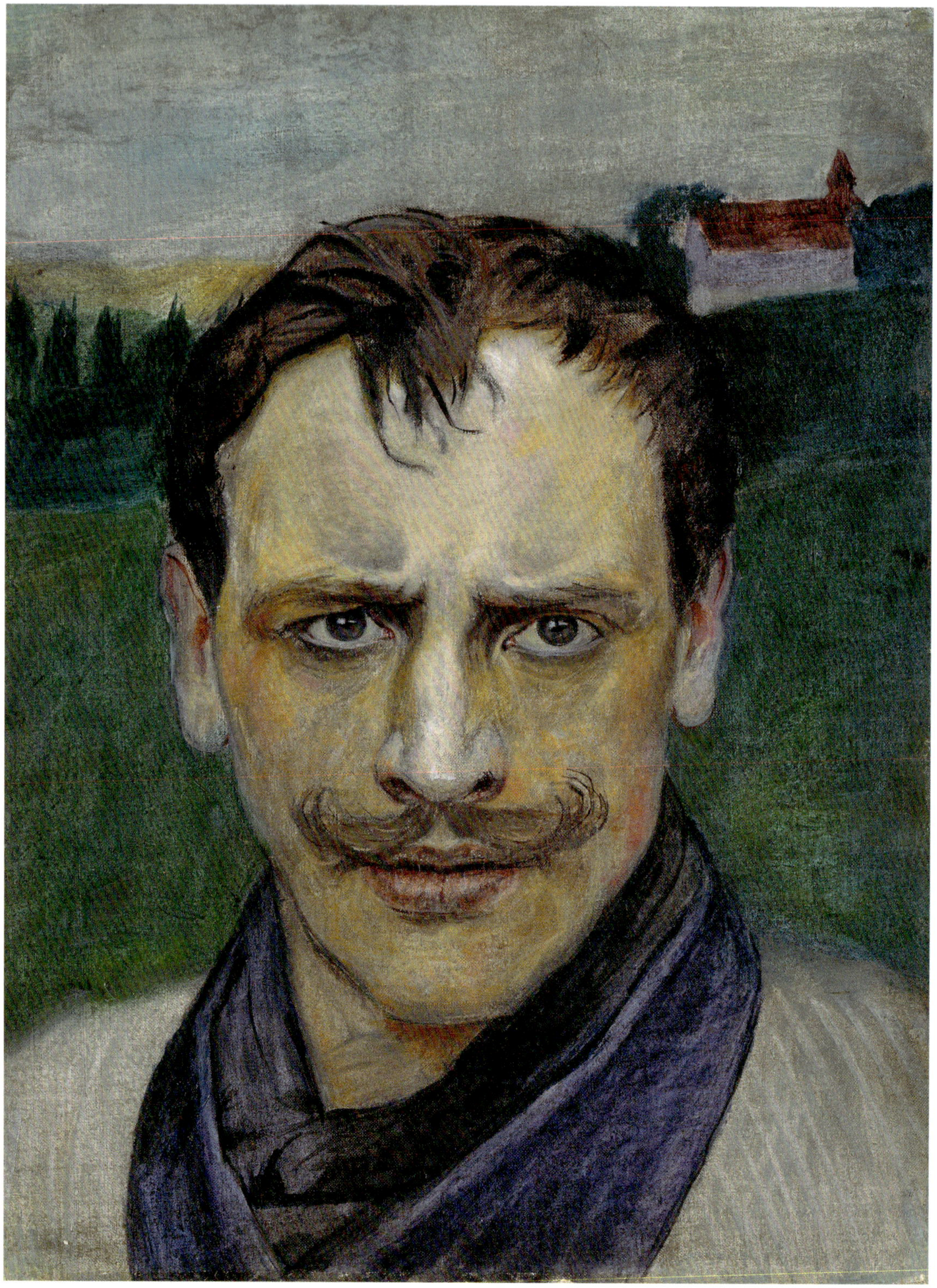

Taf. 1
Selbstporträt (1896)
Kat. 18

HARALD SOHLBERG

UNENDLICHE LANDSCHAFTEN

NASJONALMUSEET

DULWICH PICTURE GALLERY

Museum Wiesbaden

HIRMER

LEIHGEBER

Art Institute of Chicago
Drammens Museum
Göteborgs konstmuseum
KODE Kunstmuseer og komponisthjem, Bergen
Nationalmuseum Stockholm
Trondheim kunstmuseum
Privatsammlungen

WIR DANKEN

Anders Bjørnsen
Øivind Storm Bjerke
Ben Frija
Morten Zontag
Ministerium für auswärtige Angelegenheiten von Norwegen
NORLA – Norwegian Literature Abroad

Der Hauptsponsor der Ausstellung ist:
Sparebankstiftelsen DNB

INHALT

VORWORT

Die Kunst von Harald Sohlberg (1869–1935) strahlt etwas ganz Besonderes aus. Seine farbenprächtigen, leuchtenden und präzise gemalten Landschaften, häufig ohne jede sichtbare Anwesenheit von Menschen, werfen mehr Fragen auf, als sie Antworten geben. Sohlbergs monumentales Gemälde *Winternacht in Rondane* (1914) mit seinen magischen, blau getönten Schneeflächen ist den Norwegerinnen und Norwegern seit Generationen vertraut und zählt zu den beliebtesten Kunstwerken des Landes. Die Ausstellungen in Oslo, Dulwich (London) und Wiesbaden bieten nun auch dem internationalen Publikum die Gelegenheit, die einzigartige Bildwelt Harald Sohlbergs zu entdecken.

Sohlberg verbrachte mehrere Studienjahre im Ausland, doch widmete er sich als Maler fast ausschließlich der Landschaft seiner norwegischen Heimat. Er bereiste Regionen Norwegens, denen andere Künstler zuvor wenig Aufmerksamkeit schenkten, und seine Werke verhalfen diesen Orten und Gegenden zu einer neuen kulturellen und künstlerischen Identität. Sohlbergs Schilderungen sind realistisch und abstrakt zugleich, losgelöst aus ihrer Zeit und ihrem geografischen Raum. Seine Malerei bildet wirkliche Orte wie Seelenlandschaften ab – imaginäre und unwandelbare Welten des Geistes.

In vielen Landschaftsbildern Sohlbergs fällt die Abwesenheit des Menschen ins Auge, nicht zuletzt deswegen, weil seine Gemälde voller Hinweise auf menschliches Leben sind. Es finden sich darauf Äcker, Gebäude, Straßen, Telegrafenmasten, Maschinen und vieles andere mehr. Aus der Spannung zwischen der Traditionsverbundenheit und der Moderne entsteht ein bildliches Universum, das sowohl im norwegischen als auch im internationalen Kontext ungewöhnlich ist und es schwermacht, den Künstler einer bestimmten Stilrichtung zuzuordnen. Das macht sein Werk bis heute umso bedeutsamer. Wann nahm die Moderne tatsächlich ihren Anfang? Sohlbergs Kunst ist mythisch, rätselhaft – und inspirierend.

Die Ausstellung führt Sohlbergs Schaffen in seiner ganzen Breite und Vielschichtigkeit vor Augen und offenbart die Relevanz seiner Kunst weit über die Grenzen Norwegens hinaus. Gleichzeitig lag uns daran, Sohlbergs Arbeitsmethoden zu verdeutlichen und nachvollziehbar zu machen, wie er seine Ideen entwickelte und ausführte. Fotografien, Skizzen und Variationen zu bestimmten Themen ermöglichen Einblicke in seinen Schaffensprozess. Die Aufsätze des Katalogs stellen Sohlberg in einen breiteren kulturellen Kontext und widmen sich seinem Verhältnis zur Kunst früherer Epochen sowie der Malerei seiner norwegischen und internationalen Zeitgenossen.

Bei der Ausstellung, die vom Nasjonalmuseet in Oslo in Zusammenarbeit mit der Londoner Dulwich Picture Gallery und dem Museum Wiesbaden organisiert wurde, handelt es sich um die erste große Retrospektive von Sohlbergs Werk seit mehr als 25 Jahren. Zugleich soll damit der 150. Geburtstag des Künstlers im Jahre 2019 gefeiert werden. Das Ziel ist eine umfassende Darstellung von Sohlbergs künstlerischer Karriere, von seinen frühesten künstlerischen Arbeiten als 20-Jähriger bis zu seinem letzten Lebensjahr.

Ohne bedeutende Leihgaben sowohl aus Museen als auch aus Privatsammlungen wäre es nicht möglich gewesen, eine solche Schau zu realisieren. Mehrere Werke wurden seit Jahrzehnten nicht mehr öffentlich ausgestellt, manche noch nie. Unser großer Dank gilt deshalb allen, die sich zu Leihgaben bereit erklärt haben. Die privaten Eigentümer stellten uns für die Ausstellung nicht nur großzügig Werke zur Verfügung, die normalerweise ihr Zuhause schmücken, sondern empfingen uns auch äußerst gastfreundlich während der Vorbereitungen. Aber auch den vielen Museen, die uns bei der Durchführung des Projekts bereitwillig unterstützt haben, gebührt an dieser Stelle unser aufrichtiger Dank.

Darüber hinaus sind wir unseren Kooperationspartnern zu großem Dank verpflichtet, deren Unterstützung die Ausstellung erst zu dem hat werden lassen, was sie ist. Die Sparebankstiftelsen DNB (The Savings Bank Foundation DNB) leistete einen unschätzbaren Beitrag dazu, Harald Sohlberg nun einem internationalen Publikum vorstellen zu können. Anders Bjørnsen, dem Leiter der Kunst- und Instrumentensammlung der Sparebankstiftelsen, sei hiermit für sein Engagement ganz herzlich gedankt. Auch das Königlich Norwegische Außenministerium leistete mittels der Norwegischen Botschaft in London sowohl praktische als auch finanzielle Hilfe. NORLA (Norwegian Literature Abroad) möchten wir für die Zusammenarbeit in Verbindung mit dem Auftritt Norwegens als Gastland der Frankfurter Buchmesse 2019 danken, in dessen Umfeld die Ausstellung in Wiesbaden stattfindet.

Unser aufrichtiger Dank gilt den Erben des Künstlers für ihre unschätzbare Hilfe und Unterstützung beim Zustandekommen dieser Ausstellung. Ein großes Dankeschön auch an Professor Øivind Storm Bjerke von der Osloer Universität, der sein umfassendes Wissen zu Harald Sohlberg bereitwillig mit uns teilte und uns Zugang zu seinem privaten Forschungsarchiv gewährte. Ben Frija von der Galleri K in Oslo sei an dieser Stelle für die Vermittlung zahlreicher Leihgaben aus Privatbesitz gedankt.

Wir bedanken uns ferner bei unseren Katalogautoren für ihre kenntnisreichen Texte zu unterschiedlichen Themen, die der Erläuterung und Ergänzung der Ausstellung dienen. Die Herausgeberschaft des Katalogs lag bei Mai Britt Guleng (wissenschaftliche Leitung) und Marianne Yvenes vom Nasjonalmuseet, Oslo.

Die Realisierung der Ausstellung verdankt sich der gemeinsamen Begeisterung für einen herausragenden Künstler sowie einem geglückten Ineinandergreifen von Ideen und zeitlicher Umsetzbarkeit. Wir möchten uns somit bei unseren kompetenten und engagierten Teams bedanken, die mit Ehrgeiz und Expertise zusammengewirkt haben, um Sohlberg über die Grenzen Norwegens hinaus bekannt zu machen. Danke an das Osloer Team: Nils Ohlsen (Leiter der Gemäldegalerie für alte Meister und moderne Kunst bis Juni 2018), Rikke Lundgreen (Projektleiterin), Ellen J. Lerberg (Leitende Kuratorin Museumspädagogik) und Mai Britt Guleng (Ausstellungskuratorin); an das Londoner Team: Kathleen Soriano (Ausstellungskuratorin), Claire Simpson (Leiterin Ausstellungen bis März 2018), Alexander Moore (Leiter Ausstellungen), Dana Mokaddem (Ausstellungs- und Sammlungskoordinatorin), Jane Findlay (Leitung Museumspädagogik), Direktor Ian Dejardin (bis April 2017); und an das Wiesbadener Team: Roman Zieglgänsberger (Ausstellungskurator), Lea Schäfer (wissenschaftliche Assistentin) und Caren Jones (Registrarin). Außerdem danken wir allen Mitarbeiterinnen und Mitarbeitern im Nasjonalmuseet, Oslo, in der Dulwich Picture Gallery und im Museum Wiesbaden für die Unterstützung beim Zustandekommen dieser Ausstellung.

Karin Hindsbo,
Direktor, Nasjonalmuseet for kunst, arkitektur og design, Oslo

Jennifer Scott,
Sackler Director, Dulwich Picture Gallery, London

Alexander Klar,
Direktor, Museum Wiesbaden

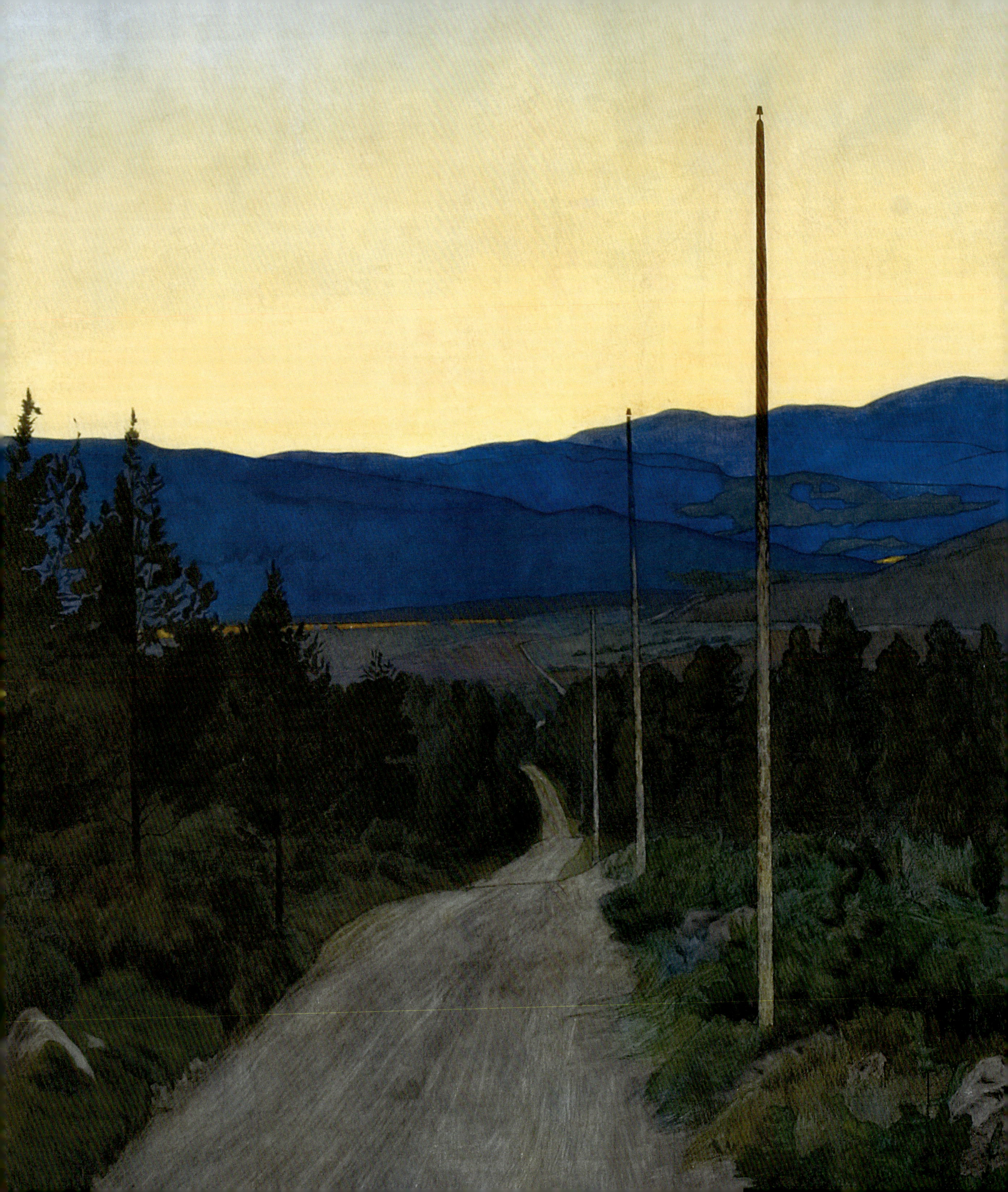

DIE LANDSTRASSE

Wohin führt dieser Weg in der Dämmerung?
Als ob die Trauer in ihm
sich der Ewigkeit übergibt
in den Kiefern und Lichtmasten.
Eine Geburt und ein Tod zugleich
wird in dieser Landschaft erschaffen
und murmelt mit dem Mund
der Einsamkeit!

EINE NACHT IN DER STADT

Die Häuser geben sich dem Mond hin!
Und die Straße deutet das
Fußschritte, die man nicht länger hört
laufen und laufen der Ewigkeit entgegen
Und der Mensch schläft beim
zutraulichen Licht des Mondes
als ob er schliefe mit einer
Kinderhand in seiner!

Über Harald Sohlberg

GUNVOR HOFMO,
Aus dem Norwegischen von Sabine Richter

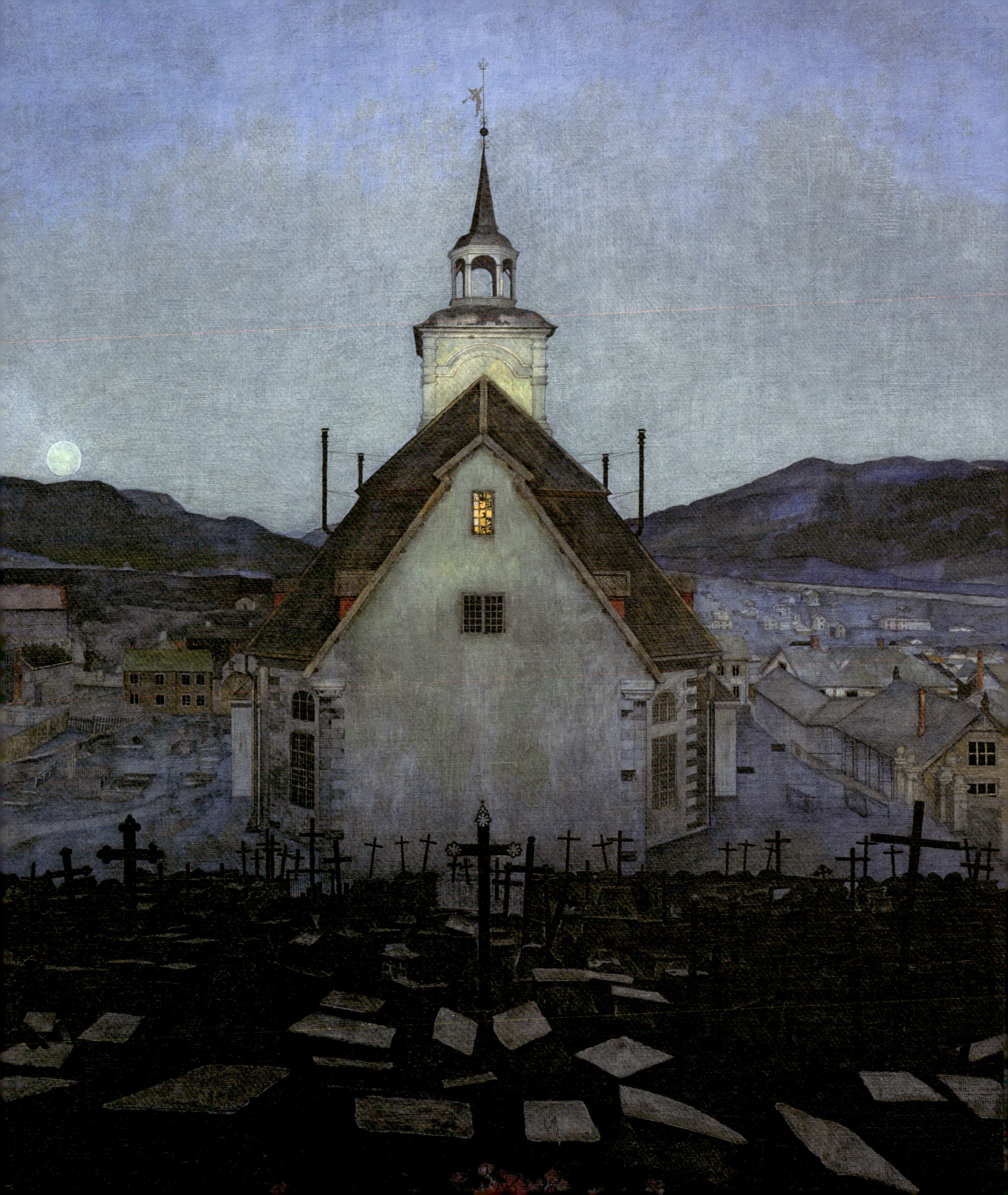

EINE WELT IN EINEM TAUTROPFEN: SOHLBERGS UNENDLICHE LANDSCHAFTEN

MAI BRITT GULENG

Es ist diese Art von Vertiefung in Details,
die einen dazu bringt zu denken,
dass eine ganze Welt in einem Tautropfen
wohnen kann.

Ein Kritiker über Sohlbergs *Straße in Røros*[1]

»Eigentümlich« und »besonders« sind Bezeichnungen, die die zeitgenössische Kritik für Harald Oskar Sohlbergs (1869–1935) Kunst verwendet. Auf Ausstellungen in Norwegen und bei den großen internationalen Kunstveranstaltungen in Europa und in den USA löste Sohlbergs Bilderwelt Verwunderung und Faszination aus. Publikum und Kritiker waren von der starken visuellen Wirkung, von der Mystik und Stimmung, vom enormen Detailreichtum und dem intensiven Farbuniversum in den Gemälden tief beeindruckt.

Aufgrund seiner Reisen und Auslandsaufenthalte hatte Sohlberg einen guten Überblick über die internationale Kunst. In Übereinstimmung mit einer modernistischen Kunstauffassung entschied er sich allerdings dafür, eigene Wege zu gehen. Er suchte die dem Wetter ausgesetzten Straßen in der alten Bergbaustadt Røros, die kargen Bergwelten des Rondane-Gebirges und die Ausblicke auf den friedlich schlummernden Oslofjord auf. Eine ausgeprägt subjektive Auffassung der Landschaft zeigt sich in den einzelnen Elementen und der Perspektive seiner Bilder. Die emailleartige Oberfläche der Gemälde jedoch löscht alle sichtbaren (Pinsel-)Spuren des Künstlers aus. Sohlbergs Arbeiten widmen sich mit Genauigkeit einzelnen Details, strecken sich dem Horizont entgegen und laden zu einer Reise in konkrete Landschaften, aber auch in eine innere Welt ein.

Seit 1982 war Sohlbergs Kunst auf Ausstellungen zur europäischen symbolistischen Landschaftsmalerei vertreten, die ihn in seinem Gegenwartskontext verorteten.[2] In diesem Beitrag möchte ich nun Perspektiven aus den Studien der jüngsten Vergangenheit aufgreifen und weiterentwickeln. Das bedeutet, zugleich zu fragen, wie Sohlberg zu seiner ihm eigenen Form und seinem eigenwilligen Motivkreis gelangte. Was charakterisiert seine künstlerische Entwicklung seit den 1890er-Jahren bis zu seinen letzten Arbeiten in den 1930er-Jahren? Auf welche Art und Weise unterscheidet er sich von anderen Künstlern? Welche praktischen und ideologischen Umstände hatten Einfluss auf seine Karriere und seinen künstlerischen Ruf?

AUF DER SUCHE NACH DEM EIGENEN WEG

Sohlbergs Weg in einen künstlerischen Beruf führte über das Handwerk, genauer gesagt über die Dekorationsmalerei. Er wuchs in einem Handwerkerviertel im Stadtteil Vaterland (dt. Wasserland) in Kristiania, dem späteren Oslo, auf, wo der Vater Johan (1831–1909) ein gut gehendes Geschäft als Kürschner und Pelzhändler führte. 1885 wurde der 16-jährige Sohn beim anerkannten Dekorations- und Theatermaler Wilhelm Krogh (1829–1913) in die Lehre gegeben.[3] Als Teil seiner Ausbildung nahm er gleichzeitig am Unterricht in der Kunst- und Handwerksschule teil.[4] Nach vier Jahren bekam Sohlberg 1889 von seinem Vater die Erlaubnis, die Ausbildung ohne Gesellenbrief zu beenden, um sich stattdessen auf eine Karriere als Künstler zu konzentrieren. Als Kunststudent erhielt er nun grundlegenden Unterricht in Anatomie und zeichnete nach lebenden Modellen.[5] Einen akademischen Kunstunterricht gab es in Norwegen damals nicht. Generationen von Künstlern hatten bis dahin an ausländischen Akademien studiert, doch in den Jahren nach 1880 kam es zu einer Art ideologischen Wandel.

Jungen norwegischen Kunststudenten wie Sohlberg wurde nahegelegt, sie müssten ihren eigenen Ausdruck finden und dürften sich nicht länger von einem Lehrer oder einer Schule beeinflussen lassen. Tonangebende Künstler wie Frits Thaulow (1847–1906) und Christian Krohg (1852–1925) behaupteten, dass es, um Künstler zu werden, nur »eines begabten Auges, Malutensilien und eines Fetzens Wirklichkeit« bedürfe.[6]

Sohlberg folgte der Aufforderung, mit seinen Malutensilien zu reisen, als er im Sommer 1889 allein nach Valdres fuhr, um sich dort an der Ölmalerei zu erproben. Nach einem Semester beendete er sein Studium an der Kunst- und Handwerksschule und arbeitete anschließend teils allein, teils mit kurzen Studienaufenthalten unter anderem bei

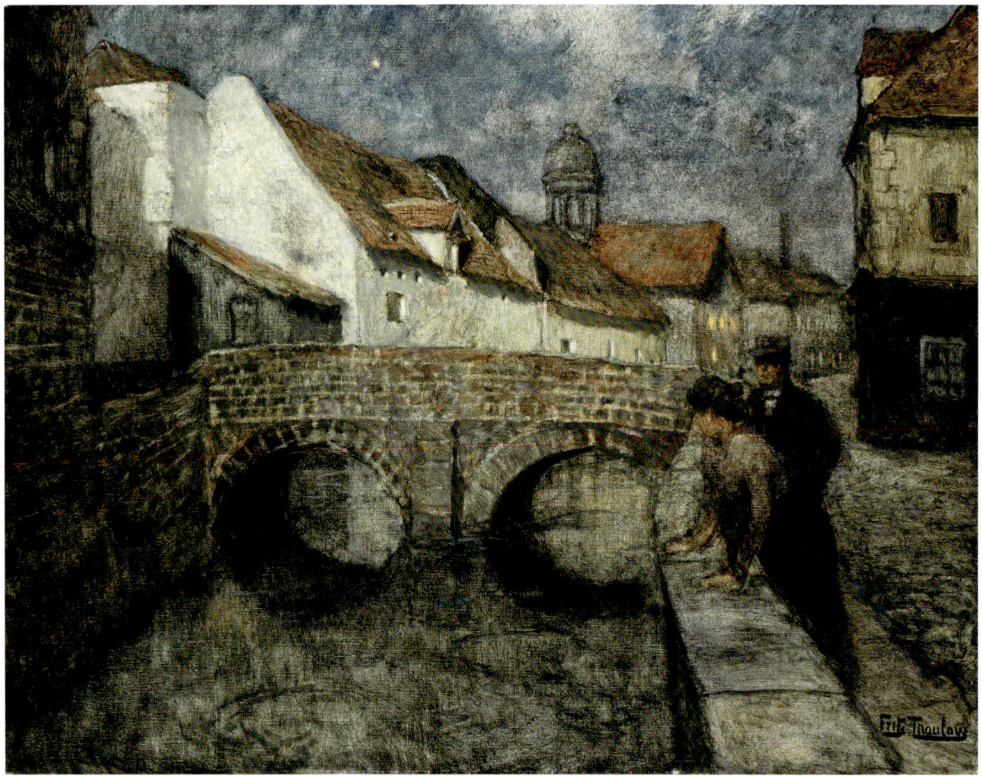

Abb. 1: Frits Thaulow, *Mitternacht in Amiens*, um 1897

Eilif Peterssen (1852–1928), Erik Werenskiold (1855–1938) und Harriet Backer (1845–1932). Im Winter und Frühjahr 1891/92 studierte er bei Kristian Zahrtmann (1843–1917) in Kopenhagen. Die Gemälde aus dieser Zeit – unter anderem *Eugenie* (Taf. 60–62), *Kreuzigung* (Taf. 63) und *Auf der Veranda* (Taf. 64) – zeigen eine Vielfalt an Motiven und Techniken. Mit dem Landschaftsgemälde *Abendrot* (Taf. 26) ebnete er sich dann seinen Weg in die Kunstwelt. Als es im März 1894 auf der Staatlichen Kunstausstellung in Kristiania ausgestellt wurde, wurde es unversehens zur Sensation. Dem Kunsthistoriker Jens Thiis (1870–1942) zufolge war dieses Gemälde das einzige neue und überraschende der gesamten Ausstellung.[7] Sein ehemaliger Lehrer Eilif Peterssen erwarb das Gemälde und erteilte der Nationalgalerie das Vorkaufsrecht. In einem Brief an die Schwester Gyda im Frühjahr 1894 berichtet Sohlberg vom bitteren Nachgeschmack dieses Erfolgs.[8] Lange Zeit sei er das Gefühl, dass seine Lehrer und seine Familie in ihm einfach einen Dekorationsmaler sahen, nicht losgeworden. Doch nun seien die Zweifler überrascht und beschämt, und »alle« schienen ihn plötzlich zu kennen.

Der Erfolg sicherte ihm ein Reisestipendium nach Paris, wo er vom Herbst 1895 bis Frühjahr 1896 blieb. Er besuchte die Museen und Galerien, insbesondere den Louvre. Die Quellen sagen nichts darüber, wo er studierte, nur dass er verschiedene Lehrer aufsuchte, bei denen er an Modellen arbeiten konnte.[9] In den Briefen nach Hause schreibt er wenig über Kunst, mehr über das Zusammensein mit anderen Norwegern, darunter Frits Thaulow, der in der Hauptstadt der Kunst ein sozialer Mittelpunkt war.

Es ist nicht bekannt, was er von der damaligen Kunst in Paris mitbekam. Bereits vor seiner Abreise hatte er symbolistisch gezeichnet; eine Welt erkundet, die hinter die äußere Sinneswelt und auf das Seelen- und Gefühlsleben der Menschen verweist. Die geheimnisvoll-verführerische *Meerjungfrau* (Taf. 105–107) war ein bevorzugtes Motiv. In mehreren Landschaften sind aber auch Menschen das stimmungsbildende Element, etwa in *Mystik* (Taf. 66) und *Laterne* (Taf. 67). Während seines Aufenthalts in Paris erhielt Sohlberg einige Porträtaufträge, von denen heute nur noch die Zeichnung *Frau X* (Taf. 81) bekannt ist.[10] Er arbeitete an Motiven, die er in Norwegen begonnen hatte, unter anderem der Skizze (Taf. 4) zu *Reife Felder* (Taf. 5) und dem *Mädchen mit wilder Margerite* (Taf. 39, 40). Diese beiden Motive finden sich im Hintergrund auf zwei Selbstporträts aus der Pariser Zeit (Taf. 1, 6).

In Paris zeichnete Sohlberg auch eine Reihe symbolistischer Figurenkompositionen (Taf. 85, 86), die er mitnahm, als er zur Kunstschule nach Weimar reiste (siehe Peter Forsters Beitrag in diesem Katalog). In Weimar entschied er sich dann gegen die Landschaftsklasse und für die Figurenklasse, was darauf hindeutet, dass Figuren in seinen zukünftigen Bildern eine gewisse Rolle spielen sollten.

In mehreren Gemälden aus den letzten fünf Jahren des 19. Jahrhunderts kann der Betrachter tatsächlich Menschen erkennen, die zu einer Landschaft in Beziehung gesetzt werden. Die weiß gekleidete Frau in *Schweigen* (Taf. 98) wendet ihr Gesicht vom Betrachter ab und einem weißen Boot zu, das in dem blauen und violetten Wasserspiegel erkennbar ist. Die meditative Pose der Frau in dieser stimmungsgeladenen Landschaft erinnert ein wenig an die zeitgenössischen Landschaften mit Figuren des damals bereits international berühmten Edvard Munch (1863–1944), so beispielsweise bei *Sommernacht. Inger am Strand* (1892/93, KODE, Bergen) und *Melancholie* (1892, Nasjonalmuseet, Oslo). Munch und Sohlberg kannten sich gut, sie hatten viele gemeinsame Freunde und Bekannte in Kristiania, Kopenhagen und Paris.[11] Obwohl Munch in vielerlei Hinsicht ein Vorbild für Sohlberg und andere Künstler war, bestand dennoch unausgesprochen die Forderung an jeden Einzelnen, seinen eigenen Weg zu finden.

In der großen Komposition *Schafteløkken* (Taf. 7), deren Motive aus der Umgebung seines ab Herbst 1897 neuen Zuhauses in Kristiania stammten, suchte Sohlberg nach anderen Lösungen für seine Figurenmalerei. Die Zeichnung mit dem Mädchen in der Stadtlandschaft ist wahrscheinlich eine größengleiche Vorarbeit für das verloren gegangene Gemälde *Studien aus einem Arbeiterviertel in Kristiania* (1898), das an die Gemäldegalerie Trondheim verkauft wurde.[12]

NEUE MOTIVE – RØROS

Ebenso wie viele seiner zeitgenössischen Kollegen verließ Sohlberg die Stadt, um neue Motive zu erkunden. Doch er suchte Orte auf, die unter Künstlern ungewöhnlich waren. Zu Ostern 1899 befand er sich erstmals in den Bergen des Rondane, das einen unvergesslichen Eindruck bei ihm hinterließ (siehe Øivind Storm Bjerkes Beitrag in diesem Katalog). Um diesem Gebirgsmassiv eine künstlerische Form geben zu können, wohnte er in den Jahren 1900–1902 für längere Zeit an verschiedenen Orten im Rondane, bevor er weiter nördlich nach Røros umzog.

Der Bergwerksort Røros hatte damals etwa 4500 Einwohner und bestand aus Gebäuden, die im 18. und 19. Jahrhundert erbaut worden waren. Dennoch kam Sohlberg in keine romantische, verschlafene Kleinstadt. Der Ort war stark von der Bergbauindustrie mit ihren Kupferminen geprägt. Der Schwefelrauch aus den Schmelzhütten verbrannte das Gras, und der große Bedarf an Heizmaterial hatte weite baumlose Landschaften zurückgelassen.

In der menschenleeren *Straße in Røros* (Taf. 10) sieht man eine Häuserreihe aus Unteransicht. Die detaillierte Schilderung der Häuser steht im Kontrast zur summarischen Behandlung der grauen Straße. Jedes Objekt, jedes Brett und jeder Stein haben eine genauestens gezeichnete schwarze Kontur, wodurch sie den Charakter von etwas Bedeutungsvollen bekommen. Die Turmspitze der Kirche von Røros trägt das Logo des Bergbauunternehmens. Die Uhr mit ihren Zeigern erinnert an die Vergänglichkeit des Lebens. Die Krähen am dunkelgrauen Himmel lösen Schauer und Verwunderung aus. An der Hausecke im Vordergrund löst sich Farbe von einer Wand, Plakate waren angeklebt und wurden wieder abgerissen. Die schiefen Häuser scheinen wie von inneren Kräften aufrecht gehalten, während sie sich gleichzeitig aneinanderlehnen.[13] Das Gemälde erzählt von Schutz und Verletzlichkeit, Einsamkeit und Isolation, Melancholie und Vergessen. Die starken Farben stehen im Widerspruch zum melancholischen Thema des Bildes.

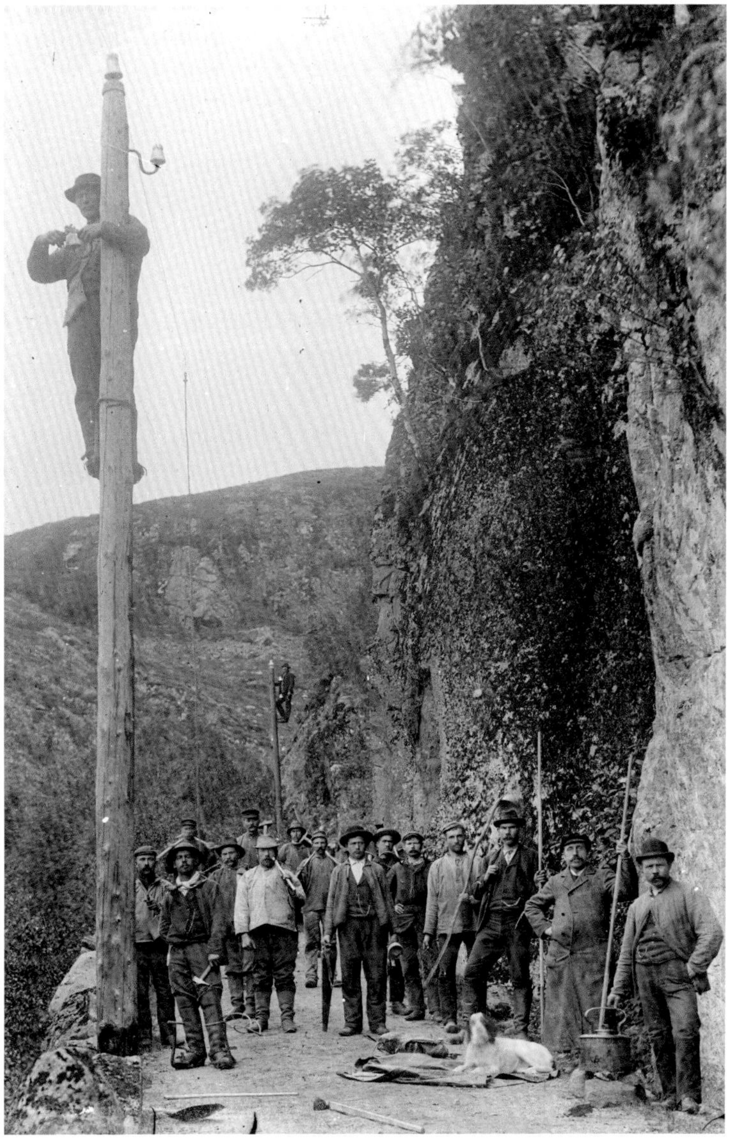

Abb. 2: Aufstellung von Telegrafenmasten, 1900

Von den Künstlern wurde erwartet, Staffagefiguren in Stadtlandschaften einzubauen, mit denen sich die Betrachter identifizieren konnten. So würde man die Eigenschaften und Qualitäten der Stadt besser über das hinaus wiedererkennen können, was im äußeren Raum sichtbar war – Aspekte wie »das gute Leben«, »die gute Ordnung«, »Wohlstand«, »Harmonie« und Ähnliches mehr.[14] Ein Beispiel dafür ist Frits Thaulows Stadtlandschaft *Mitternacht in Amiens* (Abb. 1). Das Paar hier genießt die sanfte Abendluft, und das Licht in den Fenstern hinter ihnen erzählt vom Leben in den ansonsten dunklen Häusern. Ein unsichtbarer Mond erleuchtet die blaue Nacht, in der Ferne blinkt ein einzelner Stern. Das Bild strahlt Ruhe und Harmonie aus. In Sohlbergs *Elegie* (Taf. 11) ist es weniger die Stadt als die romantische Beziehung des Paares, die die Hauptrolle spielt. Einzelne Zeichnungen aus der Zeit in Røros (Taf. 102–104) deuten darauf hin, dass Sohlberg mehrere Werke plante, in denen das Zusammenspiel von Mensch und Natur im Mittelpunkt stehen sollte.

Sohlberg soll mit der Absicht nach Røros gereist sein, dort Arbeitertypen zu finden, doch später behauptete er, dass er niemanden fand und stattdessen eben die Stadt malte.[15] Die Stadt war natürlich voller Grubenarbeiter, doch die wollte er nicht malen. Stattdessen nutzte er die Stadt als Ort, um

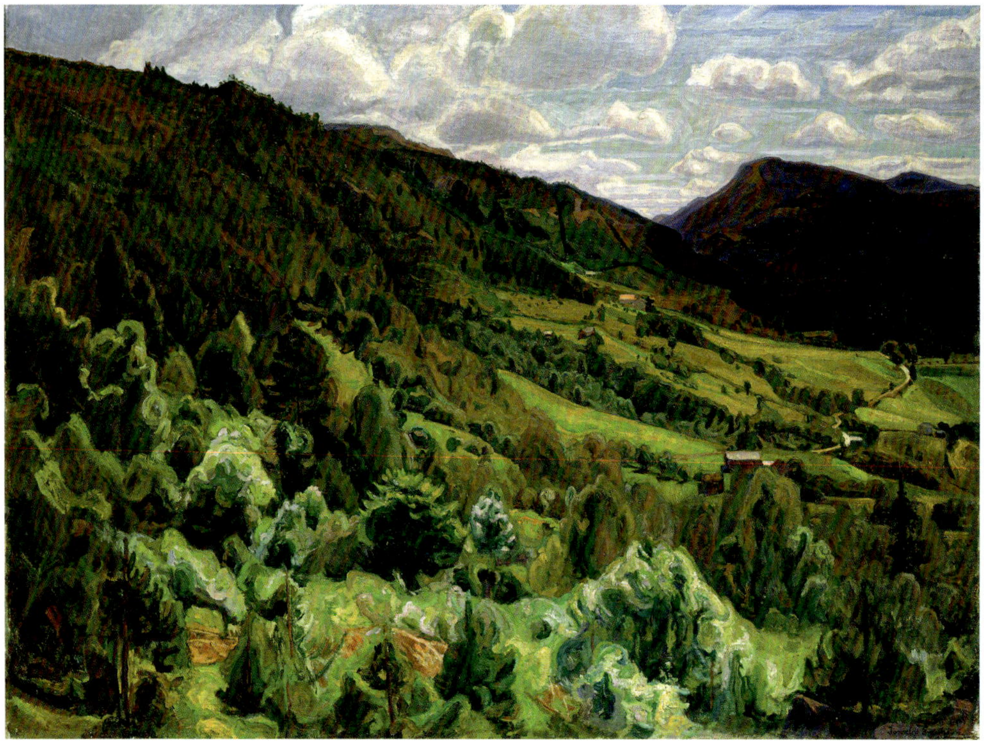

Abb. 3: Thorvald Erichsen, *Kviteseid, Telemark*, 1900

auf andere Arten menschliche Dramen darzustellen, nämlich indem Dinge den Platz von Menschen einnahmen. In den Straßenbildern aus Røros sind es nicht die Menschen, sondern die *Objekte*, die aufgrund ihrer visuellen Schärfe und Gegenwärtigkeit die Gedanken auf abstrakte Eigenschaften lenken.

Diese menschenleeren Bilder können als Variationen über das Thema »Die tote Stadt« betrachtet werden, das in Literatur und Malerei aktuell war. Ein einflussreiches Buch war etwa Georges Rodenbachs symbolistischer Roman *Bruges-la-morte* (*Das tote Brügge*), der 1892 in Paris erschien. Die Hauptperson im Buch wandert durch die Stadt und trauert um seine verstorbene Ehefrau. Die Stadt wird – fast wie ein menschliches Wesen – als leidend beschrieben. Die Kanäle führen Ansteckung und Tod mit sich, und die Kirchen gewähren keinen seelischen Trost. Für zahlreiche Künstler, darunter William Degouve de Nuncques (1867–1935), Fernand Khnopff (1858–1921) und Henri Eugène Le Sidaner (1862–1939), die einsame und geheimnisvolle Stadtlandschaften malten, war der Roman eine wichtige Referenz.[16]

Einen solchen Tod stellt Sohlberg in *Nacht* (Taf. 12) dar. Das Motiv bildet der Friedhof von Røros, der sich auf einer Anhöhe rückseitig der großen Steinkirche von 1784 befindet. Der Friedhof, die Welt der Toten, liegt im Schatten. Die Welt der Lebenden unten in der Stadt ist stumm; sie schweigt und wird nur von den verschwindenden Sonnenstrahlen hinter dem Horizont indirekt beleuchtet. Über der Anhöhe zwischen der Kirche und dem Fabrikschornstein der Schmelzhütte ruht der bleiche Mond. Die Kombination aus Schornstein und Kirche beschreibt die Kontraste zwischen den weltlichen und spirituellen Aspekten des Lebens und kann als Ablehnung des Gedankens von Modernität und Fortschritt gedeutet werden. Es scheinen keine Menschen zugegen zu sein, ja es scheint sogar, als ob die Häuser von denen, die einmal in ihnen wohnten, verlassen wurden. Über der Stadt ruht der lange Schlaf des Todes. Die Stadt Røros ist in eine Seelenlandschaft verwandelt.

DAS LEUCHTENDE AUGE DER NATUR

In der Malerei der Romantik wurde die unberührte Natur zur Quelle körperlicher und geistiger Erneuerung. Mehrere Landschaftsgemälde von Sohlberg enthalten bedeutungsschwere Elemente aus der älteren Malerei – Baum, Weg und Meer –, kombinieren diese jedoch mit den Zeichen der Modernität wie Fabriken oder Telegrafen- und Telefonmasten. In *Die Landstraße* (Taf. 14) und *Eiche* (Taf. 15) kann die Straße als Symbol des Lebenswegs verstanden werden. Der Baum folgt dem Lauf der Jahreszeiten und ist seit der Romantik ein Bild vom Lauf des Lebens und damit auch eine Erinnerung an die Erlösung und die Ewigkeit. Die Telefonmasten sind die Zeichen einer neuen Zeit, die von sozialem, wissenschaftlichem und technologischem Fortschritt geprägt ist, von Urbanisierung und Säkularisierung. Die Fernmeldemonteure wurden gern als die Helden der neuen Zeit dargestellt. (Abb. 2).

Andere Landschaftsmaler suchten Orte unberührter Natur auf oder umgingen solche Zeichen der Modernität. Im Landschaftsbild *Kviteseid, Telemark* (Abb. 3) von Sohlbergs gleichaltrigem Kollegen Thorvald Erichsen (1868–1939) quillt das Dorf vor grünem Optimismus fast über, als ob es ewig so sei – umgeben und geschützt von der Natur. Doch statt die Masten wegzulassen und damit einen anderen Blickwinkel einzunehmen, nutzte Sohlberg sie schlicht als inhaltstragendes Element. Auf einem Foto Sohlbergs, das den Weg zeigt, von dem das Motiv für *Landstraße* stammt, sind die Masten mit den Drähten dazwischen festgehalten. Im Gemälde selbst hat er dann zwar die Drähte ausgelassen, doch hat er die Masten größer dargestellt und sie stärker in den Vordergrund gerückt. Mit dieser Veränderung schafft er eine engere Verbindung zum Betrachter, der ins Bild gezogen wird und den Blick auf den Himmel und den Horizont richten kann (Abb. 4). Wie ein Kritiker bemerkte, hätten gemalte Drähte zwischen den Telefonmasten nur eine unglückliche Aufteilung der großen Himmelsfläche zur Folge gehabt.[17]

Auch in Sohlbergs Gemälde der Akerselva, die durch Oslo fließt, in *Hütten und Fabriken* (Taf. 16), wird die moderne Zeit sichtbar. Dennoch kann dieses Bild als Modernekritik gedeutet werden. Die alten Handwerksbetriebe an den Flussufern werden nun von den Fabriken und Telefonleitungen dominiert und verdrängt. Im starken Kontrast dazu steht Anders C. Svarstads (1869–1943) erfrischendes und optimistisches *An der Akerselva* (1908–1912; Abb. 5), in welchem weißer Rauch leicht aus den

Fabrikschornsteinen zu tanzen scheint und das bunte Flussufer von alten und jungen Menschen bevölkert ist.

Wie Dario Gamboni in seinem Beitrag in diesem Katalog zeigt, ist der Ausschluss von Menschen aus den Landschaften bei Sohlberg nicht absolut. Dass dies auch vom zeitgenössischen Publikum so verstanden wird, erkennt man in den Besprechungen des Gemäldes die *Landstraße* (Taf. 14). Die Kritiker schrieben über diese Landschaft mit Straße, Bäumen, Telefonmasten und intensivem Licht, als ob es sich um einen Organismus handele, der sich körperlich zum Betrachter verhalte. Die Straße sei »intim und glaubwürdig wie ein alter Bekannter«, die Masten erinnerten an »lebende Wesen«.[18] Es sei der Betrachter selbst, der das Bild bevölkere, schrieb der Kritiker der *Aftenposten*.[19] In diesem farbenprächtigen Bild blicke die Natur mit ihrem leuchtenden Auge auf den Betrachter zurück: »Nur er und er allein sieht den Himmel so rot und gelb und blau und über den hohen Bergen, einen so grünschwarzen Wald am Hang, und durch das dünne Laub unten im Tal ist das goldene Wasser des Sees so leuchtend wie phosphoreszierendes Licht – nein, wie ein leuchtendes Auge der Natur.«[20]

In die *Eiche* (Taf. 15) scheinen die ausgestreckten Äste des Baumes selbst lebendig zu werden, denn sie strecken sich wie Finger oder Haare aus. Eine ähnliche »Animation« der Linie findet sich in Sohlbergs grafischem Werk (siehe Møyfrid Tveits Artikel in diesem Katalog).

Sohlberg schildert sein bewusstes Verhältnis gegenüber den menschenähnlichen und emotionalen Qualitäten der Dinge. Im Haus in *Landstraße II* (Taf. 17) wohnen Hexen, und das obere Fenster liegt wie ein wachendes Auge in einem schmerzenden Gesicht.[21] Im Gemälde *Værvågen* (Taf. 18) ist das Haus nicht nur ein Haus, sondern eine einsame Menschenherberge, die »dort unendlich allein und verzagt und klein in dieser unendlichen Natur, allein auf diesen weiten Ebenen liegt. Es scheint, als ob die Hügel unheimliche und gefährliche Trolle werden, und das Haus wird ein Junge, der merkwürdig klein, einsam und fremd dazwischen-

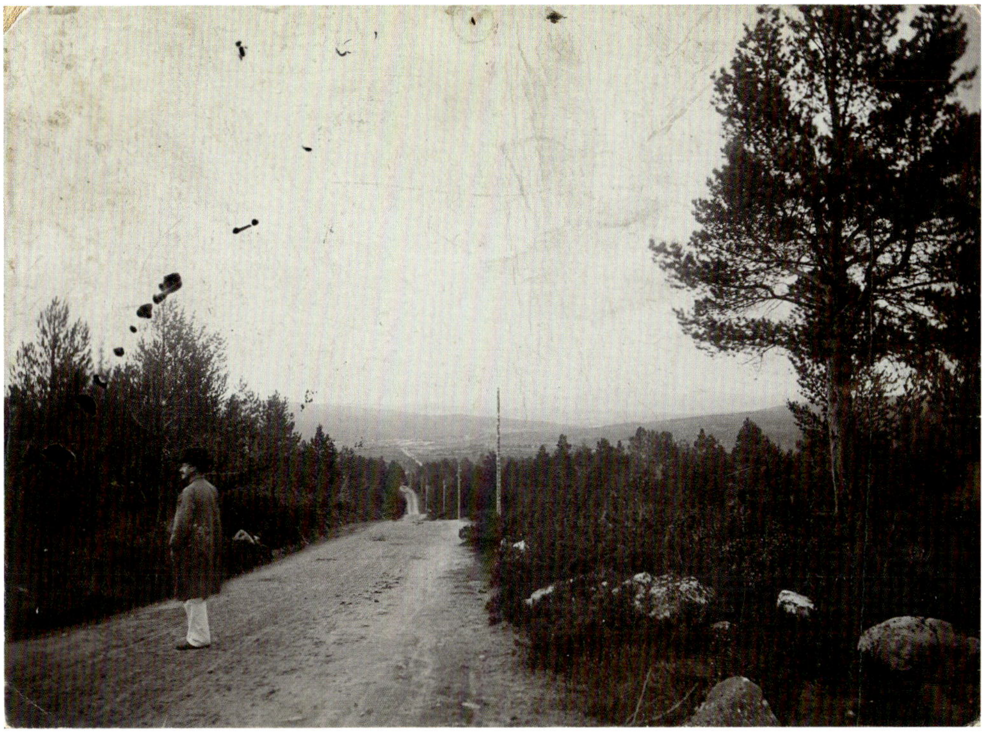

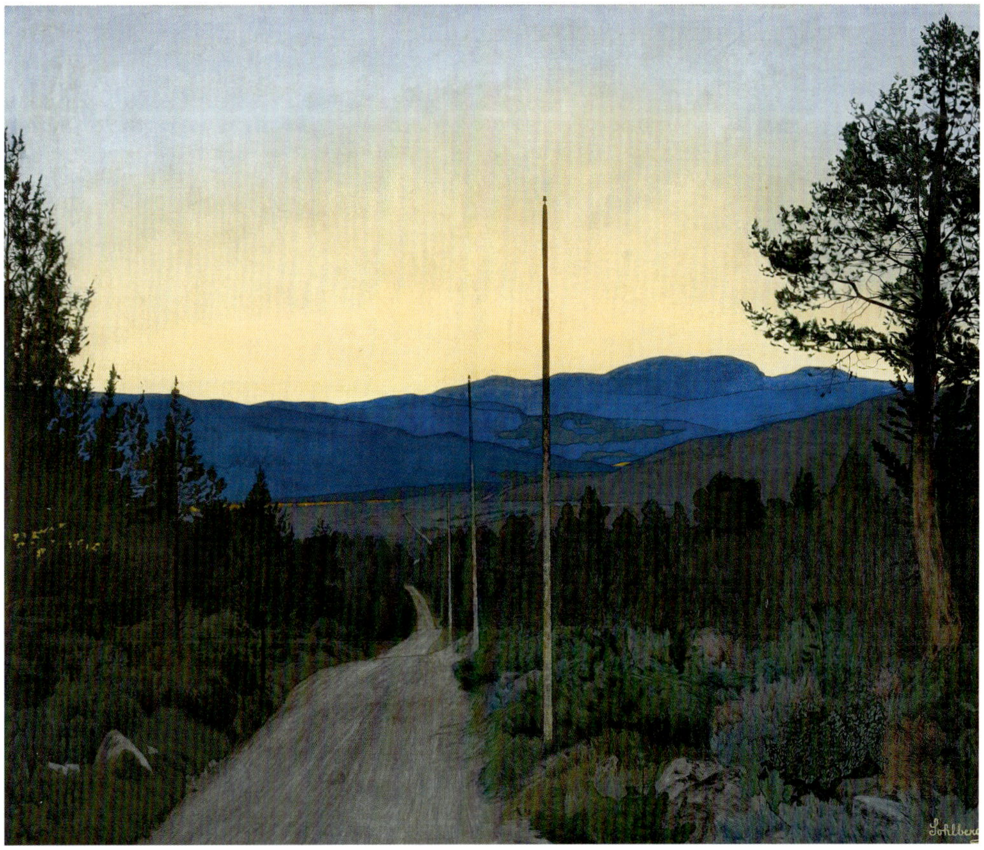

Abb. 4: Harald Sohlberg auf dem Weg an Gullikstad vorbei nach Trondheim, vermutlich 1904/05, und *Landstraße* (Taf. 14)

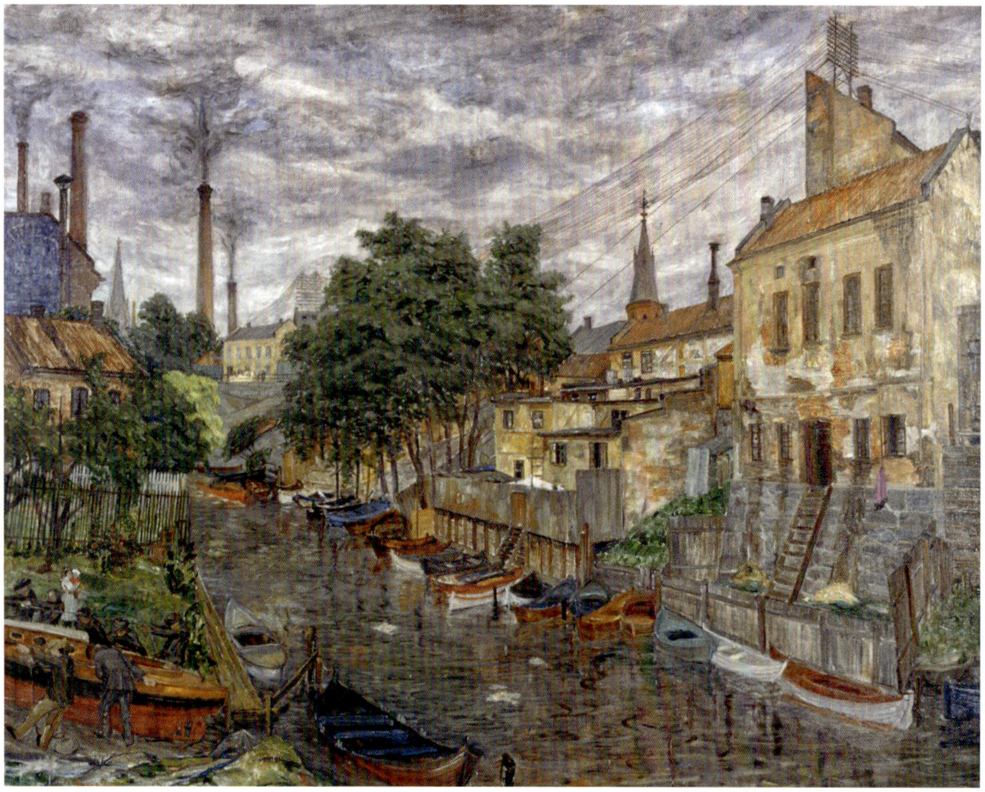

Abb. 5: Anders Castus Svarstad, *An der Akerselva*, 1908–1912

steht.«[22] Die realistischen Details und räumlichen Lösungen laden den Betrachter dorthin ein, wo diese Erzählungen entstehen. Doch nicht nur Kritiker waren beeindruckt, sondern auch die Lyrikerin Gunvor Hofmo, die in Sohlbergs Gemälden Impulse für ihre Gedichte fand.[23]

Für Sohlberg und andere symbolistische Künstler waren sowohl die Natur als auch die von Menschen geschaffenen Objekte geeignet, um tiefere Wahrheiten zu offenbaren. Straßen, Telefonmasten und Häuser weisen gemeinsam mit der Natur über die äußere Welt der Sinne hinaus auf das verborgene Universum unseres Bewusstseins. Farben, die Komposition des Bildes und das Motiv sollten stärker an die Intuition und Gefühle als an den Intellekt appellieren. Die Funktion der Kunst war es, direkten Zugang zu den ewigen, tieferen Wahrheiten zu schaffen.[24] Sie sollte den Weg in die unendlichen Landschaften der Seele bahnen.

GEZEICHNETE GEMÄLDE

Details wie Bildaufbau belegen Sohlbergs umfangreiche Fähigkeiten im Zeichnen. Wie alle anderen Künstler mit einer Ausbildung an einer Kunst- und Handwerksschule hatte Sohlberg Perspektiv- und Konstruktionszeichnen gelernt. Doch als Handwerkslehrling hatte er eine weitaus gründlichere Einführung in das mathematische Zeichnen bekommen.[25] Die Schüler lernten den Einsatz von Zeichenapparaten und das Ziehen von Figuren mit dem Zeichengerät der Schule, das unter anderem aus Linealen und Zirkeln bestand. Sie erwarben Kenntnisse über das plangeometrische Zeichnen und die Grundlagen der Projektionslehre, über Fluchtpunkte und Linearperspektive. Die theoretische Grundlage bildete unter anderem Guido Schreibers vierbändiges Werk *Das technische Zeichnen*.[26]

Eine aktive Anwendung dieser Kenntnisse liegen Sohlbergs Häuserreihe und die nach und nach verblichene Holzverkleidung *Straße in Røros* (Taf. 10) und in der stark schrägen Perspektive der Hauswand und Veranda in *Sommernacht* (Taf. 68) zugrunde. Er baute allerdings kleine Abweichungen von der Illusion einer Zentralperspektive ein. Denn es gibt nicht einen, sondern mehrere Fluchtpunkte, die nah beieinanderliegen. Statt eine atmosphärische Farbperspektive anzuwenden, setzt Sohlberg zudem die Farben im Hintergrund wie im Vordergrund des Bildes gleich stark ein. Die Gesamtheit des Bildes erscheint deshalb ein wenig verdreht und unwirklich. Der Bildraum wirkt, als sei er gleichzeitig leicht von unten und von oben dargestellt. So ist auch ein Teil der Monumentalität in *Winternacht in Rondane* (Taf. 41) komponiert.

Der große Detailreichtum, kombiniert mit der Poesie des Bildes, faszinierte mehrere norwegische Kunstkritiker. Es wurde behauptet, dass *Straße in Røros* trotz des Realismus weder Røros noch eine Straße, sondern das Unbehagen vor dem Sturm darstellt.[27] Die Stadt ist wie eine Miniatur oder ein Stillleben entworfen, genauestens liniert und in den Einzelheiten gründlich studiert. »Es ist diese Art von Vertiefung in Details, die einen dazu bringt zu denken, dass die ganze Welt in einem Tautropfen wohnen kann. Tatsächlich ist die ganze Stadt behandelt, als würde sie mitten in einem schwimmenden Tropfen unter dem Mikroskop liegen.«[28]

Sohlbergs Bilder lösten eine Diskussion über das Verhältnis zwischen Farbe und Zeichnung aus. Wie Thierry Ford in seinem Beitrag in diesem Katalog zeigt, veränderte sich Sohlbergs Art und Weise zu malen im Laufe der 1890er-Jahre – von einem freien und pastosen Auftrag hin zur Lasurtechnik. Bei der Lasur werden dünne Schichten Farbe über einen hellen, farbigen oder dunklen Grund aufgetragen, der weiter durchscheint. Die Kunst der Lasur hatte er in seiner handwerklichen Ausbildung erworben. Sohlbergs gleichmäßig aufgetragene Farbschichten und sichtbaren Bleistiftzeichnungen stehen unter anderem im Kontrast zu den »saftigen, breiten Strichen« bei Kristen Holbø (1869–1953; Abb. 6), die von keiner Zeichnung unterstützt wurden.[29] Holbøs Malweise erschien spontan und direkt, als ob er seine künstlerische Individualität direkt zum Ausdruck bringen wollte, wie es von einem modernen Maler erwartet wurde.[30] Bei Sohlberg hingegen finden sich keine Spuren von raschen Malstrichen. Ganz im Gegenteil, in mehreren Gemälden – wie *Landstraße II* (Taf. 17) und in dem frühen *Landhaus* (Taf. 71) sowie in *Schweigen* (Taf. 98), in dem sogar die quadrierte Leinwand sichtbar bleibt – ist mit Blei exakt und dünn gezeichnet worden. Einige Male nutzte er Pauspapier, um die Umrisse eines Motivs genauestens von einer Oberfläche auf eine andere übertragen zu können. Diese Technik wurde unter anderem oft in der Dekorationsmalerei genutzt.[31] Die Quadrierung, die mathematische Zeichnung, die Lasur und das Pauspapier gehörten nicht zum technischen Repertoire der modernen Malerei.

Es waren allerdings gerade solche »akademischen« Techniken, die zum besonderen und emotional starken Ausdruck in Sohlbergs Gemälden beitrugen. Hier fand er sein künstlerisches Markenzeichen. Dass er nicht dem Vorbild anderer folgte, wurde unter anderem von Thaulow angemerkt. In einer Zeitungskritik bezeichnete er das Gemälde *Nacht* (Taf. 12) trotz seiner harten und scharfen Form als »einnehmend schön«. Er wies darauf hin, dass Sohlberg hier von allen malerischen Regeln abgewichen sei, die für ihn selbst Dogmen darstellten. Thaulow deutete das als Zeichen dafür, dass sich die norwegische Kunst weiterentwickelt habe.[32] Indem er tradierte Techniken nutzte, brach Sohlberg mit den malerischen »Regeln« der Moderne, und zugleich erfüllte er die Erwartung des Modernismus, nicht dem Vorbild anderer zu folgen.

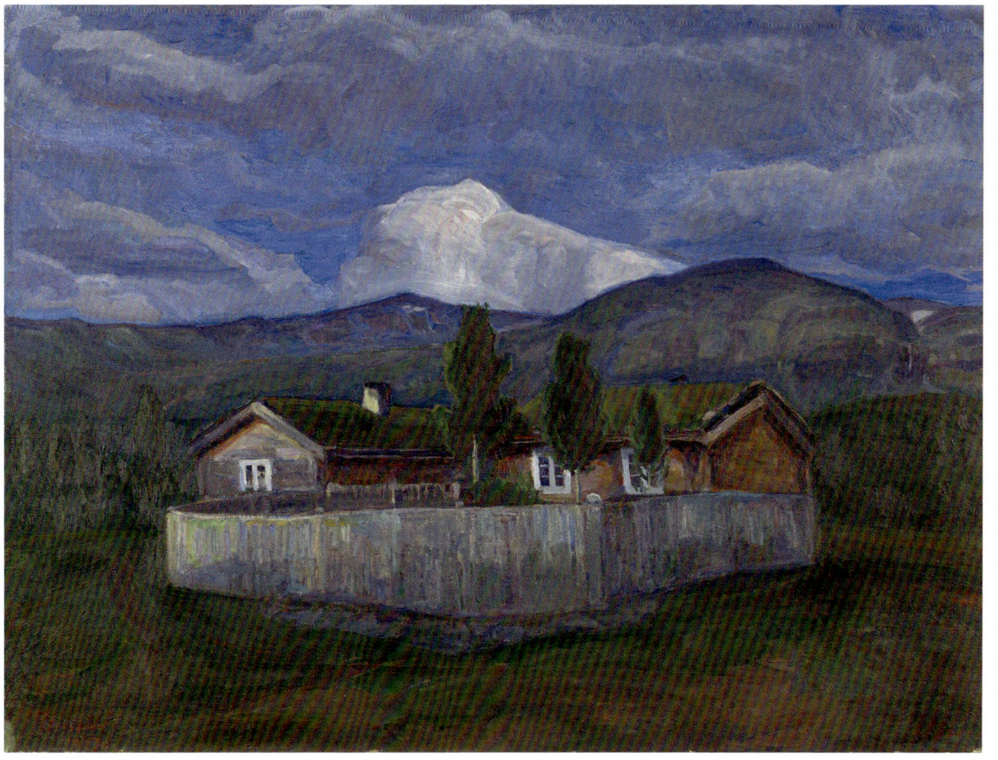

Abb. 6: Kristen Holbø, *Die Alm Holbøsetra im Mondschein*, 1909

STILISIERUNG UND REALISMUS

Sohlbergs Kunst war ganz und gar abhängig von der Beziehung, die er zu seinen Motiven aufbaute. Gleichzeitig sind die Bilder stark stilisiert. Bei der Ausarbeitung des Gemäldes *Værvågen* (Taf. 18) machte er etwa detaillierte Notizen. Er hielt fest, wie er die Blattbüschel malte, an einem Tag links unter dem Ast, am nächsten Tag links über dem Ast, dann rechts über dem Ast usw.[33] An Tagen mit starkem Wind konnten die Blätter auch zu unruhig sein, um sie malen zu können. Und immer aufs Neue musste er auf die richtigen Lichtverhältnisse warten.

Das Malen unter freiem Himmel wurde im Laufe der Kunstgeschichte auf unterschiedliche Art und Weise ausgeübt. Sohlbergs Methode mag überraschend erscheinen. Die Blattbüschel, die er direkt in der Natur gemalt haben musste, sind später im Gemälde stark stilisiert und erscheinen fast wie Silhouetten. Dennoch war sich Sohlberg sehr bewusst, dass er immer neue Impulse von der Natur benötigte. Selbst ein Bild wie *Eiche* (Taf. 15), bei dem er sich auf Fotografien stützen konnte (siehe Nils Ohlsens Artikel in diesem Katalog), musste direkt vor dem Motiv gemalt werden, als die Vegetation frühlingshaft, aber noch nicht zu grün war.[34]

Um sich den starken Farben der Wirklichkeit zu nähern, war es seiner Meinung nach notwendig, die Hauptfarbe überzubetonen. Die anderen Farben wurden dann um die Hauptfarben herum gruppiert, wie es in der Musik nötig sei, dass sich Töne und Akkorde dem »Solo« anpassen.[35] Die letzte »Anpassung« der Farben erfolgte erst, wenn das Bild in seinem schwarzen Rahmen montiert war. Auf der Biennale in Venedig stellte er das Gemälde *Ein Haus an der Küste* (Taf. 97) aus. Oscar Nissen kommentierte, dass Sohlberg es sogar schaffte, kohlenschwarze Farbe als selbstleuchtend erscheinen zu lassen.[36]

Die Idee, seine Gemälde nach Grundfarben sortiert zu präsentieren, geht aus Sohlbergs Hängeplan hervor. Er gab diesbezüglich Anweisungen für die Montage der fünf Gemälde, mit denen er 1928 an der Ausstellung Norwegischer Kunst bei der Norwegisch-Britischen Gesellschaft in London teilnahm. Die Bilder mussten in folgender Reihenfolge gehängt werden: *Mondschein am Meer* (Taf. 19), *Mondschein, Nevnlunghavn* (Taf. 20), *Historische Landschaft, Tingelstad* (Taf. 21), *Frühlingsabend, Festung Akershus* (Taf. 22), *Reife Felder* (Taf. 5) und *Sommernacht, Oslofjord*. Der rote *Frühlingsabend* sollte in der Mitte hängen, um die Farbe für die anderen Bilder zu definieren und auf sie auszustrahlen – »wie der Klang in einem Orchester«.[37]

KRITIK UND INTERNATIONALE AUSSTELLUNGEN

Norwegische Kritiker betonten fast immer, dass Sohlberg »eigentümlich« und »originell« arbeitete. Diese Aussage verfolgte Sohlberg zahlreiche Ausstellungen über norwegische und skandinavische Kunst hinweg vom Anfang des 20. Jahrhunderts bis in die 1930er-Jahre. Zusammen mit anderen norwegischen Malern war er auf Ausstellungen in Schweden und Dänemark, Deutschland, Wien und Venedig vertreten. Zudem machte Sohlberg in den USA auf sich aufmerksam, nicht zuletzt im Rahmen der umfangreichen skandinavischen Wanderausstellung, die von 1912 bis 1913 dort stattfand. Und die Erklärungen dafür, dass er anders sei als andere, waren unterschiedlicher Art.

Norwegische und europäische Kritiker waren sich immerhin darin einig, dass Sohlbergs Art zu malen mit den Regeln brach. Im Unterschied zu den norwegischen Kritikern betonte die internationale Kritik jedoch, dass dies etwas typisch *Norwegisches* ausdrücke. Auf der großen norwegischen Ausstellung, die 1906 im Schloss Charlottenborg in Kopenhagen stattfand, wies ein Kritiker darauf hin, dass solch ein Widerstand gegen die Regeln darauf zurückzuführen sei, dass norwegische Künstler noch nicht in eine kleine nationale, geistige Gemeinschaft gezwängt worden waren. »Freidenker« gegenüber »der Religion der Nationalitätsidee« würde es überall geben, doch in Norwegen seien alle Maler »Heiden«. Dies führe zu dem merkwürdigen Phänomen, dass das Nationale an der norwegischen Kunst eben die Eigenart sei, dass sie *nicht* national ist.[38]

Im Zusammenhang mit der norwegischen Ausstellung von 1912 im Künstlerbund Hagen in Wien wurde Sohlbergs *Landstraße* (Taf. 14) als Beispiel dafür genannt, dass es norwegische Künstler im Gegensatz zu ihren nordeuropäischen Nachbarn geschafft hätten, eine unabhängige moderne Kunst zu entwickeln. Die Kunsthistorikerin und Kritikerin Amelia Sarah Levetus behauptete, dass sich Sohlberg – ehrlich, selbstsicher und trotzig – von alten Kunsttraditionen in Gestalt von Akademien und Kunstmuseen befreit habe.[39]

Die Berichte über Sohlbergs »Andersartigkeit« als etwas typisch Norwegisches begleiteten ihn auch auf der USA-Tournee 1912/13. Im einleitenden Beitrag behauptete der Initiator der Ausstellung, der unabhängige Kurator Christian Brinton, dass Sohlbergs tief persönlicher Stil ihn zu einem *nationalen* Künstler mache. Er beschrieb die norwegische Kunst mit einem aus einer Art Isolation entstandenen Charakterzug und lobte, dass die Künstler die internationale Kunstsprache, das oberflächliche »Studio Volapük, dieser banale Salon Esperanto, der so gänzlich frei ist von Charakter und Vitalität«, umgangen hatten.[40] Thiis war im gleichen Katalog mit einer Einführung über die norwegische Kunst vertreten, in der er unterstrich, dass die typisch norwegische Persönlichkeit in sich widersprechenden Eigenschaften wie »lyrischem Gefühl« und »Gewaltsamkeit«, »morbider Fantasie« und »wachsamem und feinfühligem Gefühl für die Realität« Platz böte.[41] Darin liege die Wurzel der wahren Kunst, und um Erfolg zu haben, dürften sich die Künstler *nicht* isolieren, sondern müssten sich von der internationalen Kunst, nicht zuletzt der französischen, inspirieren lassen.[42]

Sohlberg hatte den Ehrgeiz, sowohl in Norwegen als auch international erfolgreich zu sein. Erfreut konnte er feststellen, dass die norwegischen Zeitungen, wenn sie von Ausstellungen im Ausland berichteten, neben Munch fast immer ihn als den am meisten bewunderten Künstler nannten. Auf diesen Ausstellungen im Ausland verkaufte er besonders an dort ansässige Norweger. Auf der Weltausstellung 1915 in San Francisco wurde er für *Winternacht in Rondane* (Taf. 41), ebenso vertreten auf der Pittsburgh International Exhibition, mit dem Ehrenpreis ausgezeichnet.[43] In Barcelona erhielt er für *Straße in Røros im Winter* (Taf. 72) die Goldmedaille.

Je mehr in Norwegen eine radikalere, moderne künstlerische Form an Boden gewann, desto stärker wandelte sich Sohlbergs Position in seinem Heimatland.[44] Die Lasurtechnik stand im Gegensatz zur Tendenz der Moderne, den Pinselduktus zu betonen, wie es besonders nach der Herbstausstellung 1909 der Fall war, als die norwegischen Matisse-Schüler ausstellten. Sohlberg bemerkte, dass das Wort »eigentümlich« nun in allen Kritiken auftauchte, und er verstand, dass sich dies indirekt darauf bezog, dass er nicht so malte »wie die Modernen«, in Übereinstimmung mit »der Entwicklung der Malkunst im Allgemeinen«.[45] Doch auch während der Ausstellung anlässlich des Verfassungsjubiläums 1914 schaffte er es, mit seinem ganz neuen Werk *Winternacht in Rondane* (Taf. 41) wieder einen ganzen Saal zu füllen und die Blicke des Publikums auf sich zu ziehen.

Die Gemälde aus dem Rondane-Gebirge und aus Røros haben in der norwegischen Kultur bleibende Spuren hinterlassen. Obwohl Sohlberg ins Ausland reiste und dort studierte, malte er das ländliche Leben, die Natur oder Stadtlandschaften in Norwegen. Die Stadthäuser in Røros etwa hatten keinen Denkmalswert, bevor Harald Sohlberg sie in Gemälden verewigte. Es war der Verweis auf jene Gemälde, mit dem es Harry Fett, der Direktor des Staatlichen Norwegischen Denkmalpflegeamts, 1922 gelang, ein ganzes Ensemble mit alten Geschäftshäusern unter Denkmalschutz zu stellen, die nach dem Willen der kommunalen Politiker abgerissen werden sollten.[46]

Sohlbergs Erkenntnis, dass er seine Handwerksausbildung nutzen konnte, beeinflusste seine gesamte Karriere. Die Technik trug zu seinem Erfolg bei, führte allerdings zugleich zu einigen Einschränkungen. Die aufwendige Arbeitsmethode mit intensiven Naturstudien, genauer Zeichnung und Lasur bewirkte, dass es mehrere Jahre dauern konnte, bis er mit einem Gemälde fertig war. Auch wenn er an mehreren Bildern gleichzeitig arbeitete, hatte er deshalb nie genug Bilder verfügbar, um eine Einzelausstellung veranstalten zu können, was für seine Generation ungewöhnlich war.[47] Die Folge war, dass er immer mit anderen verglichen wurde, während er im Ausland immer als Vertreter der norwegischen und nordeuropäischen Malerei bezeichnet wurde. In diesem Zusammenhang war es ein großer Vorteil, »besonders« genannt zu werden.

Als Harald Sohlberg seine künstlerische Karriere begann, wusste er nicht, welchen Weg er beschreiten würde. Er wusste nur, dass er seinen eigenen Ausdruck finden musste. Er begann mit dem Ehrgeiz, Figuren- und Landschaftsmalerei zu vereinen, entwickelte jedoch eine emotional aufgeladene Malerei, in der von Menschen geschaffene und natürliche Dinge den Platz des Menschen einnahmen. Er fand Motive und Maltechniken, die von den Normen für Form, Farbe, Perspektive und Pinselführung abwichen. Dies führte auch dazu, dass die Gemälde als Produkte der kreativen Fähigkeiten und des einzigartigen und inneren Selbst betrachtet wurden, als ehrlich gefühlt und ehrlich in einer einzigartigen Form.

▶ SOHLBERGS ARBEITEN

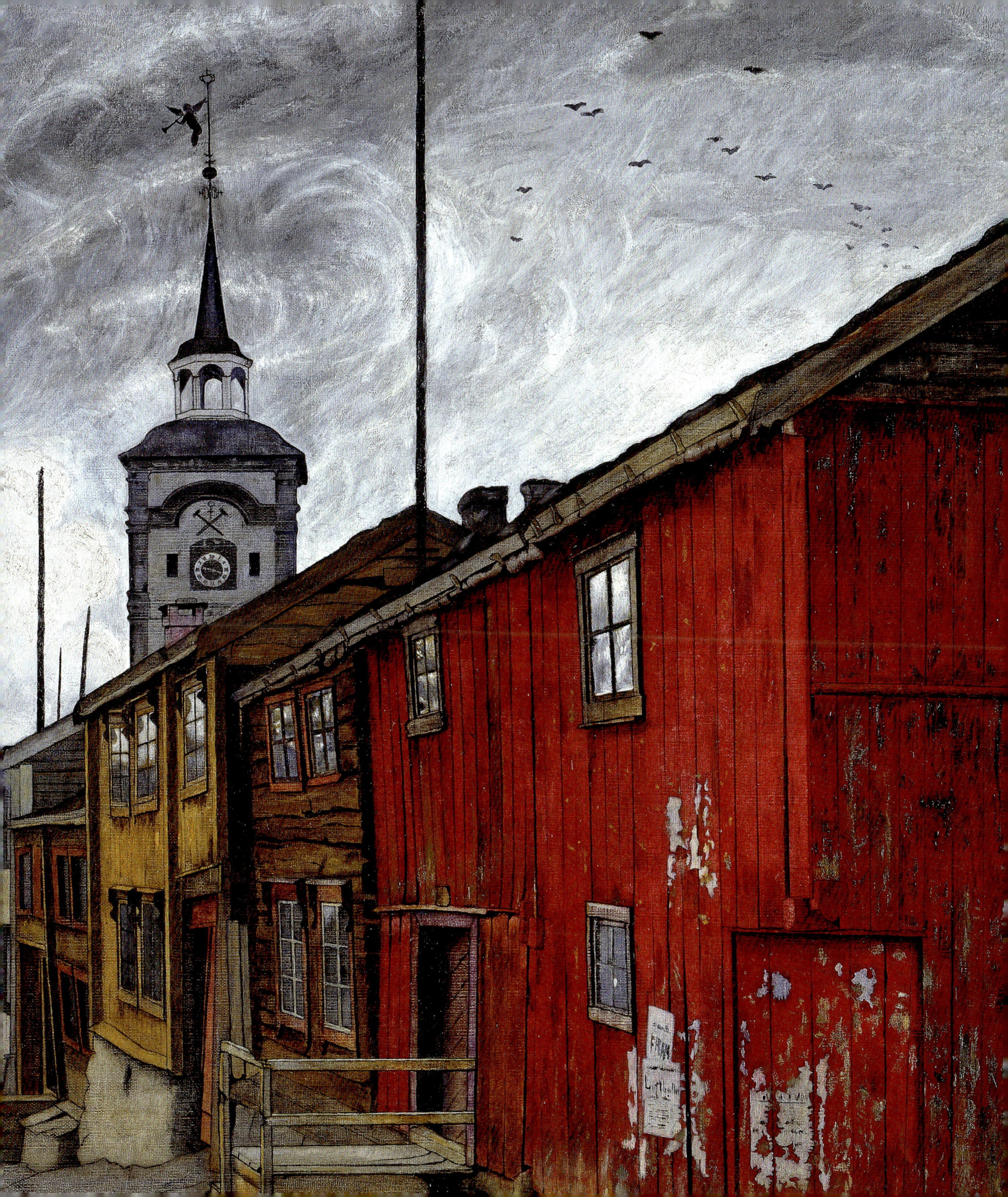
FRAM

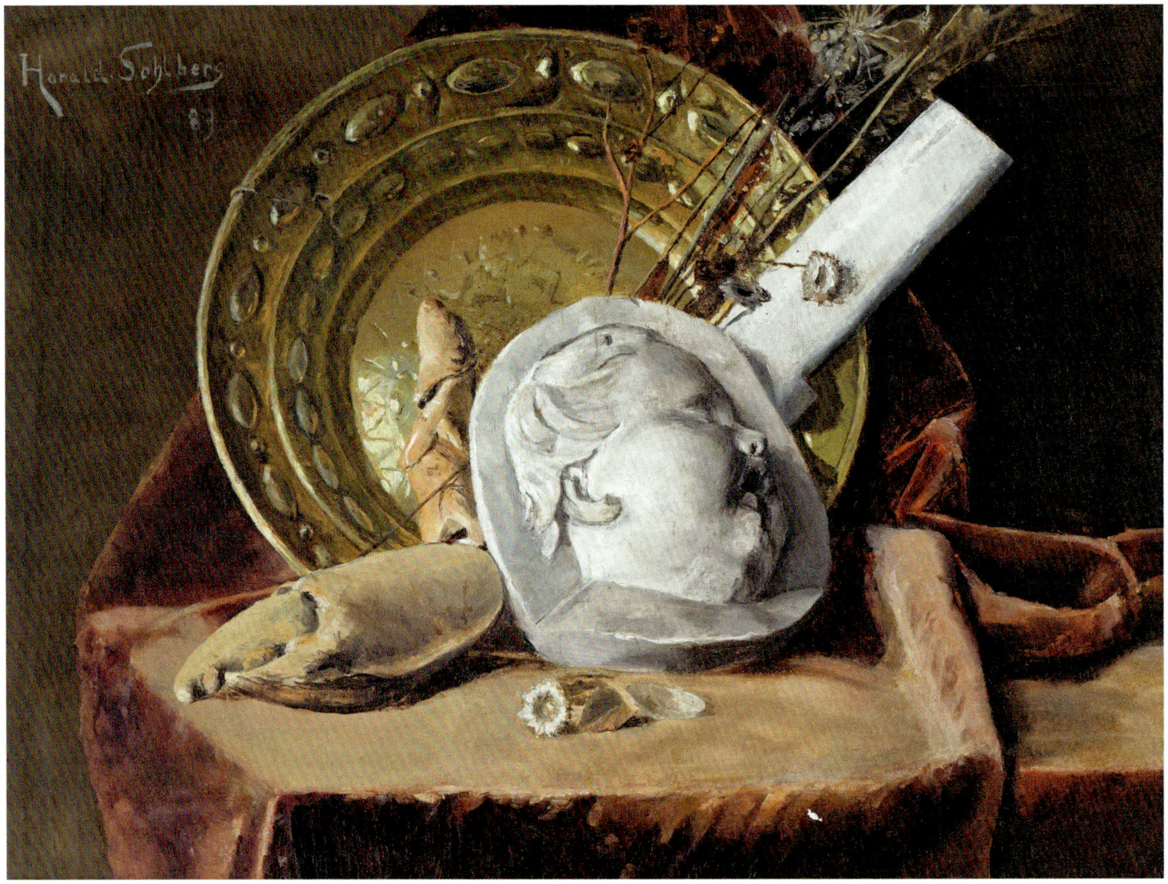

Taf. 2
Stillleben, 1889
Kat. 1

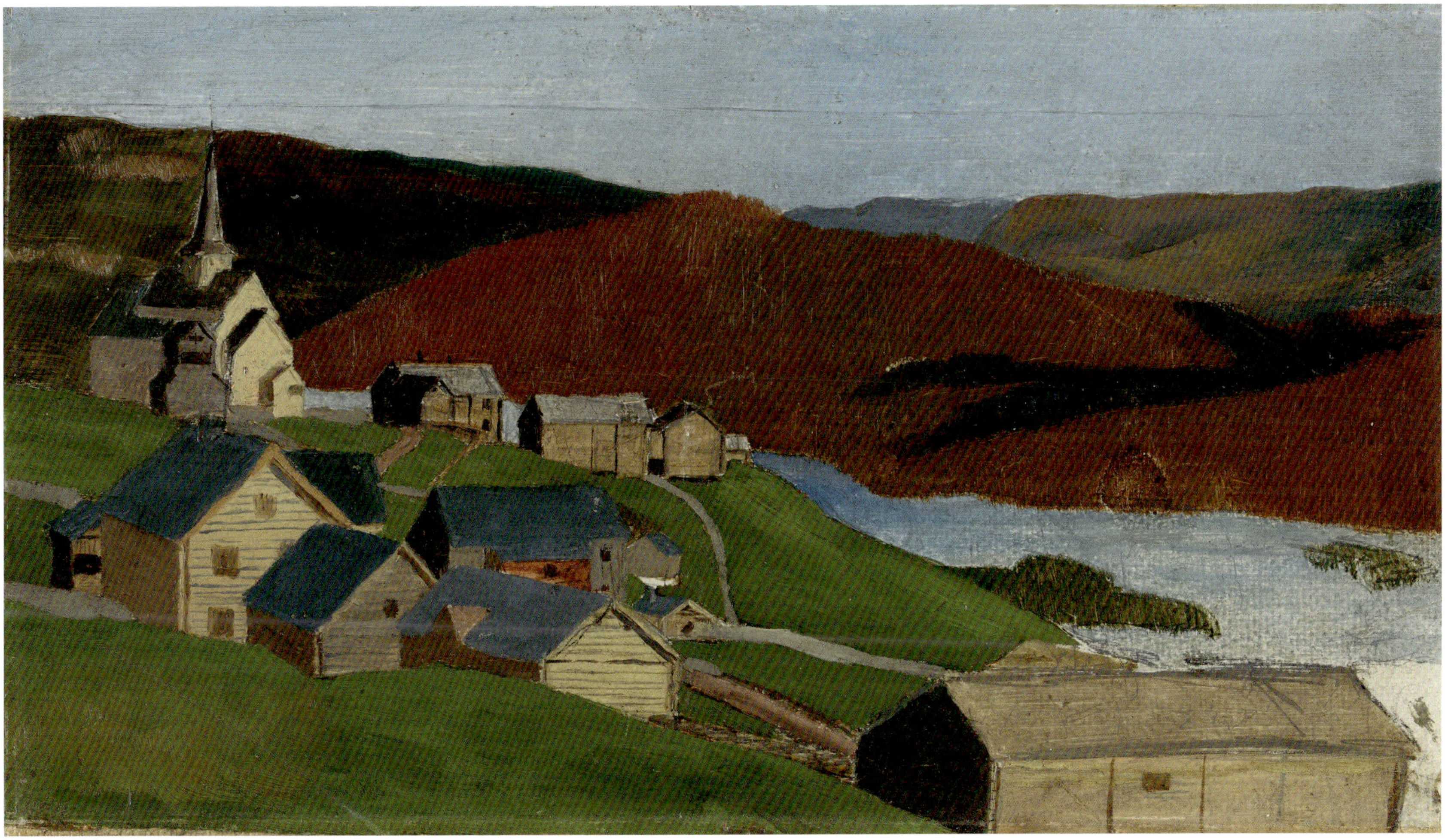

Taf. 3
Sommertag an der Hegge-Kirche, 1889
Kat. 2

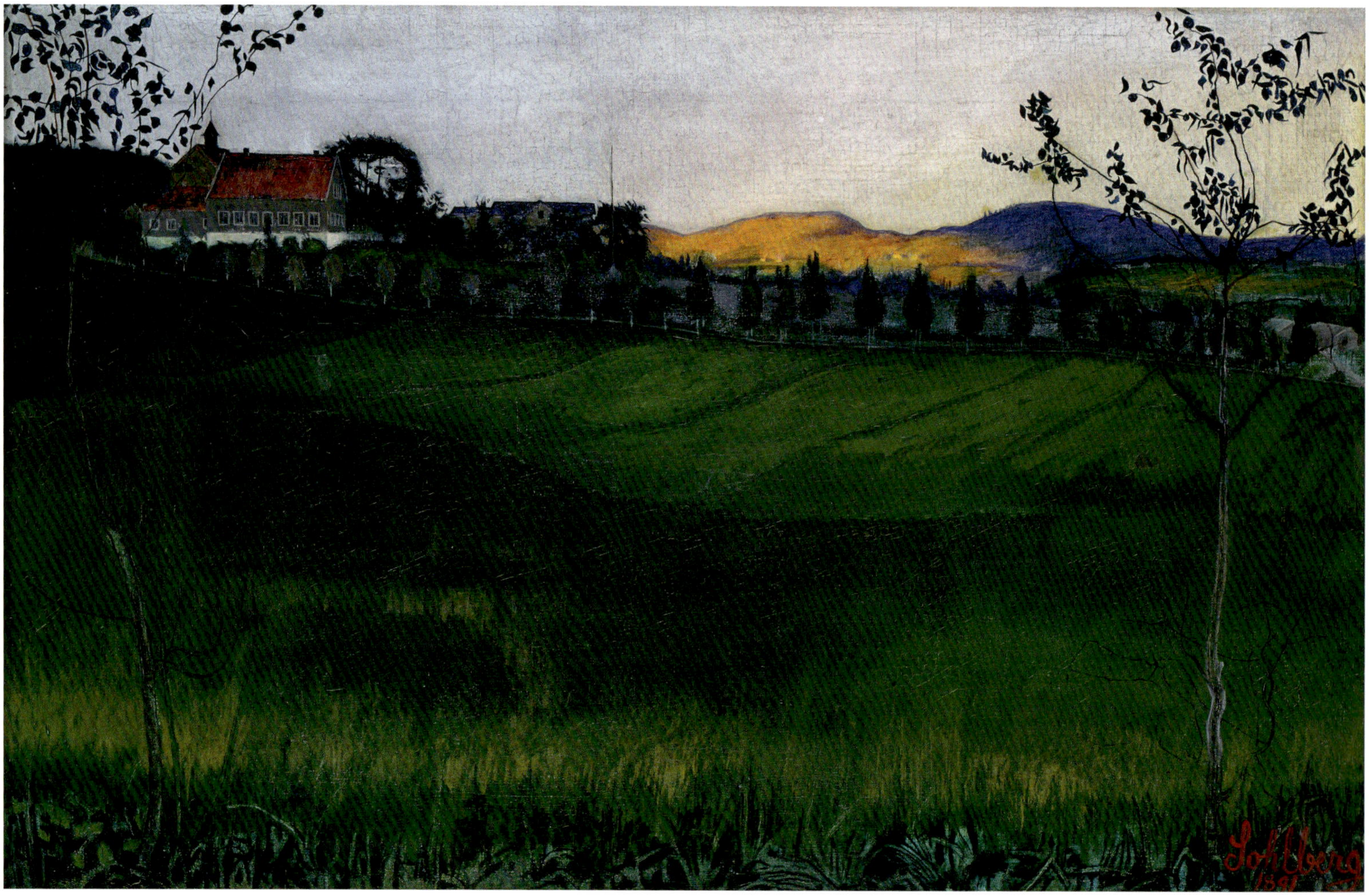

Taf. 4
Reife Felder, Skizze
(vor 1898 [fälschlicherweise 1891])
Kat. 23

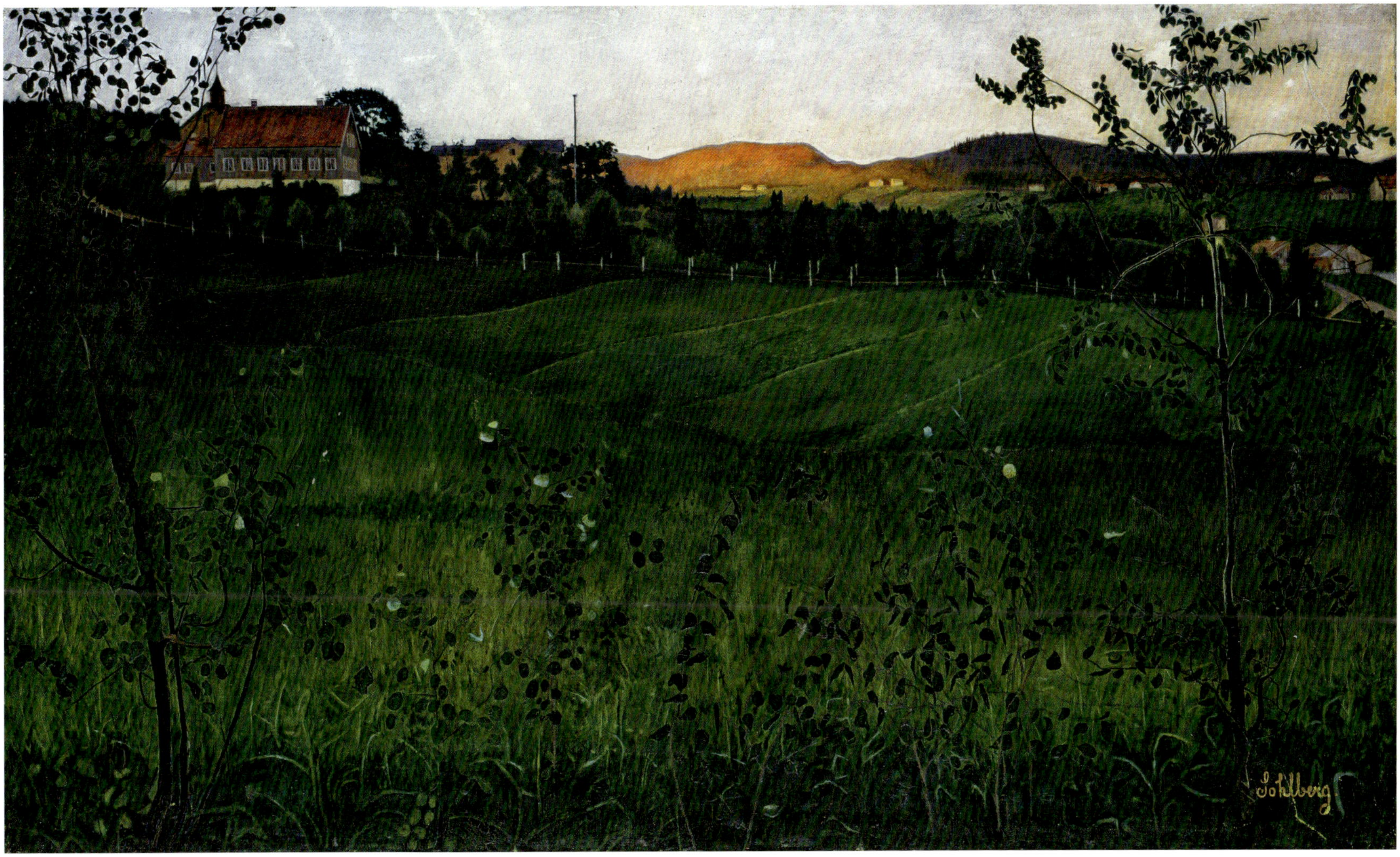

Taf. 5
Reife Felder (1898)
Kat. 24

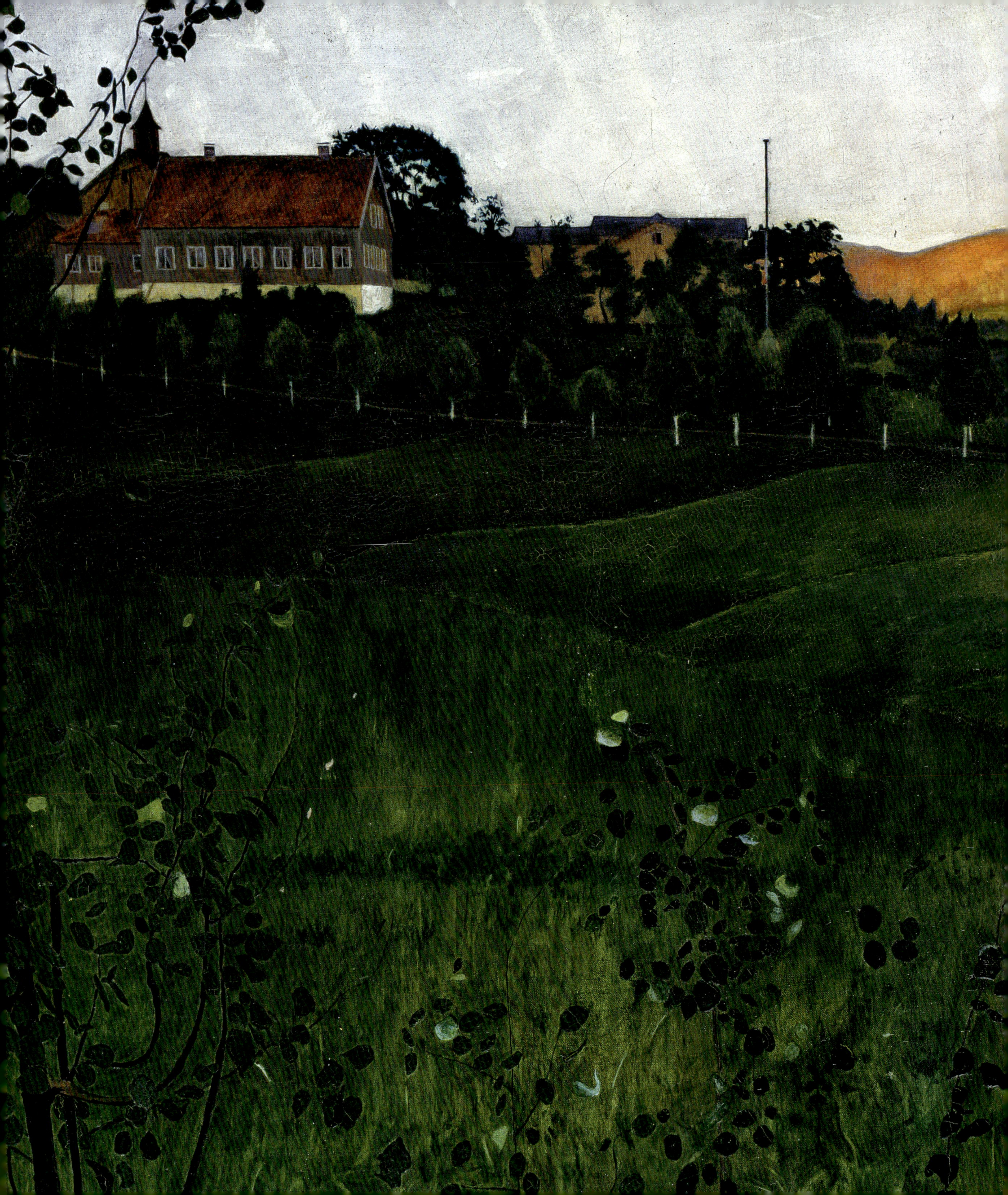

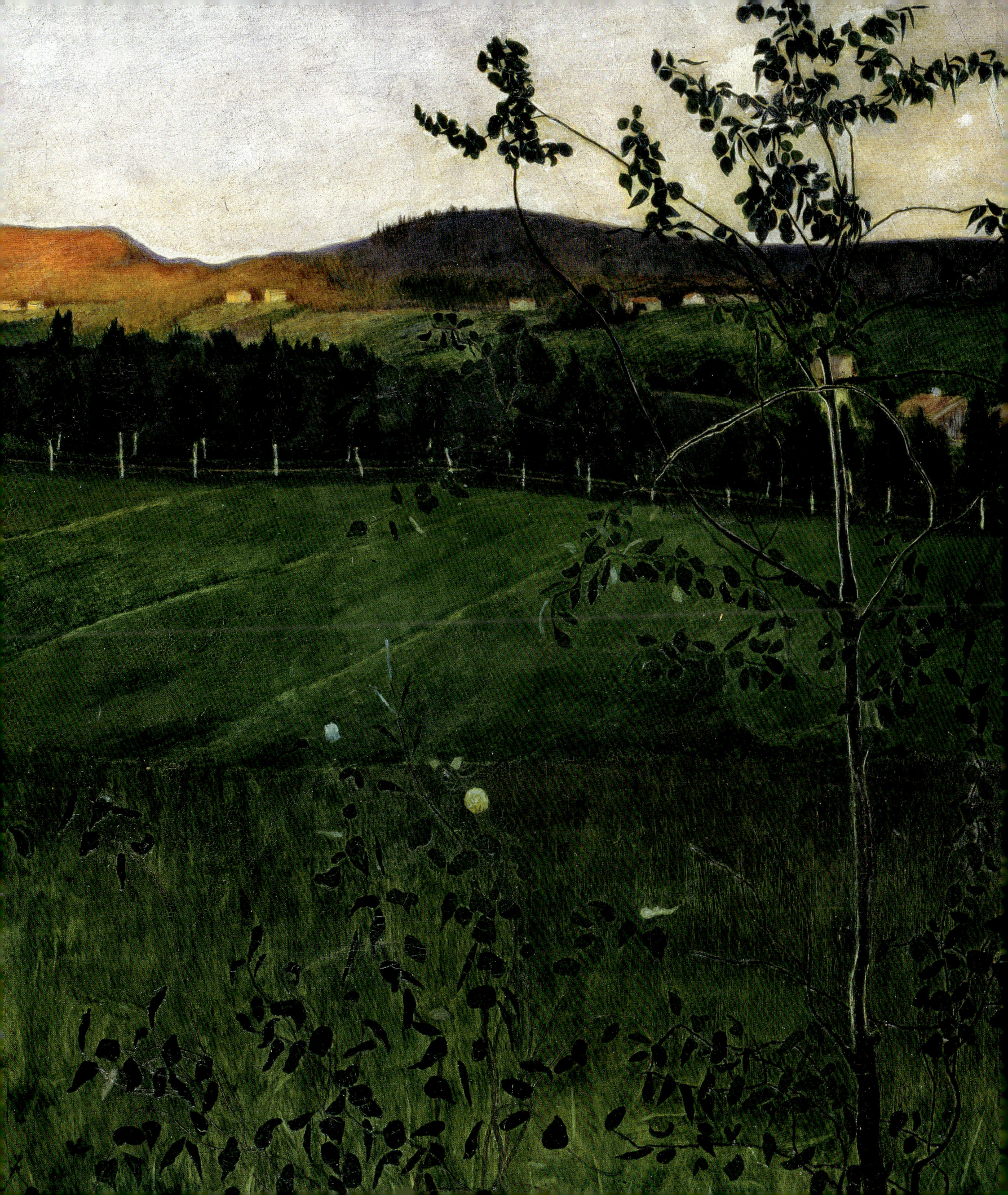

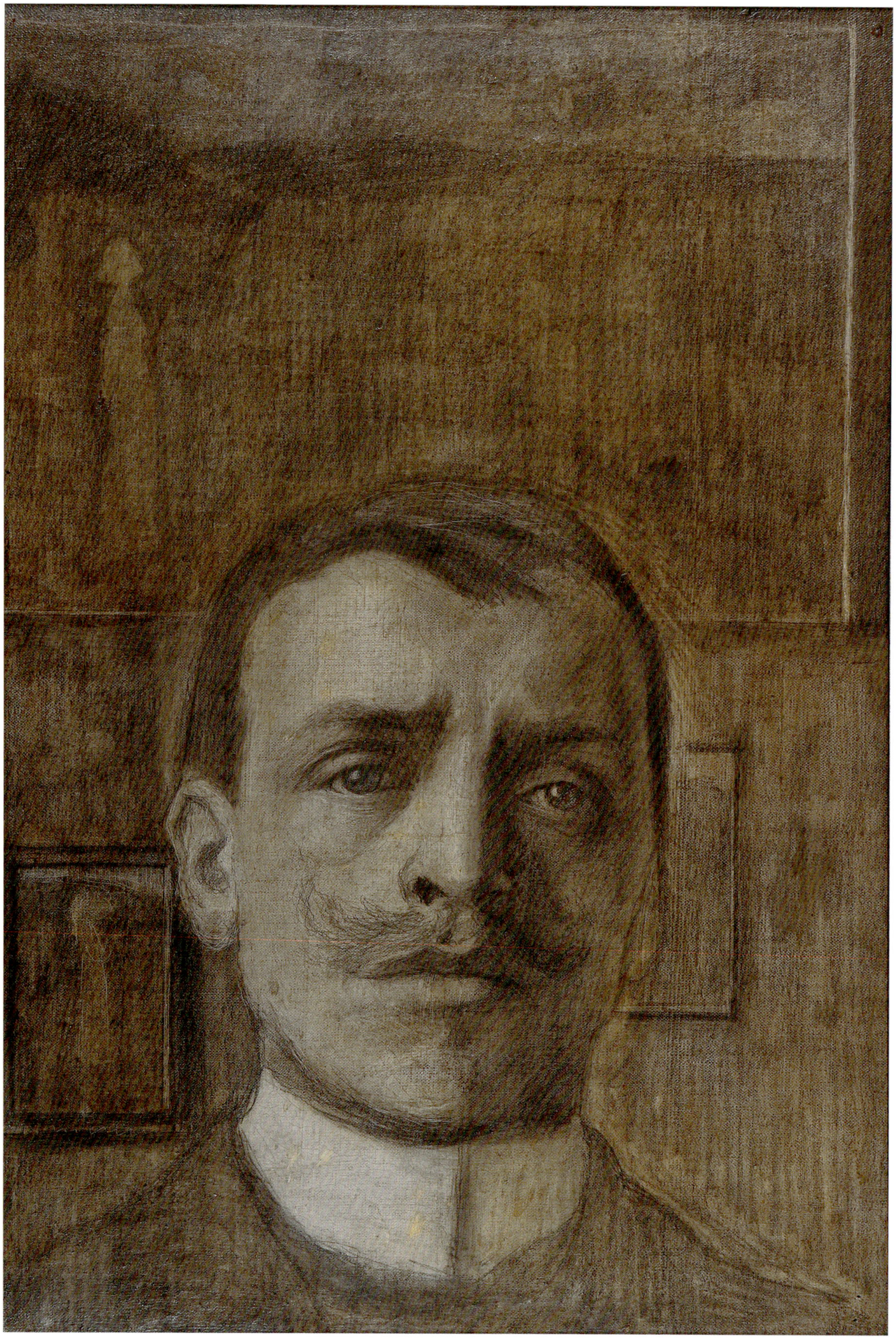

Taf. 6
Selbstporträt (1895)
Kat. 17

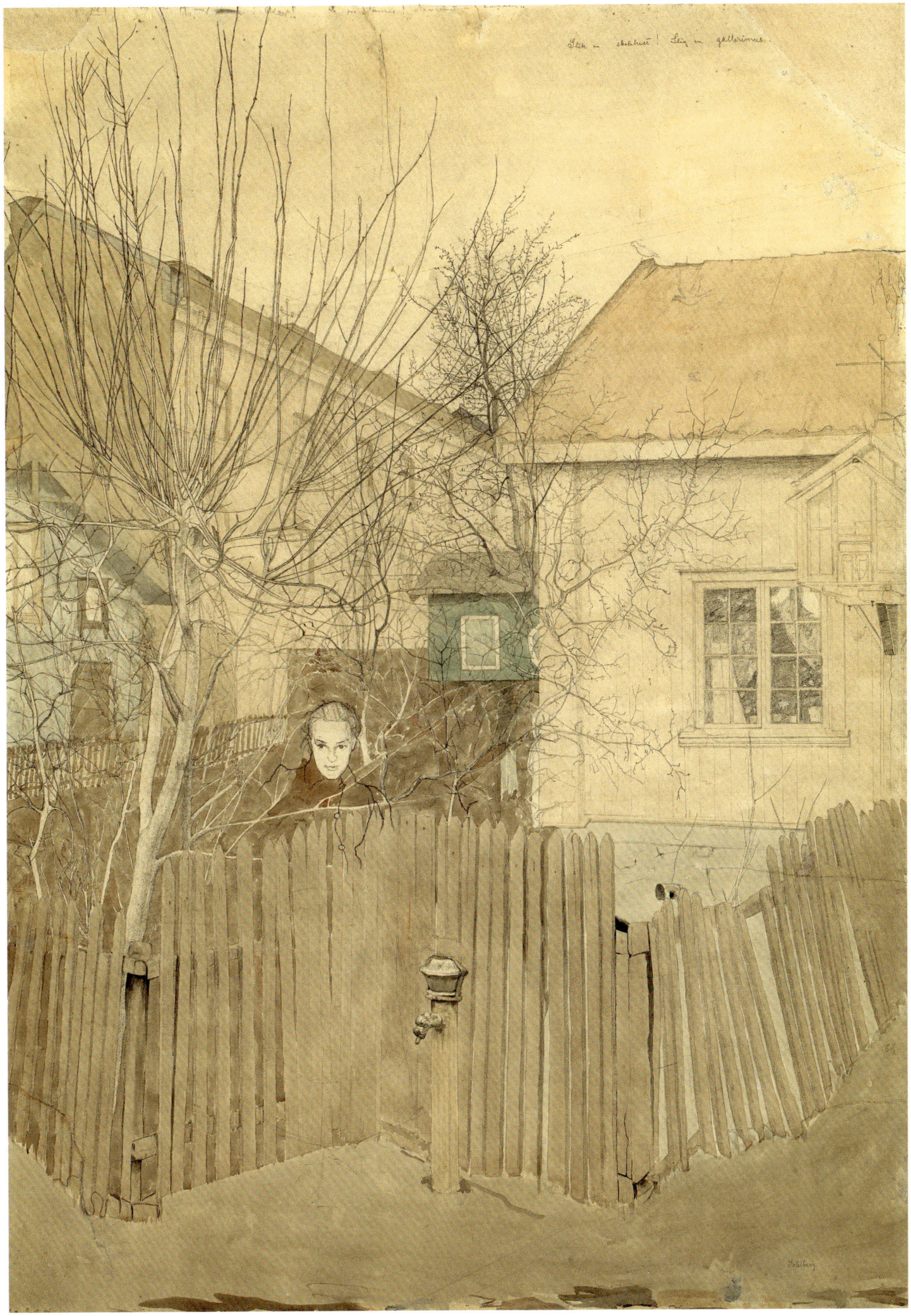

Taf. 7
Schafteløkken (1897)
Kat. 91

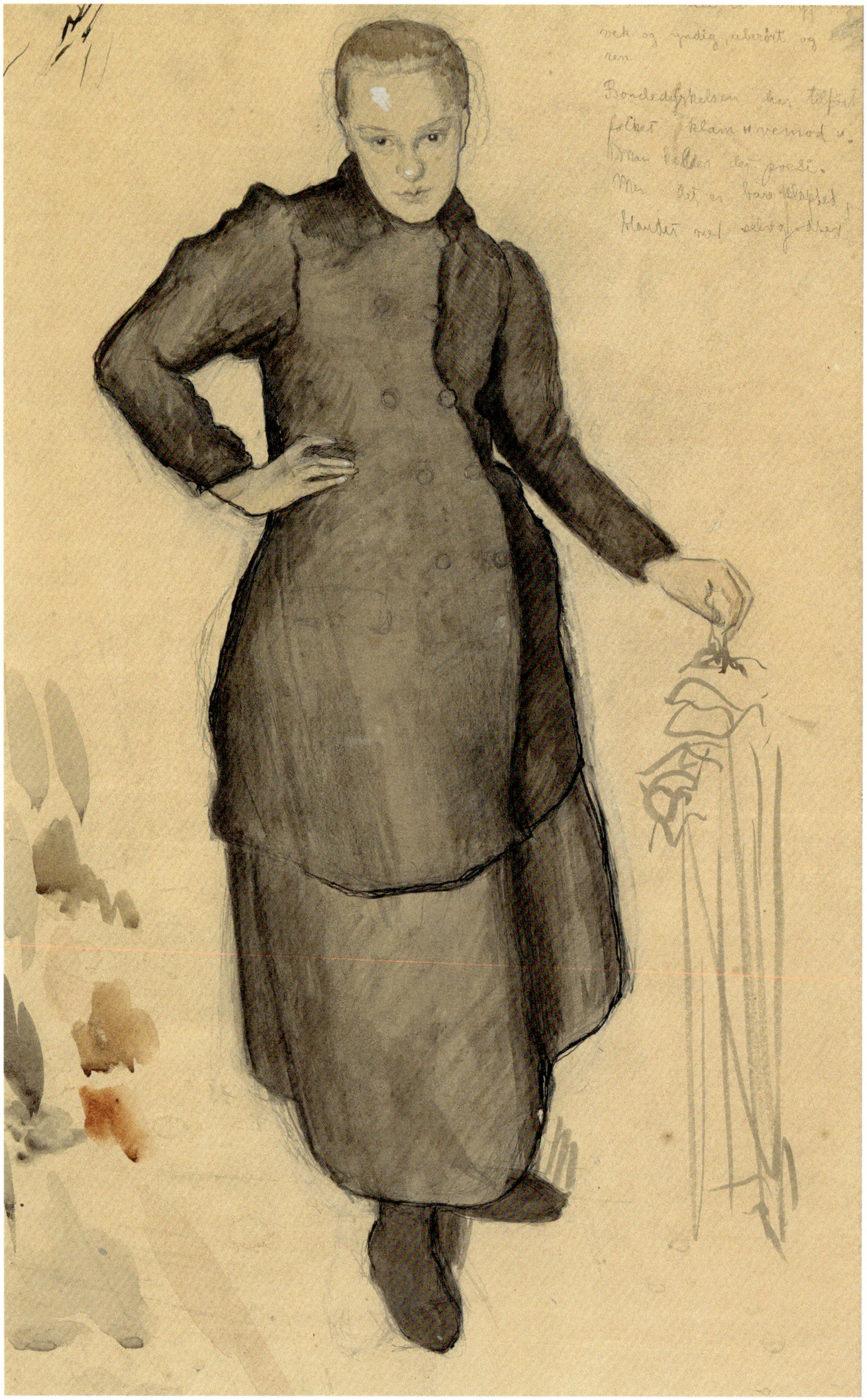

Taf. 8
Mädchen von Schafteløkken
(vermutlich 1897)
Kat. 90

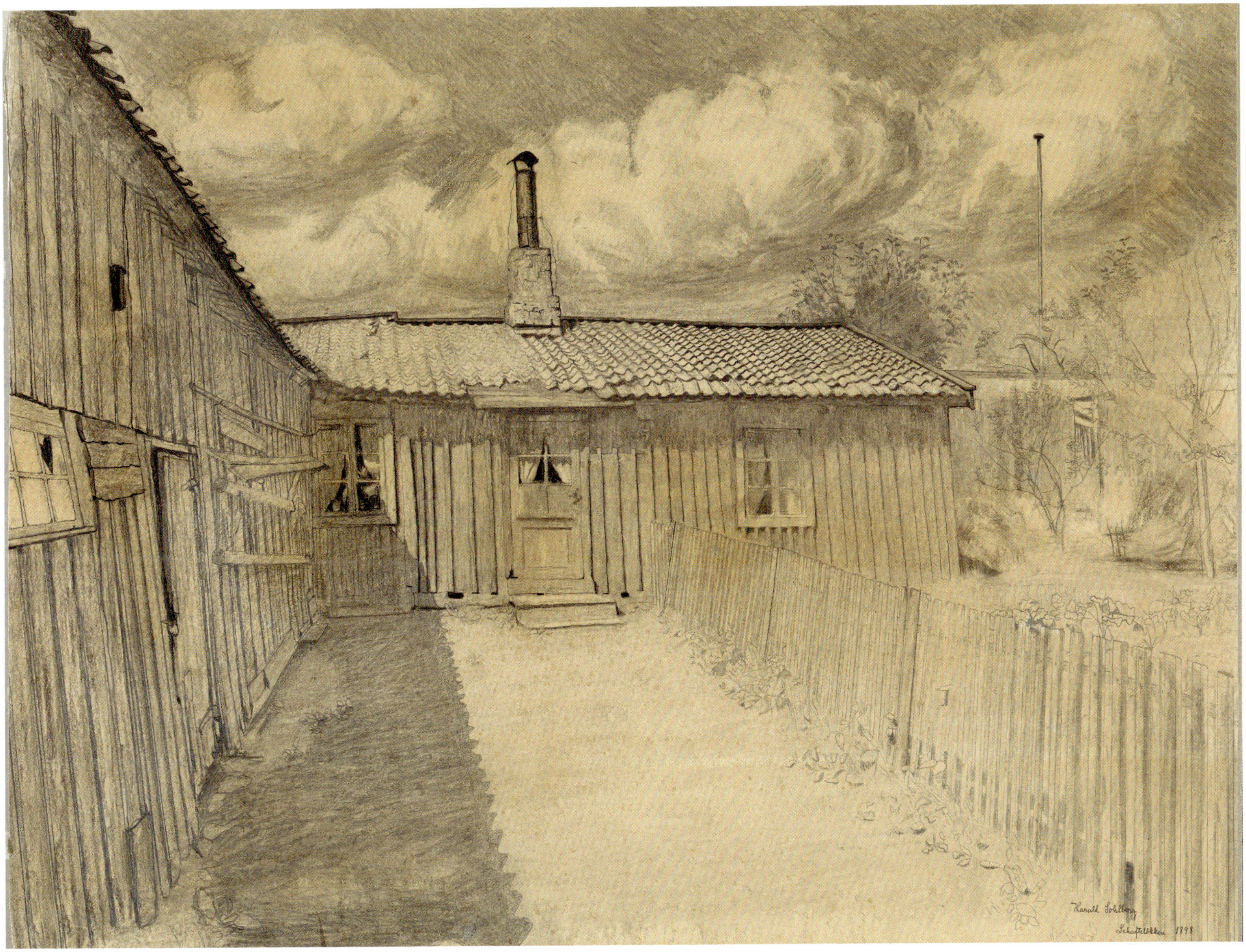

Taf. 9
Schafteløkken, 1898
Kat. 92

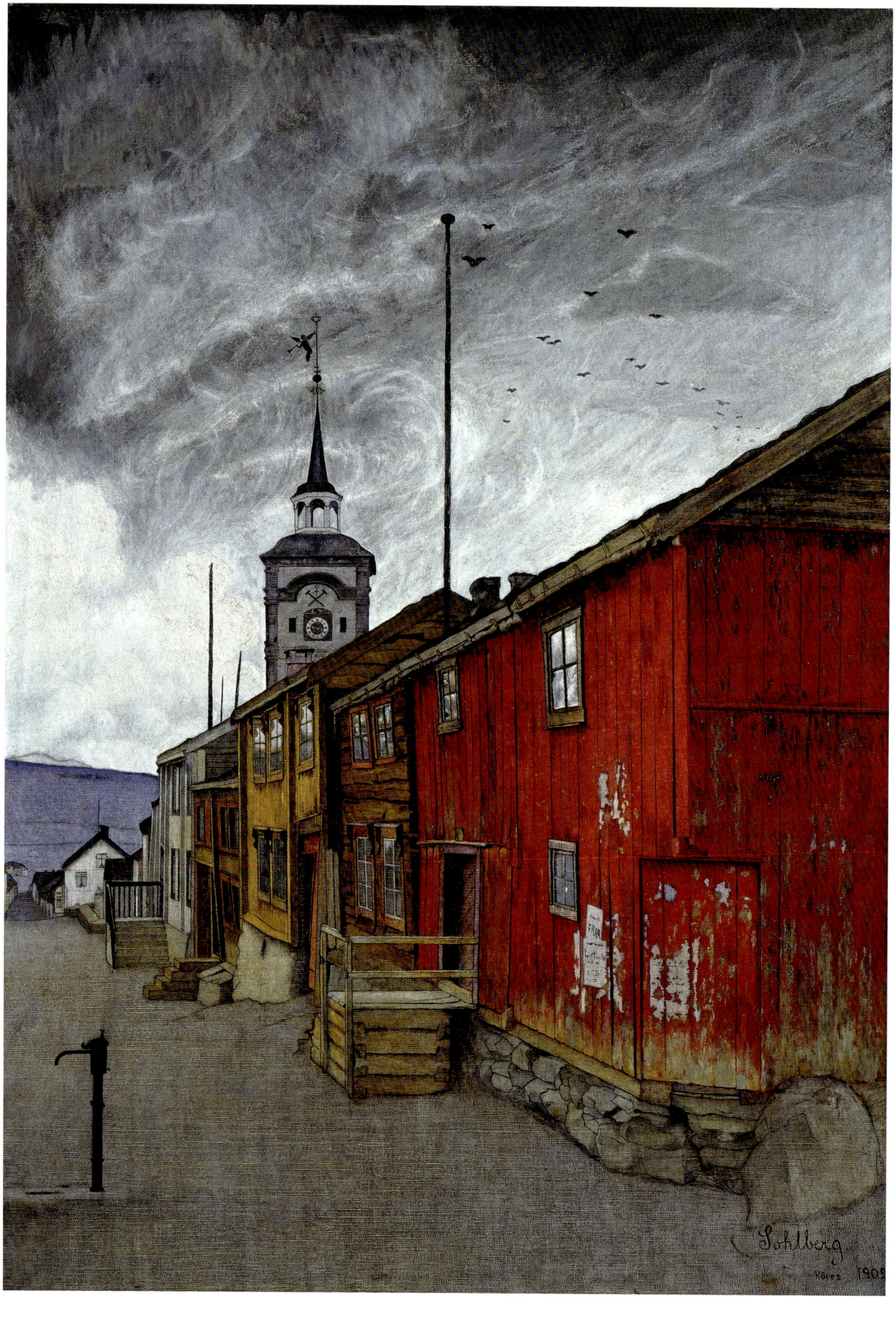

Taf. 10
Straße in Røros, 1902
Kat. 32

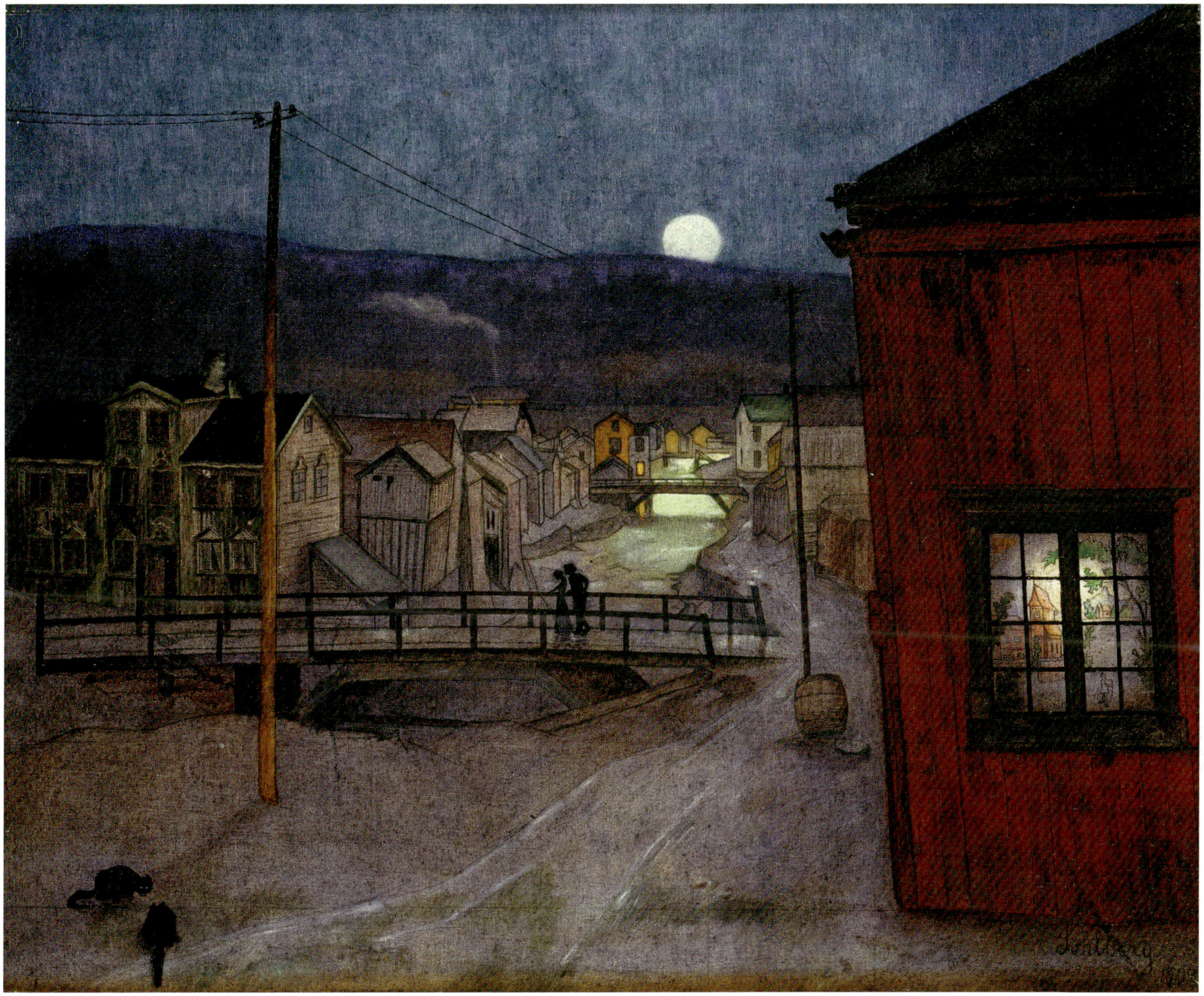

Taf. 11
Elegie, 1903
Kat. 34

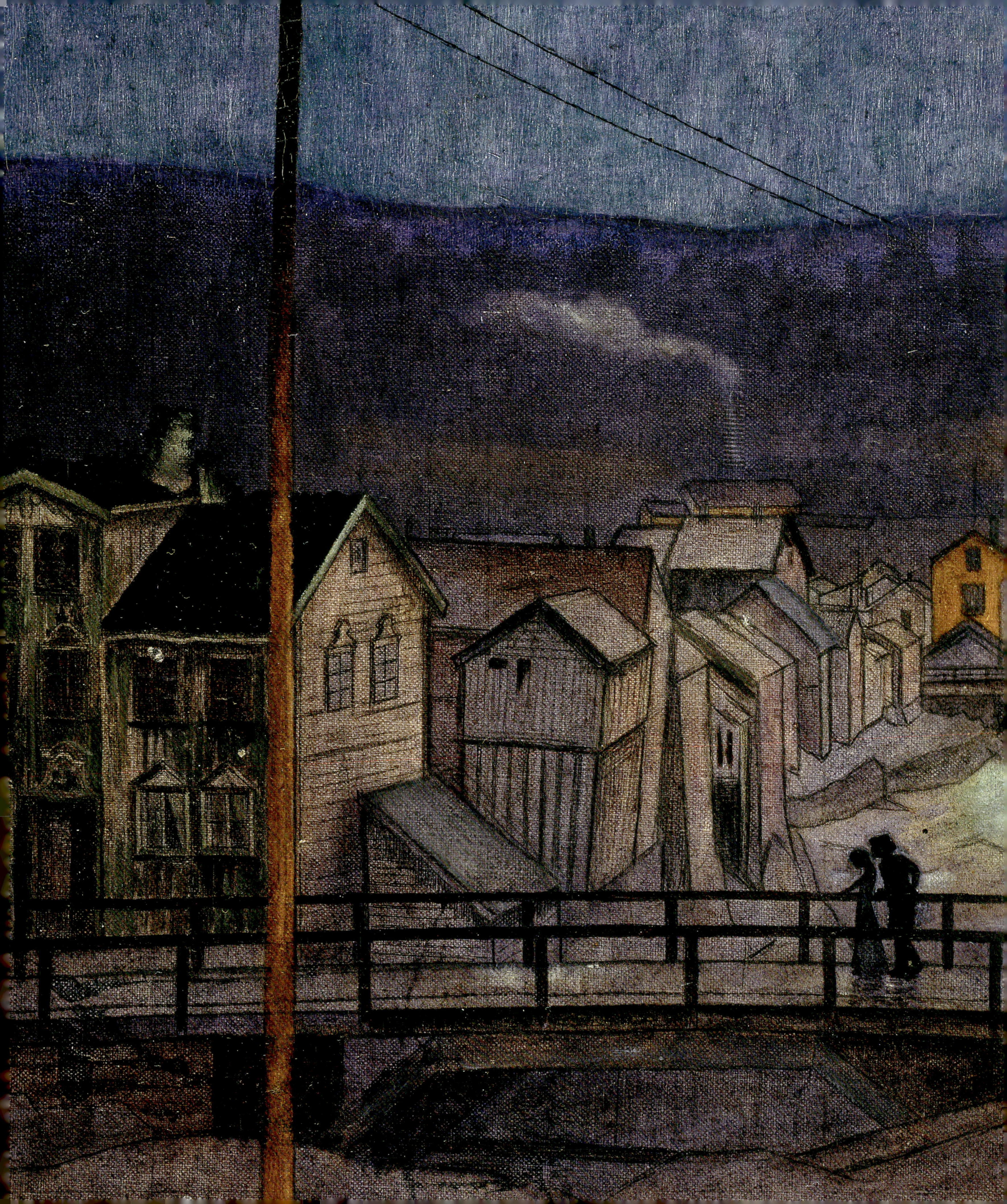

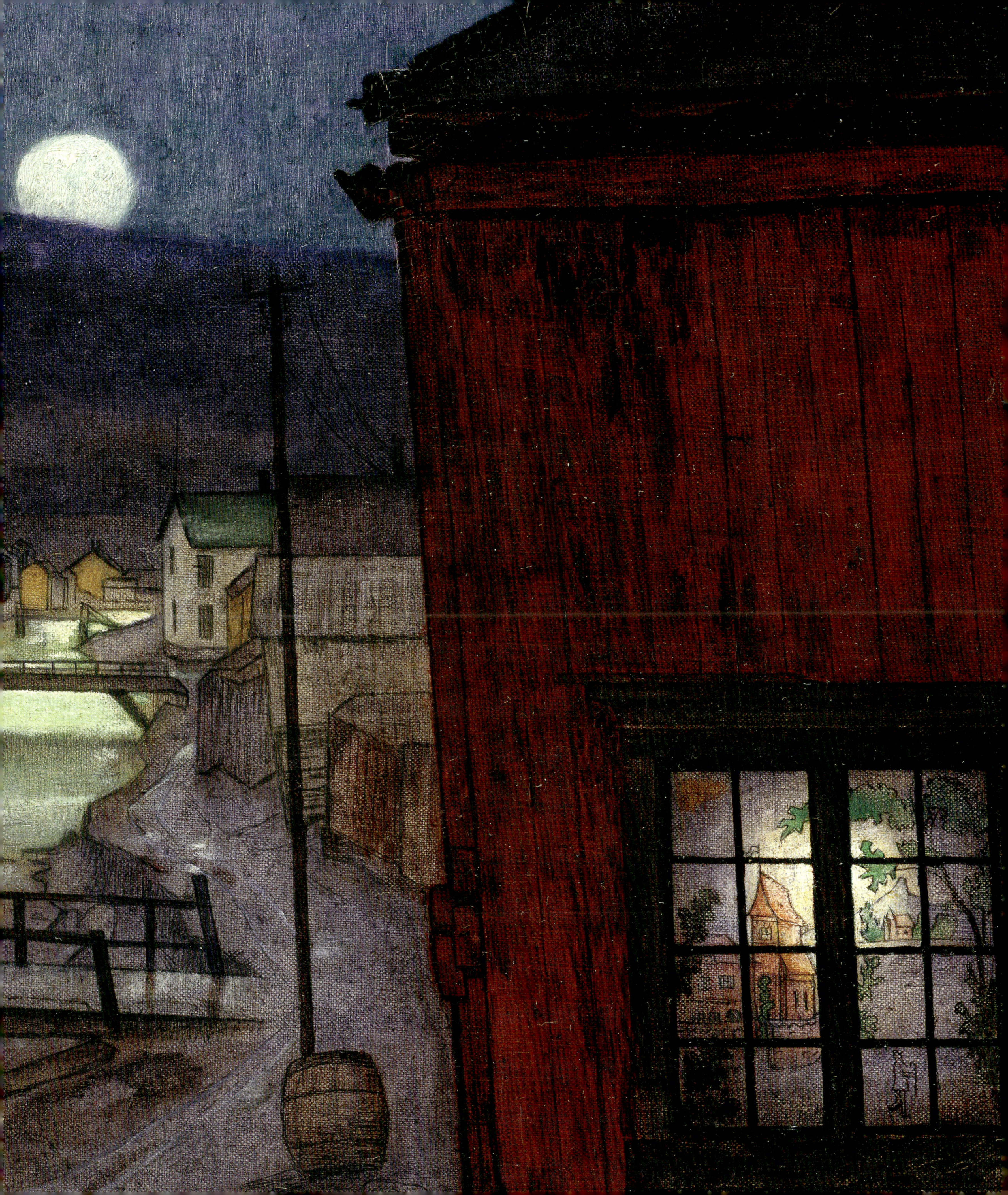

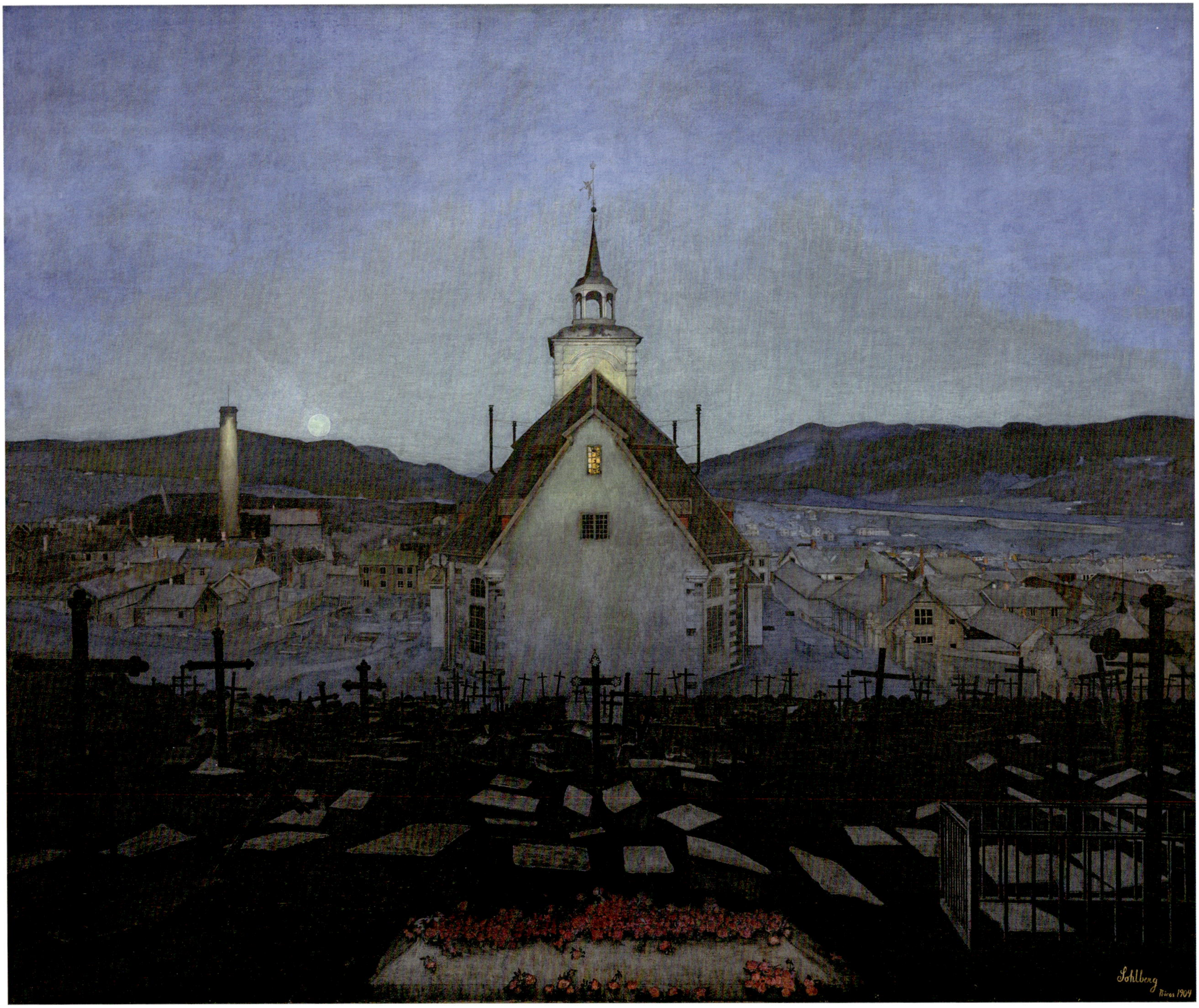

Taf. 12
Nacht, 1904
Kat. 37

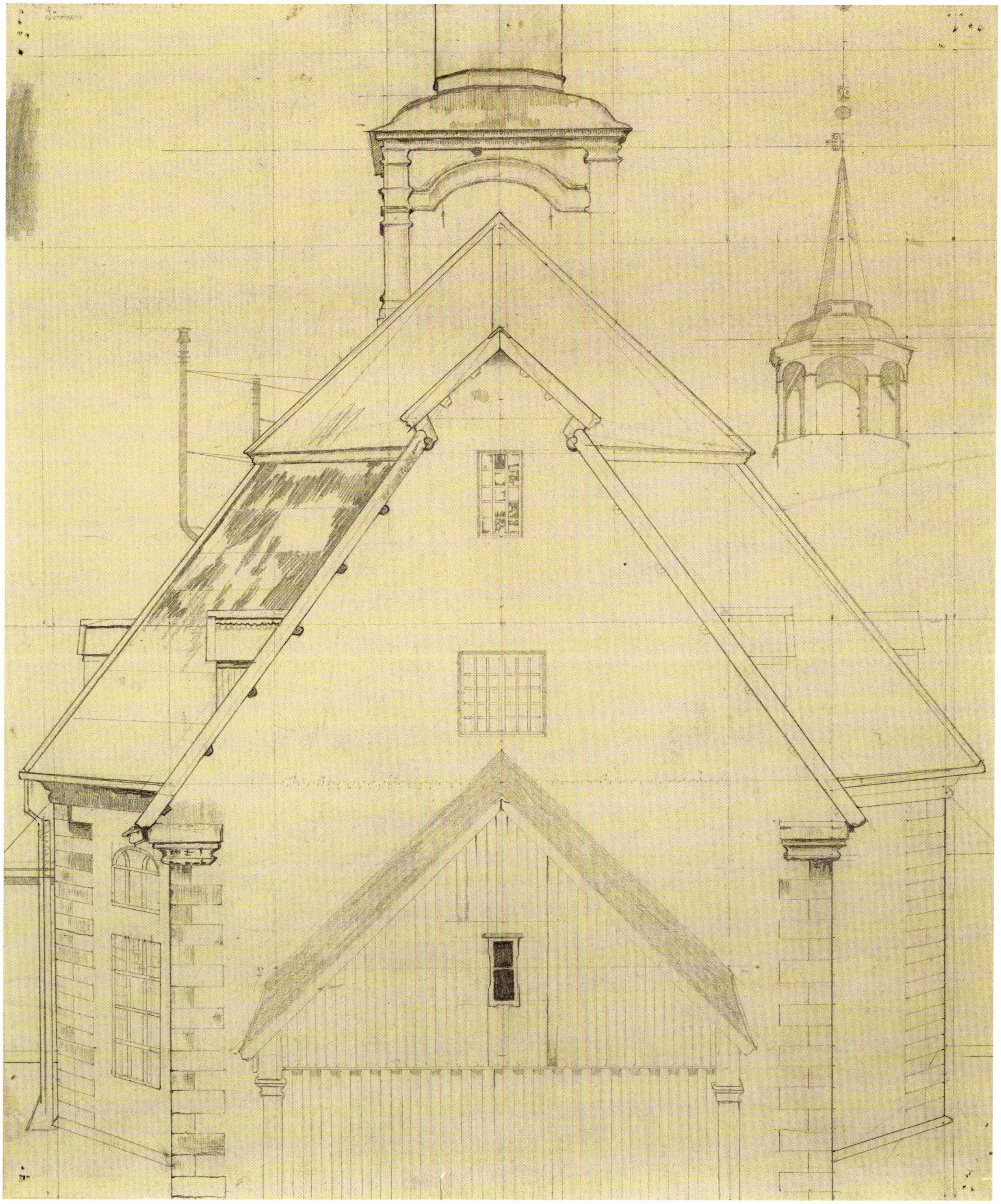

Taf. 13
Kirche in Røros, Studie (1903)
Kat. 108

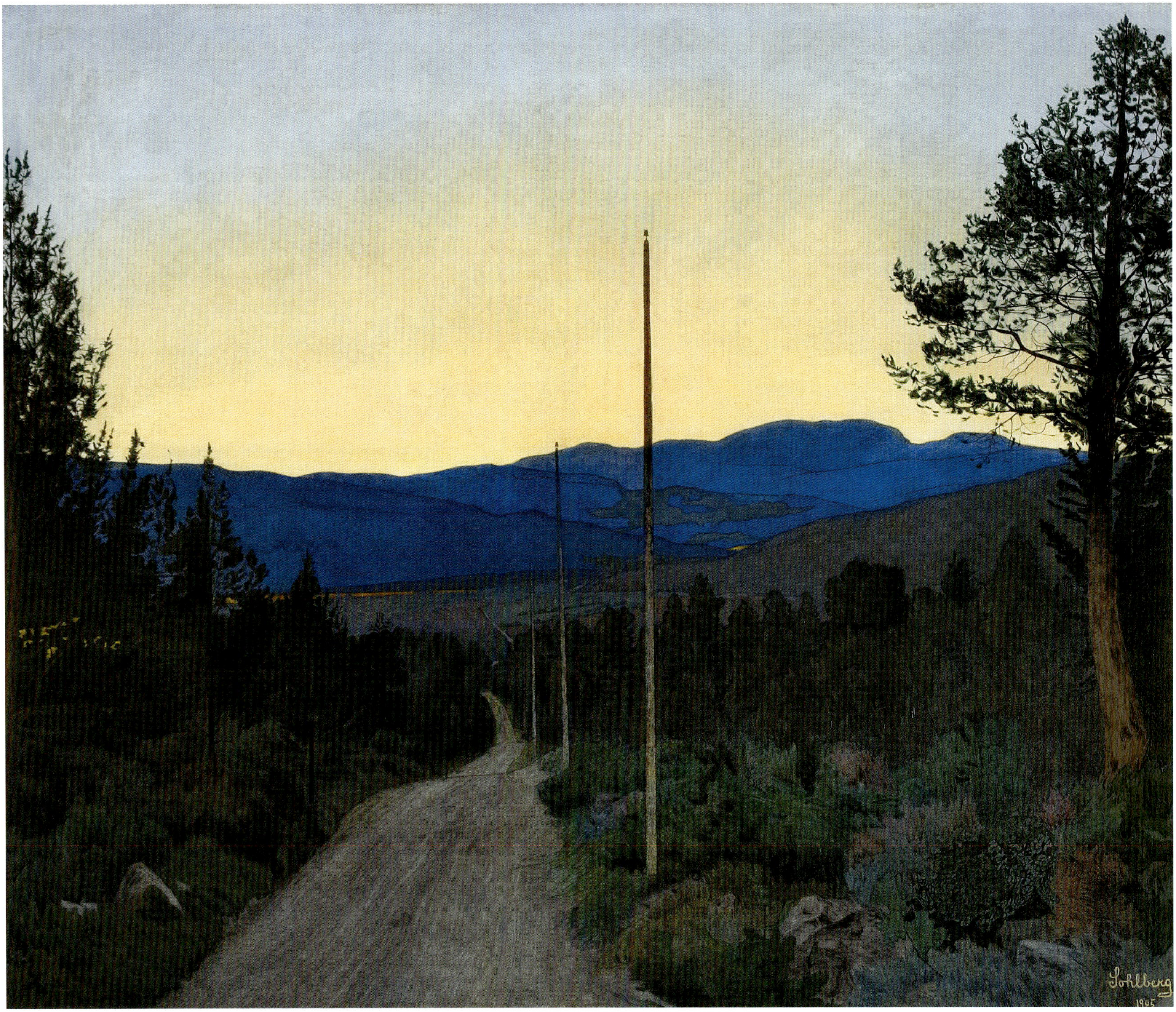

Taf. 14
Landstraße, 1905
Kat. 39

►
Taf. 15
Eiche, 1908
Kat. 47

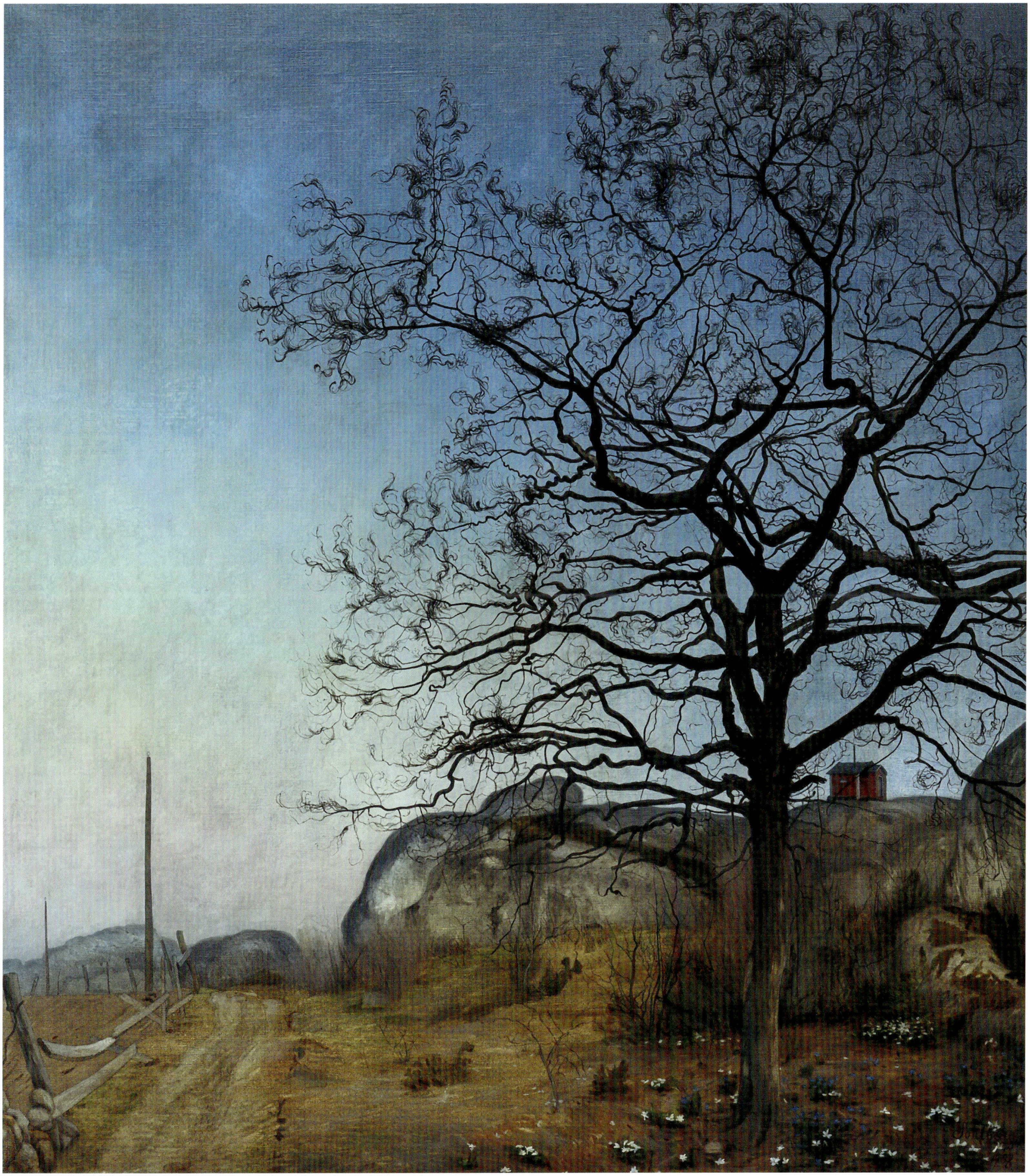

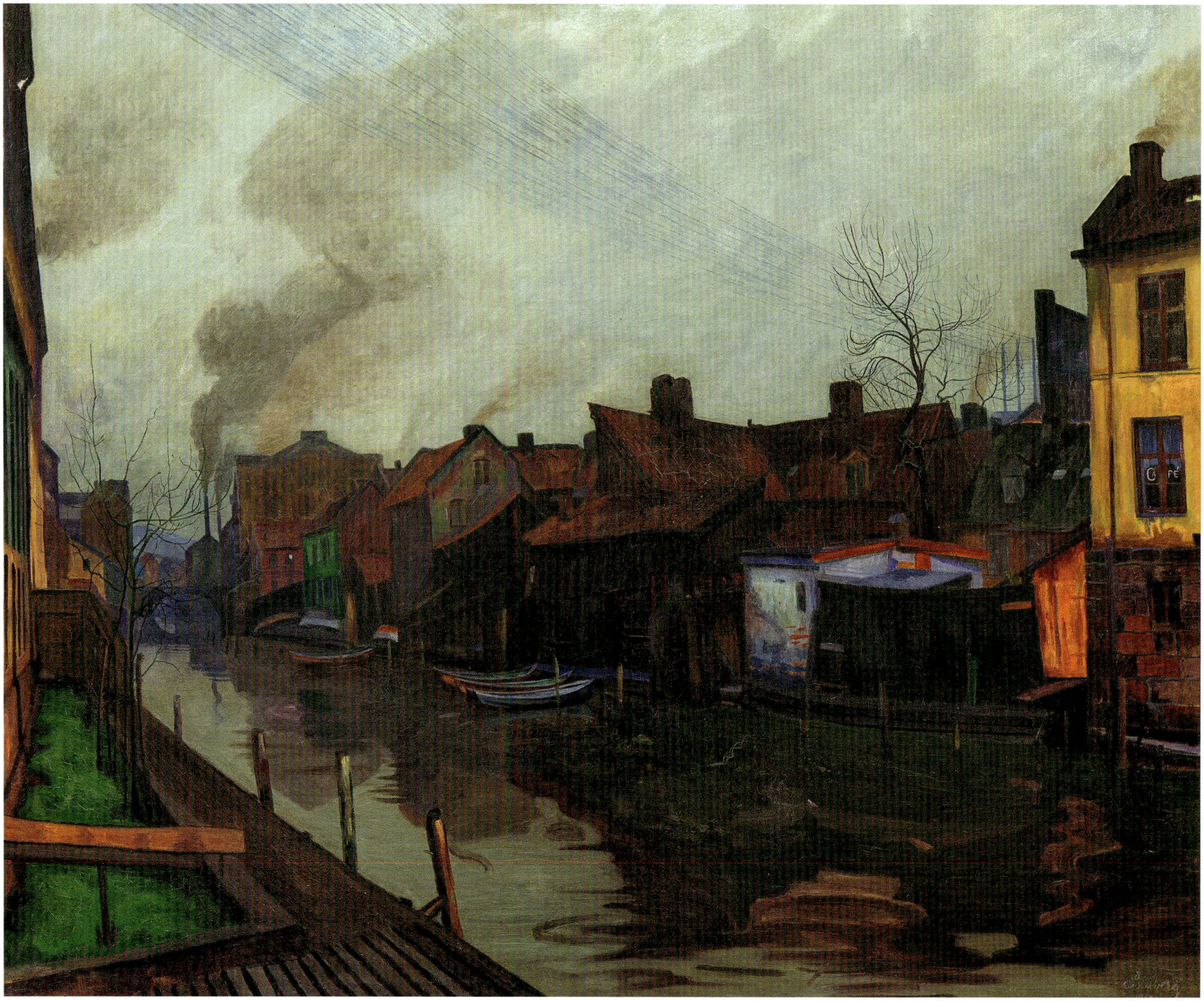

Taf. 16
Hütten und Fabriken, 1912
Kat. 56

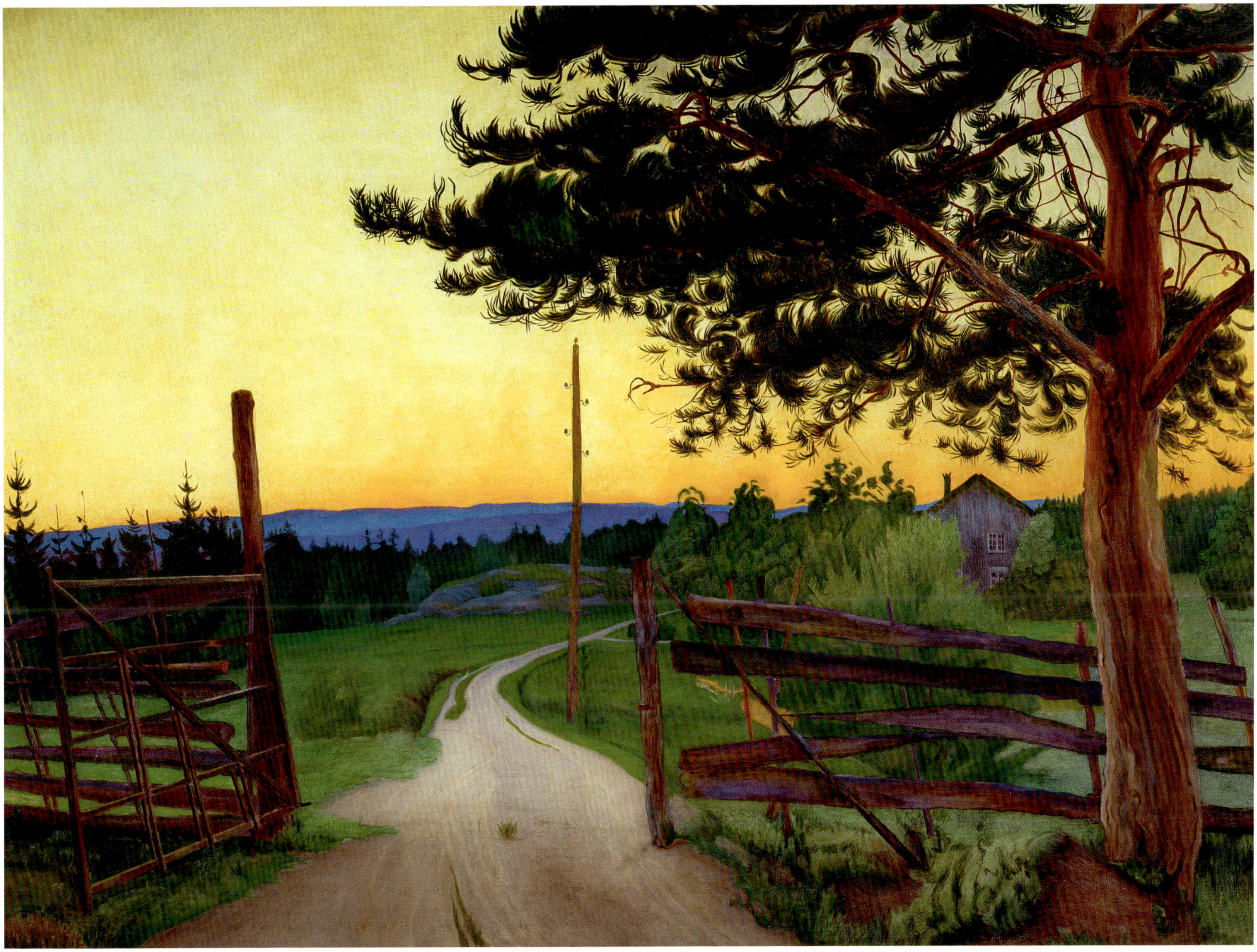

Taf. 17
Landstraße II, 1916
Kat. 60

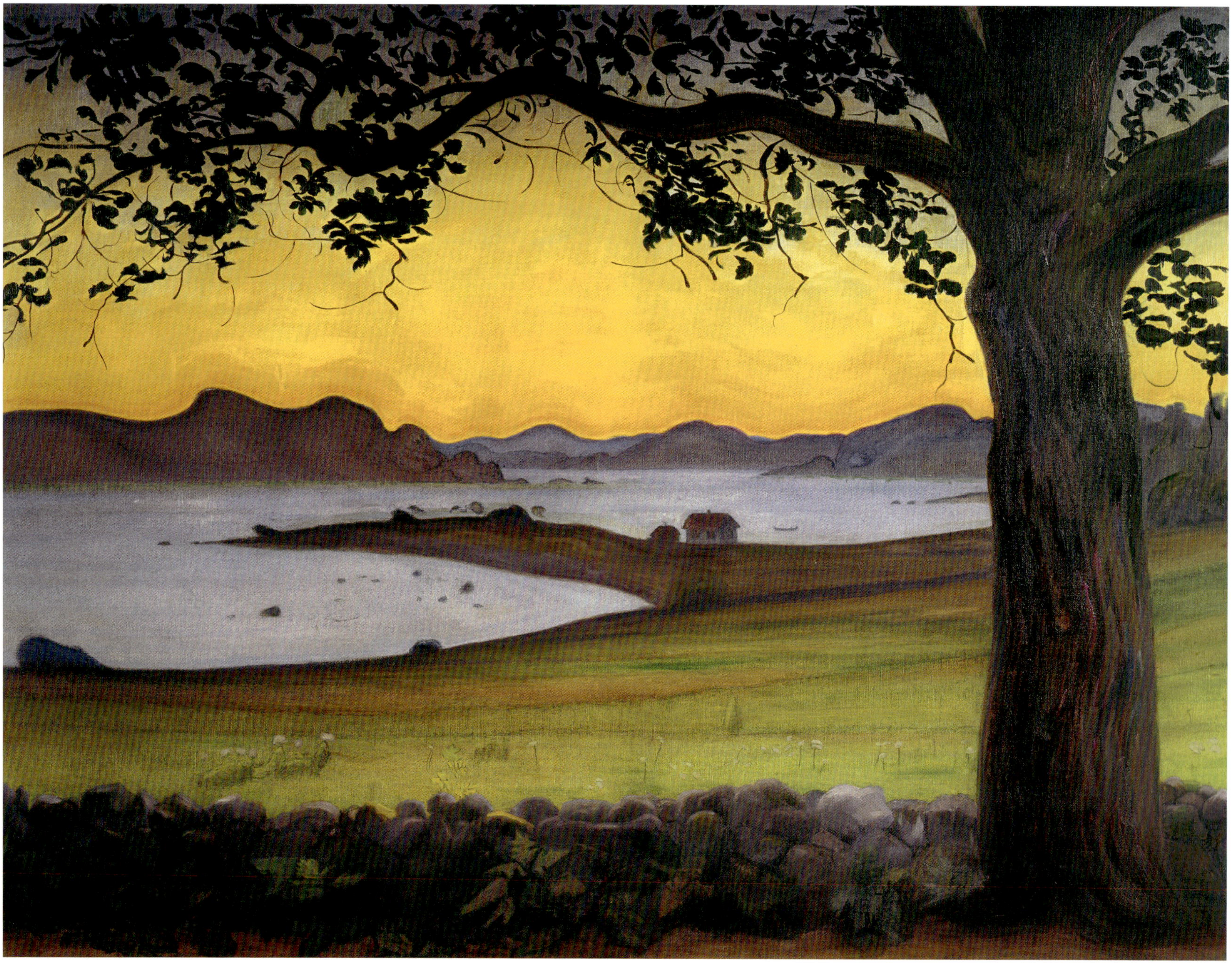

Taf. 18
Værvågen, 1921
Kat. 62

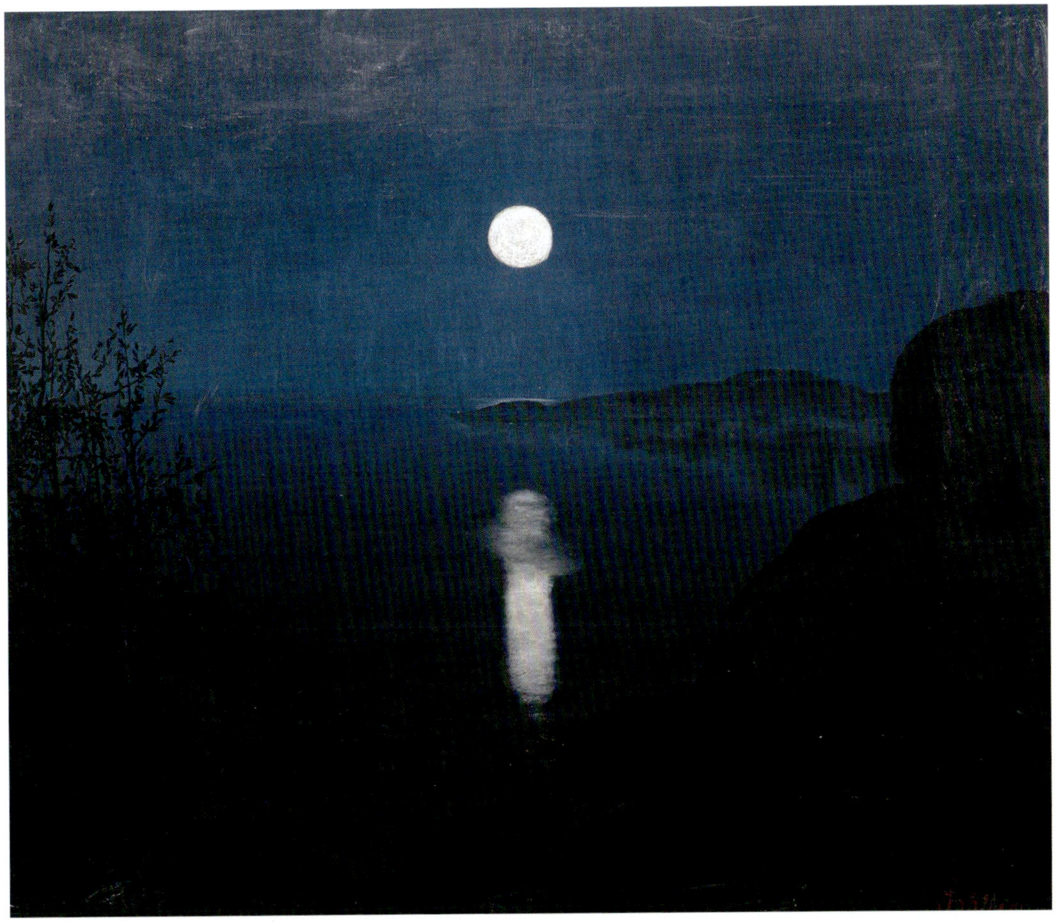

Taf. 19
Mondschein am Meer, 1907
Kat. 46

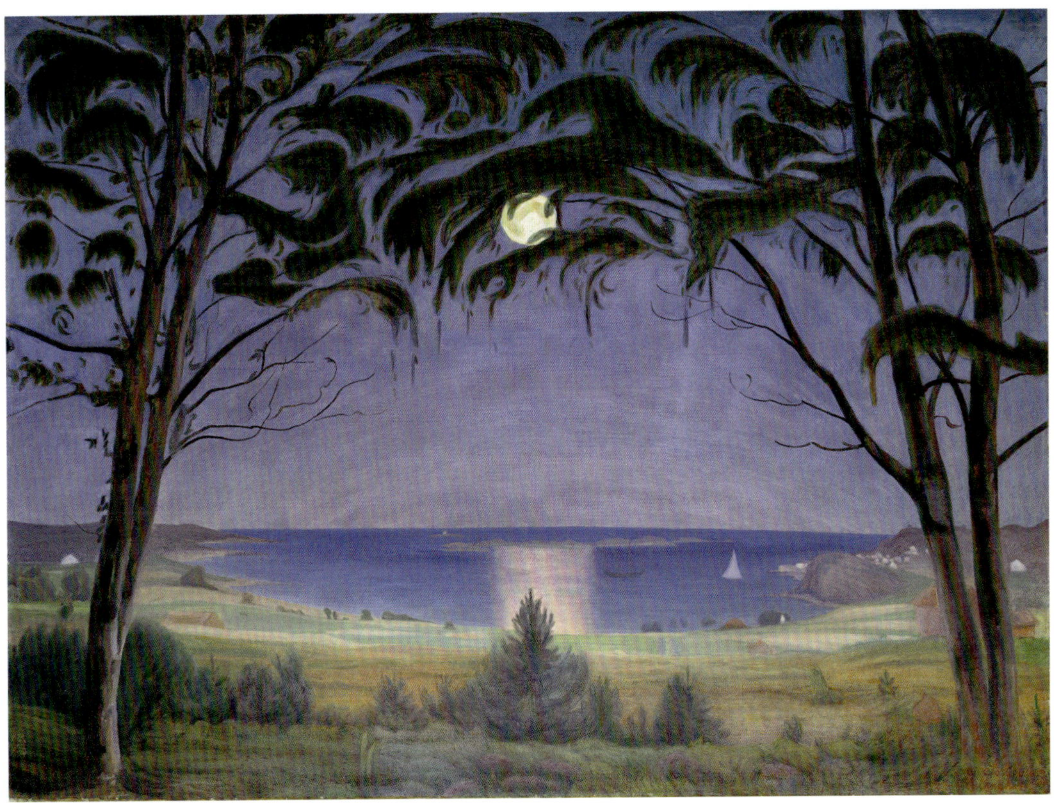

Taf. 20
Mondschein Nevlunghavn, 1922
Kat. 63

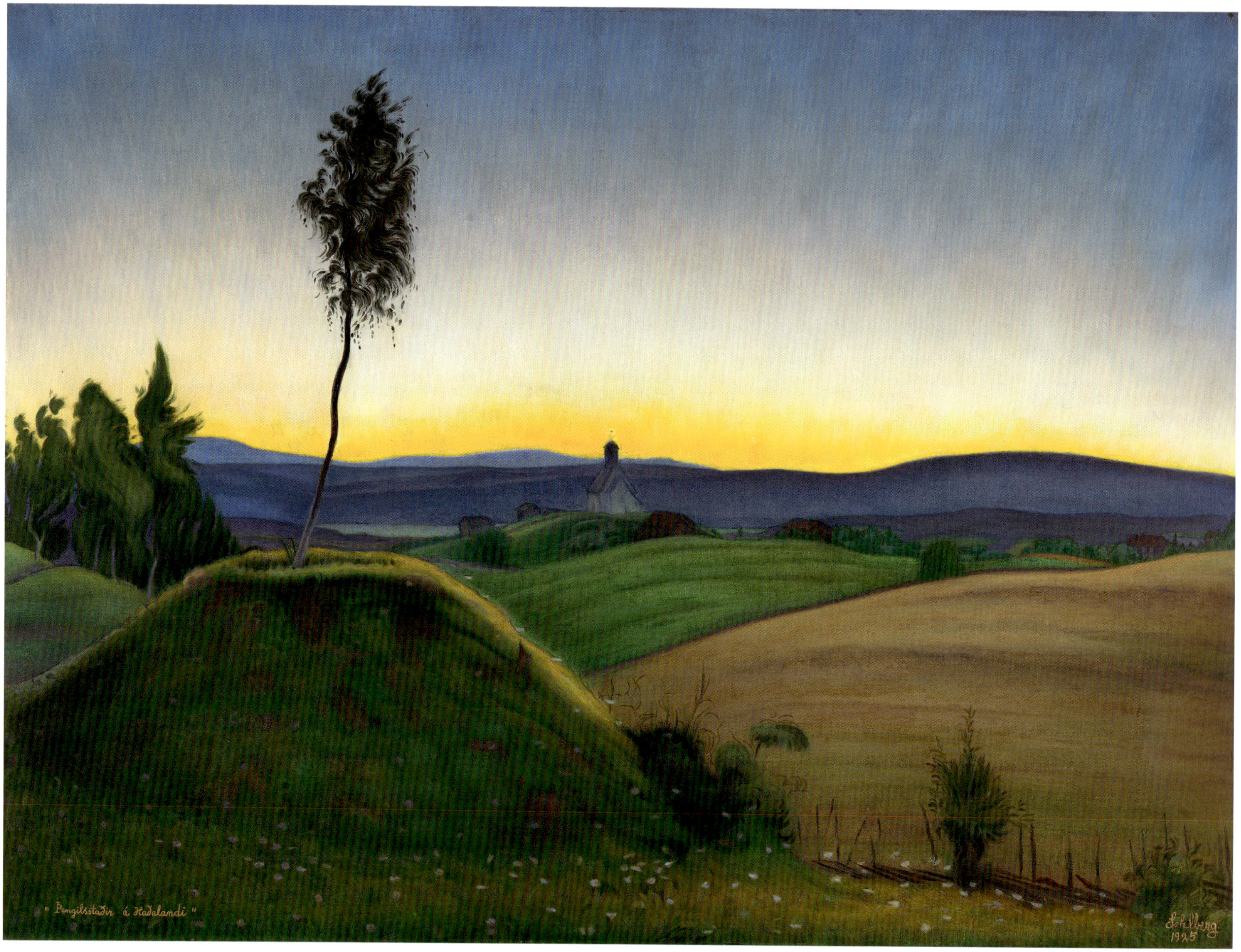

Taf. 21
Historische Landschaft, Tingelstad, 1925
Kat. 64

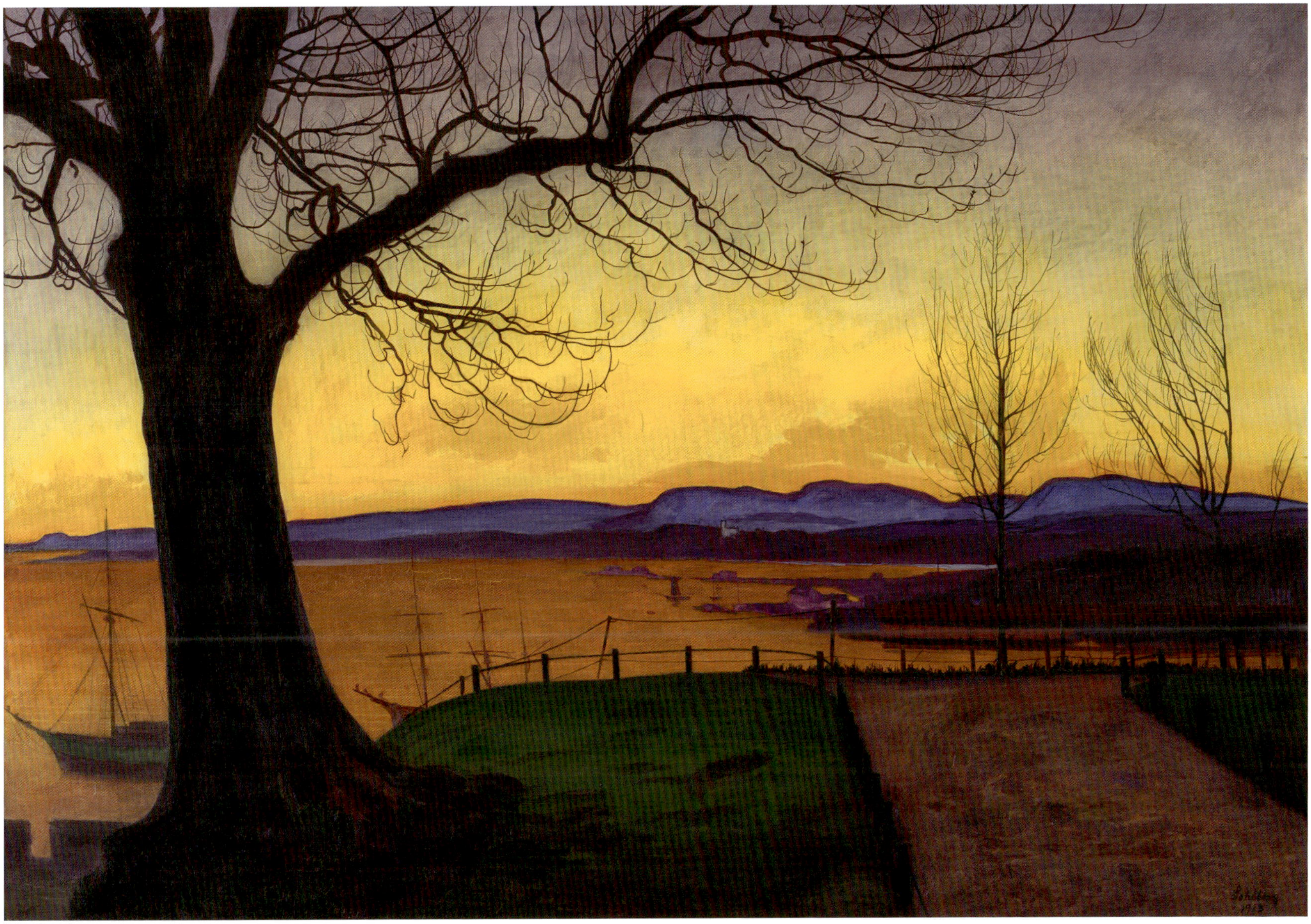

Taf. 22
Frühlingsabend, Festung Akershus, 1913
Kat. 58

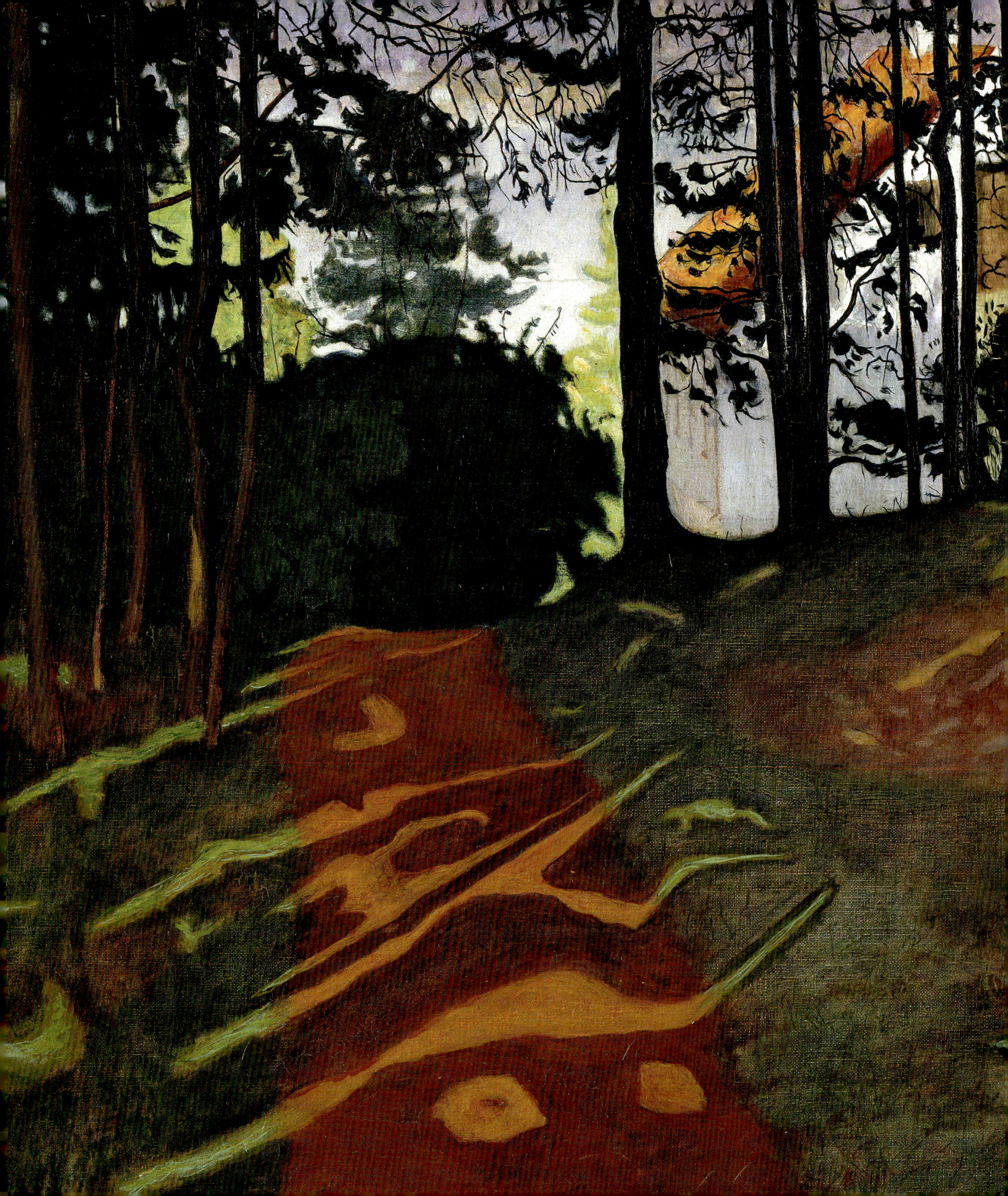

HOMO ABSCONDITUS: HARALD SOHLBERG UND DIE SYMBOLISTISCHE LANDSCHAFT

DARIO GAMBONI

Im Katalog einer 1987 in Paris gezeigten Ausstellung über skandinavische Malerei um 1900 führte Magne Malmanger Harald Sohlberg mit den Worten ein, dieser sei »vor allem Landschaftsmaler« gewesen – und man muss der Gerechtigkeit halber hinzufügen, dass Sohlbergs Ruhm innerhalb Norwegens größer ist als außerhalb, obwohl sein Gemälde *Sommernacht* (Taf. 68) sogar für das Cover des Katalogs ausgewählt worden war.[1] Sohlberg selbst war zu seiner Zeit durchaus in der Welt herumgekommen und kannte sich mit den damaligen Entwicklungen in der Kunst aus. Und auch die Darstellung von Menschen spielt in seinen frühen Werken eine wichtige Rolle. Im Katalog einer fast zwanzig Jahre später eröffneten Ausstellung zur Landschaftsmalerei des ausgehenden 19. und frühen 20. Jahrhunderts – mit weniger ausschließlichem, jedoch deutlichem Schwerpunkt auf skandinavischer Malerei – findet sich von Roald Nasgaard die Bemerkung, anders als ihre Vorläufer der Romantik hätten die skandinavischen Künstler der Jahrhundertwende »antinarrative« Szenerien gemalt, ohne »Staffagefiguren«, wodurch es zu einer »Vertreibung des Menschen« aus der Landschaft gekommen sei.[2] Im Folgenden soll nach dem Zusammenhang zwischen Sohlbergs Stellung innerhalb der Kunstgeschichte und der auffallenden Abwesenheit von Menschen in seinen Bildern gefragt werden sowie danach, ob die Natur bei ihm möglicherweise zum Ersatz für den Menschen wird.

LANDSCHAFT UND SYMBOLISMUS

Die Landschaftsmalerei zur Würde der Historienmalerei erhoben zu haben, ist ein Verdienst der deutschen Romantik. In Ludwig Tiecks Künstlerroman *Franz Sternbalds Wanderungen*, veröffentlicht 1798, begegnet die gleichnamige Hauptfigur einem Maler und Eremiten, der ihm erläutert, es sei ihm bei allen seinen Versuchen »niemals um die Natur zu tun«, sondern er suche »den Charakter oder die Physiognomie herauszufühlen und irgendeinen frommen Gedanken hineinzulegen, der die Landschaft wieder in eine schöne Historie verwandelt«. Franz Sternbald erwidert, er glaube einzusehen, wie der alte Mann über die Landschaft denkt: »Ihr habt recht. [...] Nicht diese Pflanzen, nicht die Berge will ich abschreiben, sondern mein Gemüt, meine Stimmung, die mich gerade in diesem Momente regiert, diese will ich mir selber festhalten und den übrigen Verständigen mitteilen.«[3] Ein künstlerisches Beispiel dafür, wie wortwörtlich Landschaft in Historie verwandelt wird – und umgekehrt –, lieferte mehr als zehn Jahre später Philipp Otto Runge (1777–1810) in einer Tuschezeichnung nach seinem Gemälde *Ruhe auf der Flucht nach Ägypten* (1805–1808) in der Hamburger Kunsthalle, bei der die Rollen von Josef, Maria und dem Jesuskind kompositorisch von einem Baumstamm, Wurzeln und Ästen übernommen werden.[4]

Nach der zwischenzeitlichen Herrschaft des Realismus, der von den Symbolisten als Resultat eines oberflächlichen und positivistischen Verständnisses von Denken und Wirklichkeit abgelehnt wurde, bedeutete der Symbolismus in vielerlei Hinsicht eine Rückkehr zur Romantik. Dies war auch in Skandinavien der Fall, wo der dänische Kunsthistoriker und Kritiker Julius Lange (1838–1896) den Impressionismus 1889 als »Kunst des genauen Studiums« bezeichnete und vorschlug, ihn im Dienst einer höheren »Kunst der Besinnung« oder Erinnerung zu begreifen, als Ausdruck von »Stimmung, Bedeutsamkeit und menschlichem Wollen« sowie als »subjektive Wahrnehmung der Wirklichkeit«.[5] Das Wiederanknüpfen an die Romantik wurde im Norden Europas besonders begrüßt, da die Landschaftsmalerei dort traditionell stark mit der Suche nach nationaler Identität verbunden war und als wichtiges Medium zur Visualisierung der nordischen Mythologie betrachtet wurde. So evozierten Johan Christian Dahl (1788–1857) und sein Schüler Thomas Fearnley (1802–1842) die nationale Vergangenheit in ihren Gemälden zeichenhaft durch aufgerichtete Felsen, Grabhügel und alte Bäume, umgeben von einer Landschaft, die vom Meer und den seit Ewigkeiten unwandelbaren Bergen geprägt war. Bezeichnenderweise wurde Caspar David Friedrich (1774–1840) in Norwegen früh wiederentdeckt. Dies geschah in den beiden 1893 und 1894 veröffentlichten Monografien des Kunsthistorikers Andreas Aubert (1851–1913) über Johan Christian Dahl sowie Auberts späteren Publikationen über Fearnley, Runge und Friedrich selbst.[6]

In Paris, das München und Düsseldorf als Anziehungspunkt für junge skandinavische Künstler um die Mitte des 19. Jahrhunderts ersetzt hatte, entdeckte eine neue Generation ebenfalls die Romantik, wozu die kunstkritischen Schriften von Charles Baudelaire (1821–1867) einen wichtigen Anstoß gaben. In seiner Besprechung des Salons

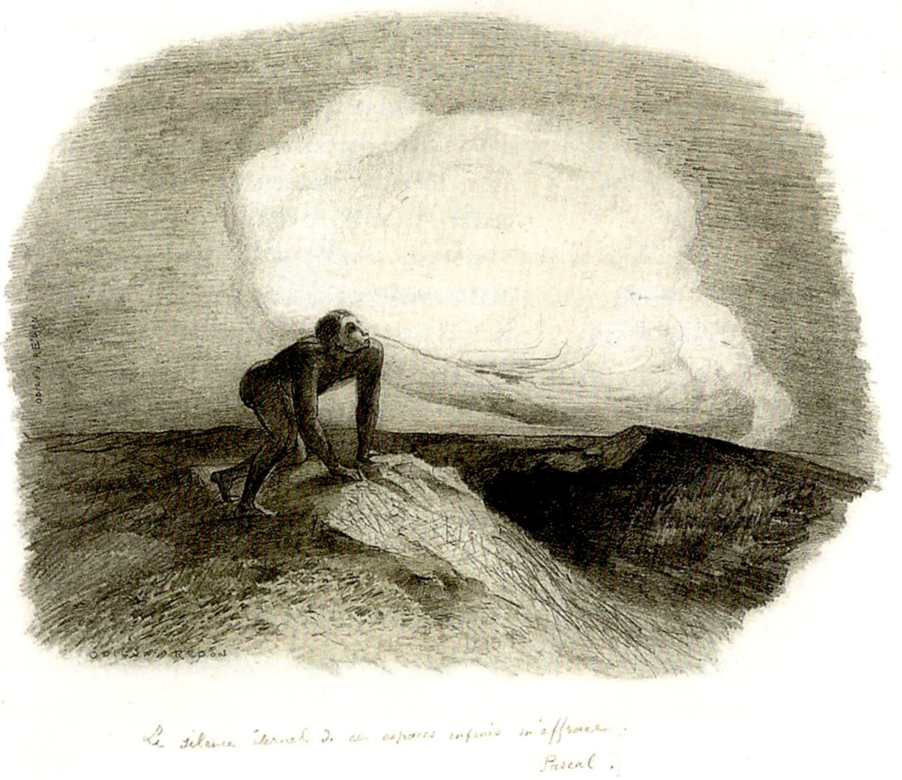

Abb. 7: Odilon Redon, *Die Stille in diesen unendlichen Räumen erschreckt mich*, um 1870

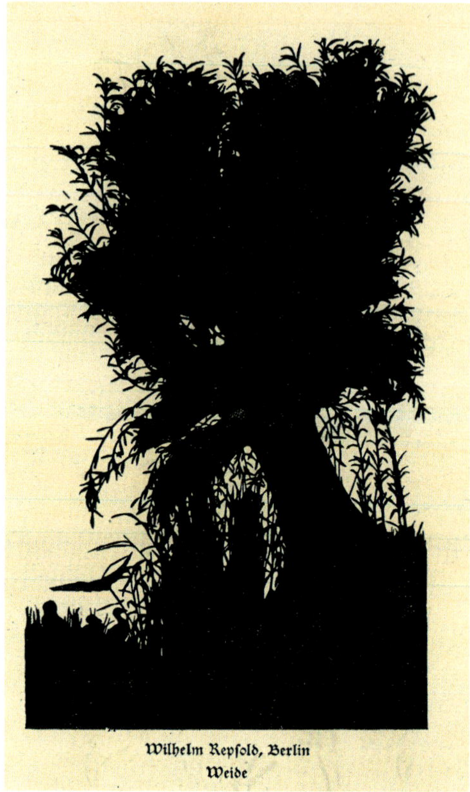

Abb. 8: Wilhelm Repsold, *Weide*, undatiert

von 1859 hatte Baudelaire zwei Arten der Landschaftsmalerei einander gegenübergestellt, die realistische, die darauf abzielt, »die Dinge so wiederzugeben, wie sie sind, oder vielmehr wie sie sein würden, wenn ich annehme, daß ich selbst nicht existiere«, und die »imaginative«, bei der der Künstler »die Dinge mit [s]einem Geiste durchleuchten und ihren Widerschein auf andere Geister fallen lassen will.[7] Auch die posthume Veröffentlichung der Tagebücher, die der Schweizer Philosoph Henri Frédéric Amiel (1821–1881) zwischen 1841 und 1881 geführt hatte, spielte hierbei eine große Rolle. Amiel bezeichnete am 31. Oktober 1852 die Elemente der Natur als »wunderbare Symbole«, schrieb der Poesie durch ihr Verfahren der »Synthese« größere Wahrheit als der Wissenschaft zu und fand in der Landschaft eine Korrespondenz zwischen Welt und Ich: »Jede Landschaft entspricht einem Seelenzustand und wer beides lesen kann, staunt über die bis ins kleinste Detail reichenden Übereinstimmungen.«[8]

»Symbolismus« als Bezeichnung stellte ein Etikett dar, unter dem unterschiedliche, ja sogar gegensätzliche Kunstströmungen zusammengefasst wurden.[9] Der Kunstkritiker Albert Aurier (1865–1892), der Paul Gauguin (1848–1903) 1891 als Vertreter des Symbolismus in der Malerei gefeiert hatte, unterschied den »Ideismus«, den Gauguin vertrat, vom »Idealismus«. Maurice Denis (1870–1943), damals noch ein junger Maler und Kunsttheoretiker, verurteilte 1892 die Verwechslung der »mystischen und allegorischen Strömungen, das heißt die Suche nach Ausdruck mittels der Darstellung subjektiver Inhalte« mit den »symbolistischen Strömungen, das heißt der Suche nach Ausdruck durch das Kunstwerk selbst«.[10] Diese »symbolistische Strömung« fand Denis beispielhaft in Gauguins Œuvre verkörpert – und es kann als glücklicher Zufall bezeichnet werden, dass Gauguin aus vielerlei Gründen, zu denen auch seine Heirat mit der 1884 nach Kopenhagen zurückkehrenden Dänin Mette Sophie (geborene Gad) zählte, eng mit der skandinavischen Kunstwelt verflochten war und seine Werke dort eine frühe Rezeption erfuhren.[11]

VERHÜLLTES ERSCHEINEN

Sohlbergs frühe Werke mit symbolistischen Elementen – insbesondere die Tuschezeichnungen der 1890er-Jahre – widersetzen sich jedoch der von Denis vorgeschlagenen »entgegengesetzten Begriffsdefinition«. So weist etwa die Zeichnung *In der Tiefe meines Gartens* (Taf. 23) – auf ihr ist ein Mann zu sehen, der in einer weiten Landschaft vor einer wie eine Geistererscheinung wirkenden weiblichen Büste auf die Knie gefallen ist – eindeutig allegorische Charakteristika auf und erinnert an den belgischen Symbolismus und die englische Décadence.[12] Das hohe Maß an Abstraktion dieser Arbeiten rückt sie jedoch gleichzeitig in die Nähe des Synthetismus. Sohlbergs ungewöhnliche Darstellung einer Wolke (Taf. 24) weist Ähnlichkeit mit der bedrohlichen Wolke auf, die in vielen Jugendwerken Odilon Redons (1840–1916) erscheint, zum Beispiel in einer Zeichnung (Abb. 7), die Blaise Pascals (1623–1662) Aussage vom Menschen in der Mitte zwischen dem unendlich Kleinen und dem unendlich Großen illustriert.[13] Doch der Raum, den Sohlberg mit seinen sorgfältig ausgeführten Kreuzschraffuren heraufbeschwört, ist noch uranfänglicher als bei Redons Aufeinandertreffen von Gebirge und Himmel: Es herrscht tiefschwarze Nacht und im unteren Teil ist eine spiegelnde Fläche zu erkennen, bei der es sich um Wasser oder Eis handeln könnte und auf der die große Wolke sich wider alle Gesetze der

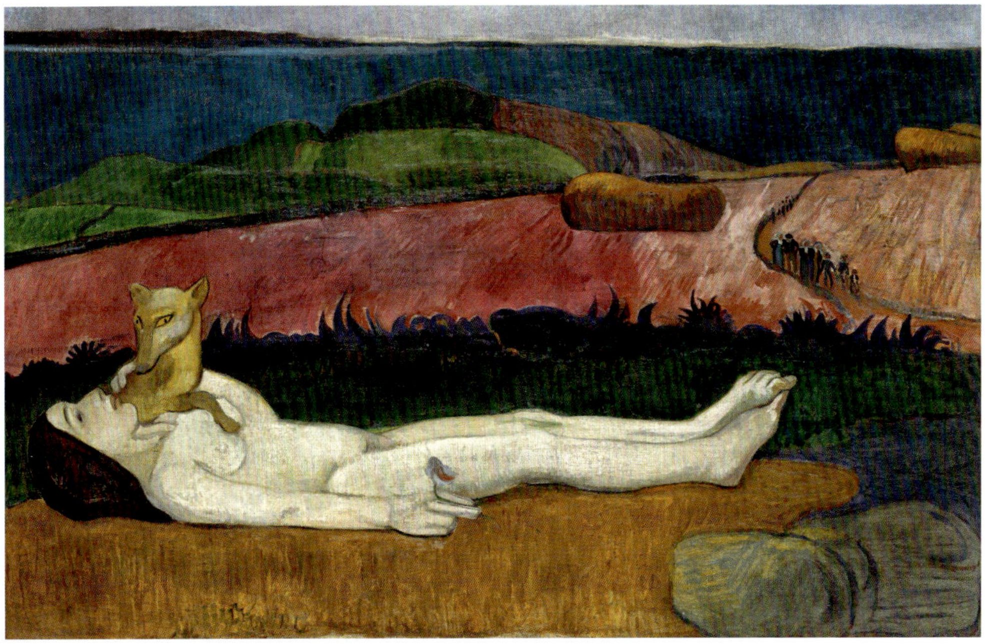

Abb. 9: Paul Gauguin, *Der Verlust der Unschuld (oder Frühlingserwachen)*, 1891

Natur zu einer Rast niedergelassen hat. Die uneindeutige, vage zoomorphe Gestalt der Wolke, die von zwei kleineren begleitet wird, scheint in ihrem Spiegelbild weitere Formen entfalten zu wollen, wird dabei jedoch gestört, und der größte Teil des Blattes bleibt völlig weiß. Verglichen mit Redons kosmischer Wolke oder den Wolken, die sich auf Johan Thomas Lundbyes (1818–1848) Gemälde *Herbstlandschaft. Hankehøj in der Nähe von Vallekilde* (1847, Den Hirschsprungske Samling, Kopenhagen) über dem Grabhügel sammeln, oder der Wolke, die in Prinz Eugens (1865–1947) etwas später entstandenem Gemälde *Die Wolke* (1896, Waldemarsudde, Stockholm) am Ende eines gewundenen Pfads über der Landschaft hängt, zeichnet sich Sohlbergs stumme und in sich selbst verschlossene Wolke durch ein zuvor ungekanntes Maß an Unbestimmtheit aus.

Sohlbergs künstlerischer Durchbruch gelang mit dem Gemälde *Abendrot* (Taf. 25), das in der Staatsausstellung von 1893 gezeigt und im folgenden Jahr, bei deren Ende, von der norwegischen Nationalgalerie erworben wurde. Dem Genre nach handelt es sich unverkennbar um ein Landschaftsbild, auch wenn das Format mit seiner Ausrichtung an der Vertikalen ungewöhnlich ist: Den oberen Teil nimmt der rot glühende Himmel ein, mitsamt den sanft geschwungenen Umrissen und zarten Schattierungen eines fernen Ufers, im mittleren Teil ist eine von leichten Wellen bewegte Wasserfläche zu sehen und im unteren Teil befindet sich das Ufer, an dem der imaginäre Betrachter steht, sitzt oder liegt. Der Eindruck des Geheimnisvollen und Rätselhaften, der über dem Bild liegt, wird noch verstärkt durch die Pflanzen, die im Vordergrund wachsen und deren Blätter und Zweige die Bildfläche überziehen. Die Genauigkeit, mit der sie gezeichnet sind, kontrastiert mit den verschwommenen Umrissen der übrigen Landschaft, was jedoch die *Stimmung* des Bildes, die alles durchströmende romantische Atmosphäre einer skandinavischen Mittsommernacht, nur noch verstärkt.[14] Im Vordergrund rechts ist eine große, dunkle, aus dem Boden ragende Form zu sehen, für die es keine überzeugende Erklärung gibt – soll es sich um einen Busch handeln, einen Fels, einen Erdhügel? Eine Zeichnung (Taf. 27), die dem unteren Teil der Komposition entspricht, unterstreicht die Bedeutung dieses Schattenrisses, trägt jedoch nichts zur Erhellung des Rätsels bei, außer man nimmt die ikonische Anmutung der sorgfältig gezogenen Umrisslinien ernst und deutet die Form als Profil eines nach links gedrehten menschlichen Kopfes, genauso wie bei dem undatierten Scherenschnitt einer Weide des deutschen Illustrators Wilhelm Repsold (1885–1969; Abb. 8).[15]

Scherenschnitte waren in der Romantik sehr beliebt, insbesondere als Porträts, und hatten in den skandinavischen Ländern einen begeisterten Liebhaber und Ausübenden dieser Kunst im Dichter und Schriftsteller Hans Christian Andersen (1805–1875), der die diesem Medium innewohnende Abstraktion und Ambiguität fantasievoll und gewitzt zu nutzen verstand.[16] Um 1900 erlebte der Scherenschnitt dann eine Art von Revival – in dieser Zeit entstand auch Repsolds Werk –, genauso wie die sogenannten Transparentbilder, von hinten beleuchtete Bilder, mit denen *Abendrot* ebenfalls verglichen werden kann. Der Schattenrisseffekt und allgemeiner die Polyikonizität – der Gebrauch einer einzigen Form für mehrere Gestalten – waren jedoch nicht auf den Bereich solcher Spielereien und Illustrationen beschränkt, ganz im Gegenteil: Es handelte sich dabei um Instrumente zur Erzeugung von Polysemie sowie einer Wirkung, die von den Dichtern und Kritikern des Symbolismus als »Suggestion« bezeichnet wurde – als die Kunst, den Rezipienten in den schöpferischen Prozess einzubeziehen.[17] Die Linie des pflanzenhaft anmutenden Schattenrisses im Vordergrund von Sohlbergs *Abendrot* (Taf. 25) ist in diesem Sinne mit einem ähnlich rätselhaften – und zugleich bedrohlichen, da mit vielen »Hörnern« und »Reißzähnen« ausgestatteten – Bildelement in Gauguins Gemälde *Der Verlust der Unschuld (oder Frühlingserwachen)* vergleichbar (Abb. 9). Bei Gauguin wird die auf dem Rücken liegende nackte Frau mit dem Fuchs so von der sie umgebenden bretonischen Landschaft geschieden, durch die eine Prozession zieht. Gauguin assoziiert auch Pflanze und Mensch, beispielsweise in seinem Gemälde *Arlésiennes (Mistral)* (1888, The Art Institute of Chicago), wo er dem Gebüsch menschliche Gesichtszüge gegeben hat, oder bei *Vase in Form eines Baumstamms* (um 1887/88, Musée d'Orsay, Paris), aus der zwei Äste ragen, deren Abschluss wiederum kleine Frauenköpfe bilden.[18]

Die Anspielungen Gauguins auf Geschlecht und Vitalität sind vermutlich auch für Sohlbergs *Abendrot* interpretatorisch relevant: Wie Øivind Storm Bjerke ausführt, zeigt das Gemälde den Blick von einem Aussichtspunkt, »an dem Sohlberg [im Sommer 1893] heimliche Stelldicheins hatte«. Auf die Frage, woran er denn beim Malen des Bildes gedacht habe, gab Sohlberg einmal

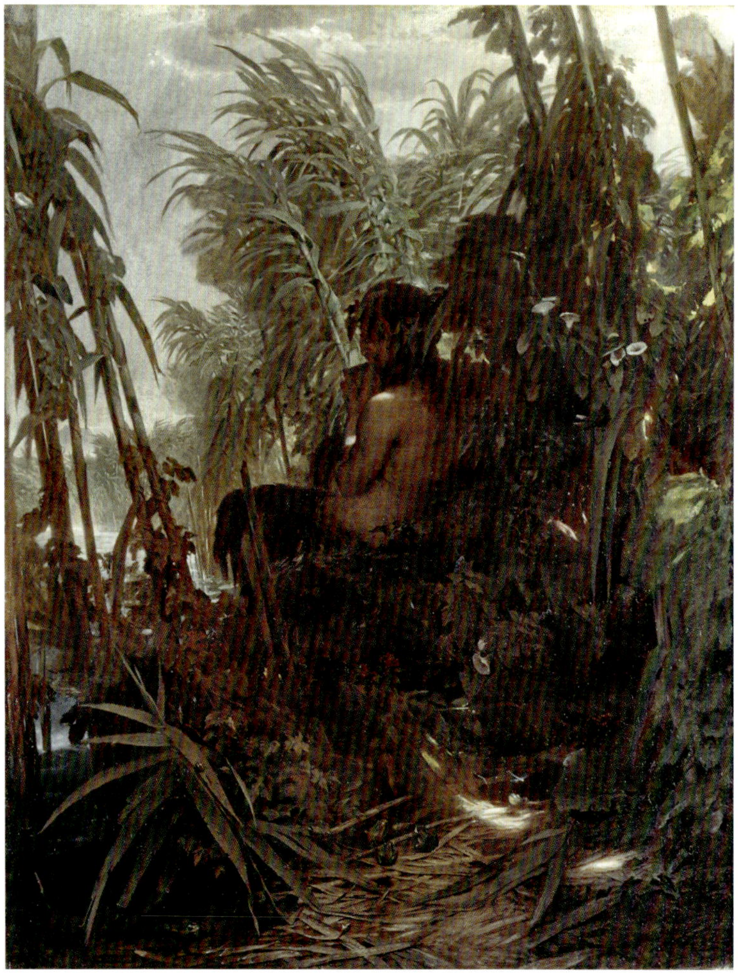

Abb. 10: Arnold Böcklin, *Pan im Schilf*, 1859

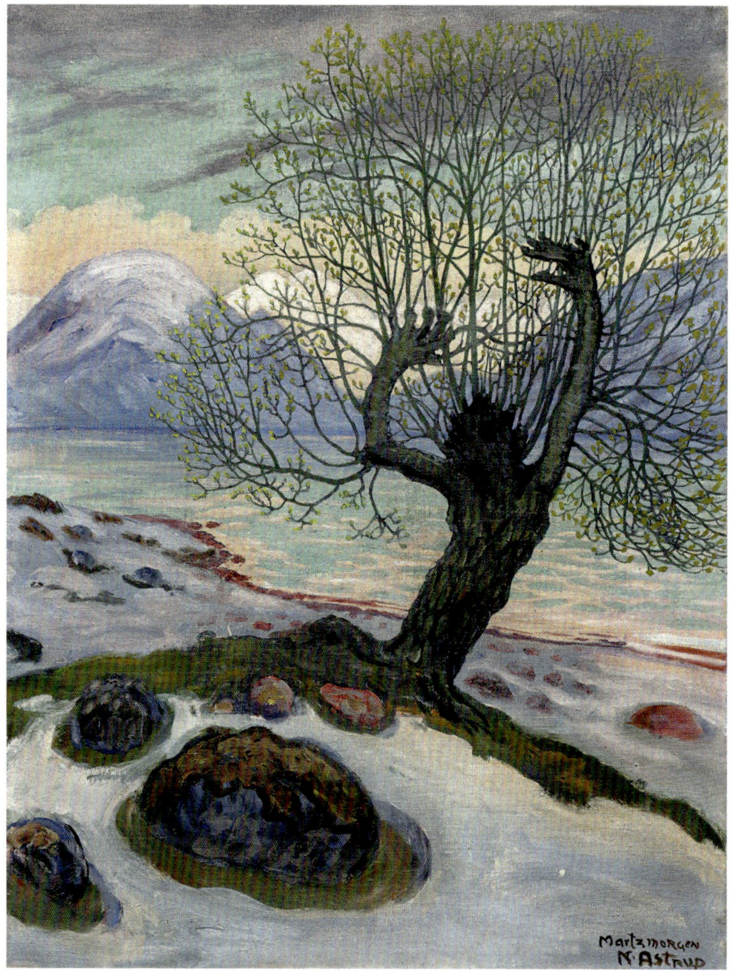

Abb. 11: Nikolai Astrup, *Märzmorgen*, um 1920

zur Antwort: »An Frauen im Gebüsch.«[19] Dies stützt die Deutung der schattenrissartigen Form als Element, in dem ein Liebespaar zeichenhaft anwesend ist. Das Profil des Strauches/Kopfes in *Abendrot* wirkt allerdings eher maskulin, vielleicht als Verweis auf den Maler selbst oder als Anspielung auf Figuren aus der antiken Mythologie, einen Faun oder sogar Pan. Eine berühmte Darstellung Pans aus dem 19. Jahrhundert zeigt ihn beim Spiel auf seiner Hirtenflöte, auch Syrinx genannt und der Legende nach aus dem Schilfrohr gefertigt, in das die gleichnamige Nymphe sich auf der Flucht vor dem lüsternen Gott verwandelt hatte. In seiner zweiten Version des Gemäldes *Pan im Schilf* (1859; Abb. 10) lässt Arnold Böcklin (1827–1901) im Blattwerk unmittelbar hinter und über dem Kopf des Pan ein Echo seines Profils erahnen und identifiziert damit den Gott der Fruchtbarkeit mit der sich stets erneuernden Kraft der Natur. Theodor Kittelsen (1857–1914) hatte mit *Die Freuden des Kinderkriegens* (1878, Nasjonalmuseet, Oslo) eine komische Version der Szene gemalt, und Nikolai Astrup (1880–1928) anthropomorphisierte später in seinem *Märzmorgen* einen Baum, dem im Frühling neue Zweige und Blätter austreiben (Abb. 11).

Sohlberg schätzte sowohl Kittelsen als auch Astrup als Künstler sehr, doch vermied er den expliziten und fantastischen Charakter ihrer Werke. In *Abendrot* beschränkte er sich deshalb auf die Abstraktion des Schattenrisses, auf Ambiguität und Andeutung sowie – in den Worten des Kunstkritikers Aurier – »unmittelbar bedeutende Elemente wie Formen, Linien, Farben etc.«.[20] Der Aspekt der Selbstrepräsentation des Malers im Bild wirft ein ironisches Licht auf Sohlbergs Aussage in einem Brief an seine Eltern vom 29. November 1895, in dem er sich darüber beklagte, als Person hinter dem Ruhm seines Gemäldes zu verschwinden: »Am Ende werde nicht ich Sohlberg sein, sondern das Gemälde wird Sohlberg sein.«[21] Die Tatsache, dass er seinen ersten großen Publikumserfolg erzielte, indem er »maskiert agierte« und »die menschliche Figur [aus dem Bild] ausgeschlossen« zu haben schien, kann nicht ohne Wirkung auf seine künftigen künstlerischen Pläne gewesen sein – nicht zuletzt im Zusammenhang der Rivalität mit Edvard Munch (1863–1944), die sich vor allem um das Sujet der Meerjungfrau herausbildete (Taf. 105–113).[22] Während Munch die menschliche Figur in den Vordergrund stellte und die Landschaft als Mittel zum Ausdruck eines »Seelenzustandes« behandelte, konzentrierte Sohlberg sich jedenfalls künftig auf die Landschaftsmalerei und verwies lediglich indirekt auf die Anwesenheit von Menschen, als bloße Möglichkeit innerhalb des Bildraums.[23]

SUGGESTIONEN DER NATUR

Im Rahmen dieses Essays können hierfür aus Sohlbergs Werk nur einige wenige Beispiele angeführt werden. Der Schattenrisseffekt wird von ihm regelmäßig bei der Abbildung von Baumstämmen, Zweigen und Blättern als zweidimensionales Gespinst angewandt, das eine eigene, mit der dreidimensionalen Landschaft kontrastierende Bildebene darstellt (Taf. 97). In dem Gemälde *Sonnenstrahlen* (Taf. 28) wird dieses lebendige Flechtwerk durch einen großen Busch ergänzt, der den Waldweg versperrt. Die symmetrische Anordnung der Fenster einer zwischen den Bäumen aufscheinenden Hausfassade verleiht ihr eine physiognomische Qualität. Das latent Unheimliche der Szene gipfelt in den grotesken Mustern, die das Licht auf den Waldboden zeichnet. Ein Vergleich mit der ornamentalen Behandlung eines ähnlichen Motivs in Maurice Denis' *Prozession unter Bäumen* von 1892 (Abb. 12) verdeutlicht dies. Eine Zeichnung Sohlbergs aus einem Skizzenbuch von 1915 – ein Dorfplatz mit drei Bäumen, von denen einer deutlich erkennbar weibliche Züge aufweist – belegt, dass für ihn Bäume die Stelle von Menschen einnehmen konnten.[24] Ein anderes, unvollendetes Werk von 1894 mit dem Titel *Schweigen* (Taf. 98) zeigt eine Frau in weißem Kleid, die bei Nacht aufs Meer hinausschaut – eine weibliche Nachfahrin von Friedrichs *Der Mönch am Meer* (1808–1810, Alte Nationalgalerie, Berlin). Eine Radierung von 1931 nach diesem unvollendeten Werk (Taf. 99) betont die Umrisse des Wegs, auf dem die Frau angehalten hat, und deren Ähnlichkeit mit ihrer Silhouette. Auch wirken die Stämme der Bäume rechts wie Stellvertreter der Frau. Es scheint, als könnten sie die menschliche Figur jederzeit ersetzen, wie es beispielsweise in Félix Vallottons (1865–1925) *Der Weg nach dem Regen* (1908, Musée des Beaux-Arts, Lyon) der Fall ist.

Eines der bedeutendsten Werke Sohlbergs ist in diesem Zusammenhang das Gemälde *Blumenwiese im hohen Norden* (Taf. 29), von ihm 1905 in der Nähe des kleinen Bauernhofs Gullikstad gemalt. Die Pflanzen füllen dort mit ihrer Anwesenheit stolz den Bildraum. Fotografien Sohlbergs zeigen, dass er auf dem Gemälde zwei unterschiedliche Ansichten kombiniert hat, eine Nahsicht der Blumenwiese im Vordergrund und eine Fernsicht, welche die Flussbiegung der Glomma zeigt. Die Komposition vereint sorgfältig beide Blickwinkel, sodass die leuchtenden Blumen, der silbrige Fluss und der blasse Mond wie drei Ausformungen derselben Substanz wirken. Das Format des Gemäldes – rechteckig, aber sich dem Quadrat annähernd, wie häufig bei Sohlberg – ist so gewählt, dass die Blumenwiese an drei Seiten angeschnitten ist, wodurch der Eindruck erweckt wird, als stehe oder sitze der Betrachter auf diesem magischen Blütenteppich. Die Blumen sind auf dem dunklen Untergrund alle einzeln gemalt, je näher am vorderen Bildrand, desto deutlicher unterscheidbar. Die vordersten Blumen wirken wie lebendige Wesen, manche erinnern auch an tanzende kleine Ballerinen und lassen an Grandvilles (1803–1847) *Les Fleurs animées* von 1847 denken oder an die Farblithografien von Wikingern mit Stiefmütterchen als Gesichtern, die August Strindberg (1849–1912) 1896 an Torsten Hedlund schickte.[25] Weiter hinten im Bild verschwimmen die Gänseblümchen der *Blumenwiese im hohen Norden* ineinander. So entsteht der Eindruck, dass ihre Darstellung die Beziehung zwischen Individuum und Gemeinschaft bebildern soll – ein zentrales Thema bei Sohlberg, der die Bergbaustadt Røros verlassen hatte, um auf den kleinen Bauernhof Gullikstad zu ziehen, und im Streit mit einem Bezirksförster lag, der ihn beschuldigte, von den Nachbarn Holz zu stehlen.[26] 1889 hatte Lange in seinem Aufsatz die Gegenwart, in der »die individuellen Empfindungen des Künstlers den Ursprung [des Werkes] bilden und seine Aufgabe letztlich darin besteht, die Heime seiner Zeitgenossen zu schmücken«, mit den früheren Zeiten verglichen, in denen »das Gefühl des Individuums im allgemeinen Gefühl und Willen aufging«. Sein Appell an das Publikum lautete, das vom Künstler erwartete »Private und Persönliche« wie ein Geschenk zu empfangen und genauso persönlich zu erwidern: »Selbst wenn eine Gesellschaft in Atome zerstreut ist, kann ihr Band durch wechselseitigen persönlichen Austausch wieder neu geknüpft werden.«[27]

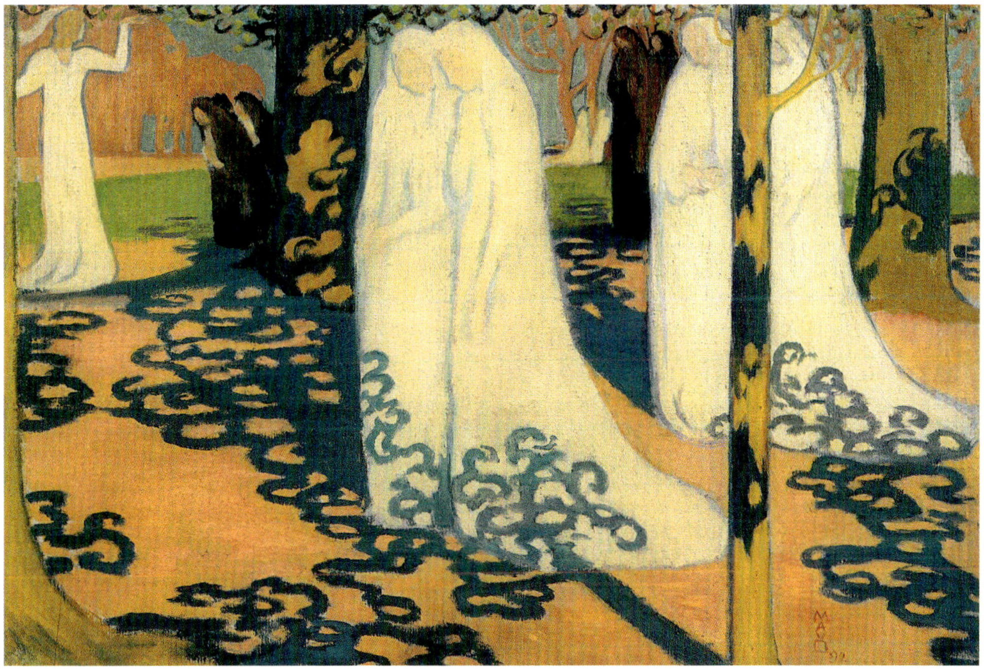

Abb. 12: Maurice Denis, *Prozession unter Bäumen*, 1892

Auch das Motiv der Wolke, dem die bereits erwähnte undatierte Zeichnung gewidmet war (Taf. 24), taucht auf einigen Gemälden wieder auf. In *Nachmittagssonne* von 1895 (Taf. 32) ziehen zwei große Wolken träge von rechts nach links übers Wasser, wobei die Form der zweiten Wolke mit der der Sandbank unter der Wasseroberfläche korrespondiert. Bei *Straße in Røros im Winter* (Taf. 72) nimmt der Schnee auf den Dächern suggestive und – dank der ungewöhnlichen Impasto-Technik – beinahe skulpturale Formen an und türmt sich am Ende der Häuserzeile rechts zu einer geister-

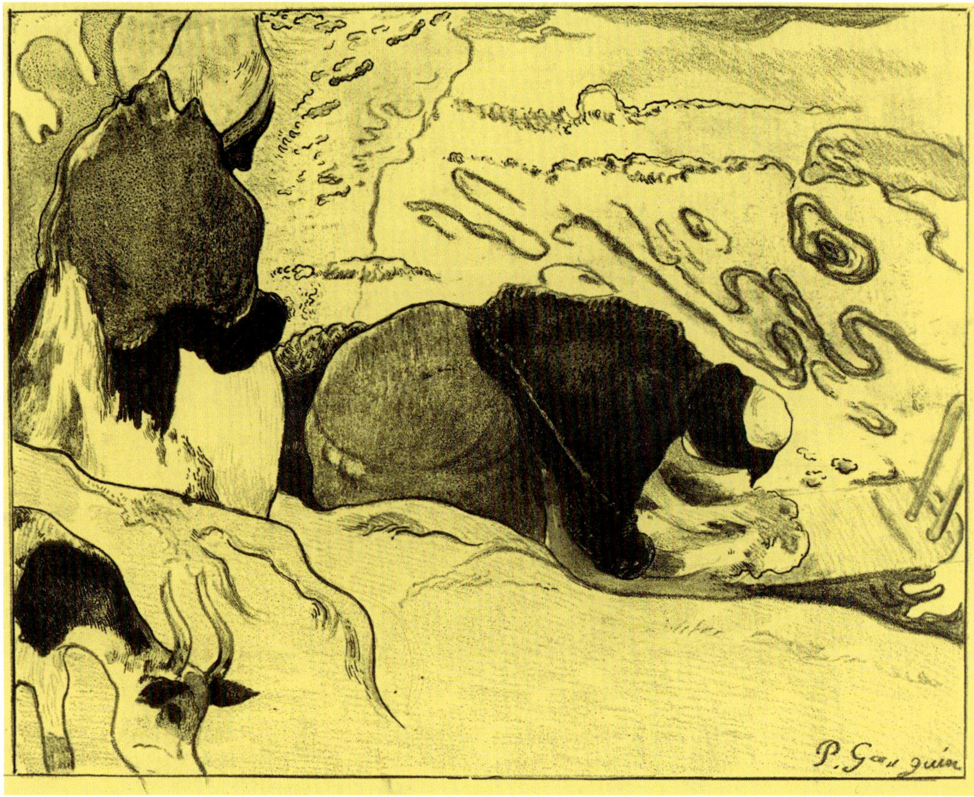

Abb. 13: Paul Gauguin, *Waschfrauen*, 1889

haften Erhebung mit zwei augenähnlichen Öffnungen, die mit dem strengen Blick des Kirchturms wetteifern. Eine große aquarellierte Tuschezeichnung von 1908 mit dem Titel *Gischt* (Taf. 33) profitiert von Sohlbergs Experimenten der 1890er-Jahre, in denen er sich um eine abstrakte Formensprache für Wolken, Regen und Nebel bemüht hatte. Es lassen sich darin Einflüsse der japanischen Kunst (insbesondere von Ogata Kōrin, 1658–1716), des französischen Synthetismus und des linearen Vokabulars etwa von Jan Toorop (1858–1928) erkennen. Die Konfrontation zwischen Mensch und Natur in *Gischt* ist dramatisch überhöht, der Mensch auf die winzige gelbe Figur eines Fischers reduziert. Über der gesamten Szenerie zieht ein wütender Sturm herauf. Drei Gischtformationen fallen durch Umriss und Expressivität besonders auf, zwei davon gleichen Flammen und die mittlere ist mit einer Öffnung versehen, die möglicherweise auf den Moskenstraumen (Malstrom) der Lofoten verweist; die dritte Formation, unterhalb des Fischers, besitzt zwei Öffnungen und verleiht so der Feindseligkeit der Natur ein Gesicht. Wobei die Ähnlichkeit mit der monströsen Maske auffällt, deren Züge Gauguin in der Brandung seiner 1889 gefertigten Zinkografie *Waschfrauen* (Abb. 13) andeutet. Sie zählte zur Volpini-Mappe, in die Gauguin mehrere Landschaftsbilder der bretonischen Küste sowie eine Anspielung auf Edgar Allan Poes (1809–1849) Kurzgeschichte *Sturz in den Malström* aufgenommen hatte.[28] Es ist sehr wahrscheinlich, dass Sohlberg diese Mappe gekannt hat, denn während seines Studiums in Kopenhagen im Winter 1891/92 verkehrte er bei Mette Gauguin und im Kreis der dänischen Symbolisten, für die Gauguin ein wichtiges künstlerisches Vorbild war.[29]

In *Gischt* wird das rechte untere Viertel der Komposition von der Küste gefüllt, zerklüftete Felsen ragen dort auf, die wie die Zweige und Blätter von *Abendrot* im Schattenriss gezeigt werden. Mit Leichtigkeit könnten in ihre vieldeutigen Formen menschliche Figuren hineininterpretiert werden, genau wie bei den bretonischen Küstenlandschaften, die Georges Lacombe (1868–1916) 1893 nach der Begegnung mit Gauguin malte.[30] Gauguin selbst ließ sich vom bildhaften Potenzial der bretonischen Küste in der Nähe von Le Pouldu anregen, und ein Schüler, der ihn dort begleitete, Armand Seguin (1869–1903), erinnerte sich später daran, wie die Natur zu ihnen »gesprochen« habe: »Die verkrüppelten Eichen erinnern an seltsame Tiere, der Fels nimmt unter der ununterbrochen anbrandenden, formenden Gewalt der Wogen die Gestalt von unbekannten Ungeheuern an, die er einst vielleicht beherbergte, und die Gischt der Wellen bildet auf dem Blau des Meeres weiße Arabesken.«[31] Wahrnehmungen dieser Art waren schon immer durch Felsen und Klippen hervorgerufen worden, wie die Toponomastik bezeugt. Um die Wende vom 19. zum 20. Jahrhundert wurden daraus populäre Bildmotive, wie eine norwegische Postkarte belegt, die eine Felsformation im Gudbrandsdalen zugleich als »Wächter von Kvam« und als Profil des berühmten Schriftstellers Bjørnstjerne Bjørnson (1832–1910) ausweist.[32] 1896 zeigte sich auch Strindberg höchst beeindruckt von einem »Türkenkopf« genannten Felsen in einer Schlucht nahe der österreichischen Ortschaft Klam, die er »einer Laune der Natur« zuschrieb. Er hob jedoch hervor, dass an dessen Echtheit »von allen Bewohnern des Ortes« geglaubt werde. Ab den 1890er-Jahren fügte er in seine Gemälde von Felsformationen zahlreiche potenzielle menschliche Profile ein.[33] In der norwegischen Malerei gab es hierfür Vorläufer in der Romantik, beispielsweise im Werk von August Cappelen (1827–1852), die Sohlberg gekannt haben muss.[34] Die vagen Andeutungen in *Gischt* sind in *Exodus* (Taf. 34) deutlicher ausformuliert, wo die Küste von zwei großen, wie groteske Köpfe dem Meer zugewandten Felsen überragt wird. Der narrative Titel sowie die in See stechenden Langschiffe suggerieren, dass allein die reglosen Felsen bei diesem Exodus zurückbleiben.[35] Ein Jahr später entschloss sich Sohlberg zu einer weniger expliziten Darstellung. Er verlieh einer ähnlichen Komposition den unverfänglichen Titel *Andante* (Taf. 35), ersetzte die Reihe der Schiffe durch Wolken, versammelte die Segel fern am Horizont und tauchte den Vordergrund mit den beiden Felsen bzw. Köpfen in Schatten.

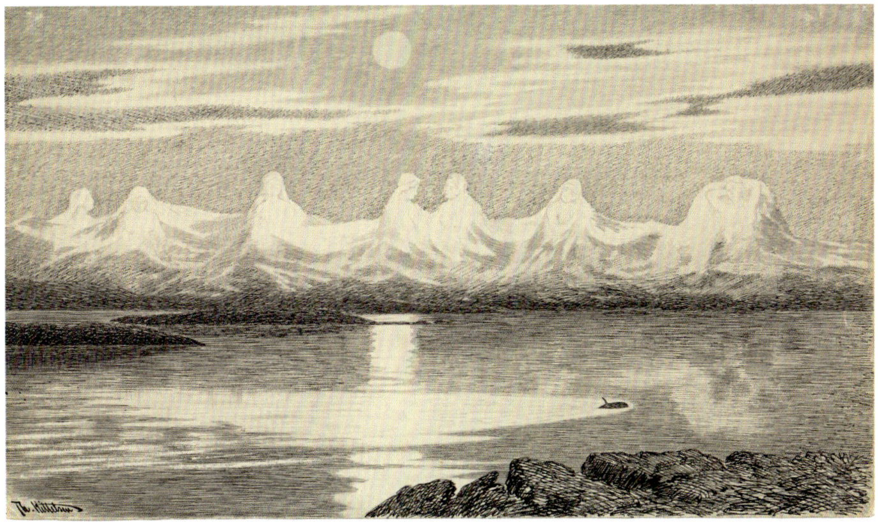

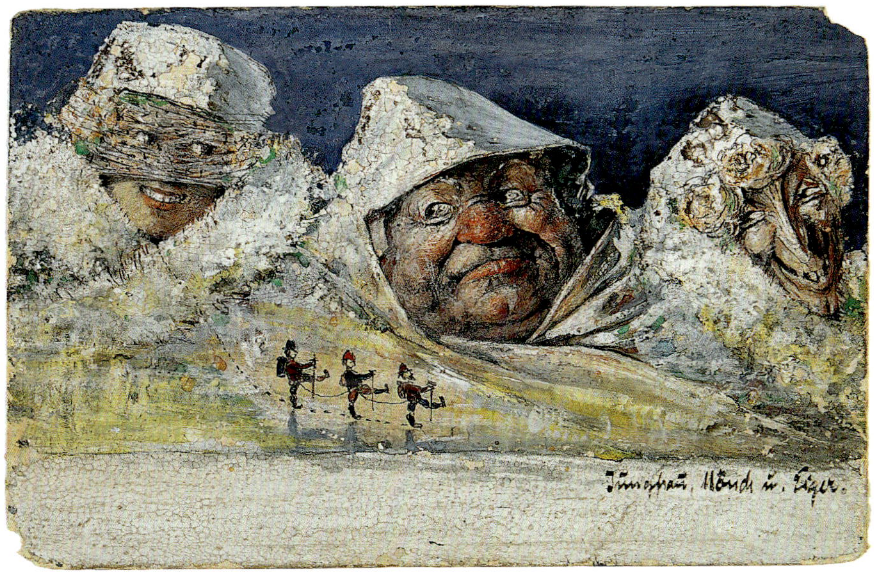

Abb. 14: Theodor Kittelsen, *Die Bergkette der Sieben Schwestern,* 1888

Abb. 15: Emil Nolde, *Jungfrau, Mönch und Eiger* (Bergpostkarte 7), 1894

VERSTEINERTE RIESEN, LEBENDIGE ARCHITEKTUR

Die kephalomorphen Felsen in *Exodus* und *Andante* werfen eine wichtige Frage bezüglich Sohlbergs Meisterwerk *Winternacht in Rondane* (Taf. 41) auf, nämlich ob wir dort ebenfalls eine solche Polyikonizität zu vermuten haben. Die Toponymie der Gebirge ist reich an Namen, die sich ikonischer Wahrnehmung verdanken, und die Künstler der Romantik und Neoromantik nutzten dies gern als Anlass für Bilder, die »doppelt« interpretiert werden konnten.[36] 1891 veröffentlichte Kittelsen nach einem Aufenthalt auf den Lofoten eine halb anthropomorphisierte Darstellung der *Bergkette der Sieben Schwestern* (Abb. 14). Zwei weitere Versionen – eine »realistische« und eine explizit anthropomorphisierte – behielt er in der Schublade.[37] Fünf Jahre später begann Emil Nolde (1867–1956) seine künstlerische Karriere mit einer Serie »berühmter Ansichten« der Schweizer Alpen (Abb. 15), die in München als Postkarten erschienen. Für Sohlberg, der die Gebirgsregion von Rondane 1899 entdeckte und im folgenden Jahr dorthin zog, um an *Winternacht in den Bergen* zu arbeiten, stand dieser humoristische Typus von Darstellung nicht zur Debatte, schon gar nicht in der Malerei. Doch der Symbolismus lieferte auch in diesem Fall Modelle für suggestive Verfahren. So wird zum Beispiel vermutet, dass Giovanni Segantini (1858–1899) in *Vergehen* (*La morte*), das letzte Gemälde seines Alpen-Triptychons von 1896–1899 (Segantini Museum, St. Moritz), eine Anspielung auf Andrea Mantegnas (1431–1506) *Beweinung Christi* einarbeitete, und dass Ferdinand Hodler (1853–1918) eine Analogie zwischen dem ausgezehrten Körper seiner sterbenden Geliebten Valentine Godé-Darel und dem Gebirgsmassiv des Mont Blanc zog, als er 1914/15 an beiden Gemälden gleichzeitig arbeitete.[38] Sohlbergs Überlegungen scheinen in eine ähnliche Richtung gezielt zu haben. In einem Brief aus dem Jahre 1915 beschreibt er die Erfahrung, die er mit *Winternacht in den Bergen* vermitteln wollte, wie folgt: »Vor mir ragte in weiter Ferne eine Bergkette empor, schön und majestätisch im Mondschein. Versteinerten Riesen gleich.«[39]

Derselbe Brief drückt Mitgefühl mit den Bäumen im unteren Teil der Komposition aus: »Ich sah verkrüppelte, knorrige und umgestürzte Bäume, stummer Ausdruck der unvorstellbar starken Kräfte der Natur, der Macht und Raserei der Stürme.«[40] Die Möglichkeit einer organischen Dimension auch der mineralischen Welt erscheint beim Blick auf das Gemälde *Rondane bei Sonnenaufgang* (Taf. 56), wo der Schnee eine Verwandlung durch die »rosenfingrige Morgenröte« erfährt, als durchaus plausibel. Das Weiß trägt ansonsten wenig zum Eindruck des Organischen bei. Es handelt sich hier gewissermaßen um Berge aus Fleisch und Blut. Dieses Empfinden wird durch die Kompaktheit der in den Himmel ragenden Gruppe noch verstärkt und entspricht Sohlbergs Beschreibung der emporragenden Bergkette in seinem Brief, jedoch nicht den Fotografien, die er davon machte, da das Gemälde sich durch eine Kombination aus Nah- und Fernsicht auszeichnet. In der komplexen Morphologie der Berge nach den Konturen von Gesichtern oder Gliedmaßen suchen zu wollen, nach einem Äquivalent der doppelt codierten Bilder von Kittelsen oder Nolde, erweist sich dennoch als vergebliche Mühe. Ein anderes Beispiel hierfür wäre Astrup, der hinter dem Baumtroll von *Märzmorgen* (Abb. 11) eine Bergkette halb versteckt hat, halb hervorleuchten lässt. Bei genauerer

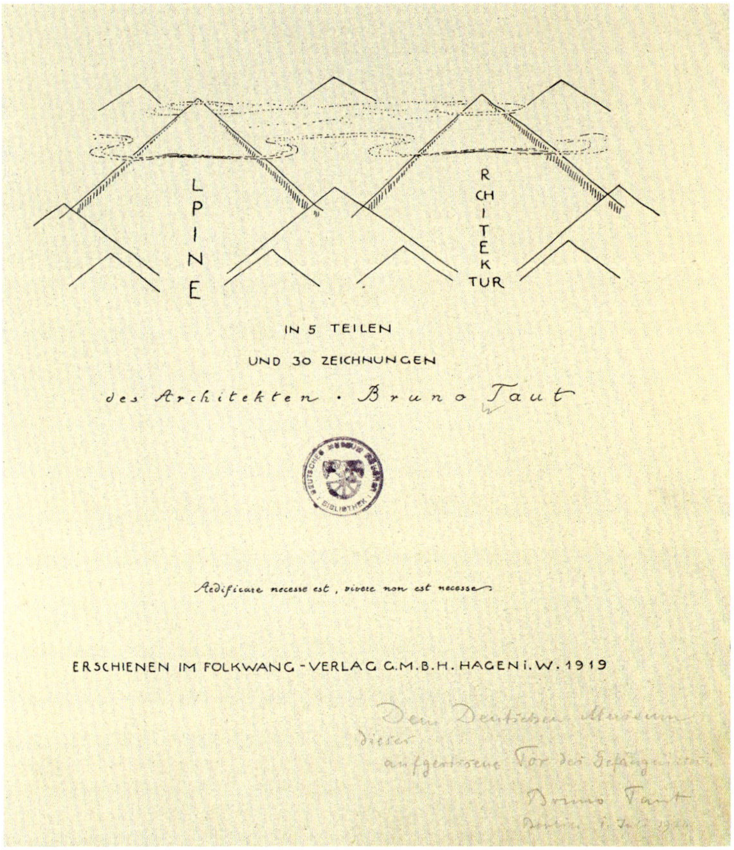

Abb. 16: Titelblatt in Bruno Taut, *Alpine Architektur*, 1919

Betrachtung erweist sie sich als liegende Schneekönigin, wie die Illustration des Künstlers auf dem Einband von Stein Bugges *Frühling und Begehren* verdeutlicht.[41] Zutreffender ist die Beobachtung, dass Sohlberg die Berge auf dem Bild so arrangierte, dass sie die unvollkommene Symmetrie lebendiger Körper aufweisen.[42] Die Suggestion scheint hier die von Körpern und organischen Formen ganz allgemein zu sein, nicht eines bestimmten Körpers oder Organismus. Daher wäre hier die Bezeichnung »Somatomorphismus« sicherlich treffender als »Anthropomorphismus«.[43]

Der Direktor der Osloer Nationalgalerie Jens Thiis (1870–1942) schrieb 1914 zu *Winternacht in Rondane* (Taf. 41), es handle sich dabei um »eine leuchtende Architektur, ein erstarrtes Gedicht«.[44] Die Architekturmetapher ist gerechtfertigt und keineswegs unvereinbar mit dem Organismusvergleich, wie Bruno Tauts (1880–1938) Schrift *Alpine Architektur* von 1919 zeigt, ein utopisches Manifest, das die Geognosie der Romantiker im Geiste des avantgardistischen Funktionalismus wiederbelebte. Die schematischen Zeichnungen auf dem Cover und dem Titelblatt (Abb. 16) weisen in der Komposition Ähnlichkeit mit der *Winternacht in Rondane* auf, nur dass die Symmetrie dort strenger ist und in der Mitte im Hintergrund noch ein weiterer Gipfel aufragt. Sohlberg beschloss hingegen, die Mitte seines Gebirgsmassivs durch eine Negativform zu betonen – wie Friedrich auf seinem Gemälde *Kreidefelsen auf Rügen* (1818, Museum Oskar Reinhart, Winterthur) – und verlieh ihr noch einen zusätzlichen Akzent durch ein nach oben zeigendes Dreieck, das sich rechts am höchsten Punkt der Berggruppe wiederholt. Matthias Schirren erläutert in seinem Essay zu *Alpine Architektur*, in der Taut der Topografie angepasste Bauprojekte forderte, dass der Autor die runden Formen des Monte Rosa mit dem Prinzip des Weiblichen und die kristallinen des Matterhorns mit dem Prinzip des Männlichen verknüpfe. Eine analoge Besetzung der Formen kann sicherlich auch für Sohlbergs Darstellung der Berge von Rondane angenommen werden.[45]

Einige der neoromantischen und neoidealistischen Quellen, auf deren Einfluss Schirren Tauts »empathische Deutung der Naturformen« zurückführte, waren auch für Sohlberg wichtig. Vor allem der Begriff der *Einfühlung* spielte in diesem Zusammenhang eine große Rolle, der im Lauf des 19. Jahrhunderts von deutschen Philosophen und Psychologen in die Diskussion eingebracht worden war und auch die Grundlage der ästhetischen Theorie von Theodor Lipps (1851–1914) bildete.[46] In seiner Ästhetik (1903–1906) führt Lipps die von ihm so genannte »anthropomorphe Tendenz« auf die menschliche Wahrnehmung zurück und erklärt, sie entstehe »unmittelbar aus der Ähnlichkeit der Formen und Bewegungen, die wir in der Natur beobachten, mit denen, die wir hervorbringen, bzw. an uns finden«.[47] Diese Art der Wahrnehmung bleibt nicht auf die organische Welt begrenzt. Lippsens Beschreibung liest sich wie eine Zusammenfassung unserer kurzen Tour d'Horizon durch Sohlbergs Werk, von der »Vertreibung des Menschen« über die suggestive Darstellung von Pflanzen, Brandung und Felsen bis zur kosmischen Epiphanie der Berge von Rondane: »Auf diese Weise schreiten wir in Etappen bei unserer Vermenschlichung fort […] die äußere Erscheinung des Menschen, dann das Reich der Tiere und Pflanzen und schließlich die Welt des Anorganischen.«[48] Laut Bjerke vollzog Sohlberg in den Jahren, in denen er wiederholt Versionen von *Winternacht in den Bergen* malte, eine Entwicklung vom Atheismus oder Agnostizismus hin zum Glauben. Nasgaard schlug bei seiner Deutung des Gemäldes abschließend vor, Sohlberg und die anderen skandinavischen Landschaftsmaler in die »lange Tradition der apophatischen oder negativen Theologie« einzureihen, »die Gott nicht durch das definiert, was ihm zugeschrieben werden kann, sondern durch das, was er nicht ist«.[49] Diesem *Deus absconditus*, dem »verborgenen Gott«, möchte ich gern den *Homo absconditus* hinzufügen, wobei es sich, so mein Eindruck, bei diesem Verbergen oder indirekten Zeigen im Sinne der symbolistischen »Suggestion« in allererster Linie um einen Kommunikationsmodus handelt, eine Art und Weise, auszudrücken, was – in den Worten von Jens Thiis – »unbestimmt und geheimnisvoll ist«.[50]

▶
SOHLBERGS ARBEITEN

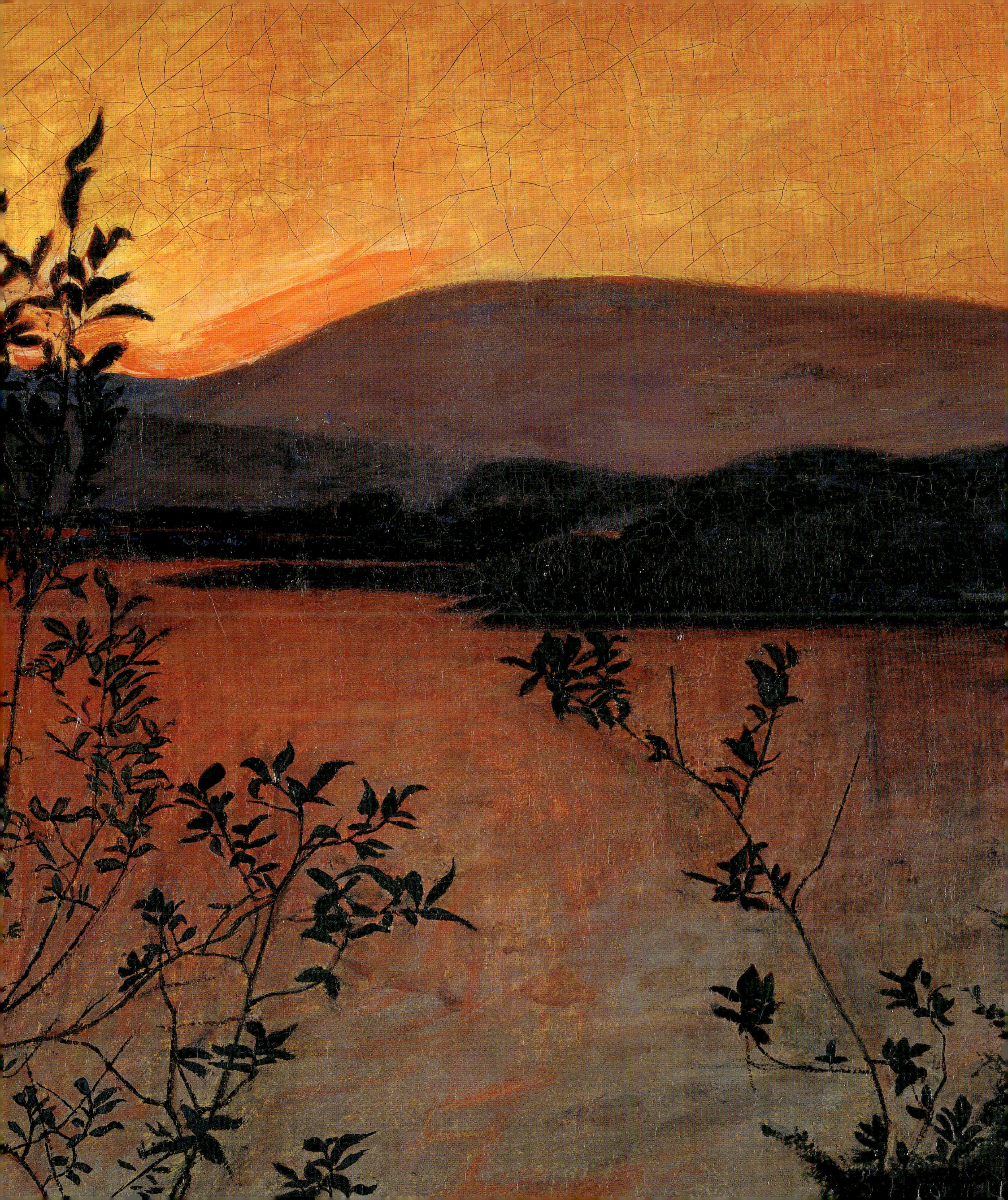

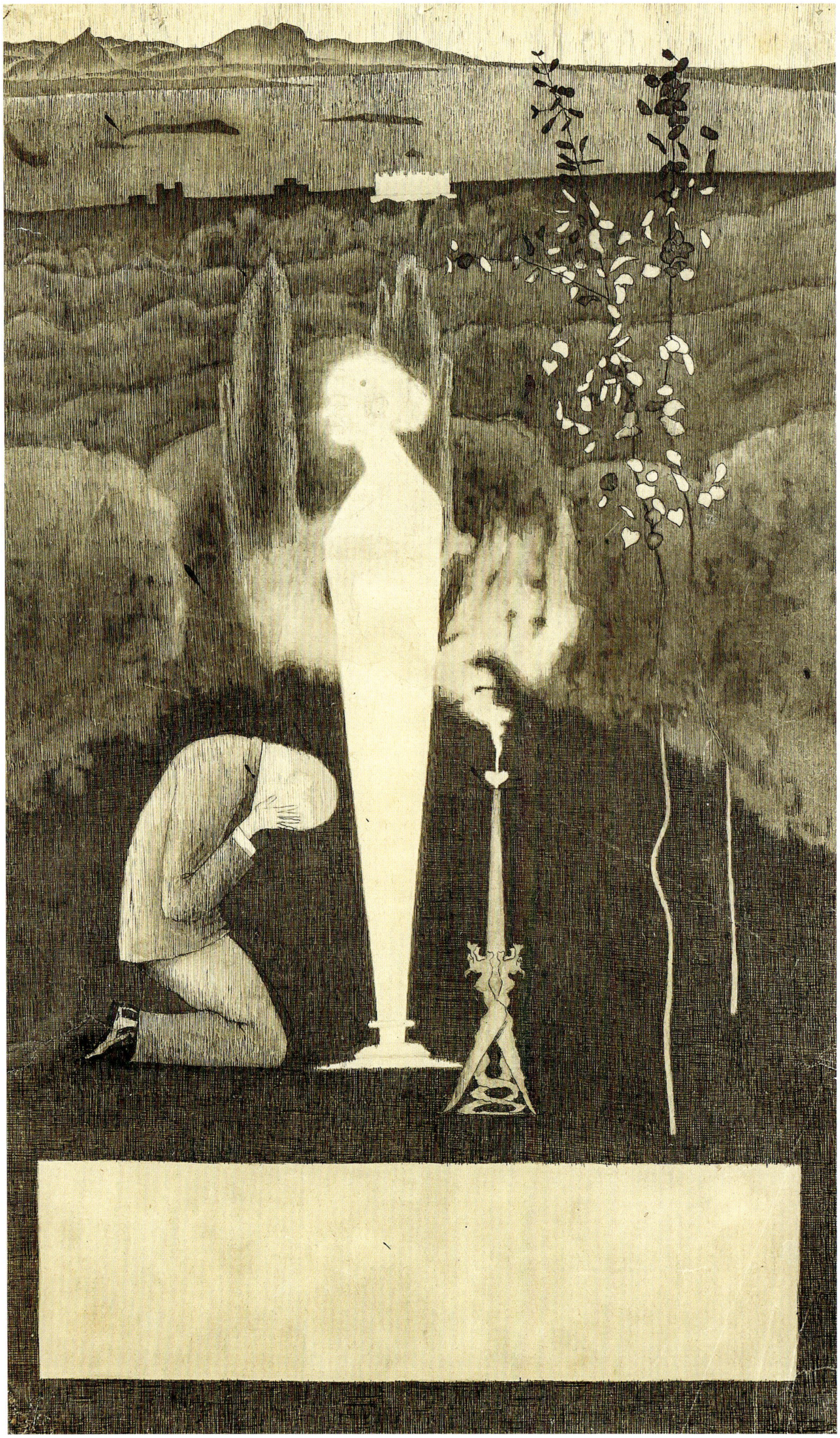

Taf. 23
In der Tiefe meines Gartens (vor 1897)
Kat. 87

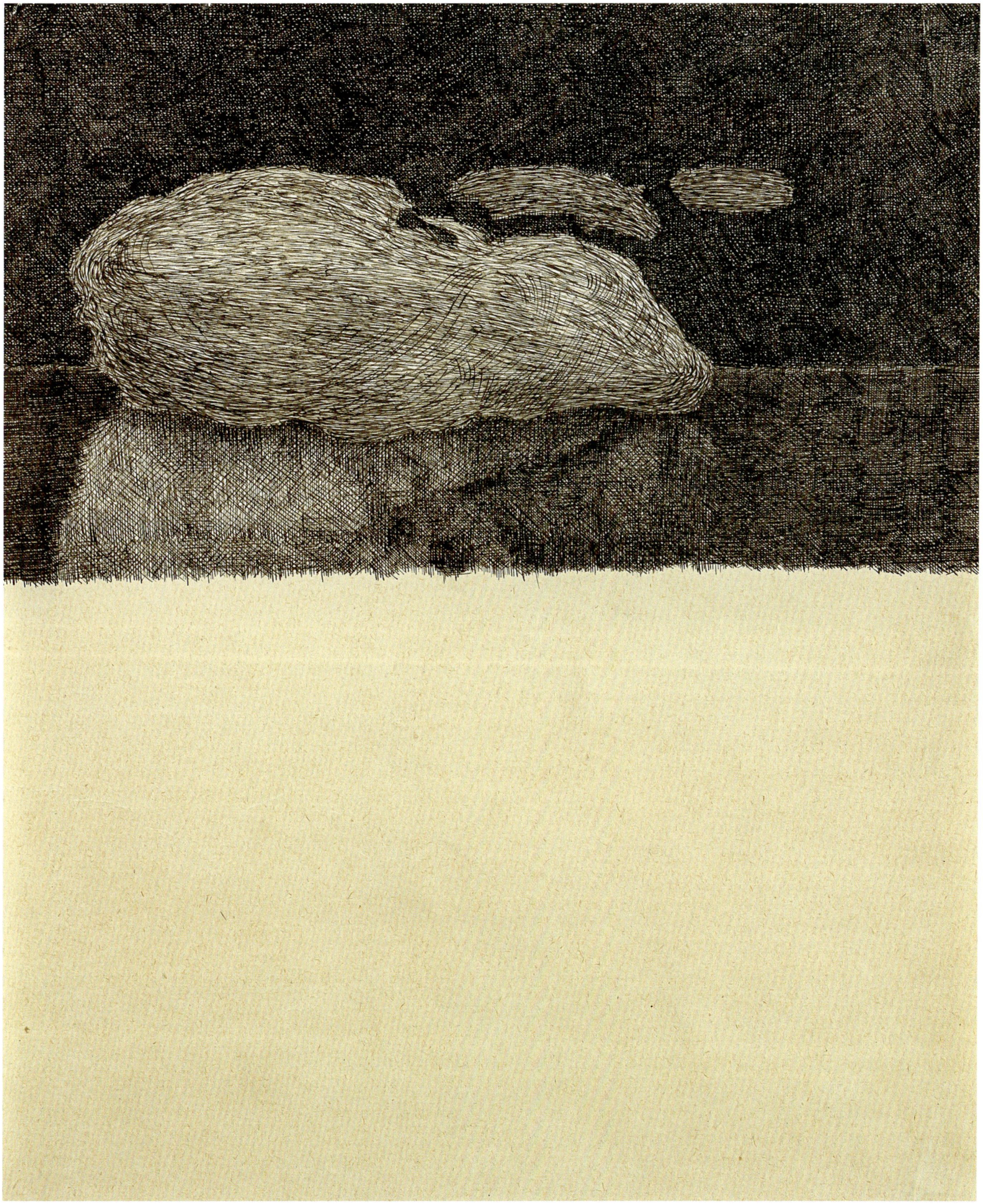

Taf. 24
Wolke (1893)
Kat. 74

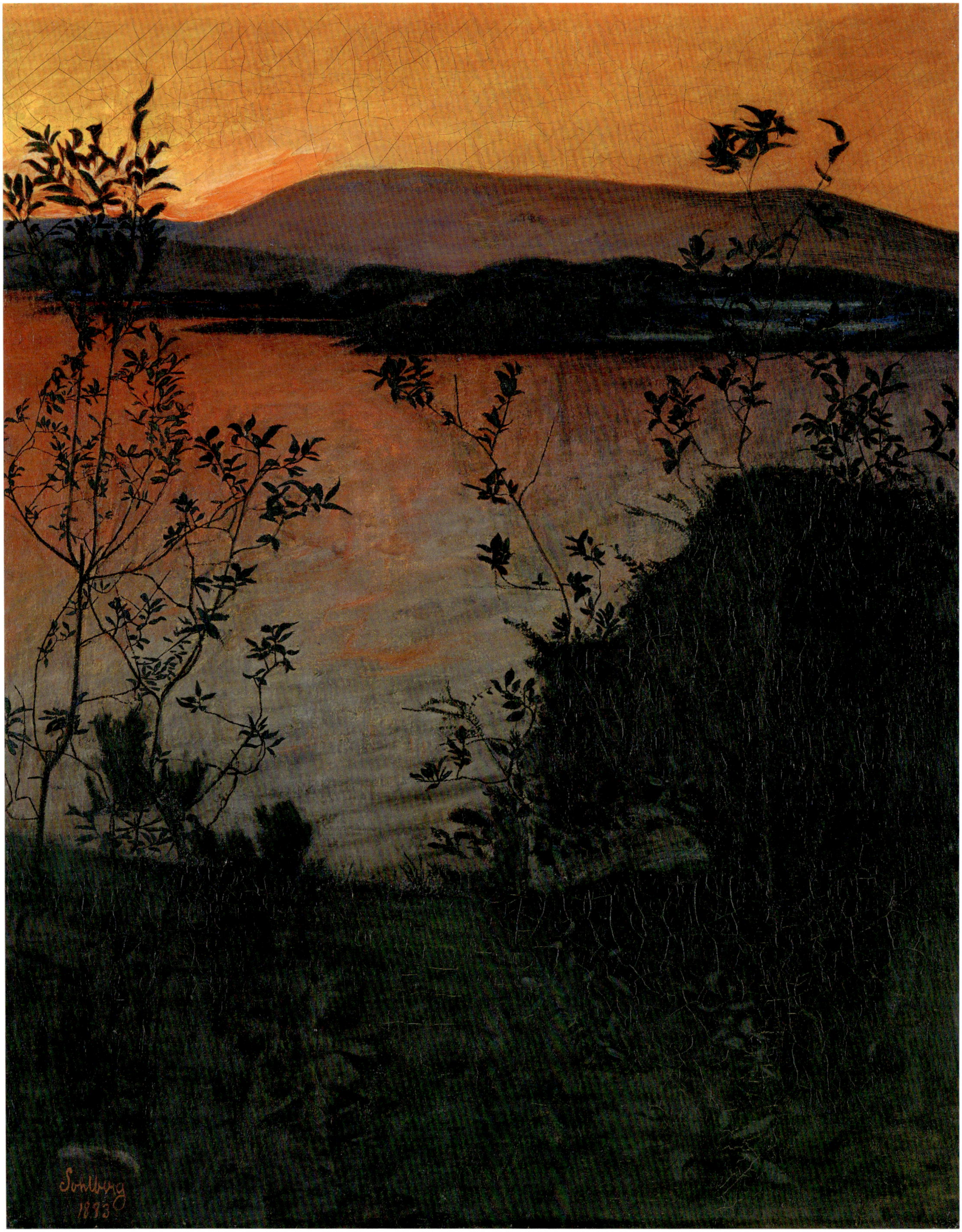
Sohlberg
1893

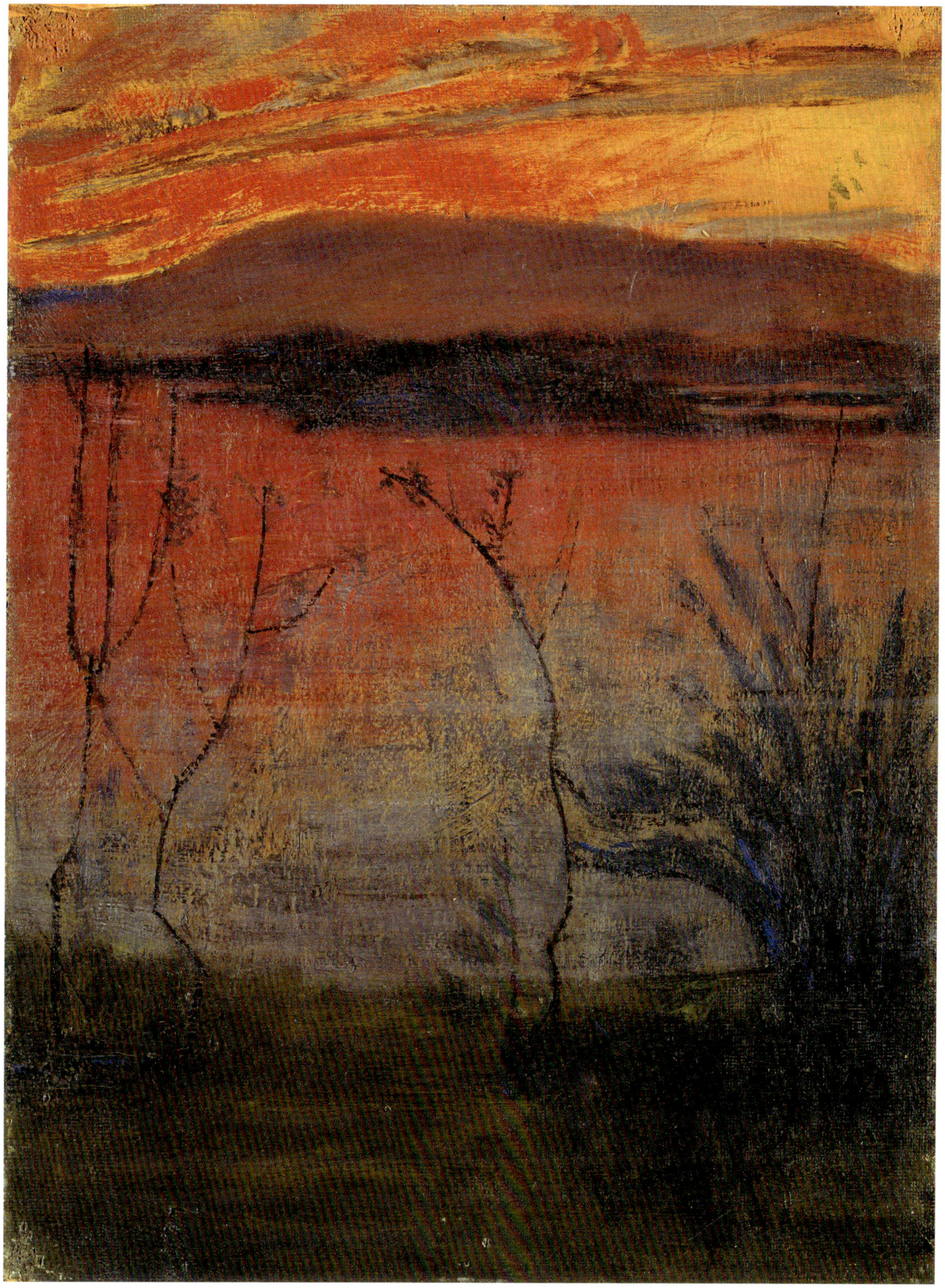

◀
Taf. 25
Abendrot, 1893
Kat. 8

▶
Taf. 26
Abendrot, Studie (1893)
Kat. 7

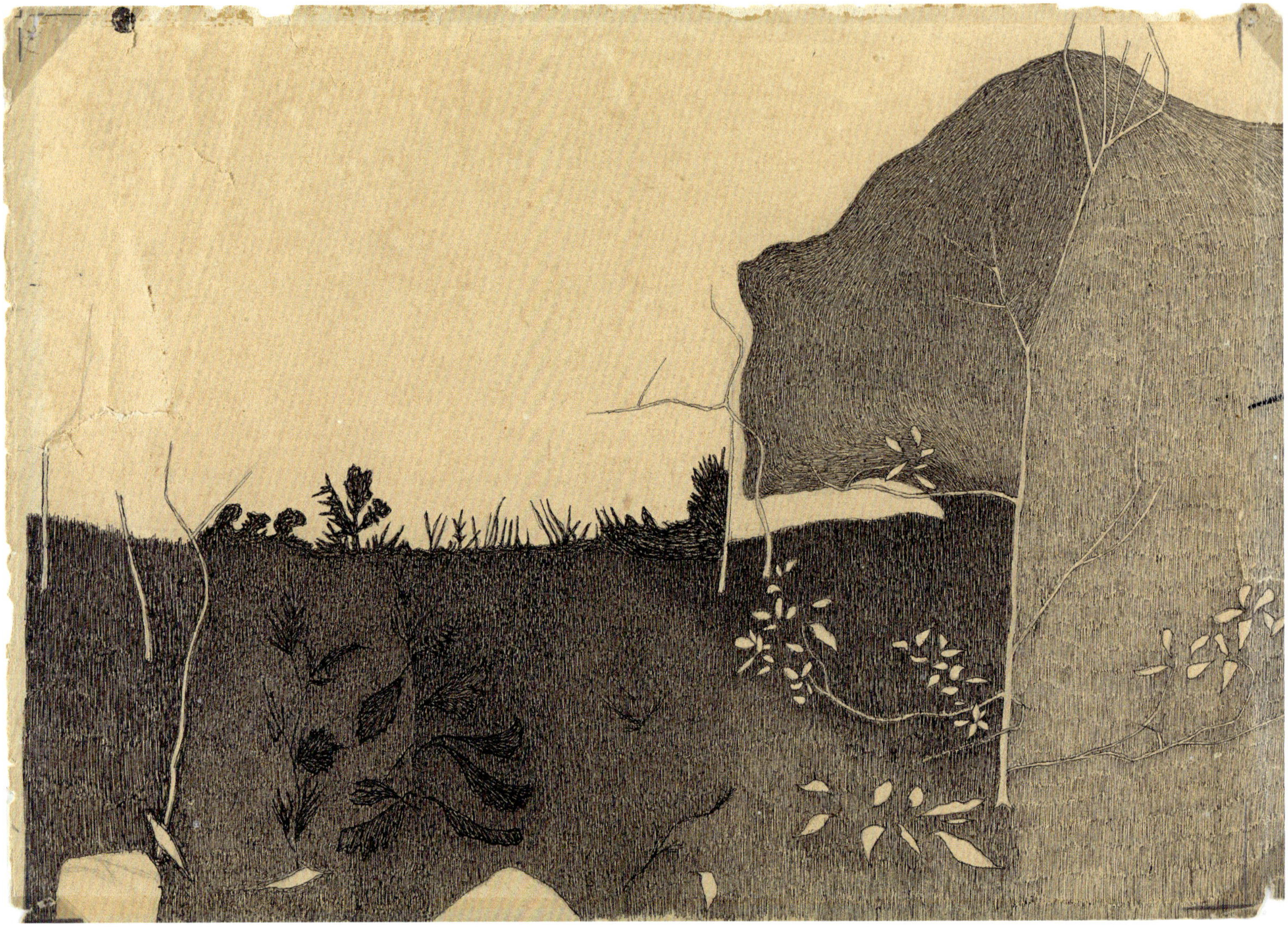

Taf. 27
Studie zu Abendrot (1893)
Kat. 75

▶
Taf. 28
Sonnenstrahlen,
1894
Kat. 9

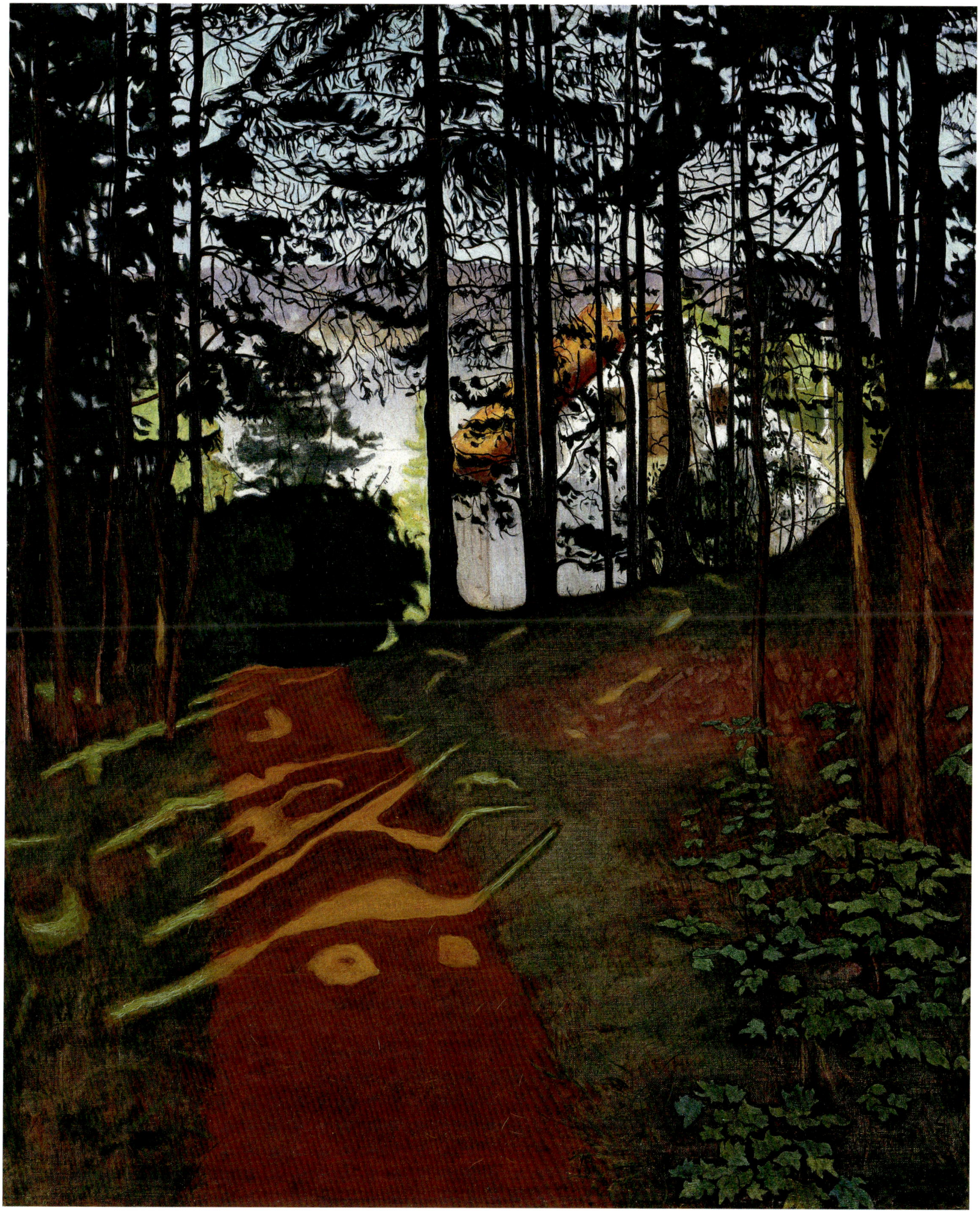

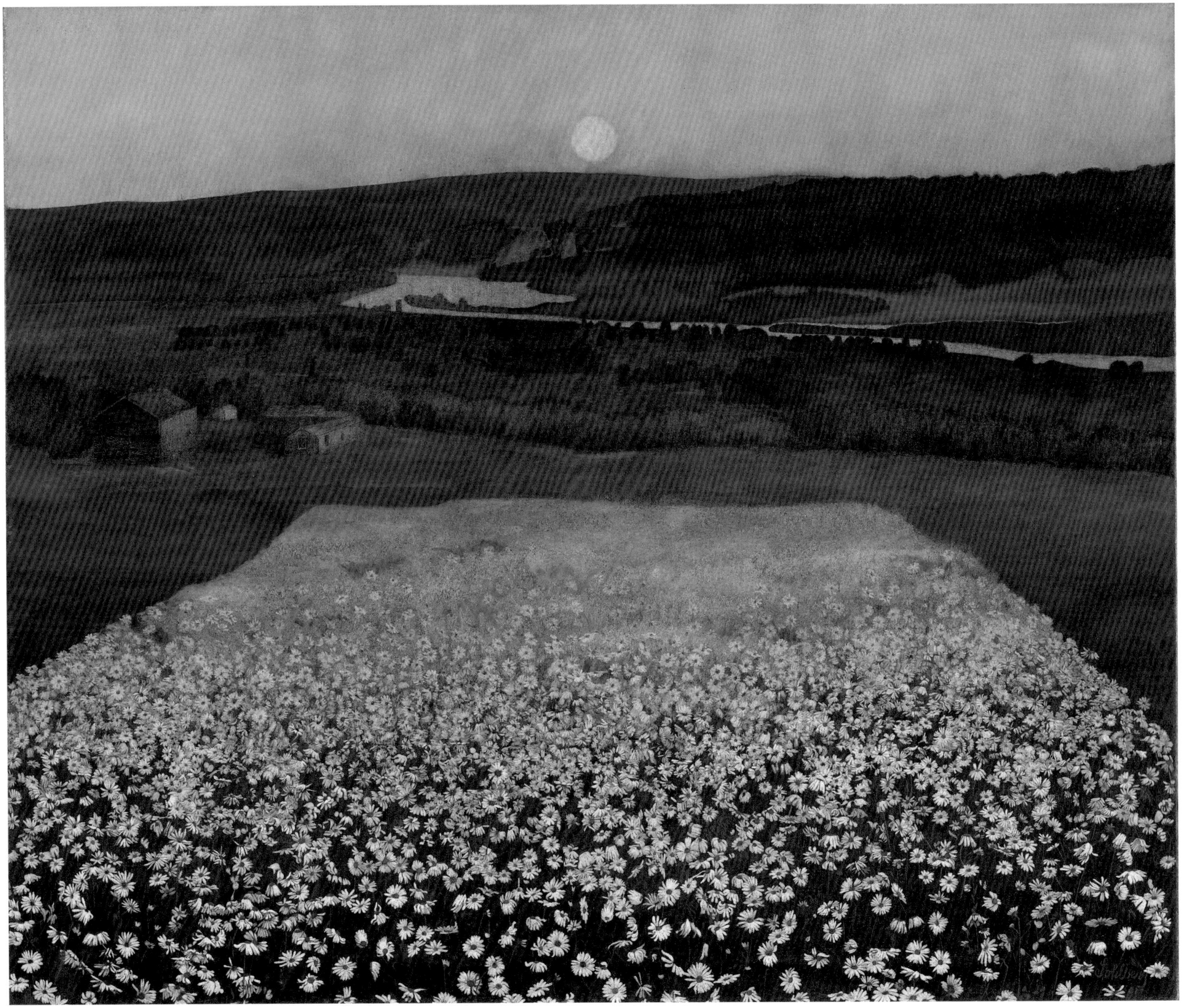

Taf. 29
Blumenwiese im hohen Norden, 1905
Kat. 41

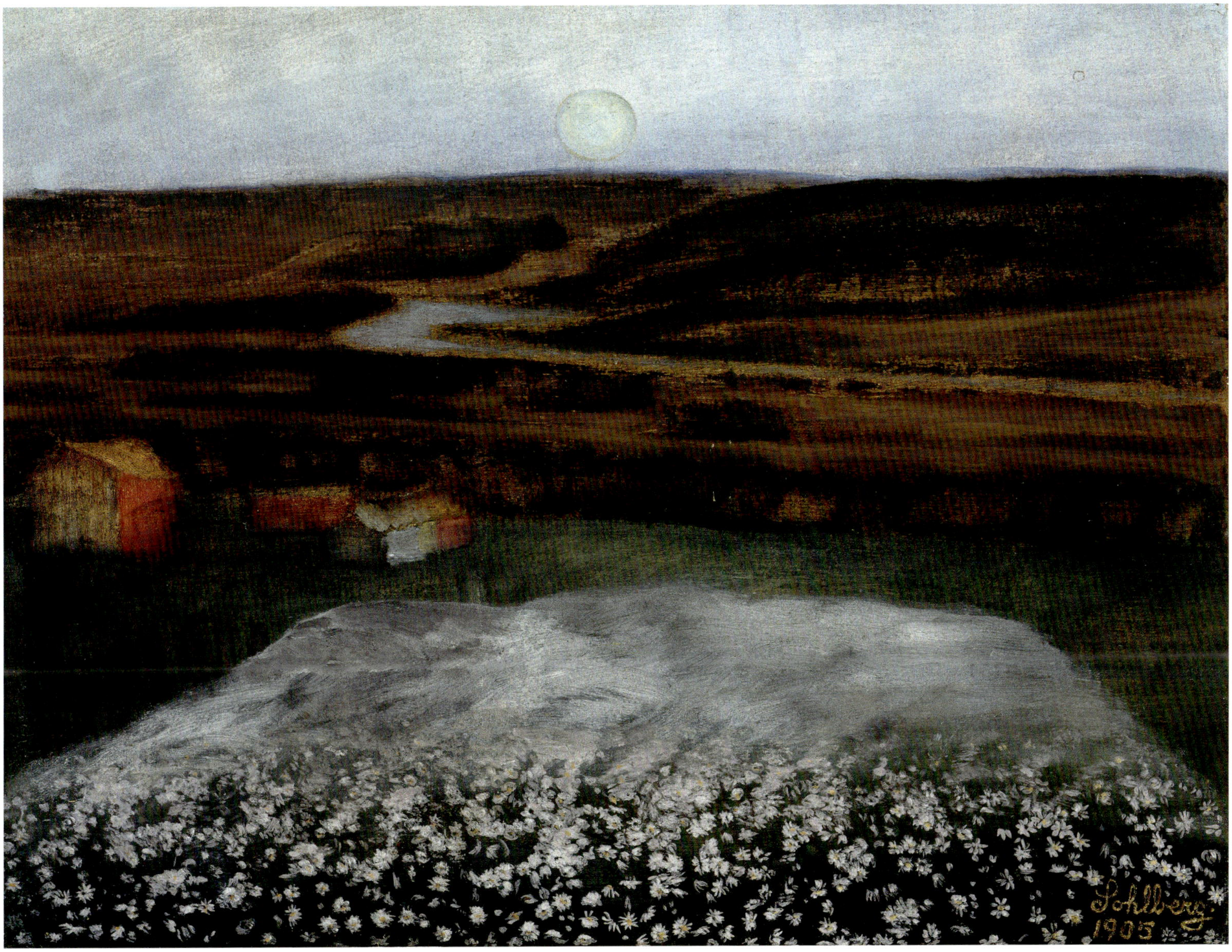

Taf. 30
Blumenwiese im hohen Norden, Skizze,
1905
Kat. 40

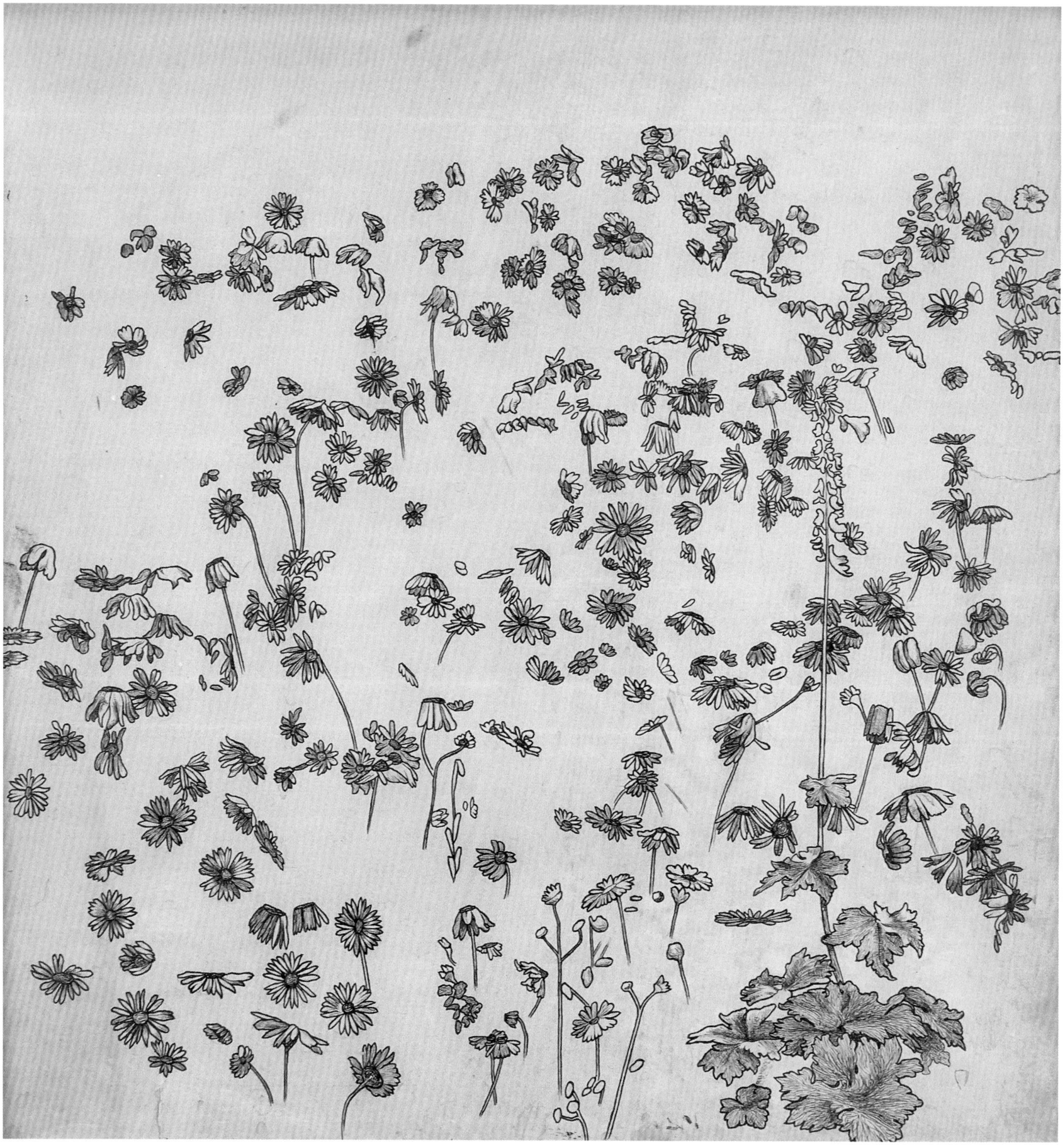

Taf. 31
Wilde Margeriten (1905)
Kat. 109

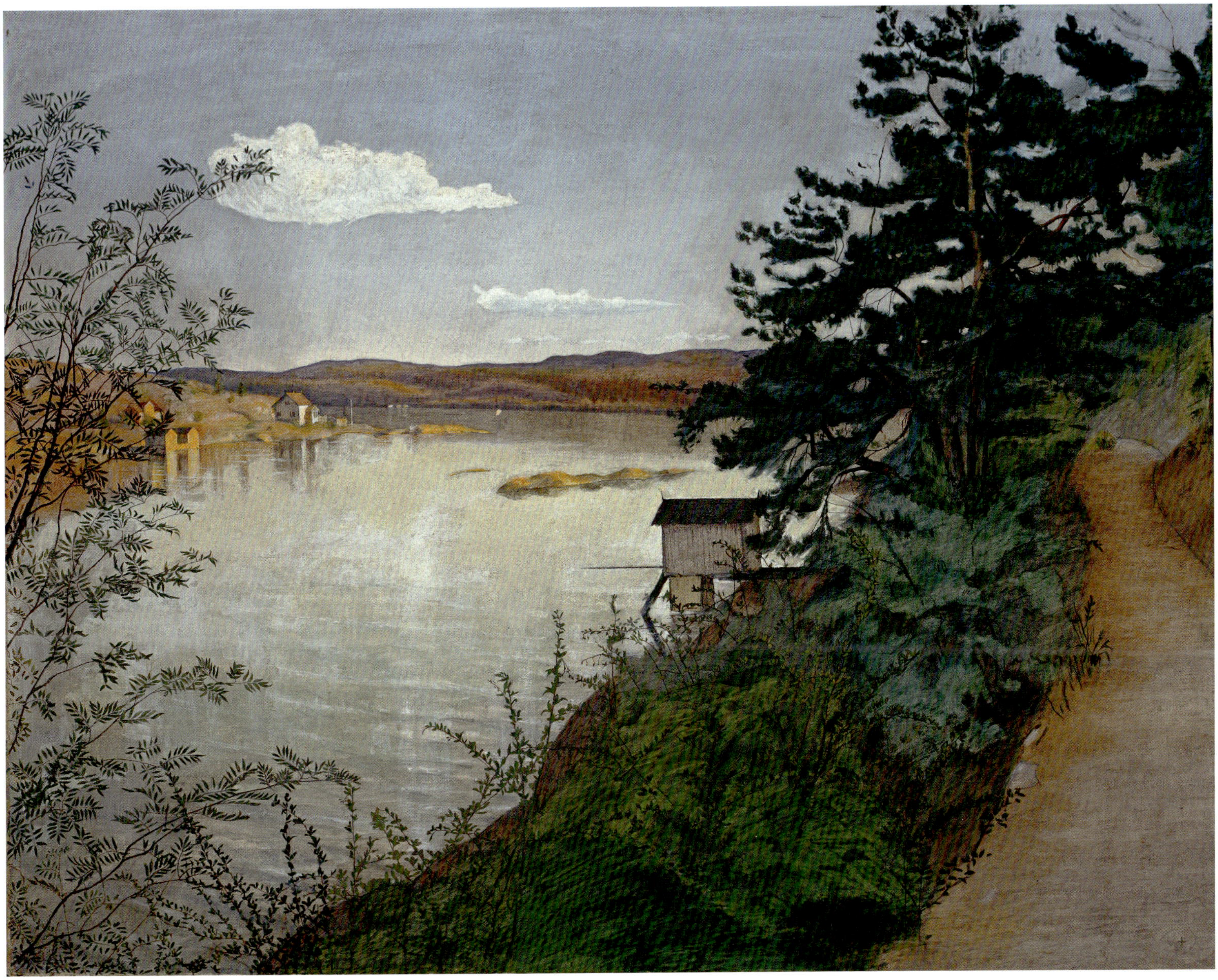

Taf. 32
Nachmittagssonne, 1895
Kat. 16

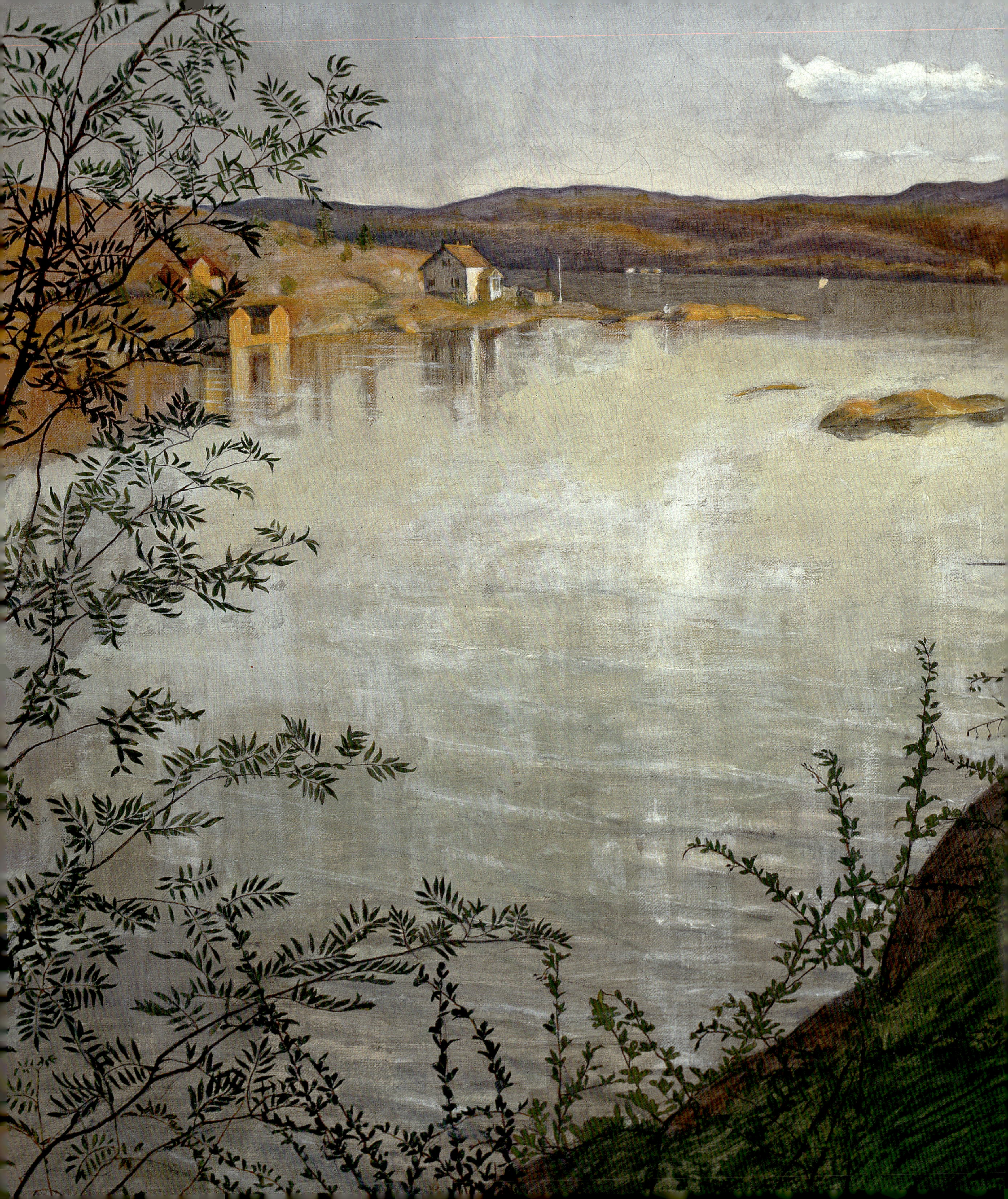

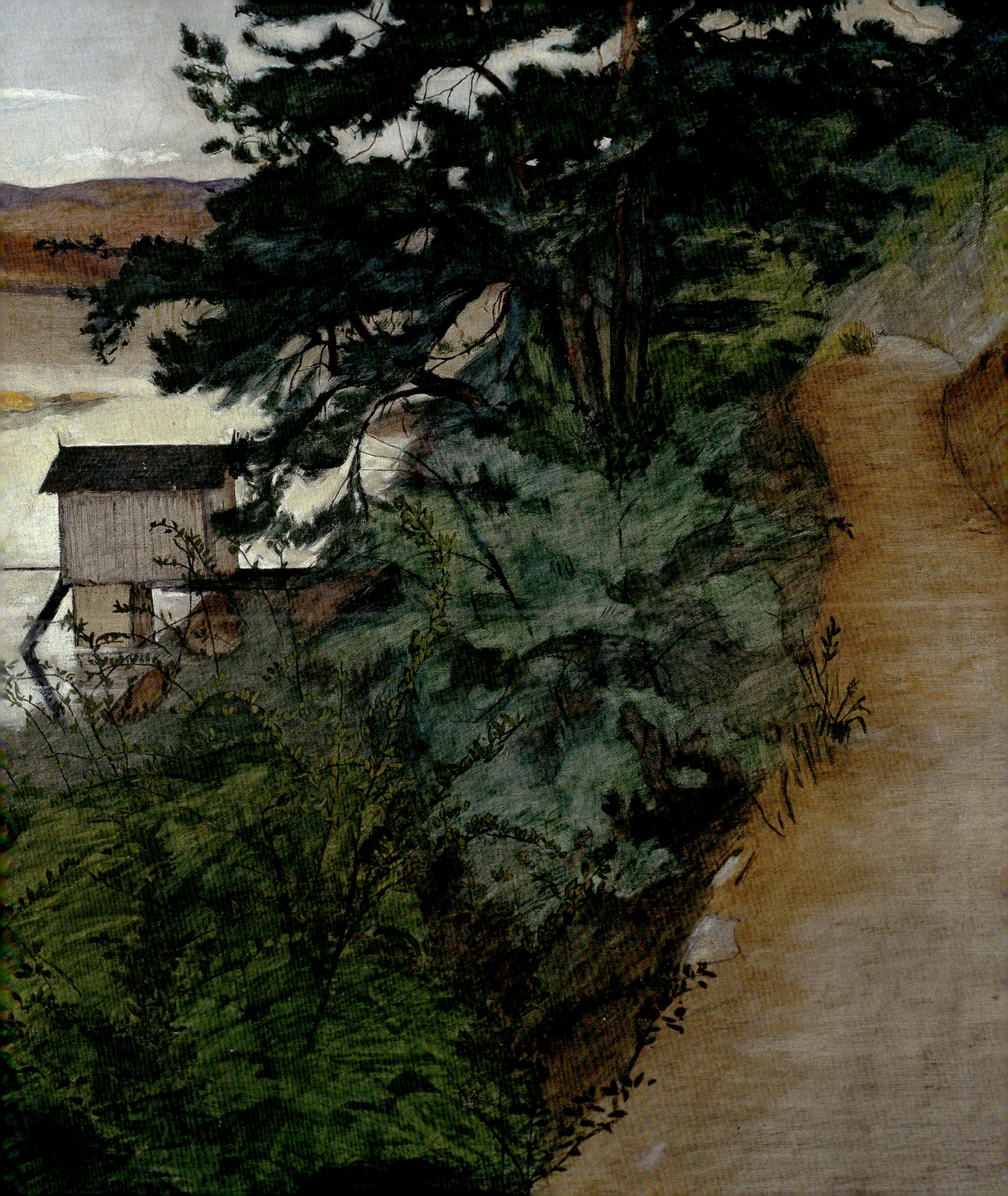

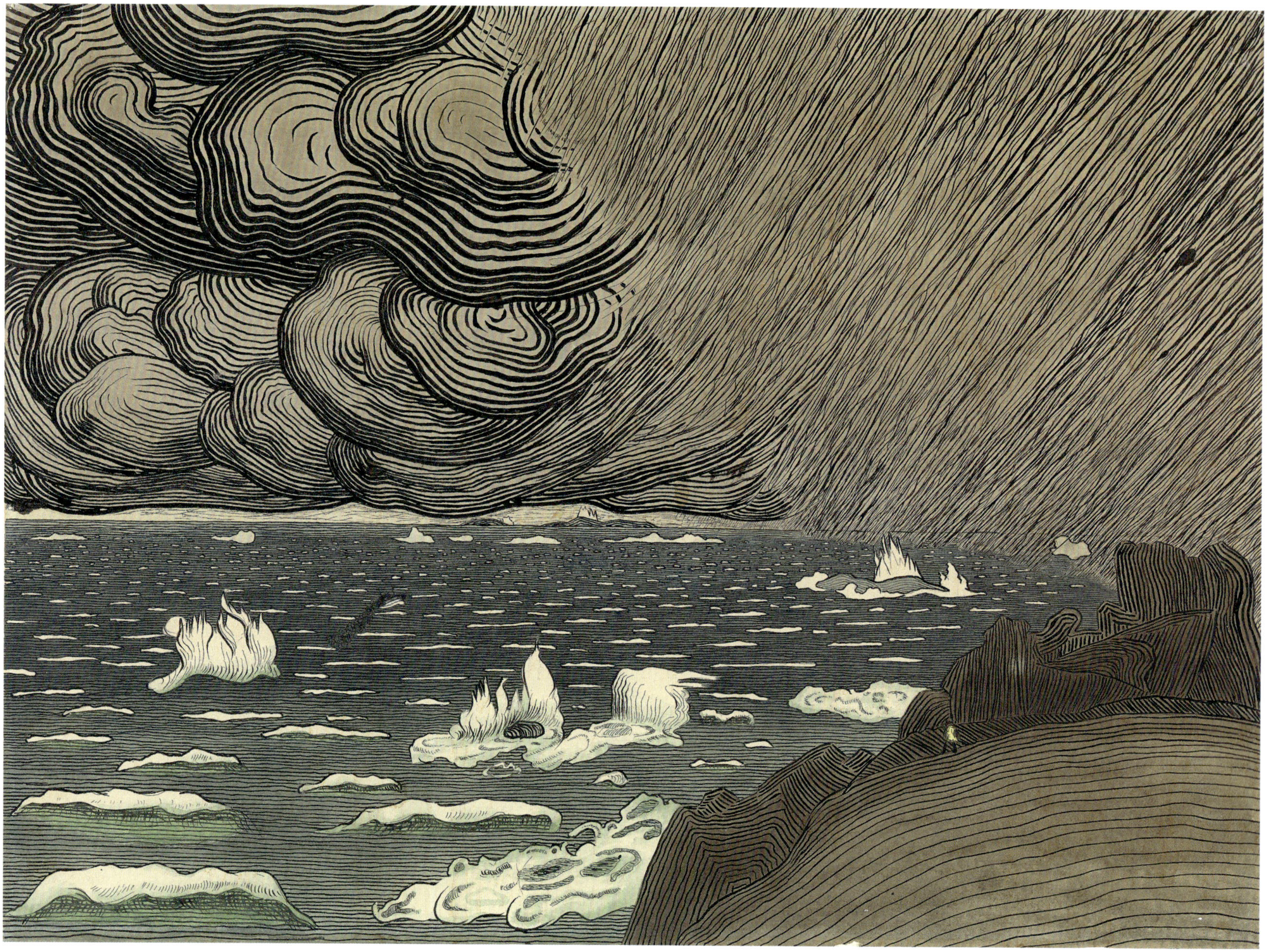

Taf. 33
Gischt (um 1908)
Kat. 111

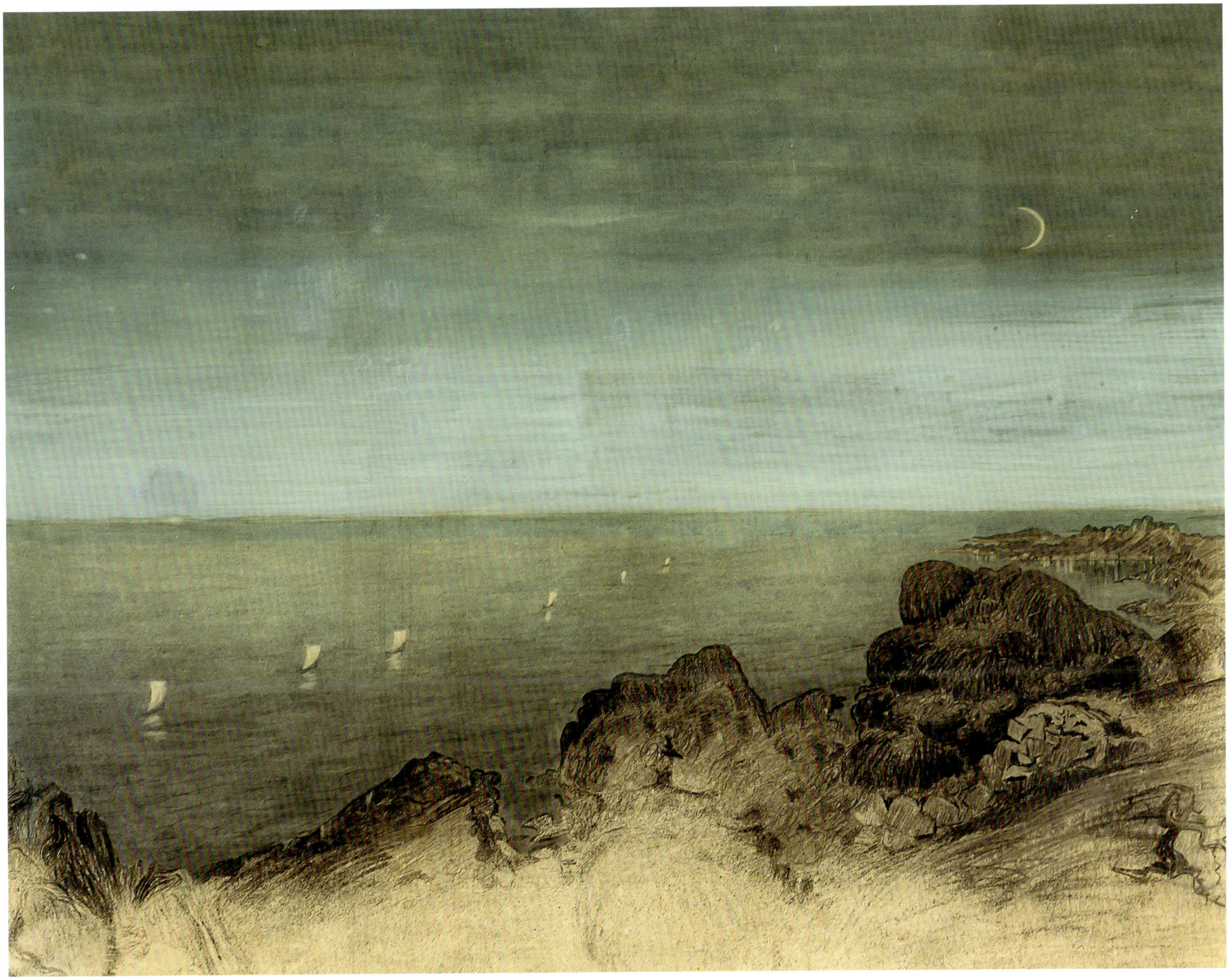

Taf. 34
Exodus (1908)
Kat. 110

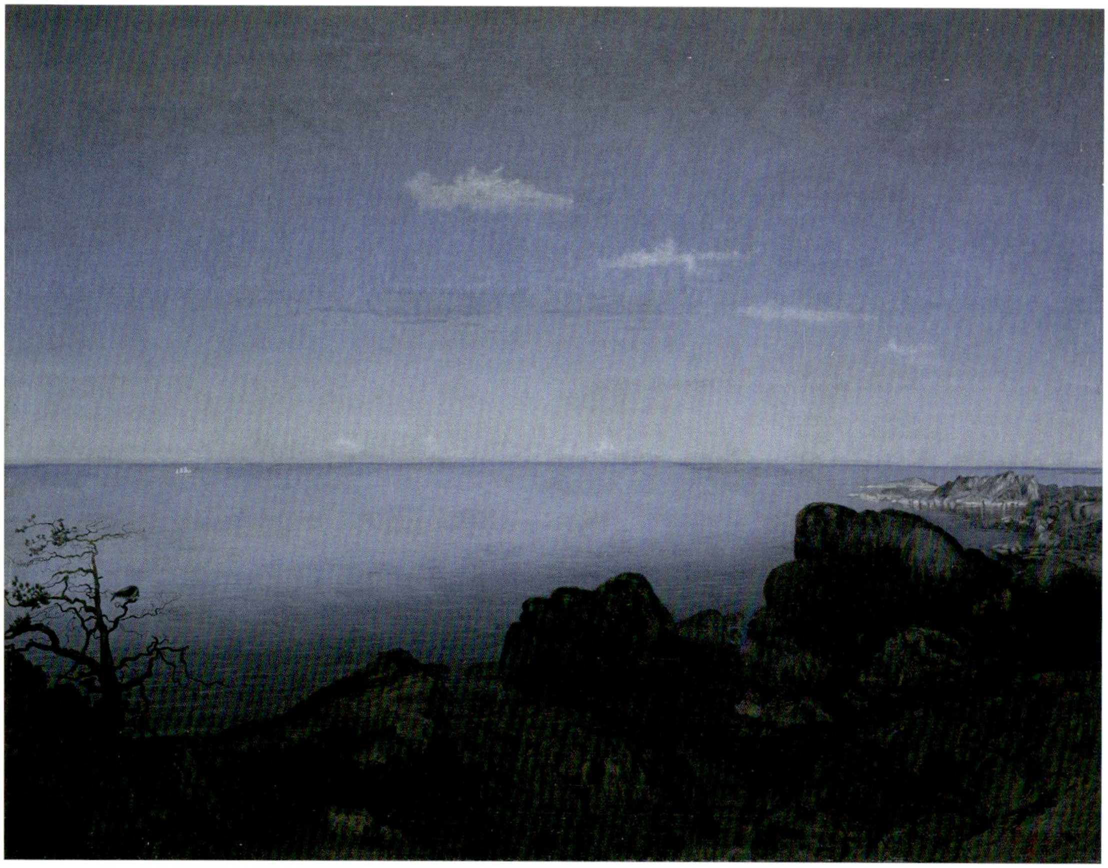

Taf. 35
Andante, 1908
Kat. 48

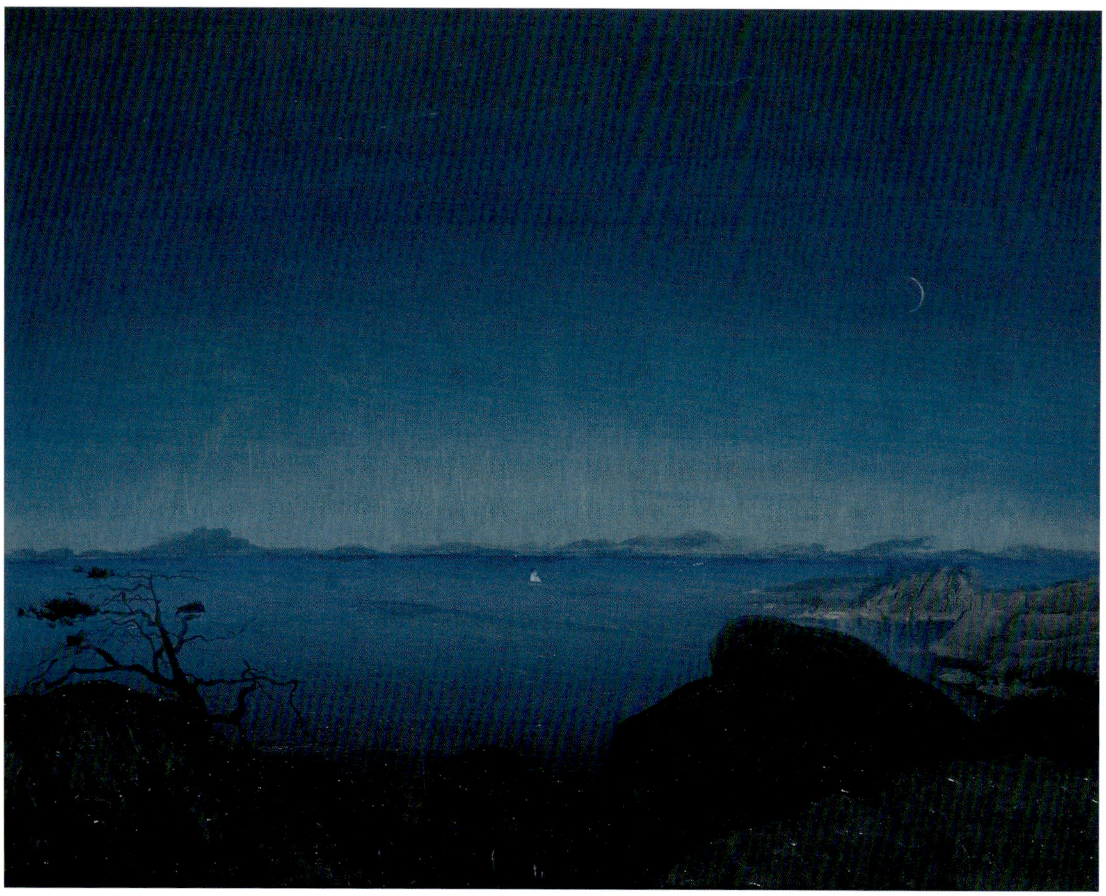

Taf. 36
Andante, 1908
Kat. 49

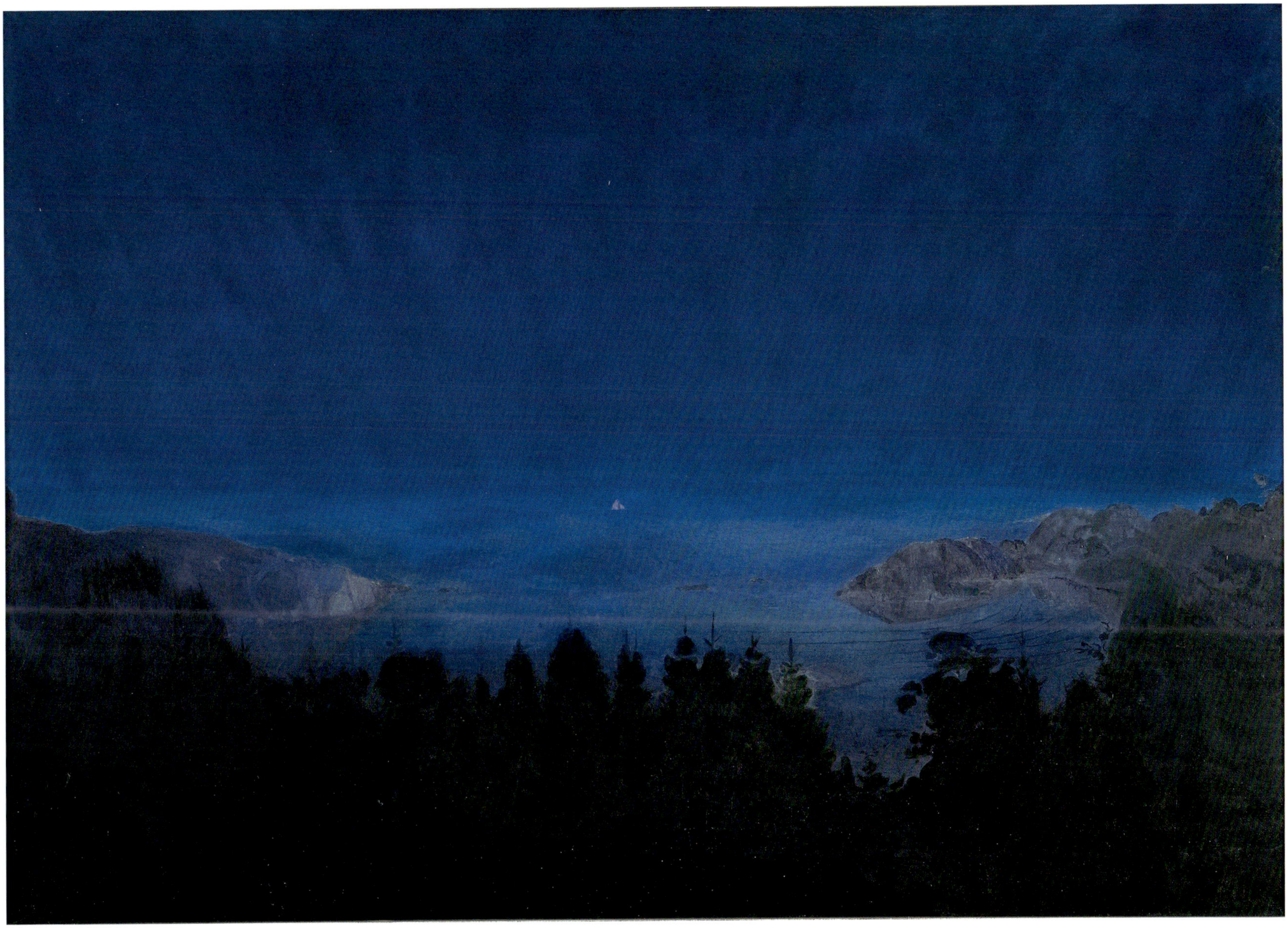

Taf. 37
Mittsommernacht, Nordisches Motiv, 1911
Kat. 55

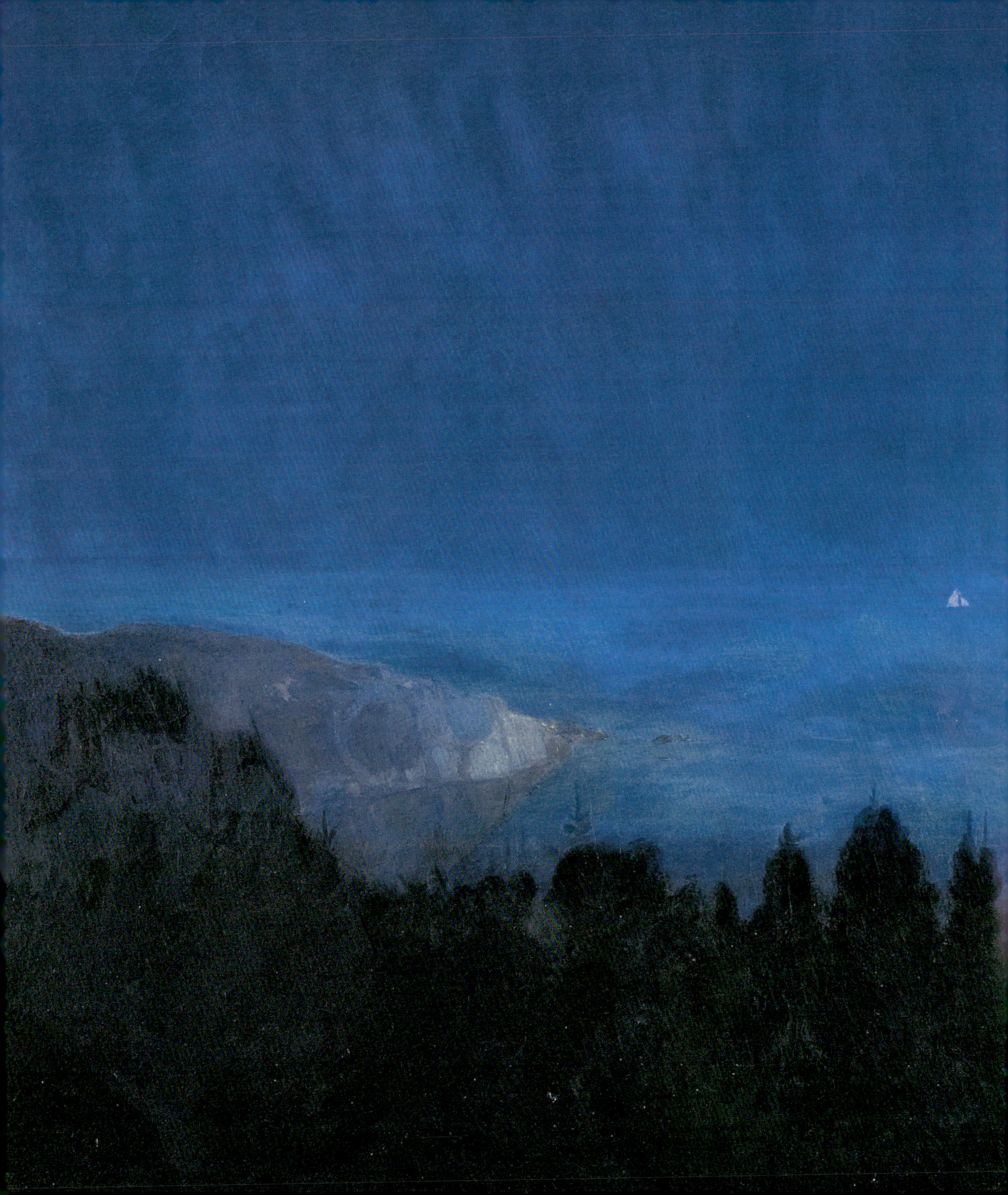

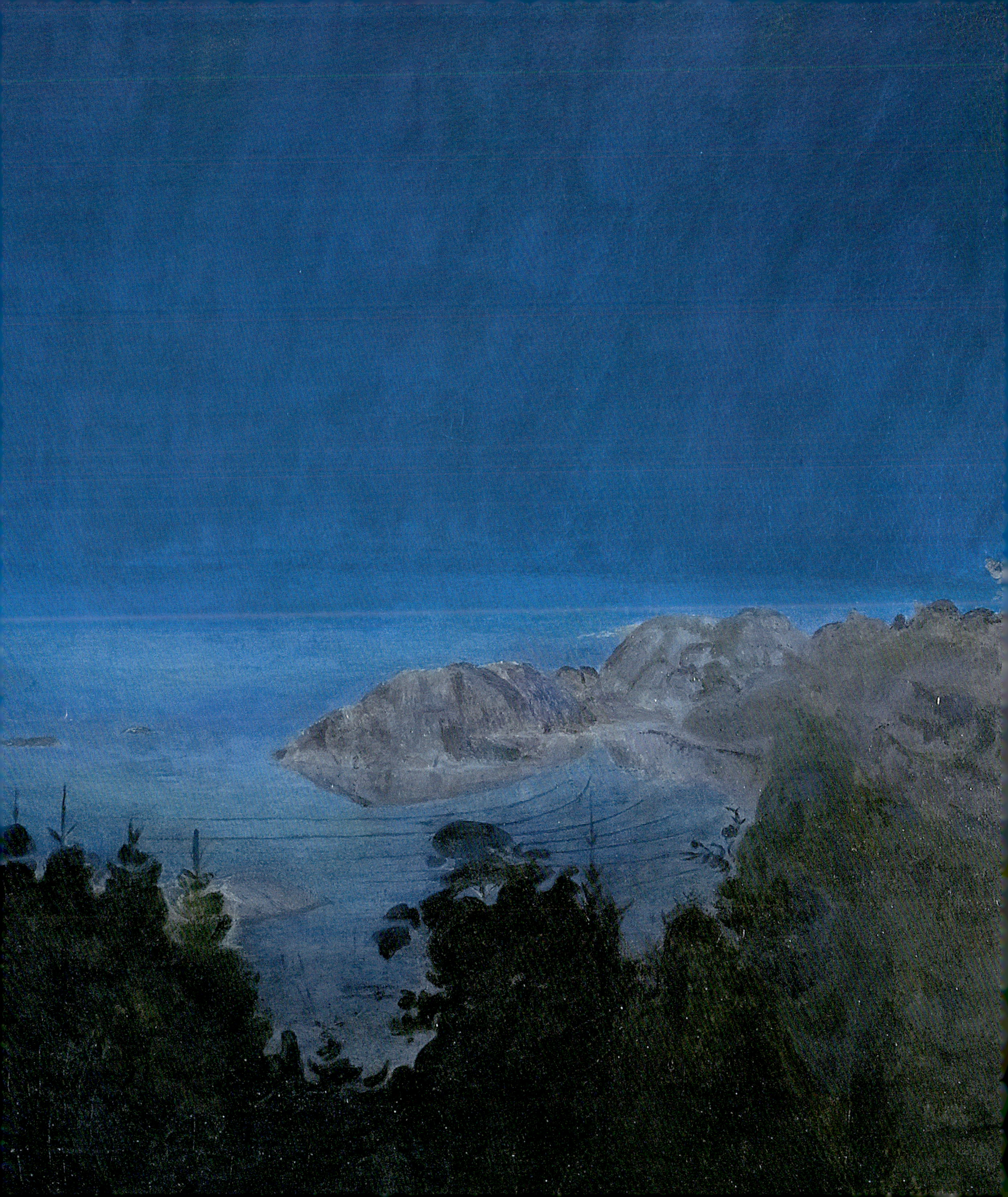

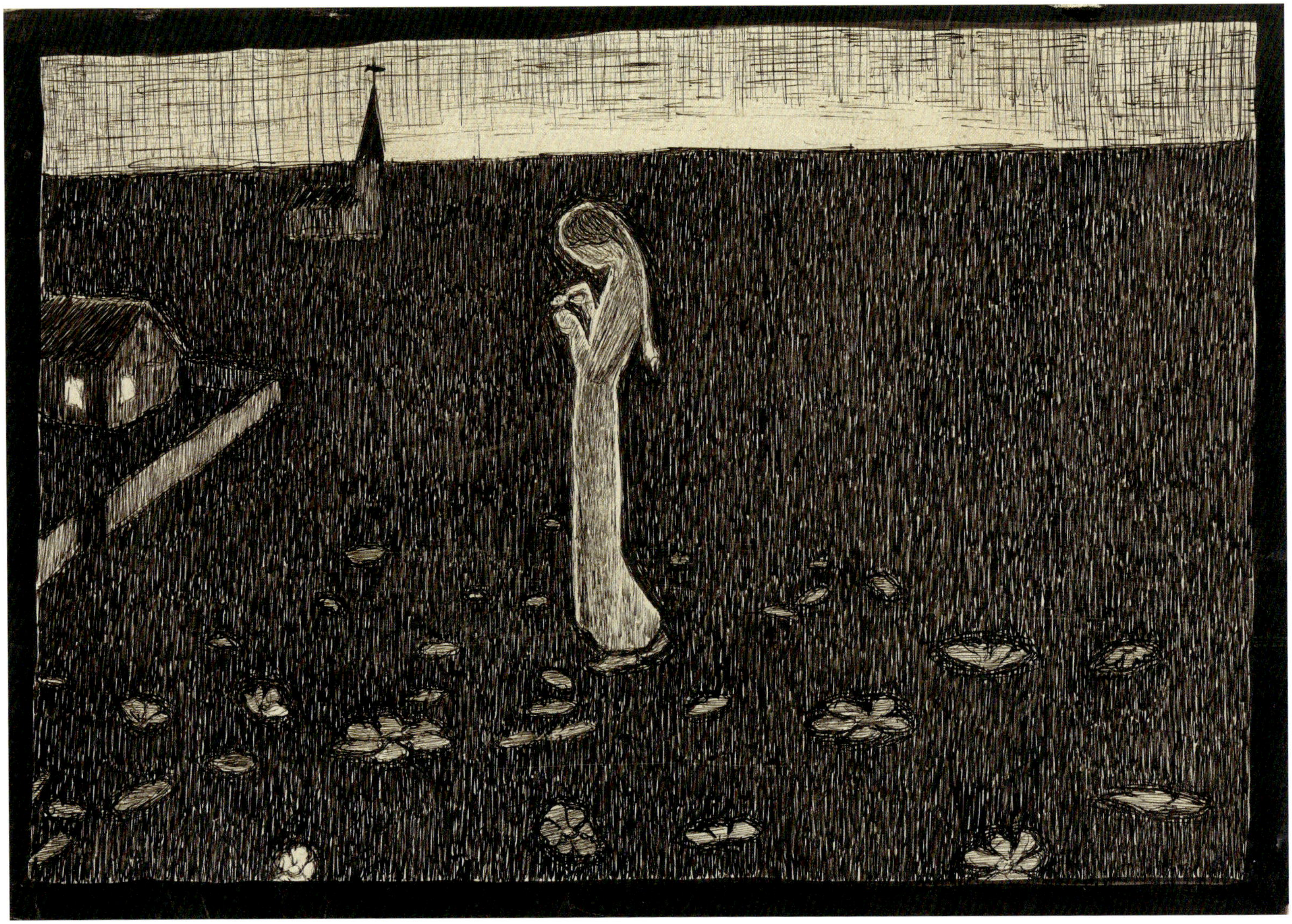

Taf. 38
Mädchen mit wilder Margerite (um 1894)
Kat. 78

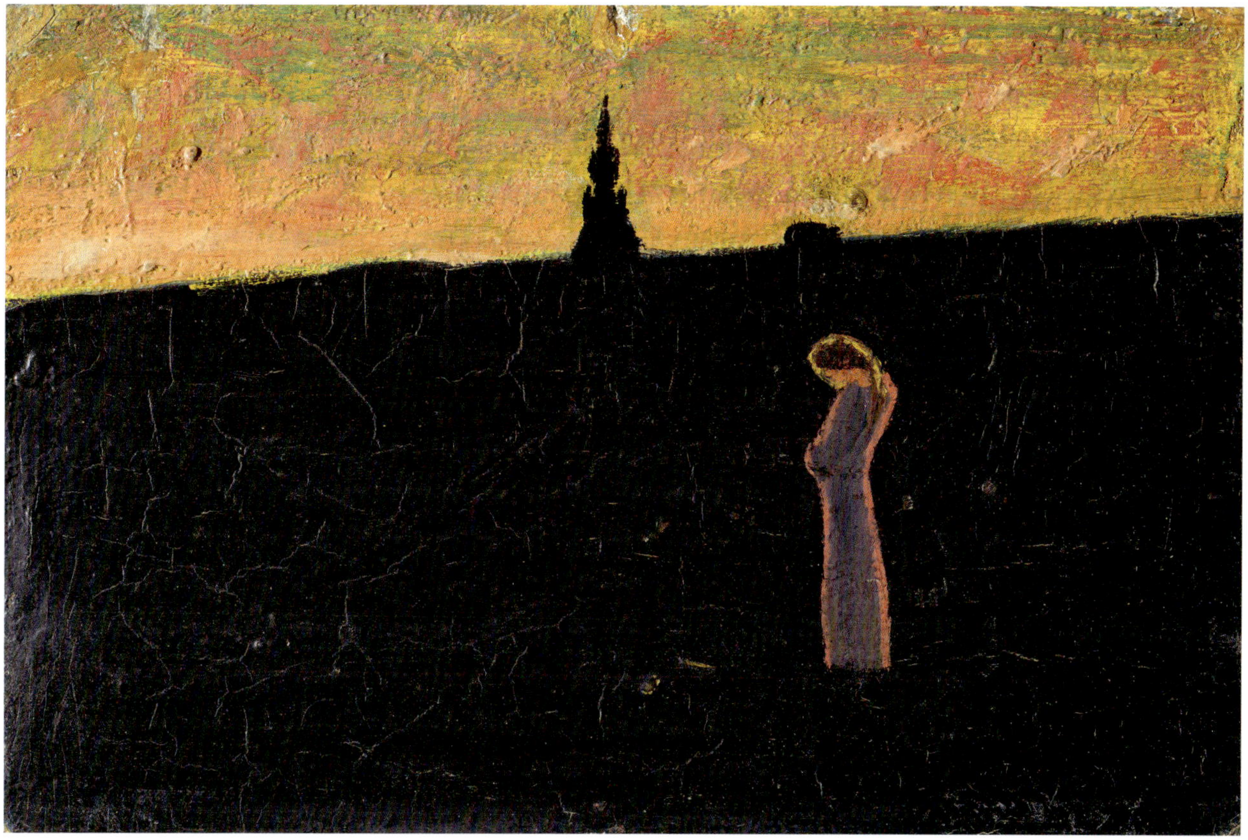

Taf. 39
Mädchen mit wilder Margerite (1894)
Kat. 11

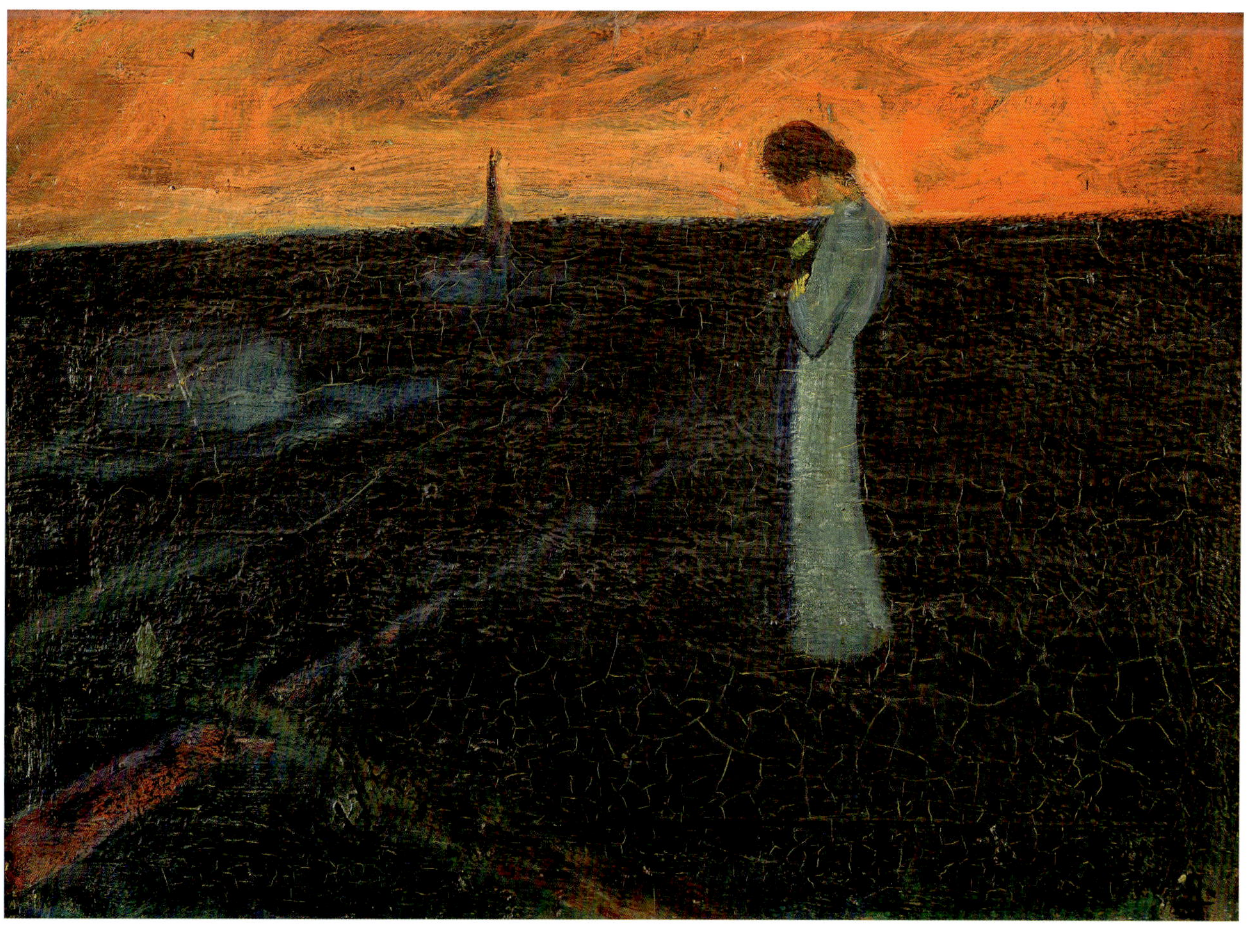

Taf. 40
Mädchen mit wilder Margerite (1894)
Kat. 12

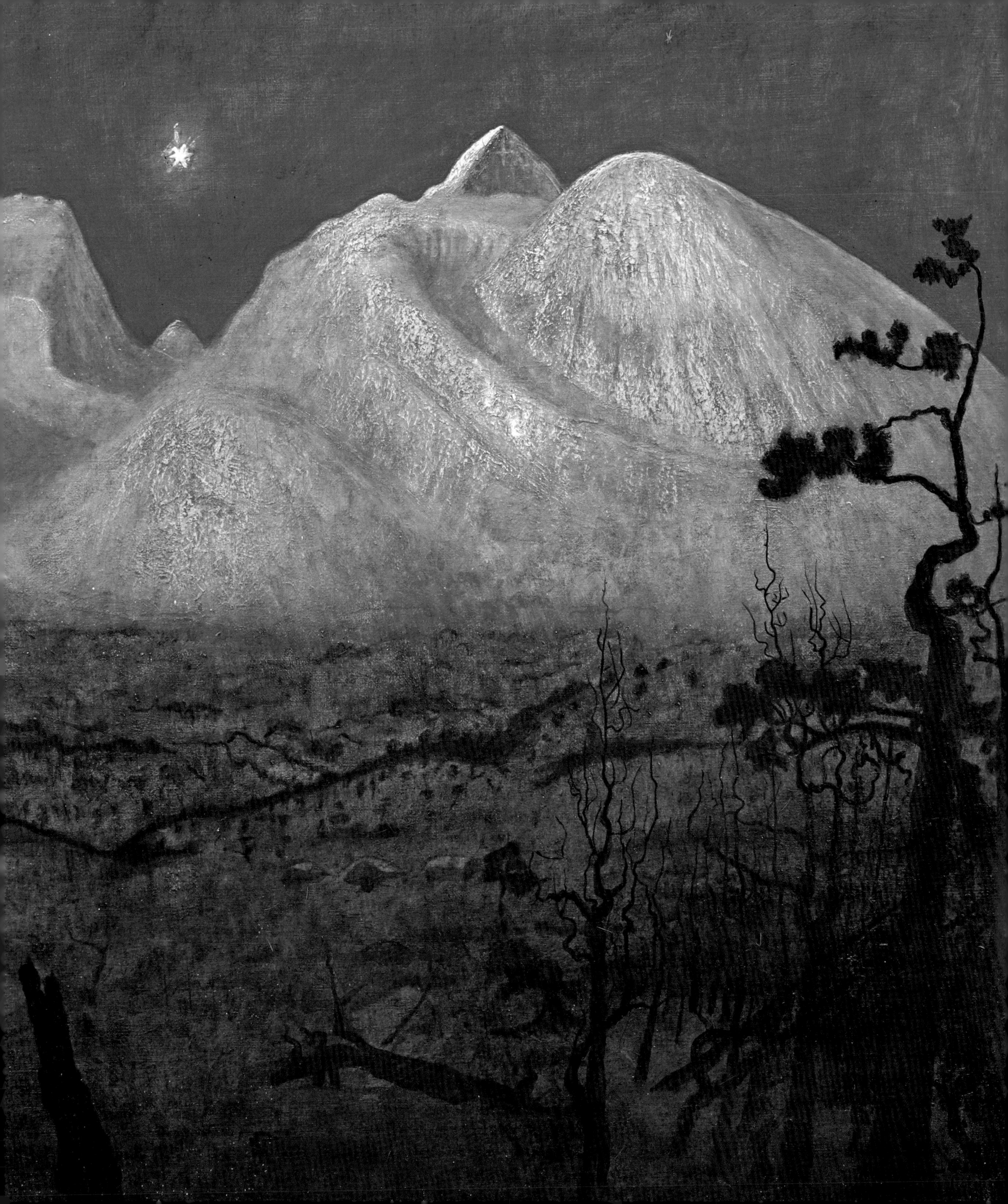

WINTERNACHT IN DEN BERGEN

ØIVIND STORM BJERKE

Harald Sohlbergs Gemälde *Winternacht in Rondane* (Taf. 41) gehört zu den bekanntesten und beliebtesten Gemälden in der Sammlung des norwegischen Nationalmuseums. Der Weg zu diesem Werk führte über eine Reihe von Studien und Varianten des Motivs. Der Reichtum und die Vielfalt in dem Material, das Sohlberg aus unterschiedlichen Quellen hinterlassen hat und den Werdegang dieses Bildes nachvollziehbar macht, bietet uns eine seltene Gelegenheit, den hinter diesem Bild liegenden Prozess einzusehen.

Konkreter Ausgangspunkt dieses Motivs ist das ostnorwegische Gebirge Rondane, das Sohlberg erstmals bei einer Skiwanderung zu Ostern 1899 erlebte. Hier kam ihm die Idee, das Gebirgsmotiv zu malen. Von Februar 1900 bis März 1902 wohnte er in Rondane, in den Jahren 1911 und 1913 kehrte er für kürzere Zeit erneut zurück. Während seiner Aufenthalte machte er gründliche Studien der Umgebung. Er fotografierte, zeichnete und malte. Keine der drei von Sohlberg abgeschlossenen gemalten Versionen von 1901 (Taf. 42), 1914 und 1933 ist eine genaue Wiedergabe eines realen Motivs, das etwa von einem Aussichtspunkt nachvollziehbar wäre. Der Zweck der eingehenden Studien war also nicht, ein naturalistisches Abbild zu schaffen.

Sohlberg erlebte die Landschaft als ein Sensorium. Die Visualisierung durch den Künstler baut neben eigenen, durch das Erlebnis des Motivs geweckten Gefühlen auf Reflexionen, Überlegungen, Entscheidungen und Gedanken darüber, was die Berge für ihn selbst waren und wie er ihnen in den Bildern anderer, in der Literatur und Musik begegnet war. Seine Methode war das Einsammeln von Informationen, die er dann zu einer Synthese alle Eindrücke zusammenfasste. Das Ergebnis ist ein Kompositum auf der Grundlage gezeichneter, fotografierter und gemalter Studien. Es erscheint wie ein synthetisches Bild, das sich auf Meinungsaspekte bezieht, die sich durch die Arbeit abzeichnen, bis der Künstler selbst zufrieden ist. Diese Methode erklärt sein Bedürfnis, sich in der Nähe des Motivs aufzuhalten, und zwar so lange, bis er mit seiner Arbeit zufrieden war.

Sohlbergs Briefe aus der Zeit in Rondane deuten auf keinerlei Interesse für die lokale Geschichte und Kultur hin. Er gibt der ersten Version seines Motivs den Titel *Winternacht in den Bergen*, später dann nur *Berge*, ohne sich auf den geografischen Ort zu beziehen, an dem sich die Berge befinden. Die besondere Geologie des Gebirgsmassivs Rondane war allerdings für die Gestaltung des Bildes von Bedeutung. Das Bild drückt aus, wie sich dieses besondere Hochgebirge mit seinen Gipfeln und Tälern aus den Hochebenen heraushebt.[1]

DER BERG IN DER KUNSTGESCHICHTE

Warum einen Berg malen? Sohlbergs Arbeiten aus Rondane fügen sich ein in die Tradition der Hochgebirgsmalerei, die in der europäischen Kunst im späten 18. Jahrhundert einen Aufschwung erlebte. Kernmotiv waren die Schweizer Alpen. In der norwegischen Kunst tauchte das Motiv erstmals in den Veduten mit norwegischen Gebirgsmotiven und bei Künstlern auf, die in den Jahren nach 1820 diese Motive verstärkt aufsuchten. Die frühen Schilderungen lassen sich in zwei Gattungen unterteilen. Die eine war getrieben vom Wunsch einer genauen Abbildung der Natur mit dem Ziel, Topografie, geologische und klimatische Bedingungen zu erfassen, um sich die Natur letztlich als Reiseziel oder wegen der Naturschätze zunutze machen zu können. Die andere Richtung betonte die individuelle Auffassung, das Erlebnis und die Deutung eines Motivs im Geiste der Romantik.[2] Die Darstellung eines Gebirges als romantischer Ausdruck vom Erhabenen und Sublimen rückte Ende des 19. Jahrhunderts erneut stärker in den Vordergrund. Sohlbergs Darstellung ist diesem Trend verpflichtet.[3]

Die Schweizer Giovanni Segantini (1858–1899; Abb. 17), Ferdinand Hodler (1853–1918), Félix Vallotton (1865–1925) und Cuno Amiet (1868–1961) widmeten sich den schweizerischen Gebirgsmotiven in einer Art, die mit Sohlbergs Annäherung in Norwegen verwandt ist. Der dänische Künstler Jens Ferdinand Willumsen (1863–1958) und der Deutsche Walter Leistikow (1865–1908) kamen in den Jahren nach 1890 in die norwegischen Berge. Diese Gruppe internationaler Künstler war für Sohlberg jedoch kaum ein Bezugspunkt. Während des gesamten 19. Jahrhunderts waren norwegische Künstler in die europäische Kunstszene integriert. Deshalb ist es auch ziemlich naheliegend, dass wir auf einen Zusammenhang zwischen den bevorzugten Motiven norwegischer Künstler und ihrer Behandlung dieser Motive und dem, was im übrigen Europa passierte, verweisen können. Von sämtlichen anderen norwegischen Künstlern seiner Zeit unterschied sich Sohlberg, indem er auf die feierliche Rhetorik des frühen 19. Jahrhunderts

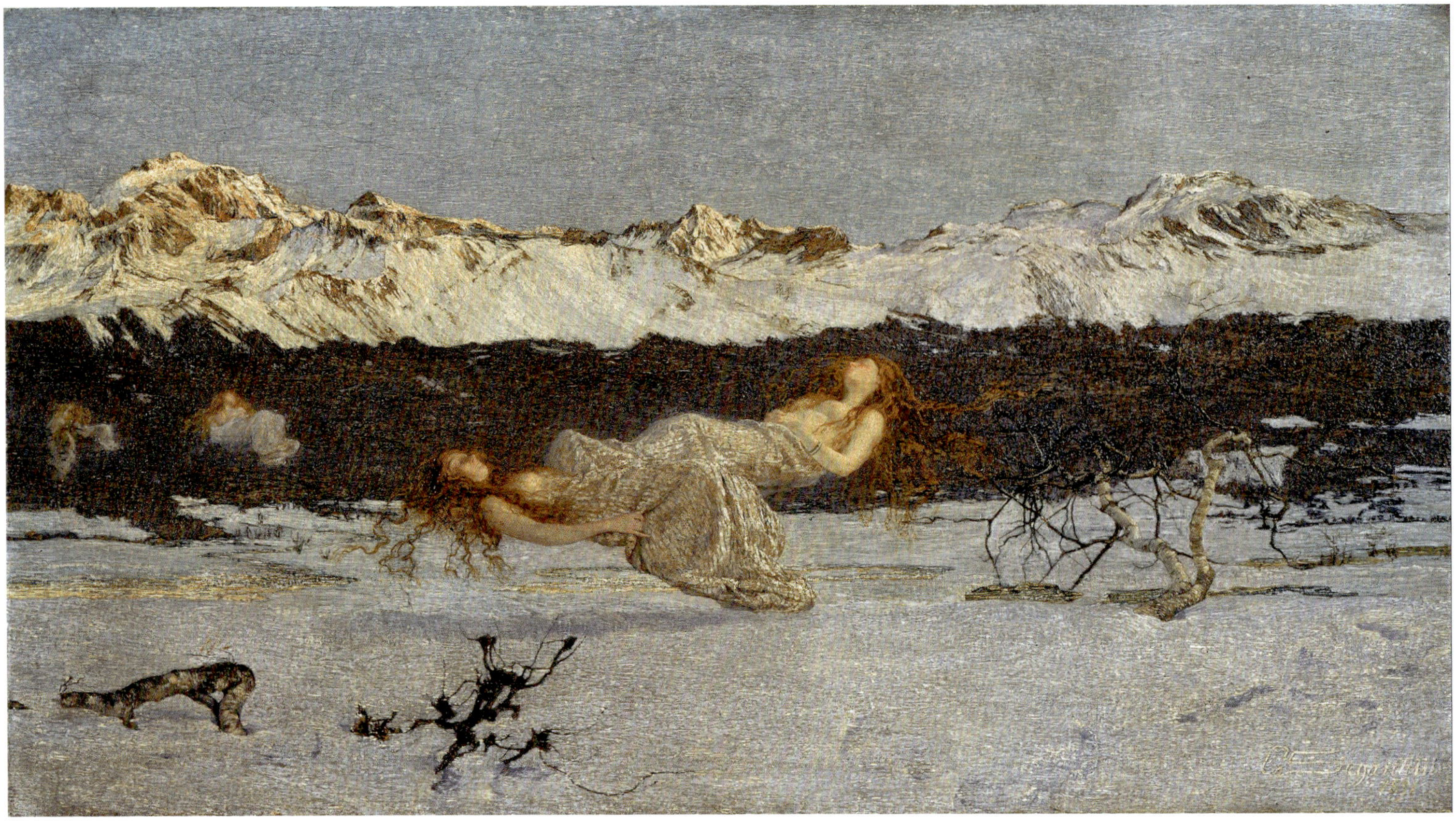

Abb. 17: Giovanni Segantini, *Die Strafe der Wollüstigen,* 1891

zurückgriff. Hier ging er einen ganz anderen Weg als die norwegischen Maler seiner Zeit wie Thorolf Holmboe (1866–1935), Kristen Holbø (1869–1953), Nikolai Astrup (1880–1928) sowie ältere Maler wie Kitty Kielland (1843–1914) und Christian Skredsvig (1854–1924). Sie betonten das Heimische und Ortsgebundene, als sie eine intime Schilderung der Natur anstrebten. Ebenso wie viele der genannten Künstler war auch bei Sohlberg der Stil eine Verschmelzung von Impulsen aus dem Naturalismus über den Japonismus bis zum Synthetismus. In diesem Eklektizismus war das Bild auch charakteristisch für jene Zeit.

Sohlberg sagte selbst, dass er das Erbe norwegischer Künstler wie Johan Christian Dahl (1788–1857), Thomas Fearnley (1802–1842; Abb. 18) und August Cappelen (1827–1852) fortführen wollte. Ein Künstler, den Sohlberg niemals erwähnt hat, ist Caspar David Friedrich (1774–1840). In der Literatur über Sohlberg taucht Friedrich erst 1935 auf.[4] Sohlberg hatte die Gelegenheit, in den Weimarer Sammlungen Zeichnungen und Gemälde von Friedrich zu sehen. Die Beziehung zu Friedrich muss nicht direkt erfolgt sein, da das Interesse für den deutschen Maler bereits kurz nach 1890 bei Holmboe deutlich zum Ausdruck kommt. Er war der erste seiner Zeit, der sich von Friedrich inspirierten Motiven in Illustrationszeichnungen und Gemälden widmete, die auf der norwegischen Herbstausstellung 1894 (und später) gezeigt wurden.[5] Dass norwegische Künstler früh auf Friedrich aufmerksam wurden, hatte wohl vor allem damit zu tun, dass der norwegische Kunsthistoriker Andreas Aubert in seiner Abhandlung *Das nordeuropäische Naturgefühl und Professor Dahl* von 1894 ausführlich auf ihn einging.

RONDANE IN DER LITERATUR

Ein offensichtlicher Zugang zum Gebirge Rondane als künstlerisches Motiv liegt für die Generation von Sohlberg ganz offensichtlich in den bekannten Texten norwegischer Schriftsteller wie Peter Christen Asbjørnsen, Aasmund Olavsson Vinje und Henrik Ibsen. Im Sommer 1842 war Asbjørnsen auf Rentierjagd, und dieses Erlebnis mündete in die Erzählung *Rentierjagd bei Rondane*.[6] Er beschreibt darin das Leben der Menschen im Einklang mit der Natur. Eine ähnliche Synthese von Mensch und Natur findet sich in den Skizzen und Kompositionen des Malers Hans Gude (1825–1903), die von einem Aufenthalt in Rondane im Jahre 1846 inspiriert waren.

Aasmund Olavsson Vinje war 1860 erstmals in Rondane. Er schildert, wie er nach und nach verschiedene Seiten der Natur erlebt. Von einem tiefer gelegenen Punkt bewegt er sich in die Berge hinauf. Erst als er nördlich der Hütte Straumsbu angelangt war – der Ort, an dem Sohlberg sich entschied, sein Gebirgsmotiv zu malen –, kann er die großen Gipfel sehen: »Und plötzlich erhob er [der Gipfel des Høgronden; Ø. S. B.] seinen blauen Kopf hoch über alle anderen und gen Himmel. [...] Es schien mir, als würde ich angehoben, als ich kurz danach den Runden [Høgronden; Ø. S. B.] in der Abendsonne mit einem Strahlenkranz gegen den dunklen Himmel wie einen heiligen Kopf auf einem Gemälde sah.«[7] Vinjes Gedicht *Bei Rondane* erschien 1864.[8] Während die letzten Sonnenstrahlen vom Schnee reflektiert werden, führen die

Gedanken das lyrische Ich zurück zu Erinnerungen aus vergangenen Zeiten, und in der Suche nach einem Nachtlager wird letztlich der Todeswunsch manifest. Als Edvard Grieg das Gedicht vertonte, wurde es gar zu einer nationalen Ikone. Diese Vertonung muss Sohlberg vertraut gewesen sein, wie wir von seinen eigenen Darbietungen kleinerer Grieg-Kompositionen für Klavier wissen.

Ibsen kannte die norwegischen Gebirge wiederum aus seinen Wanderungen.[9] Das Gebirgsmotiv taucht in seiner gesamten literarischen Produktion immer wieder auf. In *Peer Gynt* legt er die Halle des Bergkönigs in den Berg Rondslottet. Im Stück *Brand* ist der Aufstieg auf einen Berg das Symbol für die Befreiung von den Mühen und Pflichten des Alltags, aber auch ein Symbol für das Erhabene: »Dort singt Lawin' und Fall Dich fromm, / Dort predigt Dir der Gletscherwind [...].« (1. Akt) In *Klein Eyolf* hören wir von der »zwingenden und verführerischen Macht« der Berge (1. Akt). In *Gespenster* sind die Berge dann ein Teil des Bühnenhintergrundes. Für ein Bühnenbild in Max Reinhardts Kammerspielen im Jahre 1906 nahm auch Edvard Munch (1863–1944) die Berge in seine Skizzen auf. In diesen Zeichnungen erscheint ein steiler, in Weiß und Blau gemalter Gipfel, Sohlbergs Darstellungen durchaus ähnlich, doch hat das Motiv keine Vegetation im Vordergrund und ist stilistisch stark mit den schweizerischen Alpenlandschaften von Hodler verwandt.

Unter den Schriftstellern dieser Zeit war es aber vor allem Theodor Caspari, der dem norwegischen Gebirge einen Platz in der Literatur sicherte.[10] Sein Buch *Norwegisches Hochgebirge* erschien 1898 (Abb. 19). Es war von norwegischen Künstlern, darunter Thorolf Holmboe und Theodor Kittelsen (1857–1914), reich illustriert. Die innig romantischen Töne wurden im Gedicht *Høifjeld* angestimmt: »Dort schwebt ein Land in dem leuchtenden Blau; / ein stolzeres könnt ich nicht nennen. / Doch willst du dorthin über die Täler hinauf, / musst du zwei schwierige Dinge beherrschen. / Denn erst musst du dich mit dem Adler aufschwingen / hoch, hoch über Erde und Meere, / und dann – muss es dir gelingen, in die Tiefe zu gehen / um im Moos zu kriechen.« (Prosaübersetzung). Bei Sohlberg werden wir die blaue Farbe und die doppelte Perspektive wiedererkennen, die wir erleben, wenn wir uns durch die Höhen und Tiefen des Geländes bewegen.

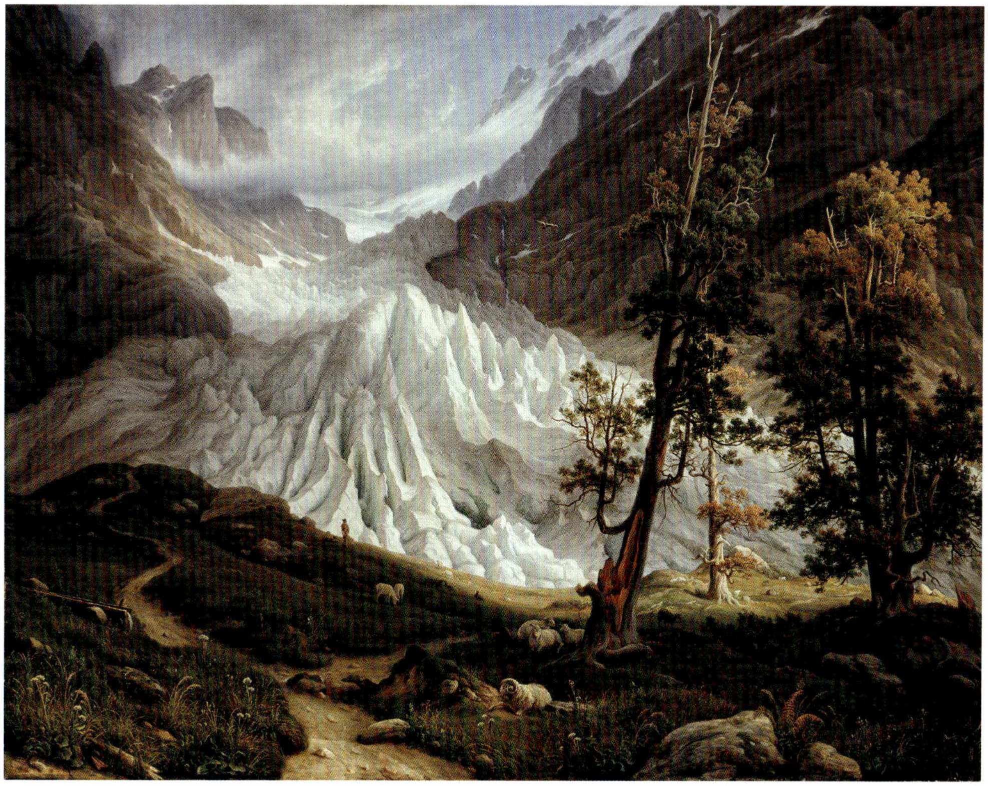

Abb. 18: Thomas Fearnley, *Grindelwaldgletscher*, 1838

So wie die Gebirgslandschaft in Kunst und Dichtung formuliert vorlag, als Sohlberg sich dieses Themas annahm, kann sie als fertige Form betrachtet werden, in die er sein Bild hätte gießen können. Doch er entschied sich dagegen. Dafür, dass es zu seiner Zeit zu viele gab, die dieses Motiv aufsuchten, arbeitete er überraschend originell.

DER AUFENTHALT IN RONDANE

Der Grund dafür, dass er überhaupt nach Rondane gelangte und die Idee entwickelte, auf der Grundlage des Motivs ein Bild zu malen, war der Zusammenhang zwischen dem norwegischen Alpintourismus, der etwa fünfzig Jahre zuvor begonnen hatte, und der reichen Tradition, Gebirgslandschaften in norwegischer und europäischer Kunst zu schildern. In den 1890er-Jahren verlagerte sich das Interesse auf den Skitourismus, was wiederum auf die große Verehrung für die Polarreisenden Eivind Astrup und Fridtjof Nansen, die in Norwegen einen Status als Volkshelden erreicht hatten, zurückzuführen ist. Schon als junger Mann war Sohlberg ein Sportsmann gewesen, der seinen Hobbys Segeln, Fußball, Skilauf und Eisschnelllauf nachging, und als er Ostern 1899 zu einer Skiwanderung in das Rondane-Gebirge eingeladen wurde, sagte er spontan zu.

Dieser Skiausflug sollte eine Polwanderung simulieren, bei der die Teilnehmer Zelte und Schlitten mitführten, um möglichst realistische Bedingungen zu schaffen. Die anstrengende Wanderung dauerte acht Tage, bei der die Gruppe unter anderem den Gipfel Høgronden (Abb. 20) bestieg. Im schriftlichen Nachlass der Teilnehmer finden sich keine originalen Dokumente von dieser Tour, doch es wurden Fotos gemacht, die belegen, dass es sich dabei ebenso sehr um einen Herrenausflug wie um eine sportliche Herausforderung handelte.

Die erste Skizze entstand auf der Rückseite eines Briefumschlags (Taf. 43).[11] Das Motiv bildet der Blick von der Ostseite mit den Bergen als zwei zusammengedrängten Blöcken. Der Vordergrund zeigt eine ebene Landschaft mit einem kleinen Hof am linken Rand. Hier kann es sich um Strømbu handeln, wo Sohlberg 1899 mit seinen Skifreunden übernachtet hatte.[12] Die Zeichnung ist in drei distinkte Felder mit jenen Elementen eingeteilt,

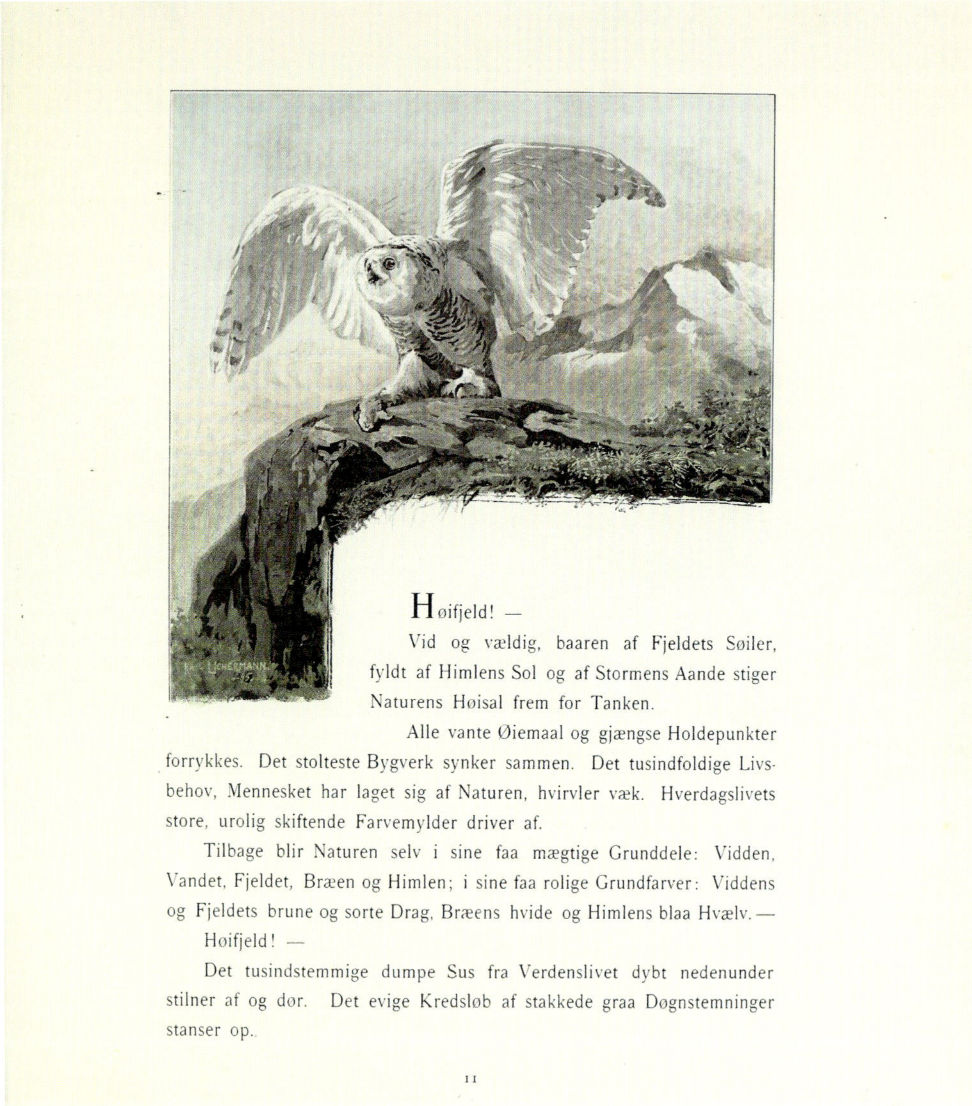

Høifjeld! —

Vid og vældig, baaren af Fjeldets Søiler, fyldt af Himlens Sol og af Stormens Aande stiger Naturens Høisal frem for Tanken.

Alle vante Øiemaal og gjængse Holdepunkter forrykkes. Det stolteste Bygverk synker sammen. Det tusindfoldige Livsbehov, Mennesket har laget sig af Naturen, hvirvler væk. Hverdagslivets store, urolig skiftende Farvemylder driver af.

Tilbage blir Naturen selv i sine faa mægtige Grunddele: Vidden, Vandet, Fjeldet, Bræen og Himlen; i sine faa rolige Grundfarver: Viddens og Fjeldets brune og sorte Drag, Bræens hvide og Himlens blaa Hvælv. —

Hoifjeld! —

Det tusindstemmige dumpe Sus fra Verdenslivet dybt nedenunder stilner af og dør. Det evige Kredsløb af stakkede graa Døgnstemninger stanser op..

11

Abb. 19: Theodor Caspari, *Norwegisches Hochgebirge*, Kristiania 1898

mit denen Sohlberg später in einer teils radikal geänderten Form weiterarbeiten sollte. Die deutlichste Abweichung der Zeichnung von späteren Gestaltungen ist die Lage des Bergs Storsvulten. In dieser Darstellung ist er das dominierende Bergprofil. Der Berg liegt dort wie ein perfekt geformter symmetrischer Kegel mit abgerundetem Gipfel.

Im Februar 1900 kehrte Sohlberg nach Rondane zurück.[13] Er fertigte eine Kohlezeichnung an, wobei er die gleiche Perspektive wie beim ersten Mal wählte, den Aussichtspunkt aber etwas höher ansiedelte. Diesmal versperrt der mächtige Storsvulten nicht länger den Blick auf den Høgronden, der ab diesem Zeitpunkt mit seinen 2115 Metern der zentrale Blickfang im rechten Abschnitt der Komposition bleiben wird. Doch wenn Sohlberg Tiefe erreichen und eine Komposition vermeiden wollte, die auf getrennten waagerechten Bändern aufbaute, musste er sich weiter nach Süden bewegen.

Von da an konzentrierte Sohlberg sich darauf, das Motiv so zu schildern, wie wir es sehen, wenn wir uns am nordöstlichen Ufer des Atnesjøen bewegen. Es ist nicht möglich, die endgültige Gestaltung dieser Bergkette mit einem einzelnen Aussichtspunkt zu identifizieren. Sohlberg wohnte auf dem Hof Sør-Nesset und zog später auf den Hof Midt-Nesset um, wo er bis Mai 1901 wohnte. Von diesen beiden Aussichtspunkten erkennen wir das Motiv in seinen Arbeiten wieder, allerdings mit wichtigen Abweichungen. Er benötigte einen höher gelegenen Aussichtspunkt, um die Berge in einer angedeuteten Vogelperspektive darzustellen. Dies gelang, indem er am Hang entlang von Midt-Nesset in Richtung der Alm Nessesetra spazierte. Durch den Umzug in das Gebiet von Nesset wird der Blick auf das Motiv verschoben, sodass das Tal Langglupdalen, das die Talmulde im Bild einnimmt, um die herum die Komposition entsteht, ihm den Blick auf die auf beiden Seiten des Tals gelegenen Gipfel Rondslottet und Høgronden bietet. Um den spitzen Gipfel Nordre Hammeren in Smiubelgen sehen zu können, musste er jedoch noch weiter nach Süden bis zur Alm Sjølisetra. Dies ist der einzige Ort, von dem aus man diesen Ausblick hat.[14] Vergleicht man das von Sohlberg komponierte Bild mit der Bergkette, die von Nesset aus sichtbar ist, nimmt man eine auffällige Verdichtung der Berge wahr. Somit werden die Dimensionen akzentuiert, und sie erscheinen mehr als Körper denn als Flächen. Sie werden zugleich monumentaler, als sie für das bloße Auge erscheinen. Die meiste Zeit, die sich Sohlberg in Rondane aufhielt, wohnte er in der Gegend von Nesset.

Recht schnell fand er eine Lösung, wie die Sterne verteilt und als Kompositionselemente eingesetzt werden könnten. Der stark leuchtende Stern in der Mitte und Sterne, die in die Ecken gezogen werden, tragen dazu bei, dass eine Diagonalkomposition geschaffen wird und der Himmelsabschnitt Dynamik ausstrahlt. Die meiste Mühe bereitete ihm der Vordergrund. Erst mit der Version von 1901 gelang ihm eine befriedigende Lösung (Taf. 42). Studien deuten darauf hin, dass er beabsichtigte, für das große Format von 1914 eine selbstständige Lösung zu finden (Taf. 41), diese Idee aber aufgab. Der Schlüssel zu einer gelungenen Lösung für den Vordergrund ist die geschwungene lange waagerechte Linie, die einen eigenen Abschnitt zwischen dem nahen Teil des Vordergrunds und der Strecke zwischen dem Ausschnitt mit den Hütten und Bergen bildet. Diese Linie wiederholt eine abgeschwächte Variante der Einteilung durch die Berge auf jeder Seite einer Senke.

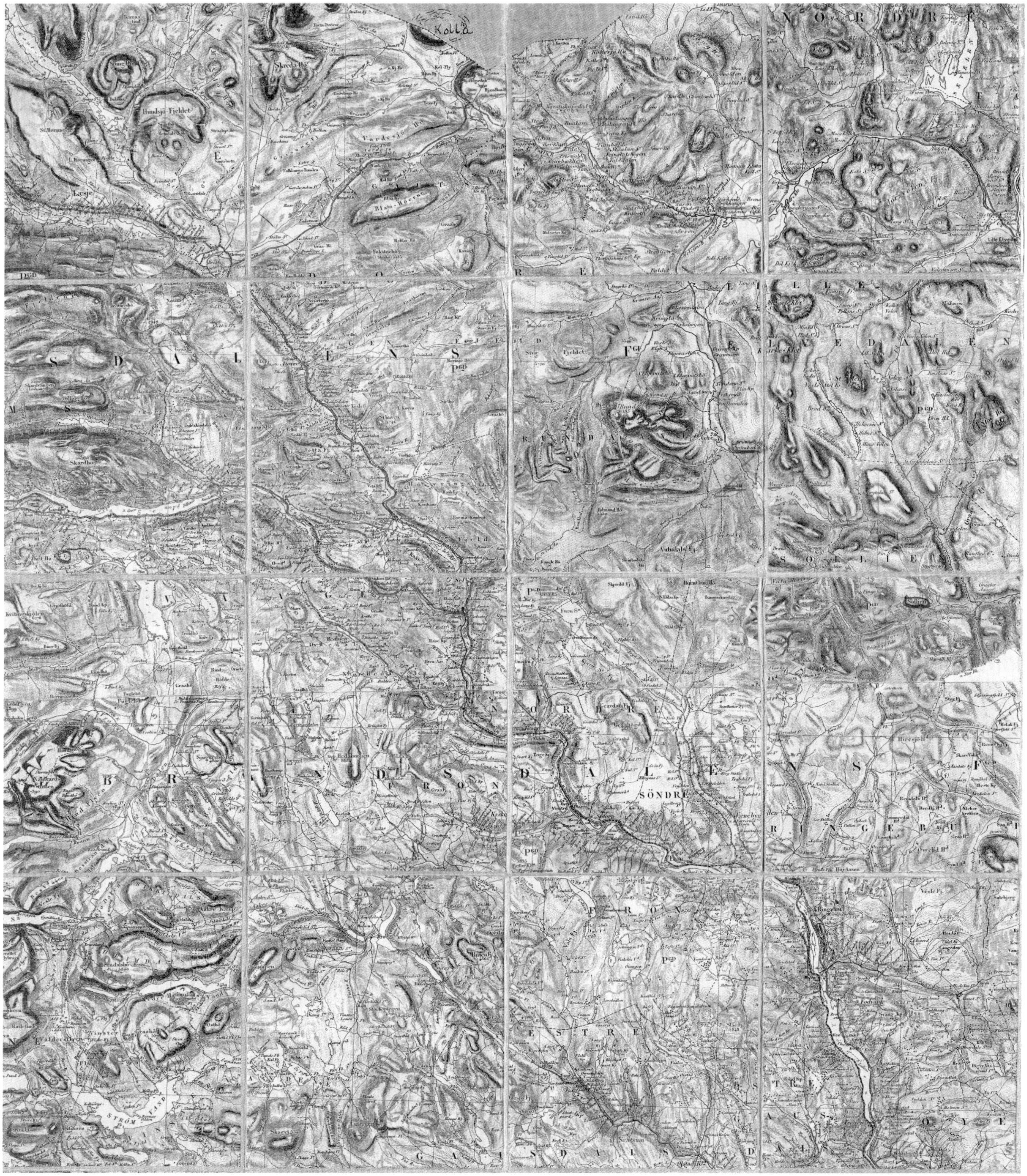

Abb. 20: Karte von Rondane mit Sohlbergs Markierungen in Rot

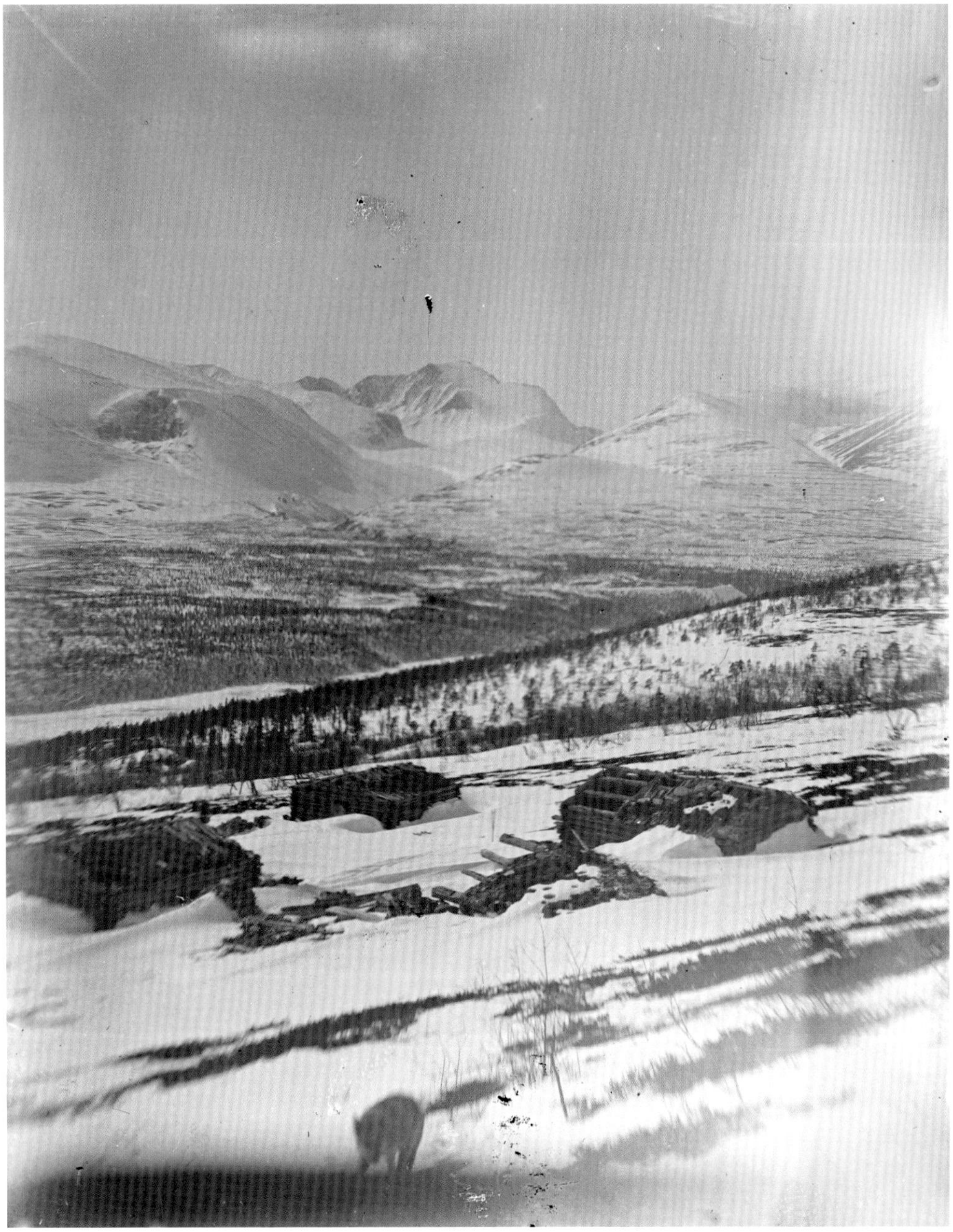

Abb. 21: Harald Sohlbergs Fotografie seines Hauptaufenthaltsorts im Rondane-Gebirge

Viele führen den Namen »Rondane« auf die abgerundeten, kegelförmigen Berge dieses Gebirgsmassivs zurück. Es wird aber angenommen, dass die Bezeichnung dem Stamm des norwegischen Wortes *rand* (dt. Streifen) entspricht. Ursprünglich war dies die Bezeichnung eines langen und schmalen Sees. Die ihn umgebenden Berge bekamen jeweils eigene Namen.[15] In seinem Bild thematisiert Sohlberg übrigens, wie die Oberfläche der Berge von Eissprengungen gebildet wird, die dann tiefe Rinnen oder Klüfte bilden. Das Auffälligste ist das Kreuz, das sich im Berg Høgronden wie ein X gebildet hat und das Sohlberg in seiner Version von 1901 ziemlich genau wiedergibt. Später zeichnet er dieses X wie ein christliches Kreuz, erstmals in Aquarellen von 1911 (Taf. 57–59) und in der Version von 1914. Er modellierte die Berge vor dem Lasieren in einer weißen Farbe, und insbesondere in der Version des Nationalmuseums brach er die großen Hauptformen zu einer Reihe kleinerer Formen hinunter, die er ebenso mit Farbe plastisch formte, bevor er eine blaue Lasur auftrug. Dies trägt dazu bei, zwischen langen Linien und großen Formen Spannung und in der eigentlichen Farbschicht ein Gewimmel von kleinen Formen zu schaffen.

In den vielen Zeichnungs- und Aquarellstudien probiert er verschiedene Möglichkeiten aus, um bildhafte Erlebnisse und Eindrücke, die das Motiv bietet, zu formulieren. Der Blick für Details wie für das Ganze wird damit geschärft. Um sich die Details genau einzuprägen und zu zeichnen, zog er Fotografien heran. Die frühesten Fotografien, die er im Frühjahr 1900 machte, wurden allesamt bei der Entwicklung zerstört. Aus diesem Grund lässt sich nichts Genaues darüber sagen, ob er das Motiv während der Ausarbeitung mithilfe des Fotoapparats erforschte. Neue Fotos machte er erst, als die Hauptzüge des Bildes entstanden waren. Im Weiteren verweist Sohlberg darauf, dass er Fotografien benötigt, um Details beschreiben zu können und als Gedächtnishilfe für die Zeit nach der Schneeschmelze.[16]

Im Zeitraum März bis Mai 1900 hatte Sohlberg alle Hauptelemente der Komposition zusammen. Die grundlegende Komposition des Motivs bilden die beiden Gebirgsmassive, die symmetrisch um die Mittelachse angeordnet sind, und stilisierte Bäume, die das Hauptmotiv auf jeder Seite einrahmen. Dies wird aus einem Brief ersichtlich, der mit einer Zeichnung seines Arbeitszimmers illustriert ist. Darauf ist zu erkennen, dass er zu dieser Zeit an einer großen und einer kleineren Version des Motivs arbeitete.[17]

Im Sommer 1900 wird sein Schaffensprozess unterbrochen. Sohlberg schickt mehr als 20 Skizzen und Studien nach Hause nach Kristiania, dem späteren Oslo.[18] Er hatte wohl die Hoffnung, die große Version bis zur Herbstausstellung 1900 fertigstellen zu können. Dies passierte aber nicht.[19] Die kleinere Version des Gemäldes ist auf 1901 datiert (Taf. 42). Warum zeigte er die erste abgeschlossene Fassung zu Lebzeiten bei keiner Gelegenheit in einem kleineren Maßstab in Norwegen? Betrachtete er diese als weniger gelungen oder als

Skizze? Als das Bild 1917 verkauft wurde, versuchte er, den Status des Bildes zu definieren:[20] »Also vom künstlerischen Wert sehe ich es als vollständig auf einem Niveau mit Stangs Bildern [Taf. 41]. Vollständig. Ich habe [...] dieses Bild hier zu Hause nicht ausgestellt, weshalb es auch nicht zum Verkauf angeboten war, denn ich wollte es nicht missen; zum einen, weil ich danach Stangs Bild fertig malen, zum anderen, weil ich die Farblithografie anfertigen wollte.«[21] Wenn wir Sohlberg beim Wort nehmen wollen, ist also die Version von 1901 das eigentliche Urbild und die große Fassung eine Variation dieses Bildes.

Im Mai 1901 zieht er ins zehn Kilometer südlicher gelegene Amperhaugen (heute Sole) am Südufer des Atnesjøen. Von hier aus kann man einen Ausschnitt der Berge sehen. Dieser Umzug hatte dramatische Folgen für die Fertigstellung der großen Fassung von 1914 (Taf. 41). Während des Umzugs war das Gemälde Staub und Regen ausgesetzt. Sohlberg wusch es mit Seifenwasser ab. Dies führte dazu, dass sich die blaue Lasurfarbe auflöste und über das Bild nach unten lief. Er malte das Bild erneut und meinte, dass es genauso gut wie vorher wäre.[22] Sohlberg dämpfte die Bedeutung dieses Missgeschicks und vermittelte den Eindruck, dass das neue Bild nun so gut wie fertig wäre. Dies stimmt allerdings nicht mit der frühesten, uns bekannten Fotografie des Bildes überein, die gemacht wurde, als er in Røros wohnte. Sie zeigt, dass der Vordergrund gerade erst begonnen war. Vielleicht war der »Unfall« gar nicht der Grund dafür, dass die Arbeiten unterbrochen wurden? Vielleicht gab es einen anderen und wichtigeren Grund dafür, dass er jetzt und in den folgenden zehn Jahren davon abgehalten wurde, das Bild fertigzustellen.

Lilli Hennum, damals 23 Jahre alt, war im Sommer 1901 zu ihm in die Berge von Rondane gezogen. Sie war eine südländisch aussehende Schönheit mit italienischen Vorfahren. In den feineren Kreisen von Kristiania, und insbesondere in Künstlerkreisen, war Lilli als Tochter des Kapellmeisters am Nationaltheater bekannt. Lilli verliebte sich in Sohlberg, als sie 16 Jahre alt war, und sie verlobten sich 1899. Am 16. Oktober 1901 heirateten sie in Kristiania. Kurz danach reisten die beiden nach Rondane zurück, wo sie in einfachen Verhältnissen wohnten. Im März 1902 fuhren sie mit dem Schlitten zum Bahnhof Atna und stiegen in den Zug nach Røros. Dort wurde Harald jun. am 22. April geboren.

Sohlberg nahm die große Version des Gemäldes nach Røros mit, fand aber wohl keine Gelegenheit, an ihm weiterzuarbeiten.[23] Es ist möglich, dass ihn praktische Gründe daran hinderten, doch es ist naheliegender, dass er derart davon abhängig war, seine Motive tatsächlich zu sehen und zu erleben, also im Blickfeld haben musste, um mit der Arbeit weiterzukommen. Das unterstreicht die Tatsache, dass er sich in Røros auf jene neuen Motive konzentrierte, die ihm hier unmittelbar vor Augen standen. Durch den Verkauf einer gemalten Skizze des Motivs von 1911 wurde es ihm später finanziell möglich, nach Rondane zurückzukehren. Jeweils 1911 und 1913 fuhr er hinauf, bevor er mit den abschließenden Arbeiten begann (Abb. 21). Die wichtigsten Veränderungen nahm Sohlberg im Vordergrund vor, indem er die Bäume deutlich zweigeteilt an den Bildseiten gruppierte und die verrotteten kleinen Baumstümpfe im Mittelgrund platzierte. Die wichtigsten farblichen Charakteristika, wie er sie in den gemalten Skizzen und in der Version von 1901 ausgearbeitet hatte, blieben erhalten.

DIE FARBEN DER BERGE UND DES SCHNEES

Zu den faszinierendsten Aspekten im Bild *Winternacht in den Bergen* gehören die Farben. Bezüglich der Kolorierung entschied sich Sohlberg schon früh für eine bestimmte Palette. Die Farbe hat einen fast unbegreiflichen Reichtum an Nuancen im Spannungsfeld zwischen Violett und Grün. Hinzu kommt eine große Vielfalt an Blau- und Weißtönen, während Bäume, Zweige und Büsche in Schwarz gemalt wurden. Sogar die schwarze Farbe gibt es hier in verschiedenen Intensitäten. Der Mond, den wir nicht sehen, wirft ein gelbliches Licht, das im Bild in Nuancen von Grün umgesetzt wird.

Nie beschreibt Sohlberg seine Arbeit mit den Farben. Es scheint, als ob sie sich ausgehend vom Charakter und der Lokalfarbe einfach nur ergibt. Die Berge des Rondane-Gebirges vermitteln einen Hauch von Blau, wie es die Dichter oft formulierten. Wir erkennen dies auch in vielen Farbfotos vom Motiv. In seinem Buch behauptete Arne Stenseng 1963, dass sich der Farbeinsatz bei Sohlberg aus den praktischen Umständen ergeben habe, die das Malen im Winter unter freiem Himmel mit sich bringt. Er sei von einem Hinweis beeinflusst worden, dass der schwedische »Blaumaler« Eugène Jansson (1862–1915) seine Motive in Stockholm von einem beleuchteten Raum aus betrachtete, was den Eindruck der blauen Farbe noch verstärkte: »Grundsätzlich gibt es auf jeden Fall keinen Unterschied zwischen dem Leuchten und dem Feuer bei Sohlberg und der Lampe des Stockholmers; in beiden Fällen treibt warmes Licht die Landschaft in komplementäre Blautöne hinüber.«[24]

Doch auch hier gilt das Gleiche wie beim Motiv; Sohlberg traf eine Wahl, die mit einem bevorzugten Mittel der Malerei seiner Zeit übereinstimmte, nämlich der Vorliebe für eine monochrome Palette. In der norwegischen Malerei wird Blau in der zweiten Hälfte der 1880er-Jahre eine bestimmende Farbe. Sohlberg kannte die Bedeutung der Farbe Blau in der romantischen Kunst und Dichtung sehr gut, die auf Novalis' Romanfragment *Heinrich von Ofterdingen* zurückgeht, das 1800 geschrieben und 1802 posthum veröffentlicht wurde. Die Hauptperson sehnt sich danach, die »blaue Blume« zu finden, von der er gehört hat. In einem Traum sucht er danach und findet sie in einer von blauem Licht gefüllten Grotte, und dieses Licht strahlt von einer Fontäne aus. Später in der Erzählung befindet sich der Protagonist auf einer Wiese, die von blauen Bergen unter einem Himmel umgeben ist. Er findet eine große blaue Blume, in dessen Mitte sich das Gesicht seiner Geliebten abzeichnet. In der Frühromantik werden Farben als Ausdruck für Gefühle eingesetzt. Am konsequentesten umgesetzt finden wir dies in den Gemälden von Philipp Otto Runge (1777–1810). In seinen Werken setzt Runge eine Farbsymbolik ein, wobei er eine lose

Verbindung zwischen Eigenschaften und Farben schafft, diese allerdings auch wechseln lässt. Die Zufälligkeit in der Beziehung zwischen der Farbwahl und den diesen Tönen zugeschriebenen Eigenschaften ist auch für Sohlberg typisch, der seinen Farbeinsatz niemals kodifizierte, sodass die Farbe etwa eine konstante und vorgegebene Bedeutung definiert hätte.

Johann Wolfgang von Goethe und Runge standen in engem Kontakt miteinander in den Jahren, als sie an ihren Farblehren arbeiteten, die beide 1810 erschienen. Ihnen gemeinsam war die Bedeutung, die sie dem subjektiven Erleben und dem Gefühl von Farben zuschrieben. Man kann hier von einer Phänomenologie der Farben sprechen, die zu einem großen Teil auf der künstlerischen Praxis und Erfahrung aufbaute. Der norwegisch-dänische Philosoph Henrich Steffens schrieb noch 1810 eine Ergänzung zu Runges Abhandlung, die er mit der Behauptung einleitet, dass es naheliegend sei, dass »auch dem Gesicht eine höhere und geistigere Ansicht aller Verhältnisse des Daseyns mit den Farben eröffnet [sei]«.[25] Steffens leitet über zur Philosophie der Romantik und zum Gedanken über die Verbindung zwischen Licht, Farbe und Geist, der in den Jahren nach 1890 von den Künstlern wiedererweckt wurde, die von da ab dem Symbolismus zugeordnet werden und der sich in der norwegischen Kunst bei Malern der Generation Sohlbergs sehr stark ausbildete.

In der zweiten Hälfte des 19. Jahrhunderts werden durch die herausragenden Vertreter ihres Faches, die beiden deutschen Psychologen Gustav Theodor Fechner und Wilhelm Wundt, Experimente durchgeführt, wie Farben in der experimentellen Psychologie unser Gemüt beeinflussen. Zu den Befunden, die damals gemacht wurden, gehörte, dass Farben unmittelbarer Gefühle auslösten als Reflexionen. Die Farberlebnisse wurden registriert, und zu den Schlussfolgerungen, die man meinte treffen zu können, gehörte, dass die Farbe Blau eine beruhigende, aber auch deprimierende Wirkung habe. Die wissenschaftlichen Untersuchungen widmeten sich auch der Synästhesie, die zu dieser Zeit ein beliebtes Thema wurde. In der Musik wurde die Synästhesie die treibende Kraft für die Entwicklung von Farborgeln, in denen Farben und Töne verknüpft wurden.[26] Sohlberg war stark in einem von Musikern geprägten Milieu verankert, weshalb davon ausgegangen werden kann, dass er sich darüber Gedanken gemacht hat. In Interpretationen von Munch-Werken wurde dieses Phänomen schon früh herangezogen.[27] Zu Sohlbergs Zeit hatte die Erforschung der Wirkung von Farben und Formen auf das Gemüt, wie sie von Medizinern und Psychologen der Wiener Schule weiter vorangetrieben wurde, Folgen für die Art und Weise, wie dieser Bereich von den Kunstwissenschaftlern und den Künstlern behandelt wurde.[28]

Sohlbergs Generation wurde von Impulsen aus Munchs zahlreichen, 1891 ausgestellten Gemälden geprägt, in denen Blautöne dominieren. Munchs erster Verkauf an die Nationalgalerie war *Nacht in Nizza* (1891) – eine von blauen Tönen geprägte Stadtlandschaft, die aus dieser Ausstellung heraus eingekauft wurde (Abb. 22). Bekannter ist das Gemälde *Nacht in Saint-Cloud* (1890), das auf dieser Ausstellung großes Aufsehen erregte, doch erst 1917 in die Nationalgalerie gelangte. Munchs und Sohlbergs Gemälde sind Ausdruck einer allgemeinen Tendenz dieser Zeit zu einer vereinfachten Farbpalette, die von einer oder nur wenigen Farben dominiert wird, die eingesetzt werden, um Stimmung und Gefühl zu betonen – egal, ob in Weiß, Schwarz, Blau, Rot oder Grün.[29] Es handelte sich hier um eine subjektive Annäherung an Farbe, die auch das Verhältnis zwischen Farbe, Licht und Dunkel berücksichtigte. Im Hinblick auf Komposition und Gefühl hatte das Gleichgewicht zwischen Licht und Dunkel auch eine sinnvolle Funktion im Bild, bei der es weniger um den Versuch ging, eine genaue Schilderung der tatsächlichen Verhältnisse zu geben.

SYMBOL UND FORM

Sohlberg versuchte, den literarischen Symbolismus durch eine indirekte und verkleidete Form für Symbolik zu vermeiden.[30] Es ist ungewöhnlich, dass er ein konventionelles Symbol mit seiner Kunst verband. Eine Ausnahme bildet das christliche Kreuz. Dieses Symbol griff er bereits in den frühen 1890er-Jahren auf. Erstmals begegnen wir ihm in einer Skizze zur Komposition *Kreuzigung* (Taf. 63) aus der Zeit, als er in Kopenhagen arbeitete. Später begegnen wir dem Symbol Mitte der 1890er-Jahre wieder in einer Zeichnung, die den Tod darstellt (Taf. 83), und 1900 in einer Skizze für ein Gemälde der Aker-Kirche in Oslo. Darauf verkörpert das Kreuz ein wichtiges Zeichen im Gemälde *Nacht* von 1905 (Taf. 12). In *Winternacht in den Bergen* von 1901 (Taf. 42) finden wir im höchsten Berg Høgronden eine Felsspalte, in der sich der Schnee sammelt, als Kreuz dargestellt. Diese Felsspalte, die von Nesset aus zu sehen ist, wird 1914 zu einem deutlich sichtbaren Kreuz werden.

Nach Informationen von Cynthia W. Peterson, Professorin für Physik an der University of Connecticut, stimmt der gemalte Himmel bei Sohlberg mit dem realen Himmel ebenso wenig überein wie sein künstlerischer Umgang mit den Bergen.[31] Wir können dieses Vorgehen somit als Beispiel eines traditionellen Symbolgebrauchs deuten, wenn er beim Sternbild Großer Bär den Schwanz darstellt. Sohlberg malte den Großen Bären so, wie er ihn im Gemälde *Meerjungfrau* benutzt (Taf. 108). In beiden Bildern befindet er sich oben links. Der Schwanz verweist auf den Polarstern, ein konventionelles Symbol für den Norden. Doch Peterson zufolge werden wir den Polarstern nicht exakt in dieser Position finden, in der Sohlberg den hellsten seiner Sterne malte. Handelte es sich um den Polarstern, müsste er direkt unter den Sternen Merak und Dubhe liegen, die sich im Bild aber ganz rechts befinden. Peterson kommt daher zu dem Schluss, dass es sich bei dem Planeten um Venus handelt, den Sohlberg in künstlerischer Freiheit dort platzierte. Dies erklärt auch, warum er zögerte, für die Sterne eine endgültige Position zu finden. Letztlich wird sie erst durch die Komposition selbst festgelegt – oder vielleicht auch durch die Symbolik? Venus ist der Planet der Liebe, und für Sohlberg wird dies sicherlich von großer Bedeutung gerade zu der Zeit gewesen sein, als er in Rondane arbeitete – näm-

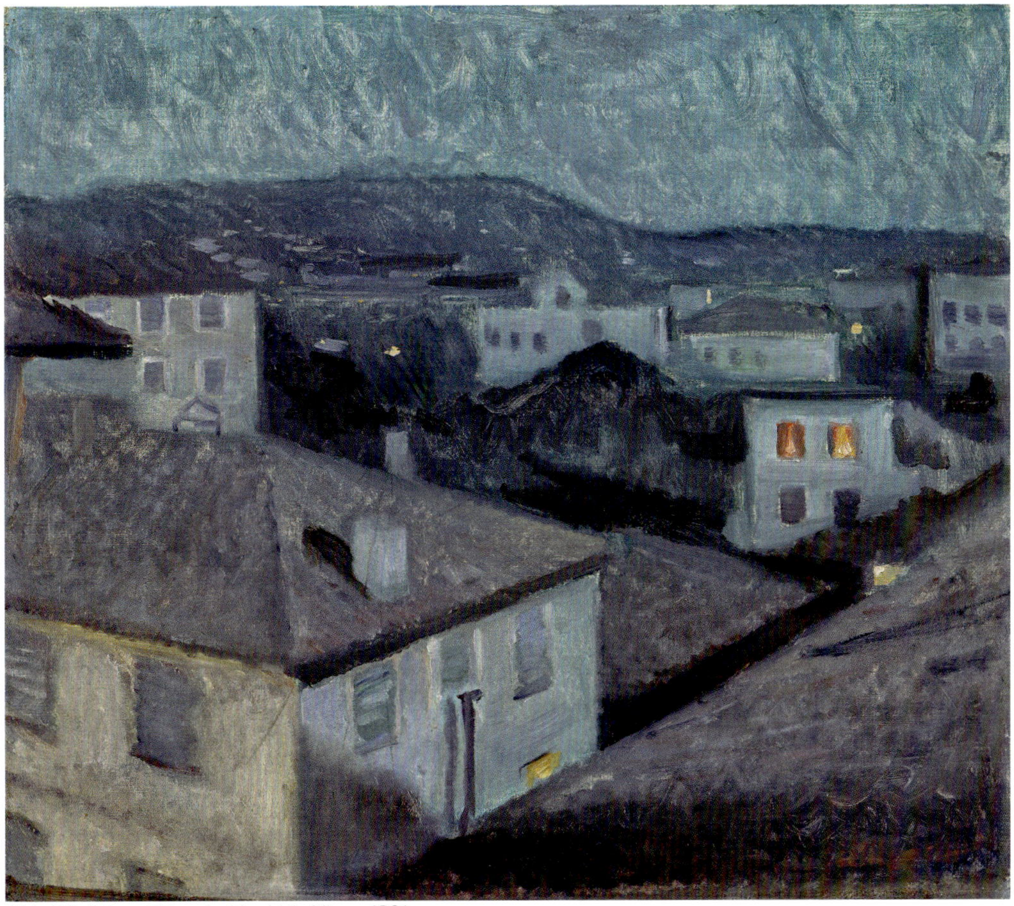

Abb. 22: Edvard Munch, *Nacht in Nizza*, 1891

lich bevor Lilli zu ihm in die Berge kam, und später auch, als sie bei ihm einzog.

Sohlbergs Gestaltungskraft kann einem Modernismus zugeordnet werden, der nicht der Trennung von Form und Inhalt folgt. Farbe und Komposition des Bildes dürfen in Bezug auf die Aussage nicht als etwas Äußeres betrachtet werden. In *Winternacht in den Bergen* sind die Kontraste zwischen geometrischen und organischen Formen sinnfällig. Dies gilt auch für die Kontraste zwischen Hell und Dunkel sowie die Nuancen der Farbskala und der Beziehung zwischen Teilen des Bildes bei Motiv und Komposition. Ferner ist die Wahl des Formats bedeutsam. Die Berge werden näher gerückt (Taf. 42, 47), wenn sie – wie in der ersten datierten Version von 1901 und in den gemalten Skizzen – in einem breiten Format erscheinen. In den Bildern mit einem annähernd quadratischen Format wirken sie jedoch isolierter und ferner. Dies ist in den beiden großen Zeichnungen in Kohle (Taf. 54, 55), einem Aquarell von 1900 (Taf. 45) und in den Aquarellen und Pastellen vom Aufenthalt in Rondane aus dem Jahre 1911 der Fall (Taf. 57–59), allesamt Vorarbeiten zur Version, die auf 1914 datiert ist. Hier ruhen die Berge isoliert zwischen dem Nahen im Vordergrund und dem unbestimmbar ewig Fernen im Hintergrund. Sohlberg notiert dazu: »Möglicherweise sollte der Vordergrund nicht zu überfüllt sein. Er darf nämlich nicht öde und weit wirken. Denn dort müssen in diesem Bild die Nacht und die Angst liegen.«[32] Es ist bezeichnend, dass er nicht darauf eingeht, was das Motiv losgelöst von der Form bedeuten sollte.

In einem Brief an die Ankaufkommission der Nationalgalerie unterstreicht Sohlberg, wie wichtig ihm Form und Gestaltung waren. Er schreibt, dass er diesem Bild »*den* Ausdruck [gegeben hatte], der das zentralste, das Eigenartigste in meiner Kunst ist, nämlich: das Dekorative, das Monumentale und Ganze *vereint* mit dem feinen und ausgearbeiteten Detail, in der Farbe, in der Form und Linie, wie ich es sehr persönlich sehe und fühle«. Das Bild ist keine mechanische Imitation des Naturmotivs, sondern eine Vermittlung der Natur durch die Gefühle des Künstlersubjektes. Diese Idee bestimmte seit Langem das Selbstverständnis norwegischer Künstler, die eine zentrale Vorstellung von der Bedeutung der Einfühlung in der deutschen Ästhetik der zweiten Hälfte des 19. Jahrhunderts rezipiert. In deutschsprachigen Kreisen wurde sie durch die beiden psychologischen kunsthistorischen Studien *Abstraktion und Einfühlung* (als Buch 1908) und *Formprobleme der Gotik* (1911) Wilhelm Worringers verbreitet. Übereinstimmend mit diesen Vorstellungen, hatte Sohlberg also seinen persönlichen und seelischen Eindruck des Motivs gemalt.

WINTERNACHT 1914

Ab 1900, als Sohlberg mit der Arbeit an der großformatigen Version begann, bis zur Ausstellung des Werkes 1914, hatte sich seine Haltung zur Farbe gewandelt. Die tonangebenden unter den jüngsten norwegischen Malern hatten bei Henri Matisse (1869–1954) gelernt. Sie arbeiteten systematisch mit Farbkontrasten und Zwischentönen, um Komposition und Form zu unterstreichen. Aus diesem Blickwinkel ist Sohlbergs Bild schon fast ein Anachronismus. Dies erklärt auch den Widerstand von Erik Werenskiold (1855–1938), als das Bild der Nationalgalerie Oslo angeboten wurde. In seinem eigenen Gemälde hatte Werenskiold Impulse von den jüngeren Künstlern aufgenommen, für die er ein wichtiger Förderer wurde. Er selbst arbeitete zu dieser Zeit in einem Stil, der wie eine Kreuzung aus Spätimpressionismus und Paul Cézanne (1839–1906) erschien.[33]

Winternacht in Rondane wurde zur Eröffnung der Jubiläumsausstellung 1914 auf dem Gut Frogner in Kristiania nicht fertig, sondern erstmals im Juni nach dem ersten Exponatenwechsel der Öffentlichkeit zugänglich gemacht. Zu diesem Anlass bekam Sohlberg einen eigenen Raum. Die Voraussetzung für die Fertigstellung und Präsentation des Gemäldes hatten sich seit 1900 geändert. Sohlberg war den Veränderungen des Kunstverständnisses gegenüber nicht immun. Wir können es durchaus als einen Wunsch nach Aktualisierung seinerseits betrachten, dass er das Buch des deutschen Kunsthistorikers Julius Meier-Graefe über Cézanne las, als er sich darauf vorbereitete, *Winternacht in den Bergen* zu vollenden. Er notierte sich die Formulierung, dass »die Kunst immer eine Hervorhebung, eine Pointierung gewisser Dinge auf Kosten anderer Dinge ist«, sowie die Feststellung des Autors, dass Cézanne das Dekorative im Impressionismus weitergeführt habe, ohne »über die Natur zu singen – in Tönen und Farben. Der Stil kam hinzu wie ein loses Band, das alles verbinden sollte, ohne einzuzwängen. Dieses Band ist kein Zufall und war Cézanne in keiner Weise unbewusst.«[34] Hier deutet Sohlberg etwas in die Worte von Meier-Graefe hinein, das dort nicht steht, ihm aber passt. Eigentlich sagt Meier-Graefe das Gegenteil, dass nämlich Cézanne niemals aufhörte, in Tönen und Farben über die Natur zu singen.[35] Sohlberg identifizierte damit seine eigenen Anstrengungen mit dem Begriff des Dekorativen, der bereits Anfang der 1890er-Jahre zu einer Ehrenbezeichnung in der norwegischen Debatte über Kunst geworden war, so wie ihn der Kunsthistoriker Andreas Aubert geprägt hatte. Sohlberg sieht sich darin bestätigt und versucht im Nachdenken über Cézannes Kunst daran anzuknüpfen.[36] Ein wichtiger Grund war für ihn, dass der Begriff damit aus der Verbindung zur angewandten Kunst herausgelöst würde.

WAS UNS *WINTERNACHT IN DEN BERGEN* ZEIGT

Sohlberg war abhängig von einer Nähe zum Motiv, um aus der Eigenart der lokalen Landschaft die Essenz gewinnen zu können. Indem er sich mit allen Nuancen des Motivs vertraut machte, riss er die konventionelle Auffassung über die Landschaft und die Schilderung dieser Landschaft nieder. Im Zuge dieses Prozesses erwuchs ein origineller Blick auf das Motiv, während dieser Blick gleichzeitig die historische Tradition reflektierte, auf die der Künstler aufbaute.

Sohlbergs Arbeiten aus Rondane sind das Ergebnis einer Wechselwirkung zwischen einer realistischen Wiedergabe der Natur und dem romantischen Naturgefühl, in dem die Berge schon früh symbolische Bedeutung erlangen und ein Emblem für das Erhabene werden. Während seines Studiums an der Zeichenschule besuchte Sohlberg die Vorlesungen des Professors für Kunstgeschichte Lorentz Dietrichson. In dessen Buch *Die Welt des Schönen. Die Theorie der Schönheit* (1870) wählt Dietrichson die Berge als Beispiel, um das Erlebnis vom Erhabenen und Ewigen – wenn der Mensch mit dem konfrontiert wird, was nicht messbar und zugleich ebenso geformt wie formlos ist – zu veranschaulichen. Für das Erleben der Ahnung, dass es Millionen von Welten gibt, gäbe wiederum der Sternenhimmel ein Beispiel. Hier schwinde die Vorstellung, dass der Weltraum Grenzen hat. Man werde von Angst und Schwindel gepackt, wenn man dem Unendlichen gegenübersteht.[37]

Sohlbergs *Winternacht in Rondane* fasziniert sein Publikum seit mehr als einhundert Jahren. In der norwegischen Kunst ist dieses Bild der vielleicht stärkste symbolische Ausdruck für das Erhabene. Es fasst quasi die Bestrebungen zusammen, dem Spirituellen in der Kunst Ausdruck zu verleihen, wie wir es das ganze 19. Jahrhundert hindurch in unterschiedlichen Stadien und in unterschiedlicher künstlerischer Gestalt in Bildern, Literatur und Musik formuliert finden. Damit wird der Bogen von der Romantik und Nationalromantik hin zum Symbolismus gespannt.

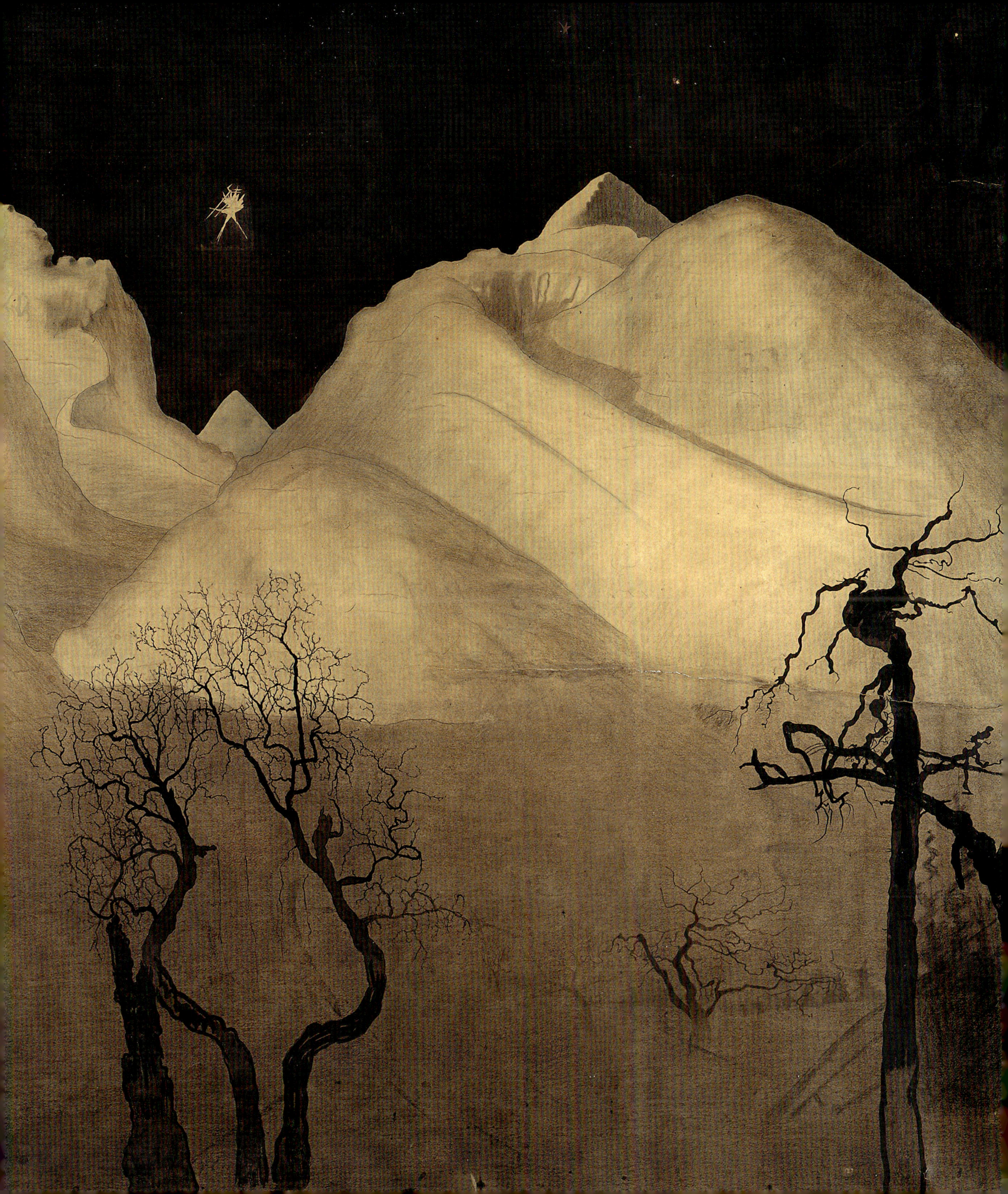

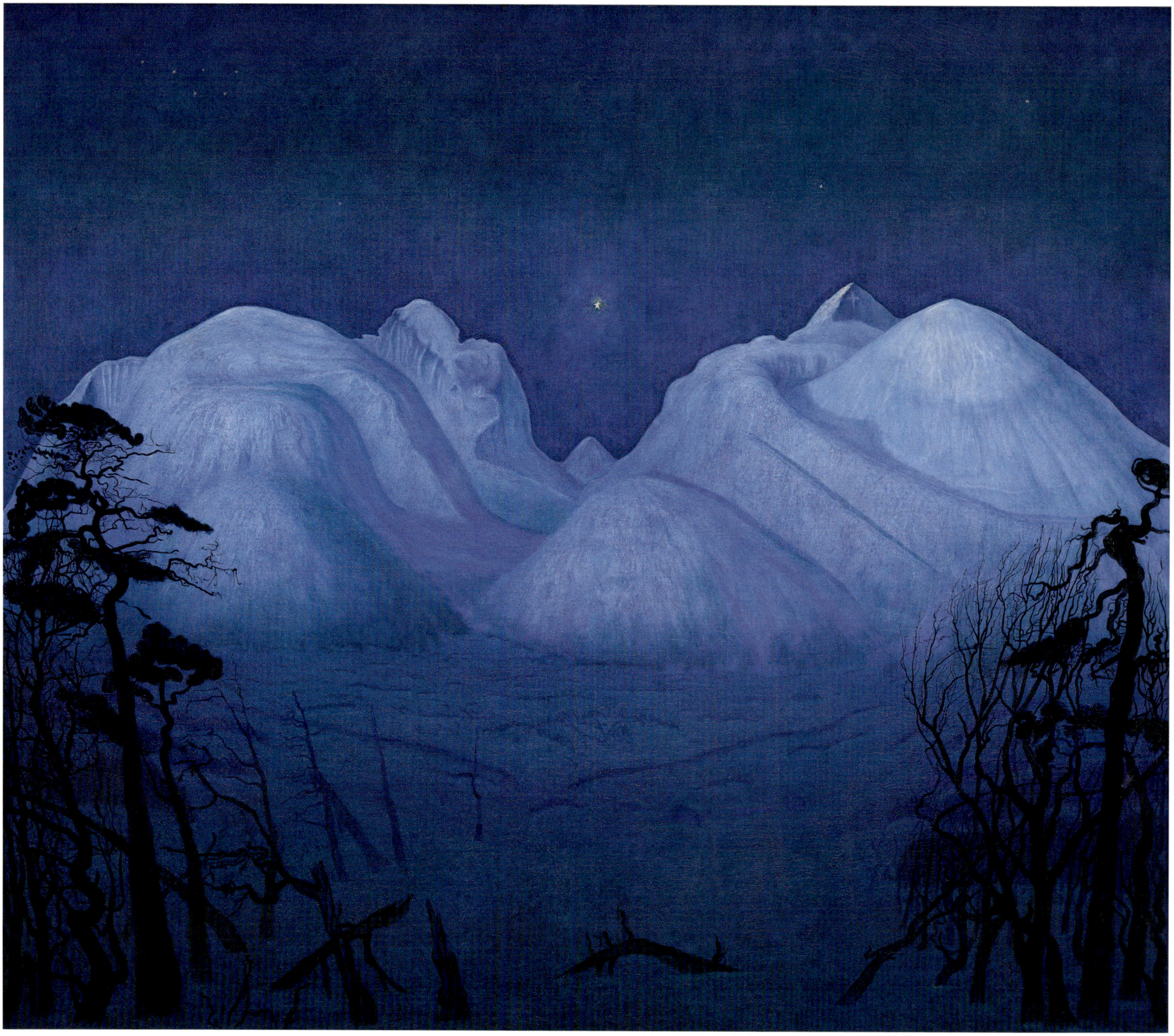

Taf. 41
Winternacht in Rondane, 1914
Kat. 59

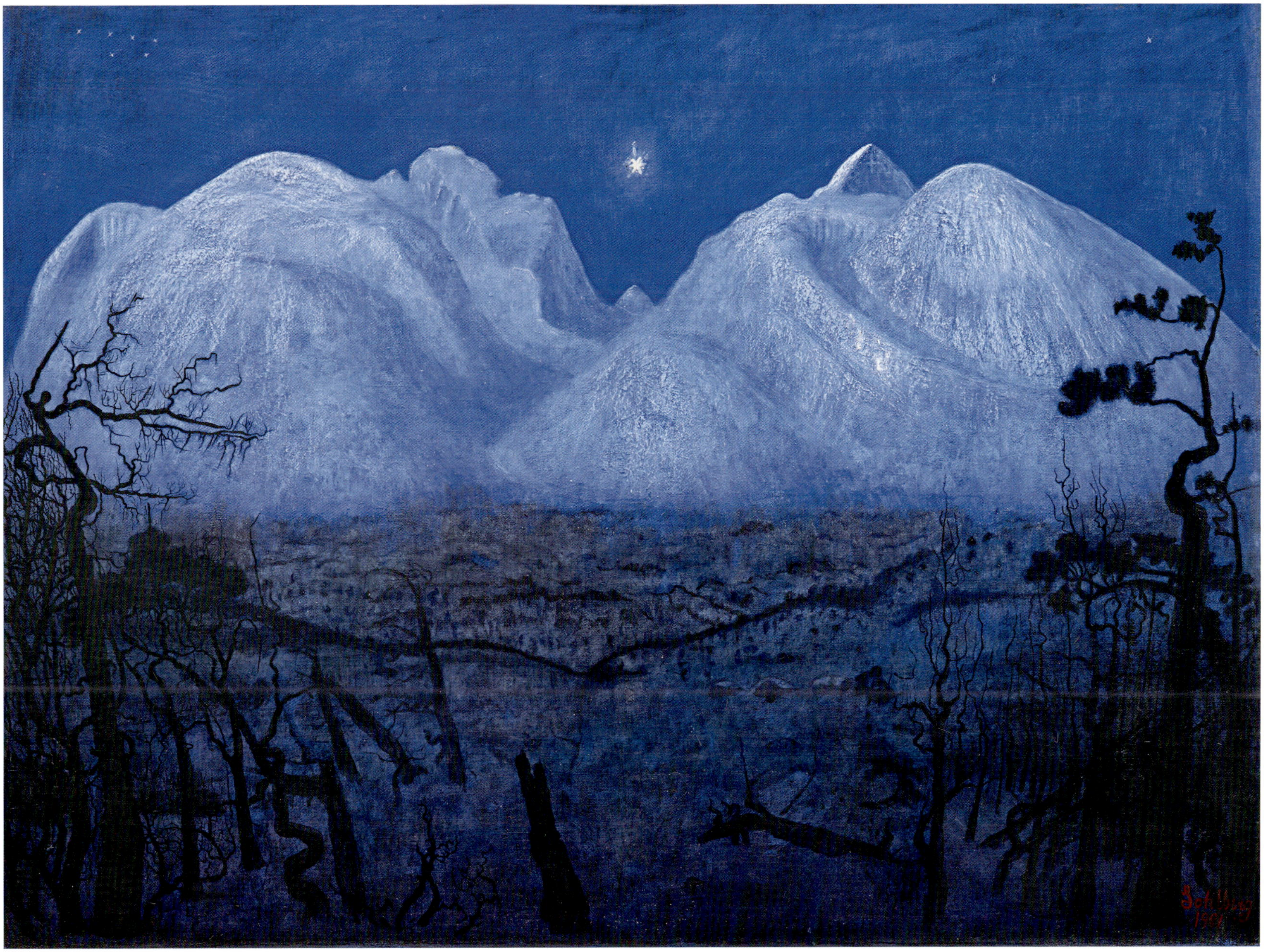

Taf. 42
Winternacht in den Bergen, 1901
Kat. 30

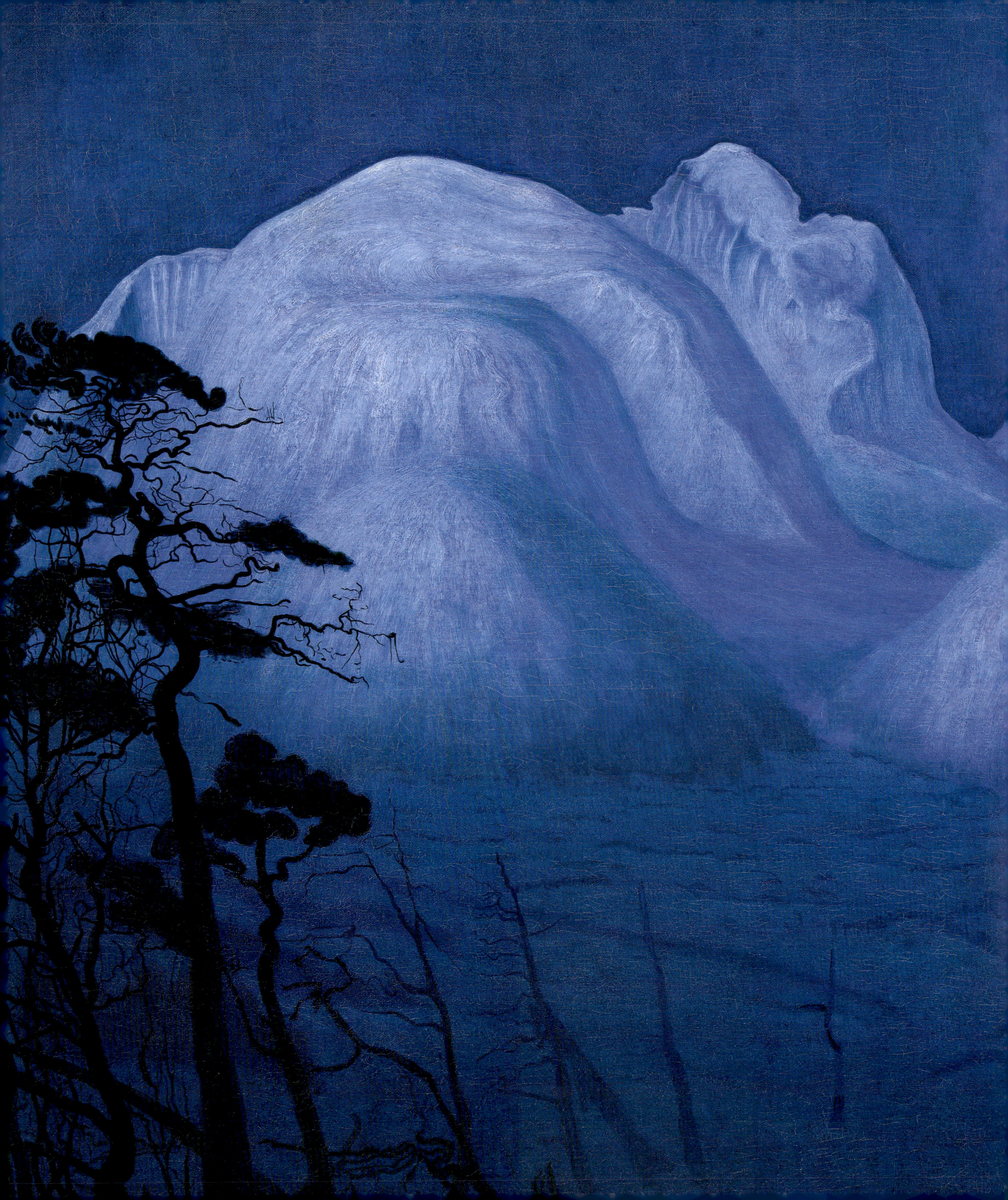

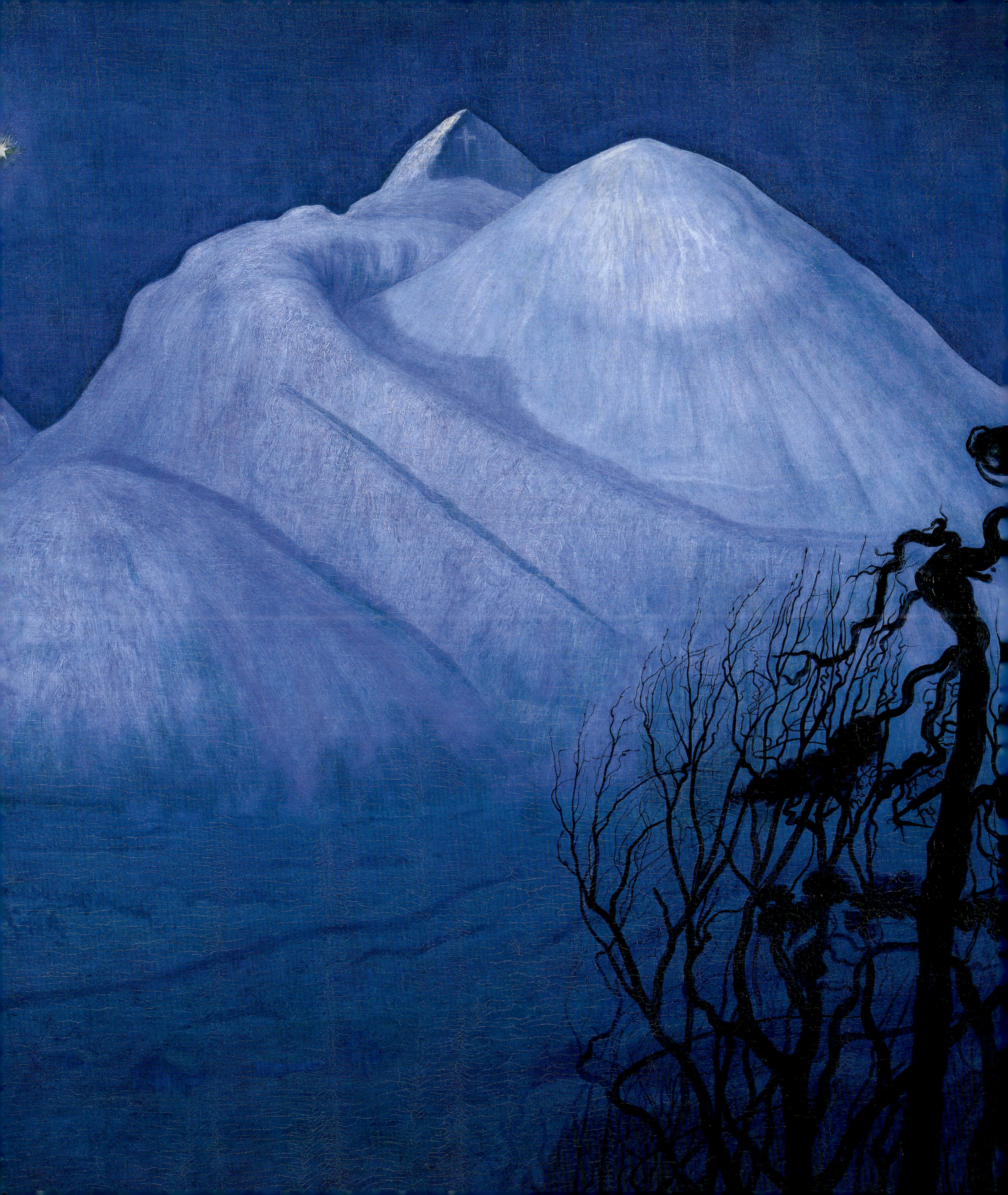

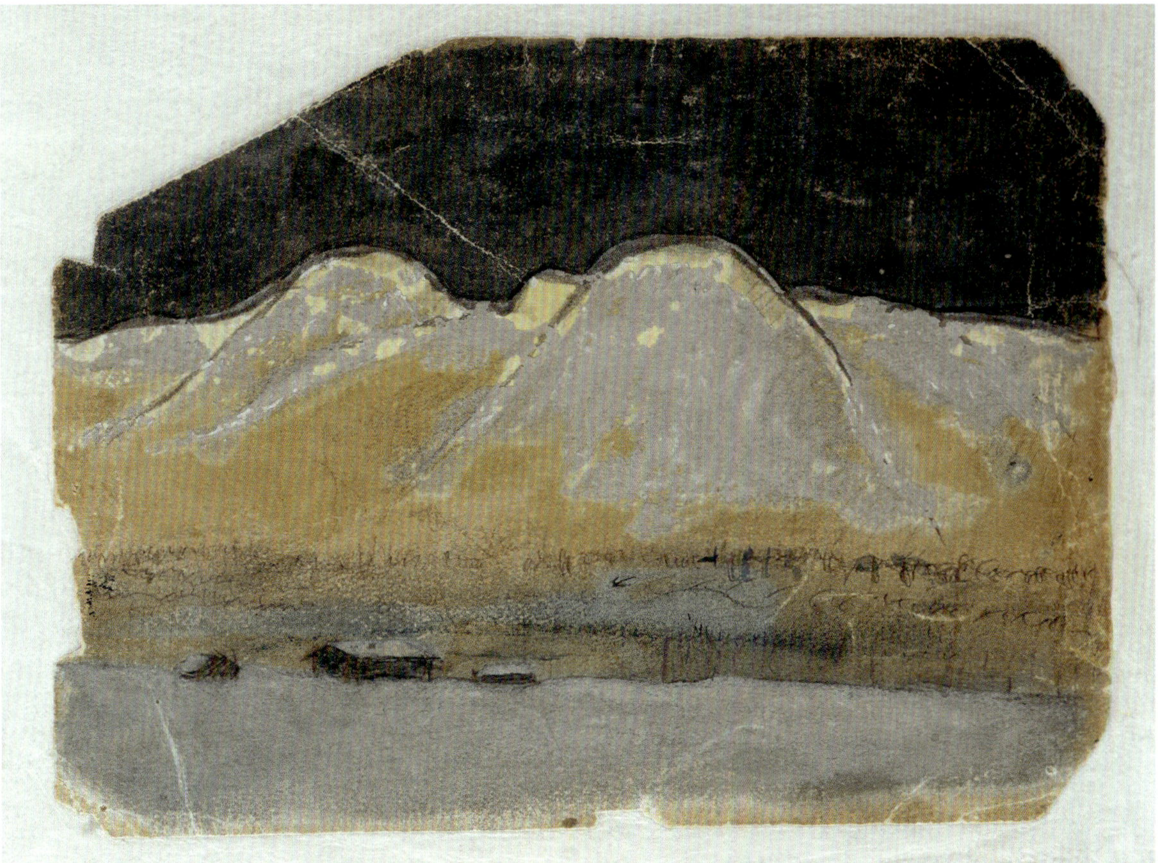

Taf. 43
Winternacht in den Bergen (1899)
Kat. 93

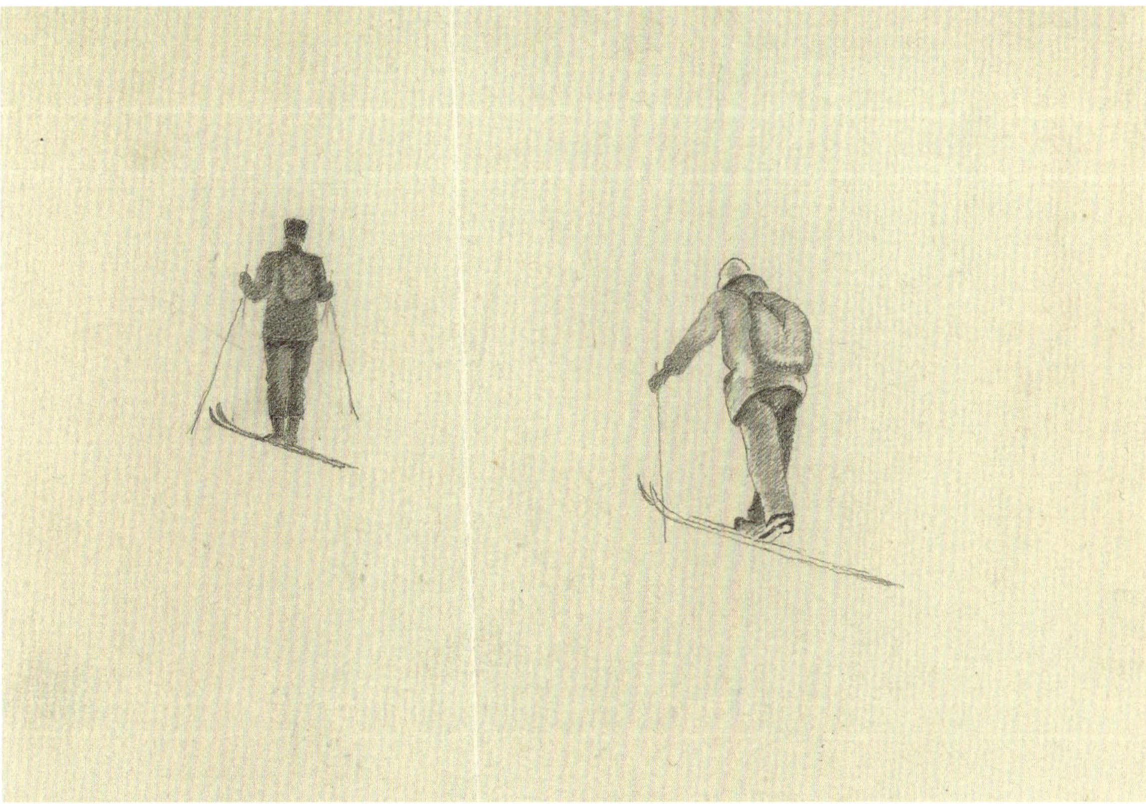

Taf. 44
Skifahrer, Studie (1900)
Kat. 97

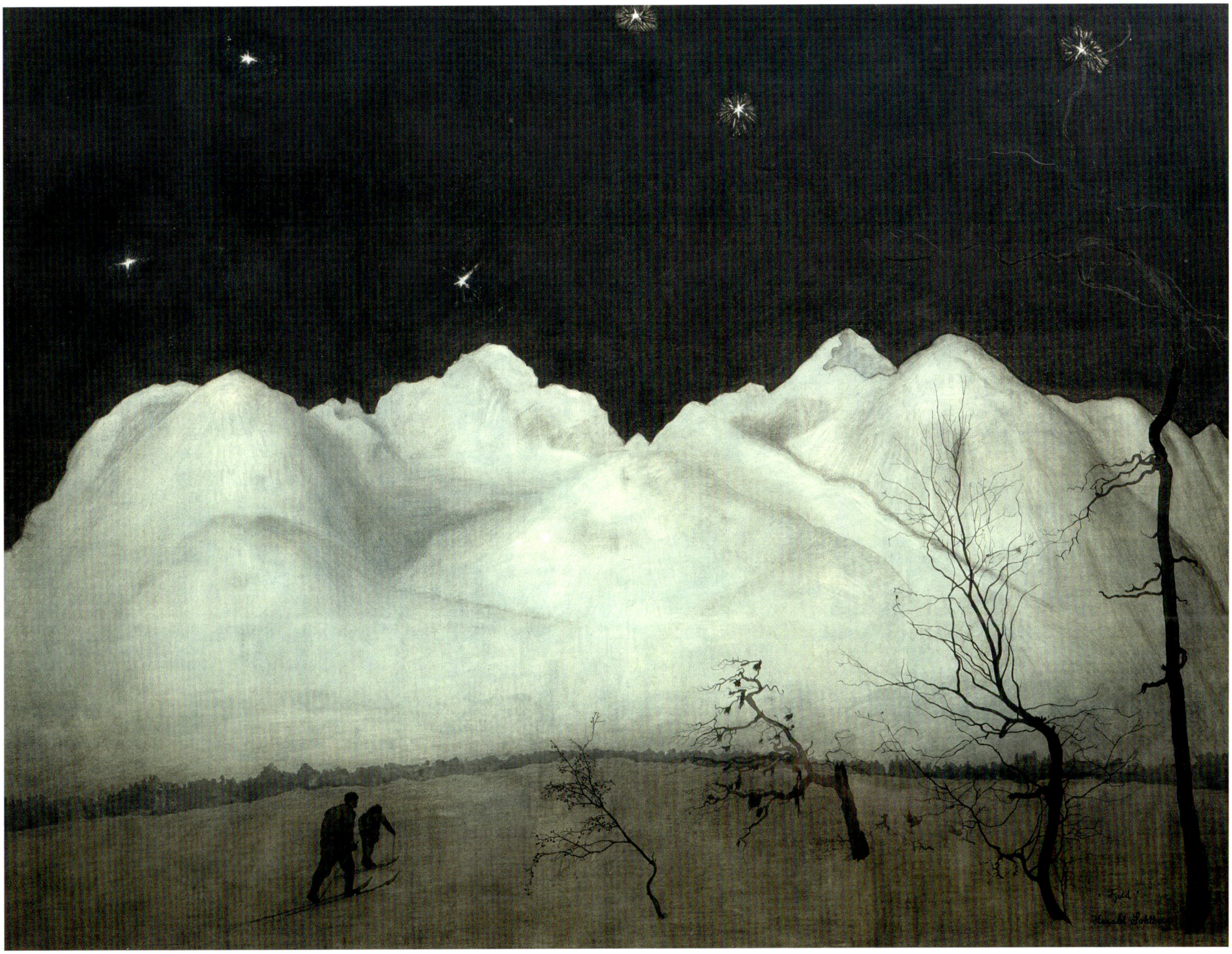

Taf. 45
Winternacht in den Bergen (1900)
Kat. 98

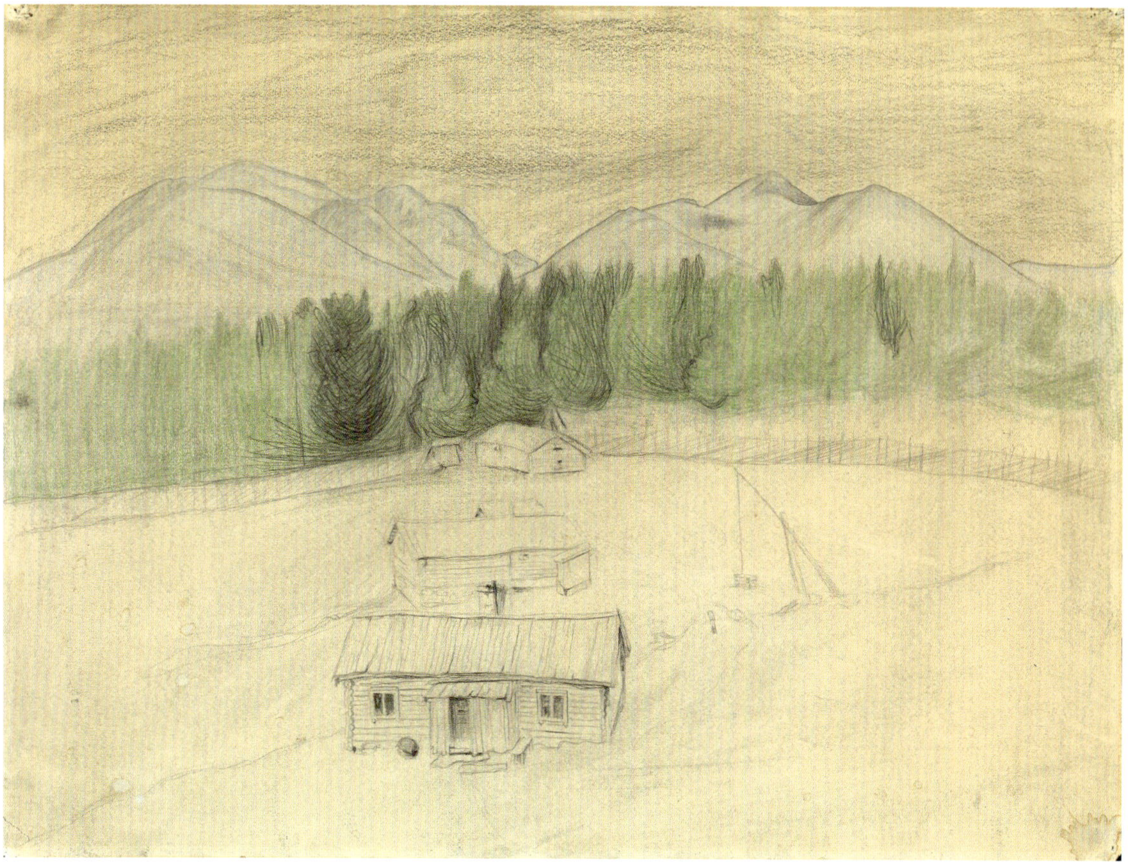

Taf. 46
Rondane von Nordnesset aus gesehen (1900)
Kat. 99

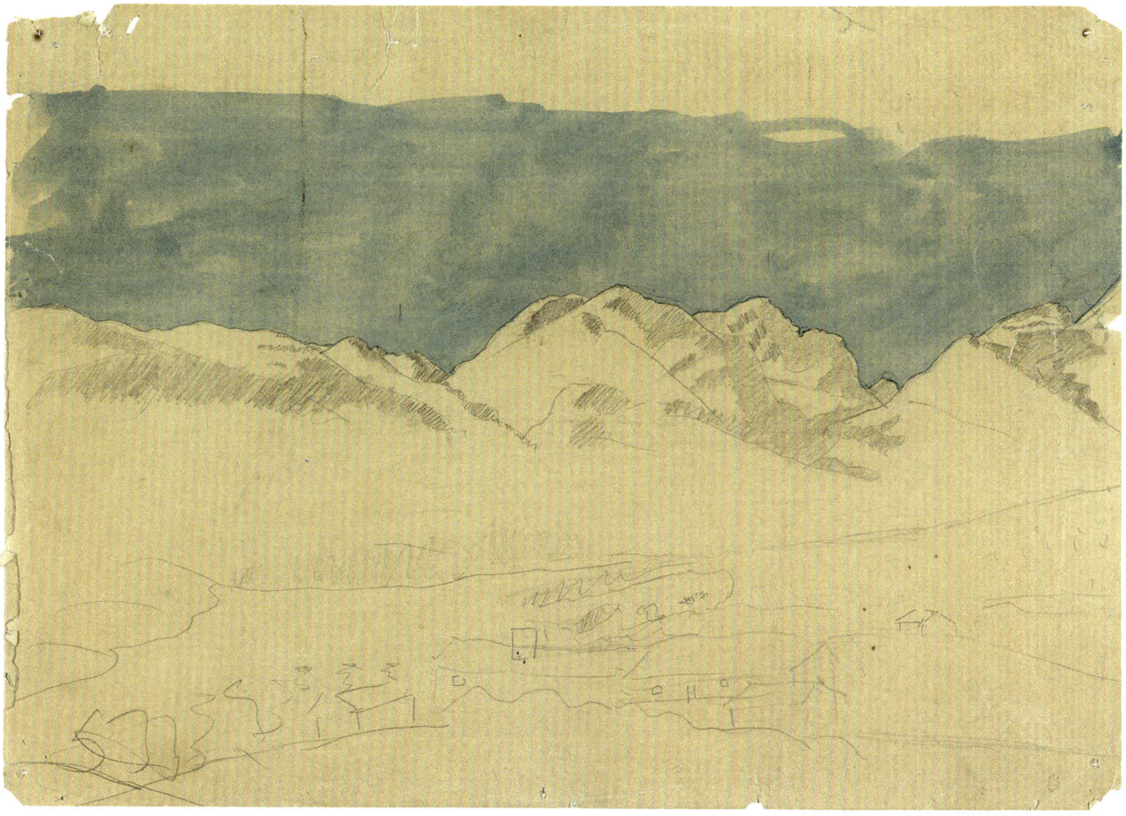

Taf. 47
Winternacht in den Bergen, Studie, 1900
Kat. 29

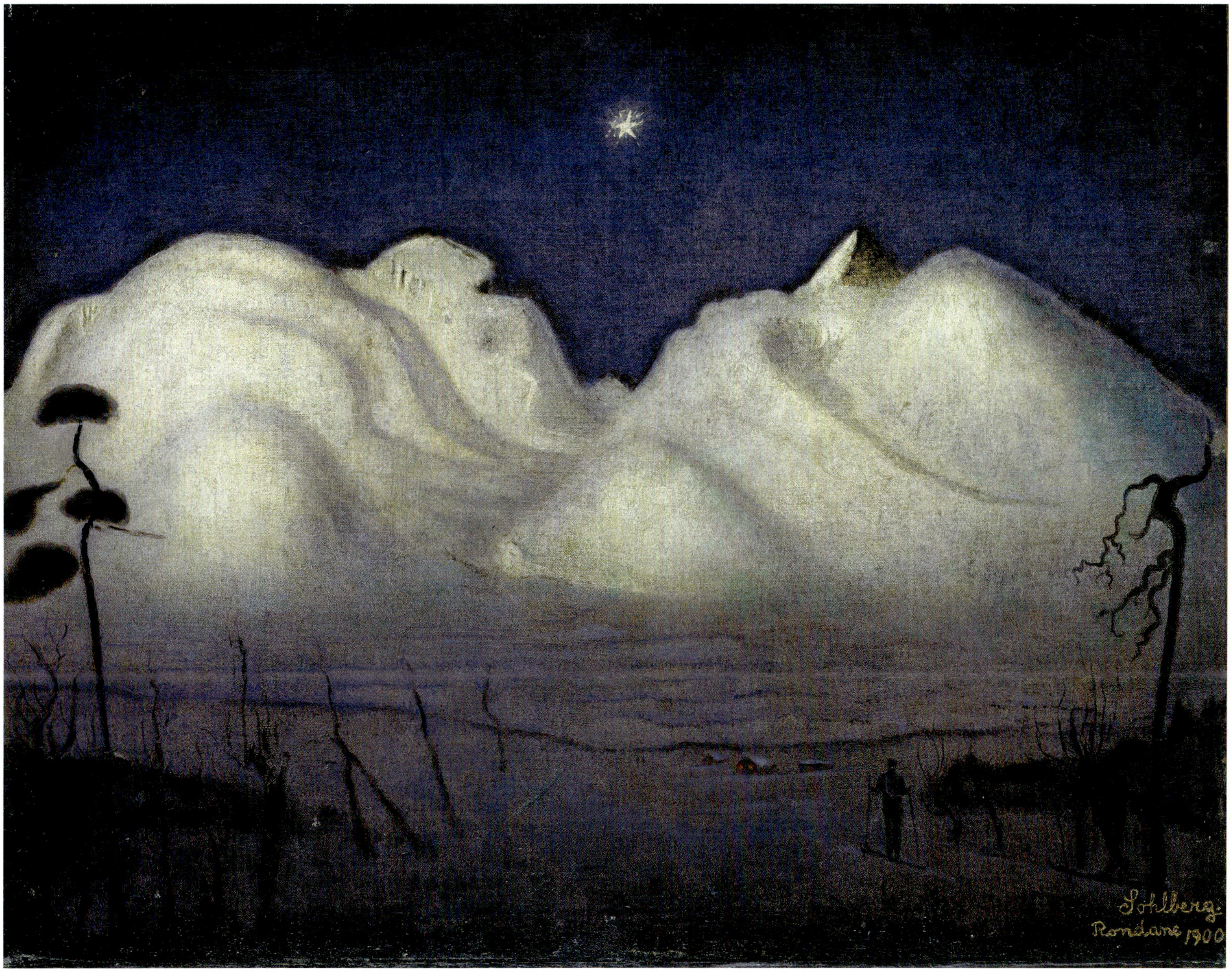

Taf. 48
Rondane (1901/02)
Kat. 102

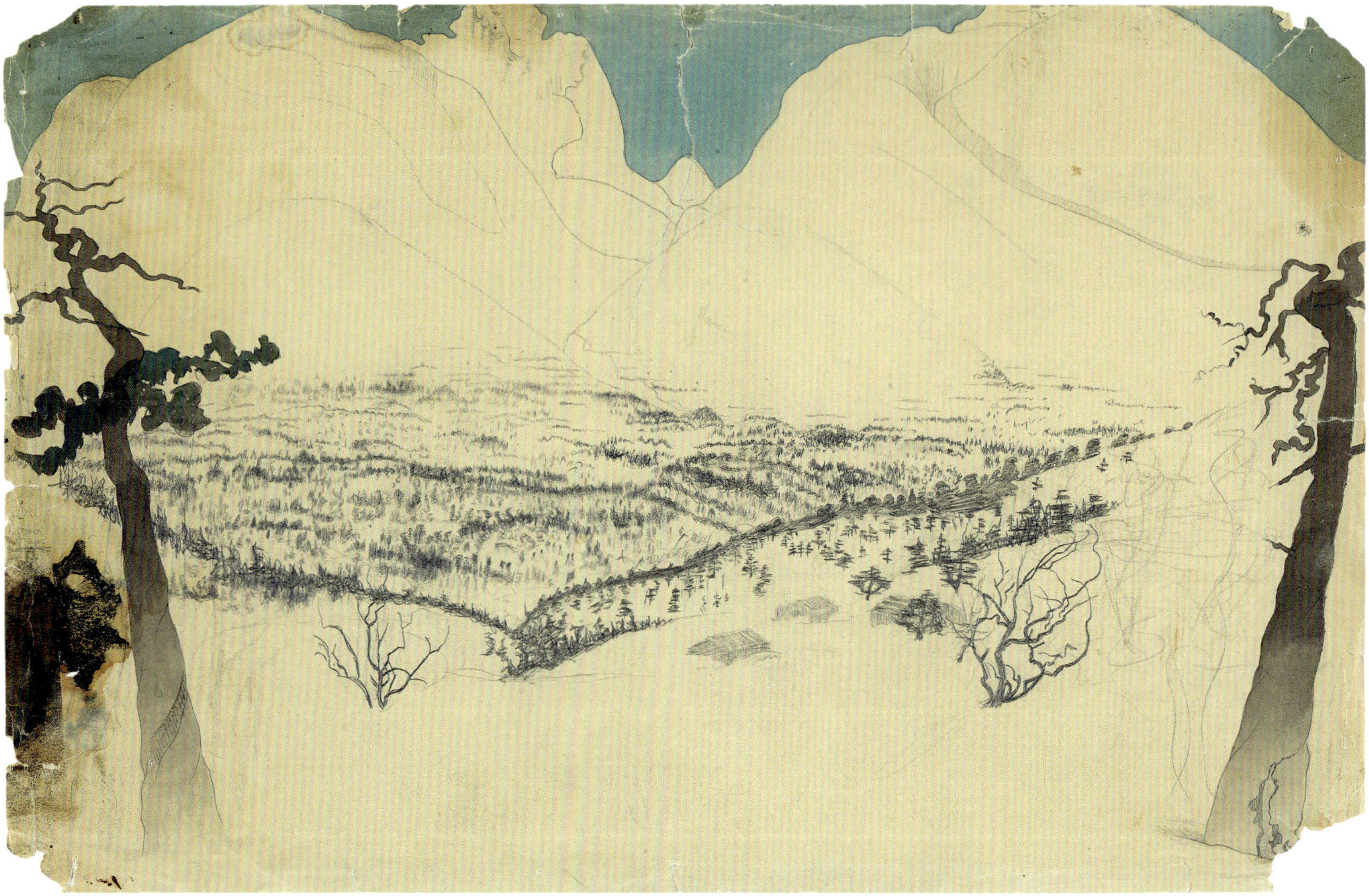

Taf. 49
Rondane (1901/02)
Kat. 103

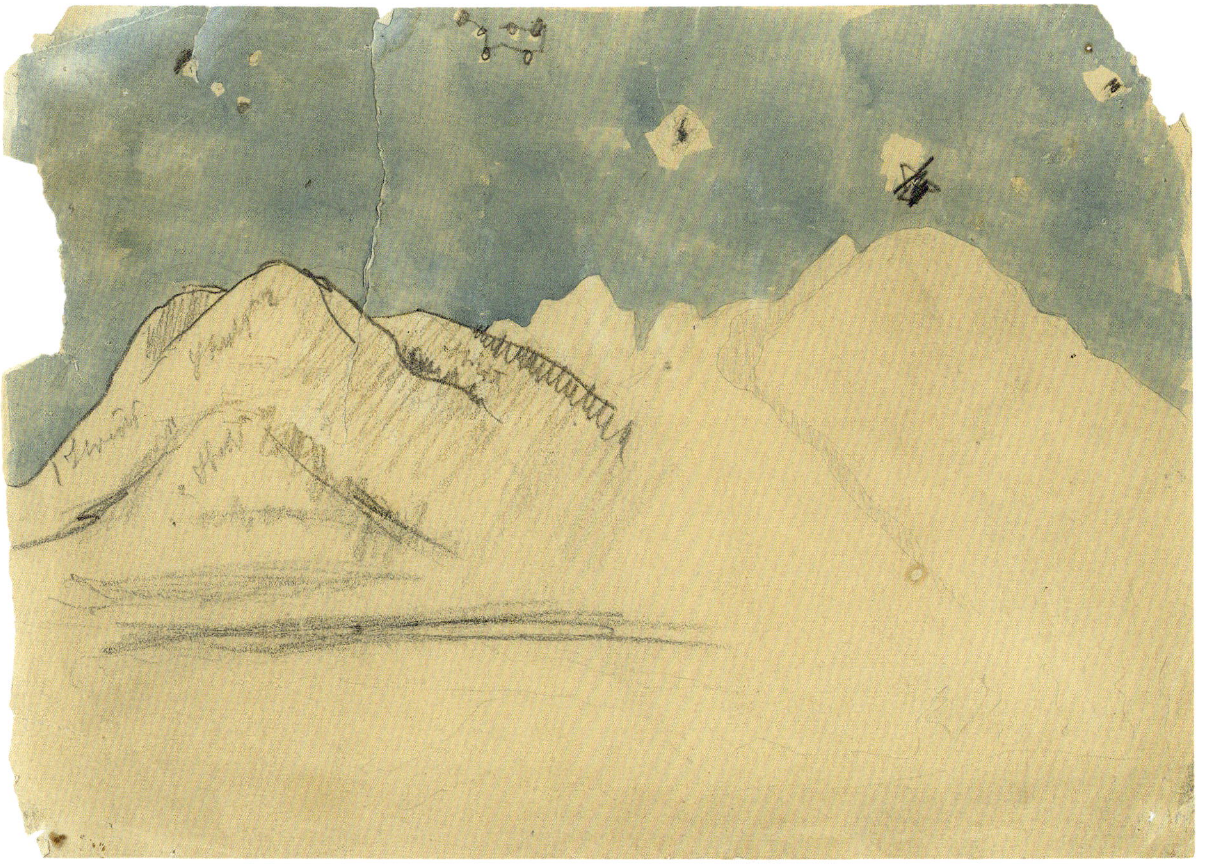

Taf. 50
Rondane (1901/02)
Kat. 104

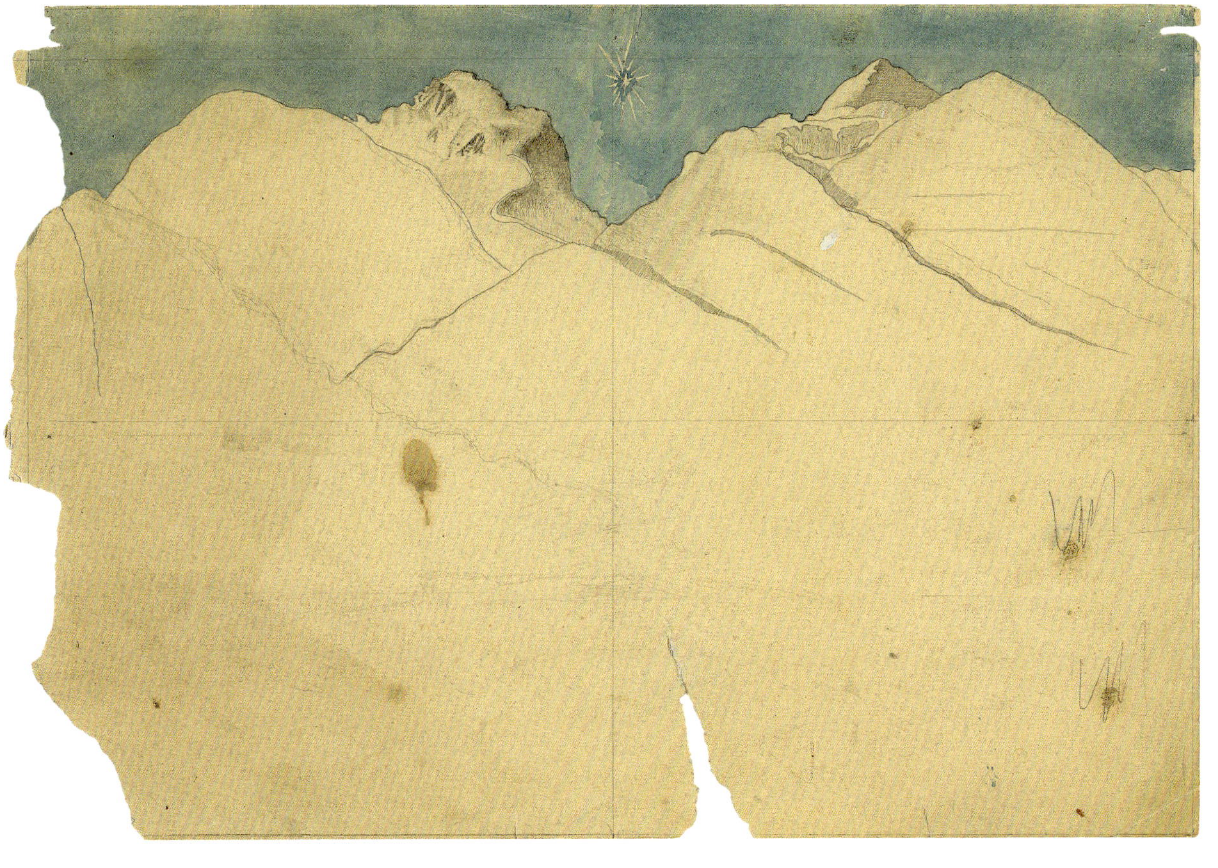

Taf. 51
Rondane (1901/02)
Kat. 105

Mørkt og truende.

Fjeldene skal hæve sig frem

De store tunge linjer

Fremføre store klosser i fjeldene, og dog bløde.

Stjernerne i mørke-tvilste i mørkets avgrunde

Stjernerne spruter gnister, funker.

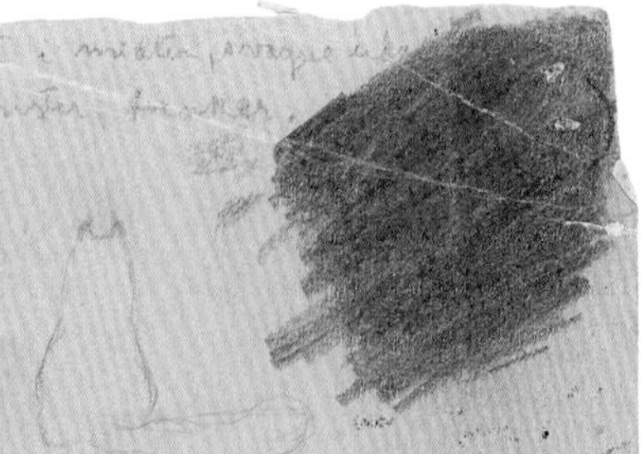

"Tving Dig"

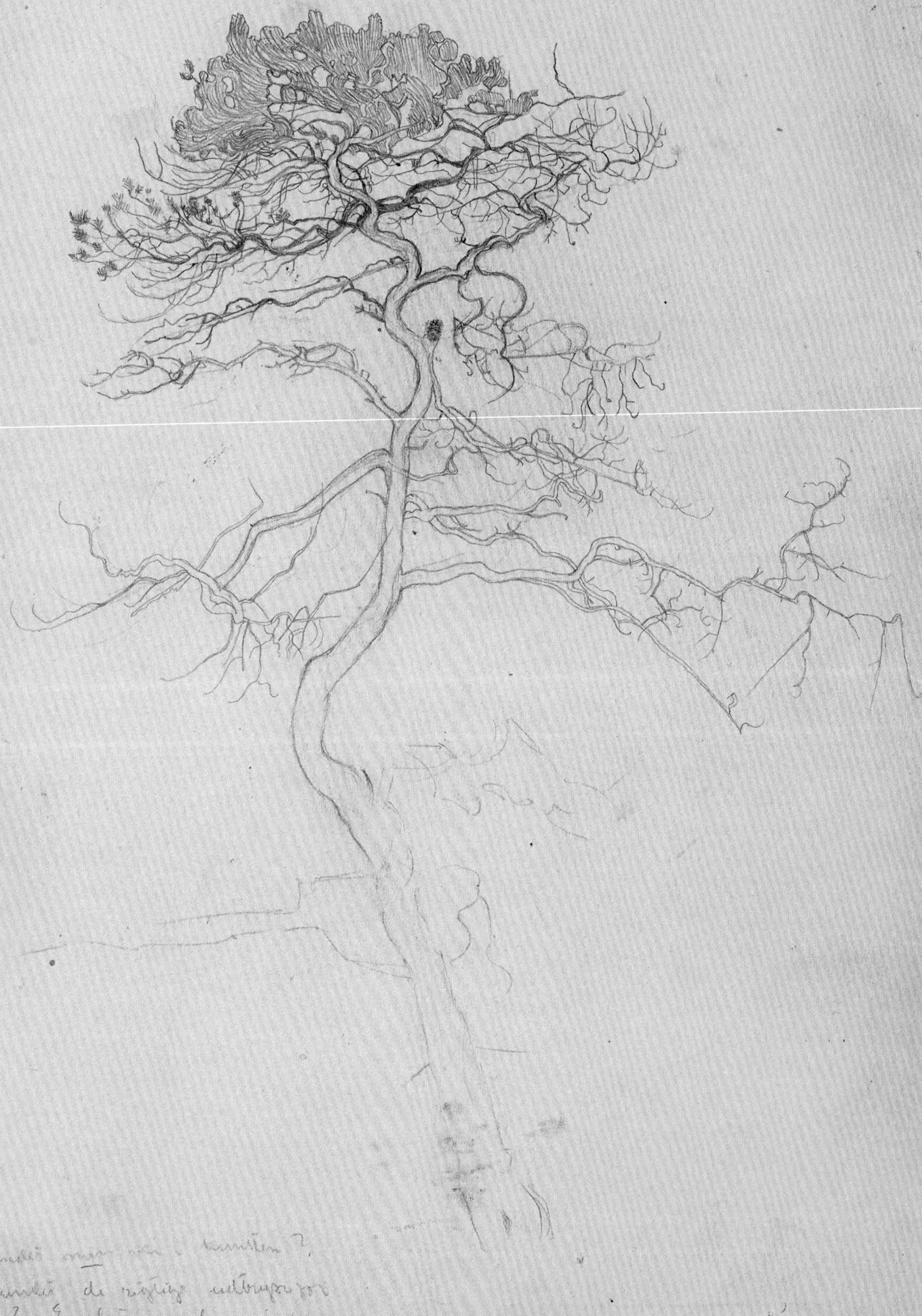

Har jeg ikke fundet mig selv i kunsten?,
Har jeg ikke fundet de rigtige udtryk for
mine følelser? Er det i ord eller billeder?

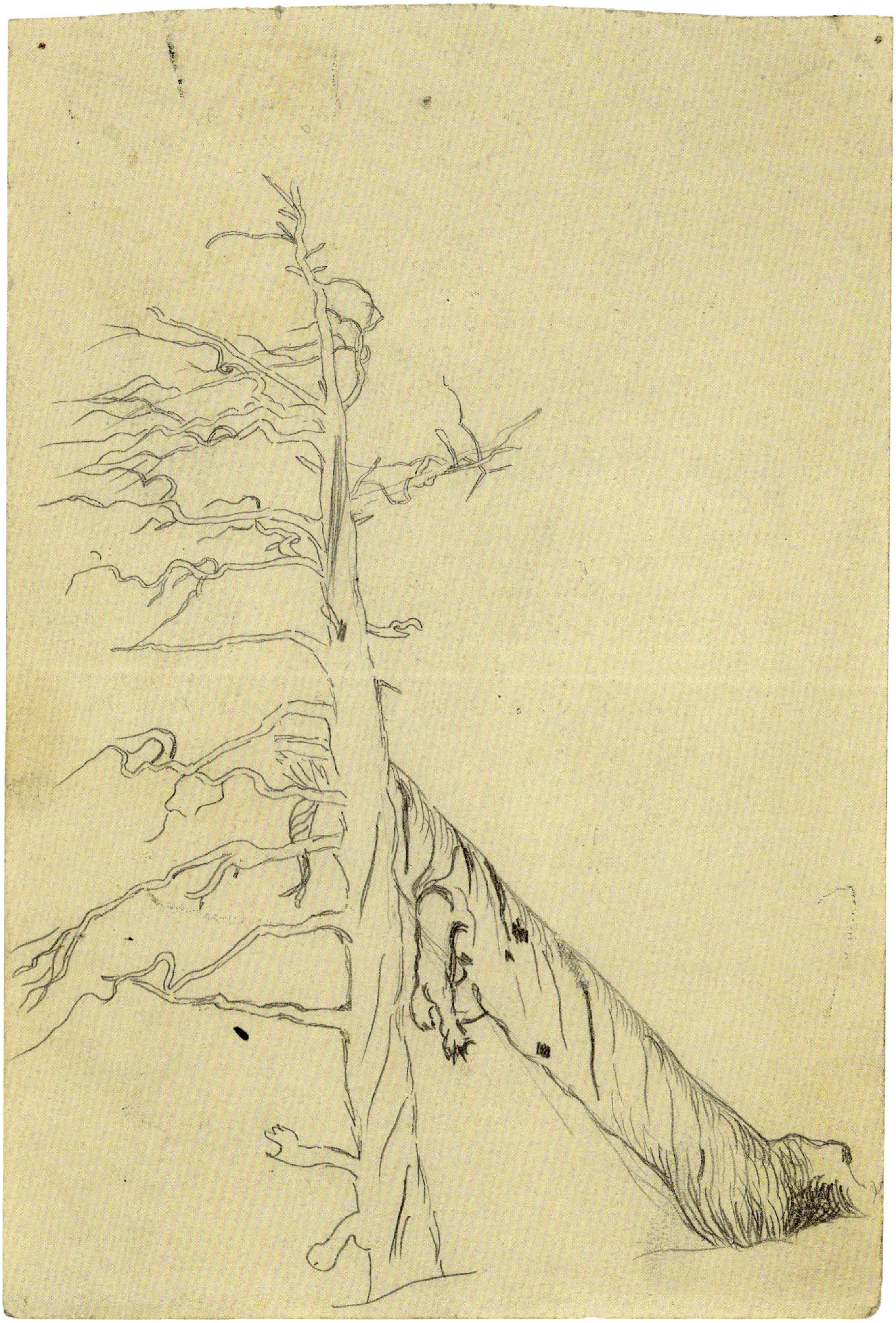

◀
Taf. 52
Baumstudie (1901/02)
Kat. 106

▶
Taf. 53
Baumstudie (1901/02)
Kat. 107

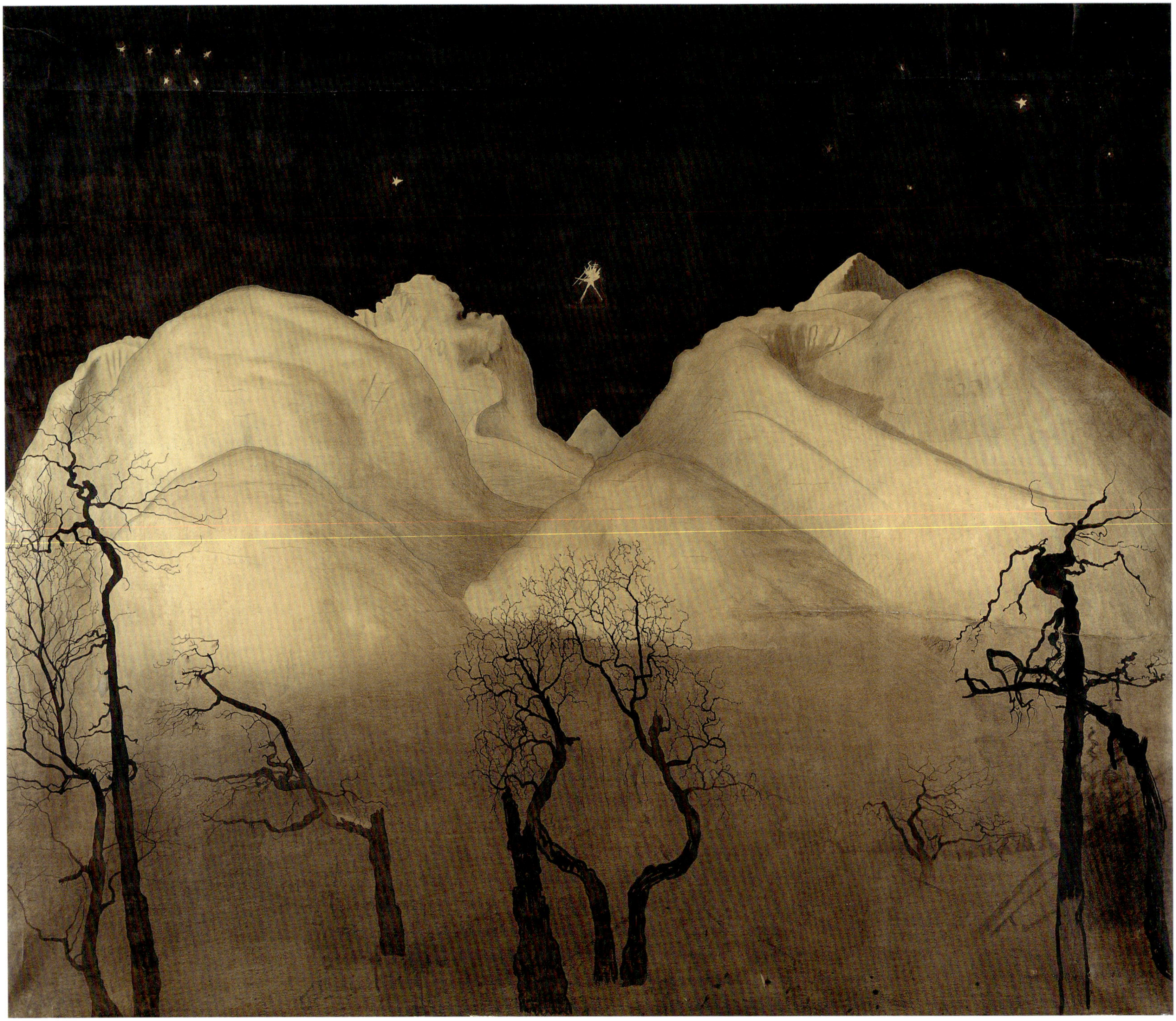

Taf. 54
Winternacht in den Bergen, Studie (1901/02)
Kat. 101

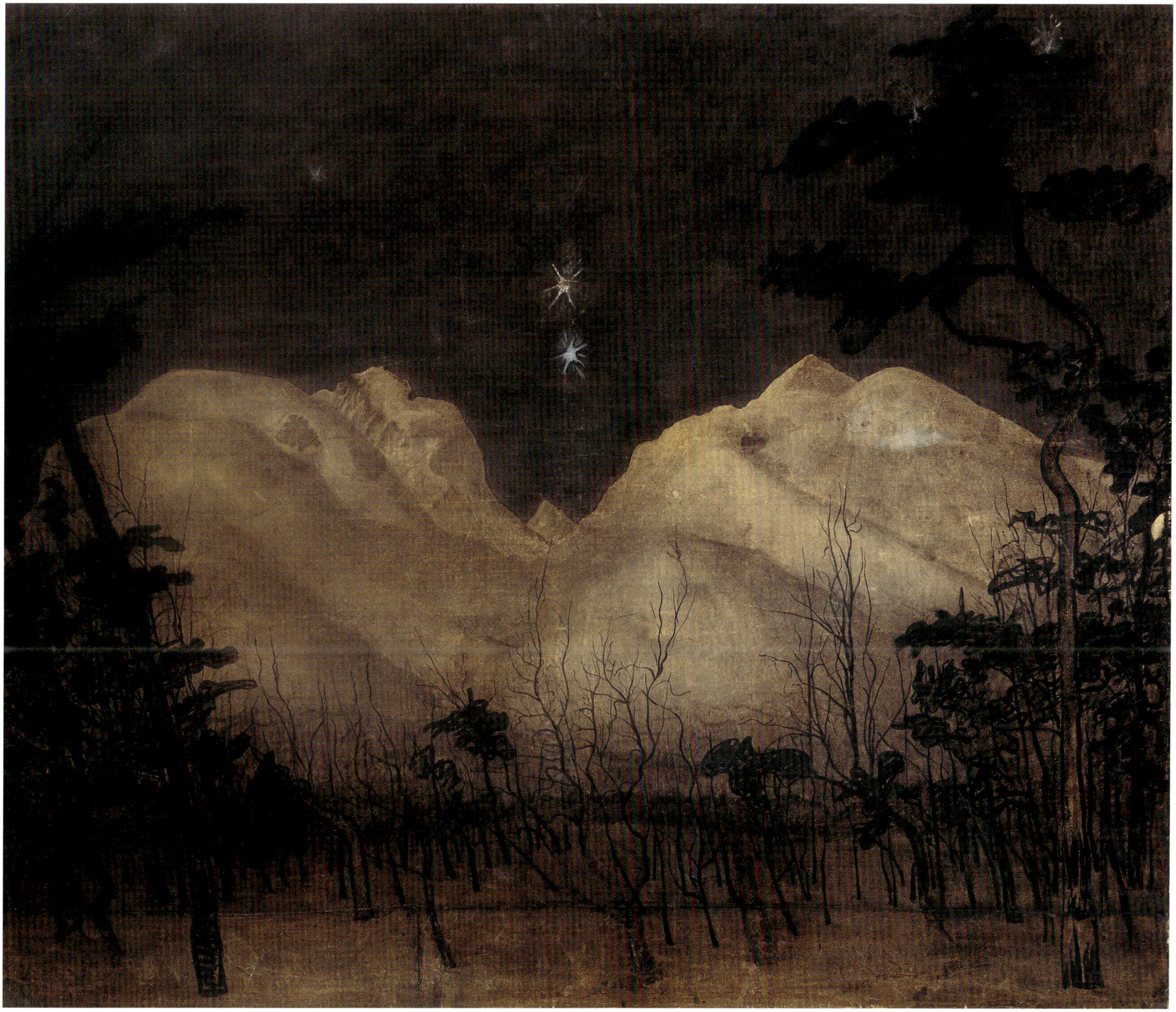

Taf. 55
Winternacht in den Bergen, Studie (1900)
Kat. 100

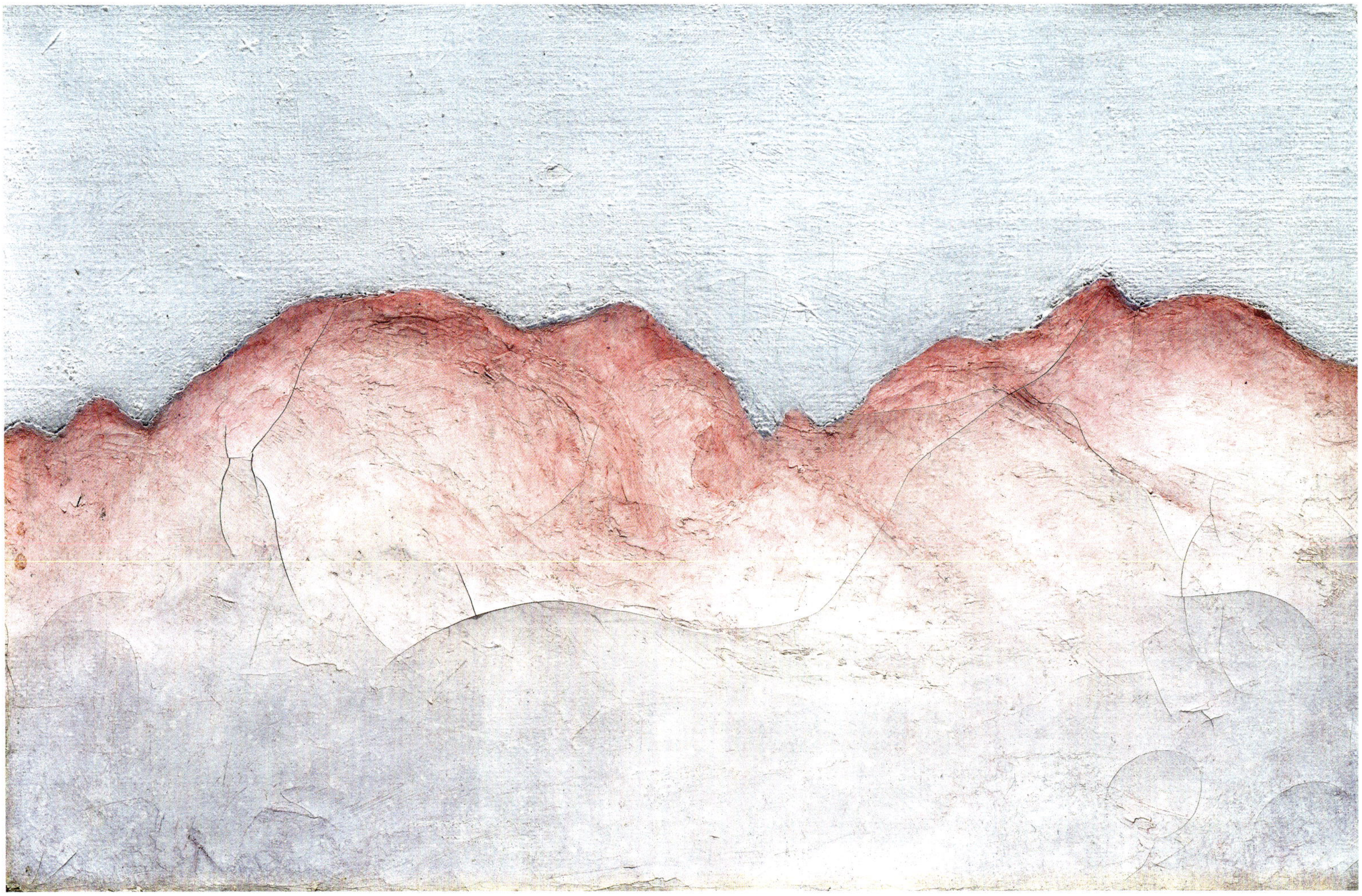

Taf. 56
Rondane bei Sonnenaufgang (vor 1902)
Kat. 31

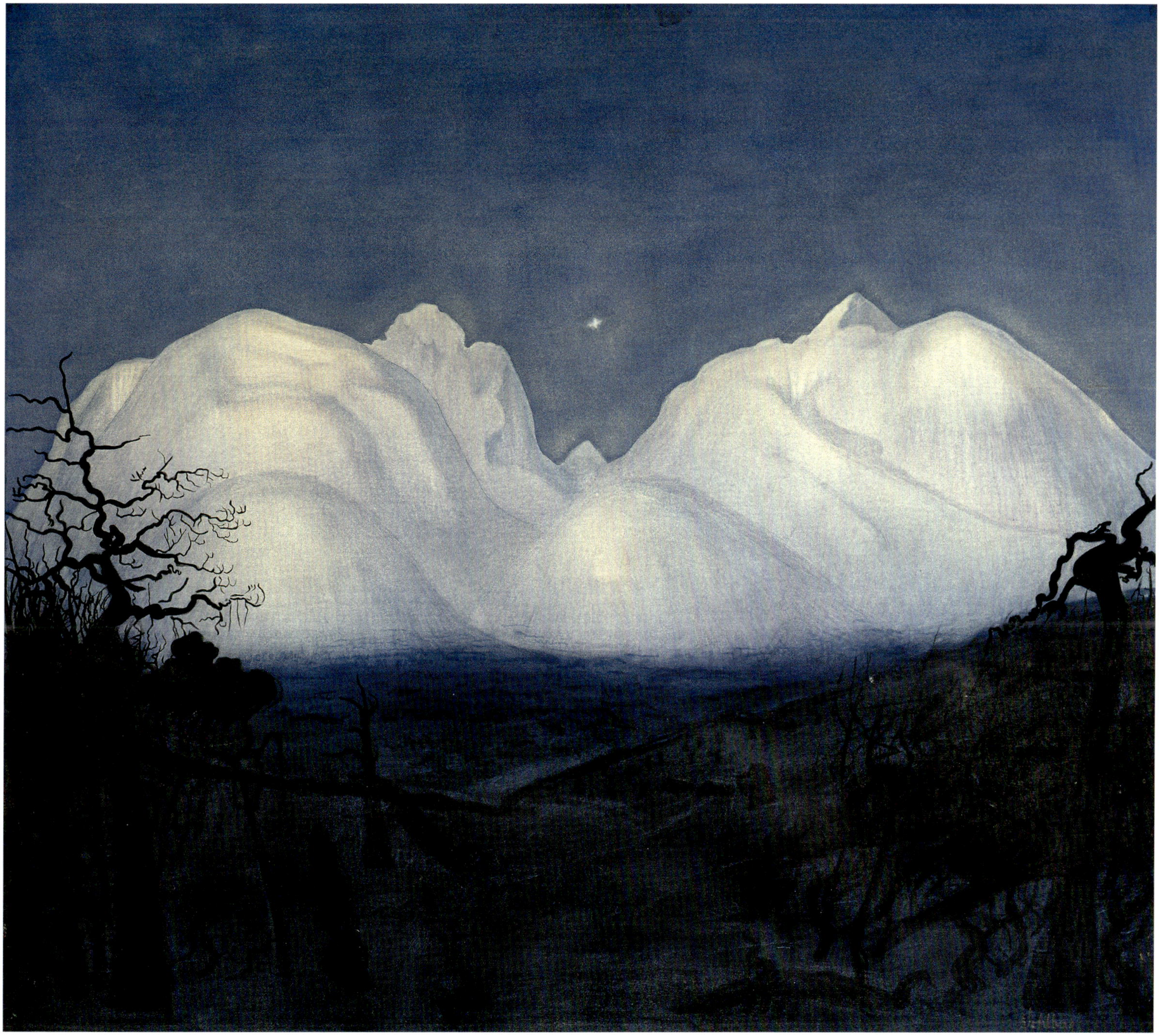

Taf. 57
Winternacht in den Bergen (1911)
Kat. 115

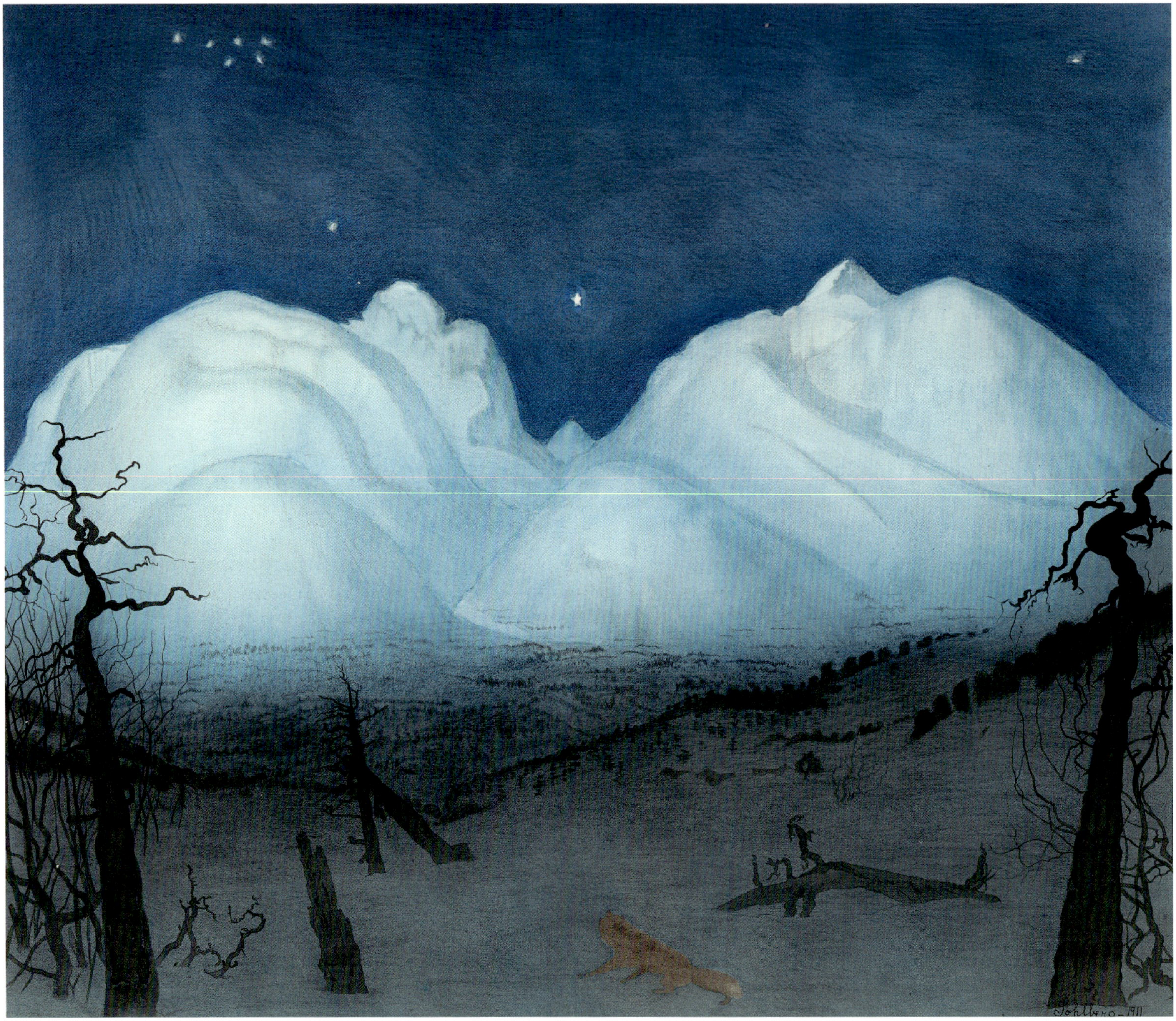

Taf. 58
Winternacht in Rondane, 1911
Kat. 117

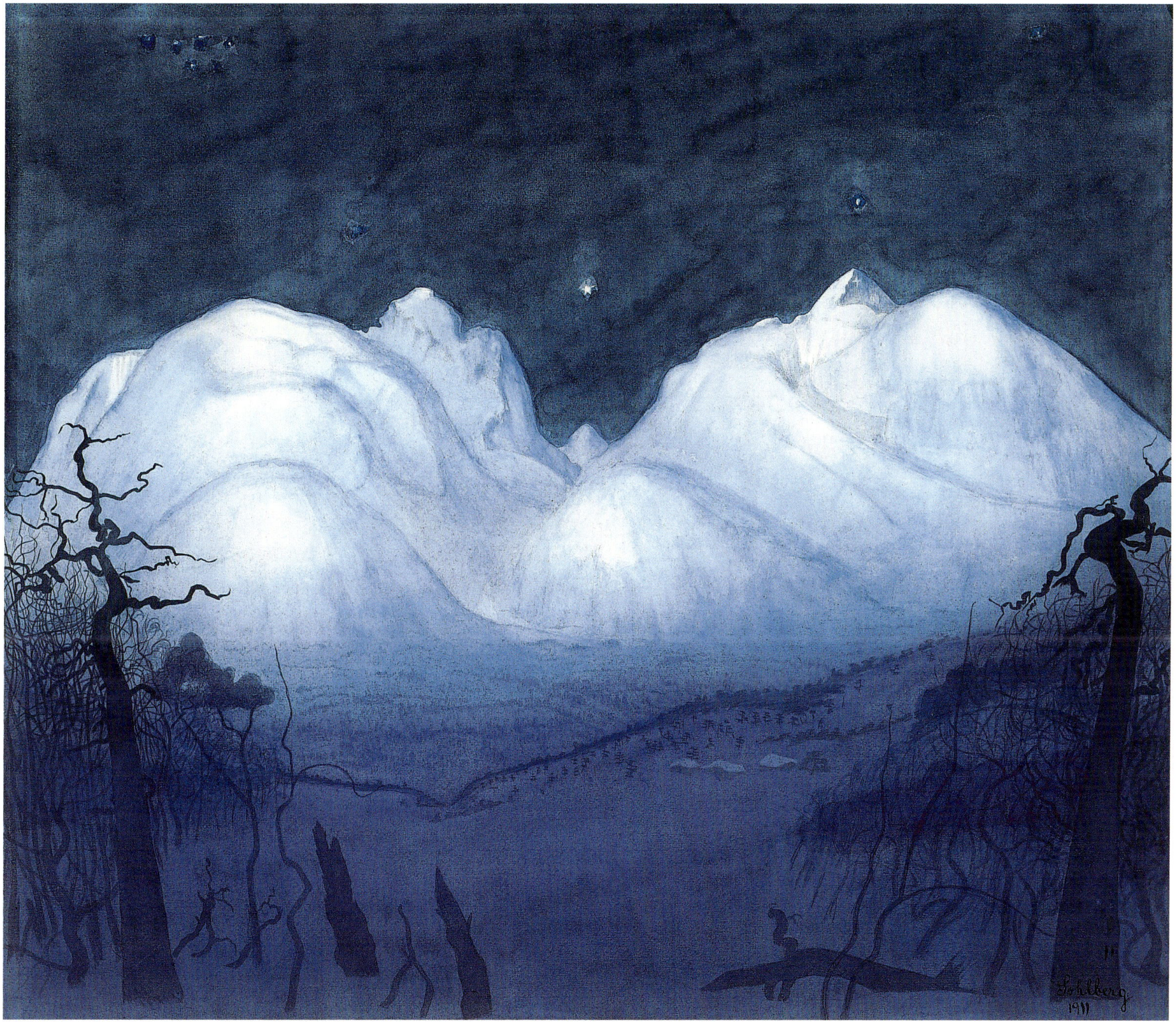

Taf. 59
Winternacht in den Bergen, 1911
Kat. 116

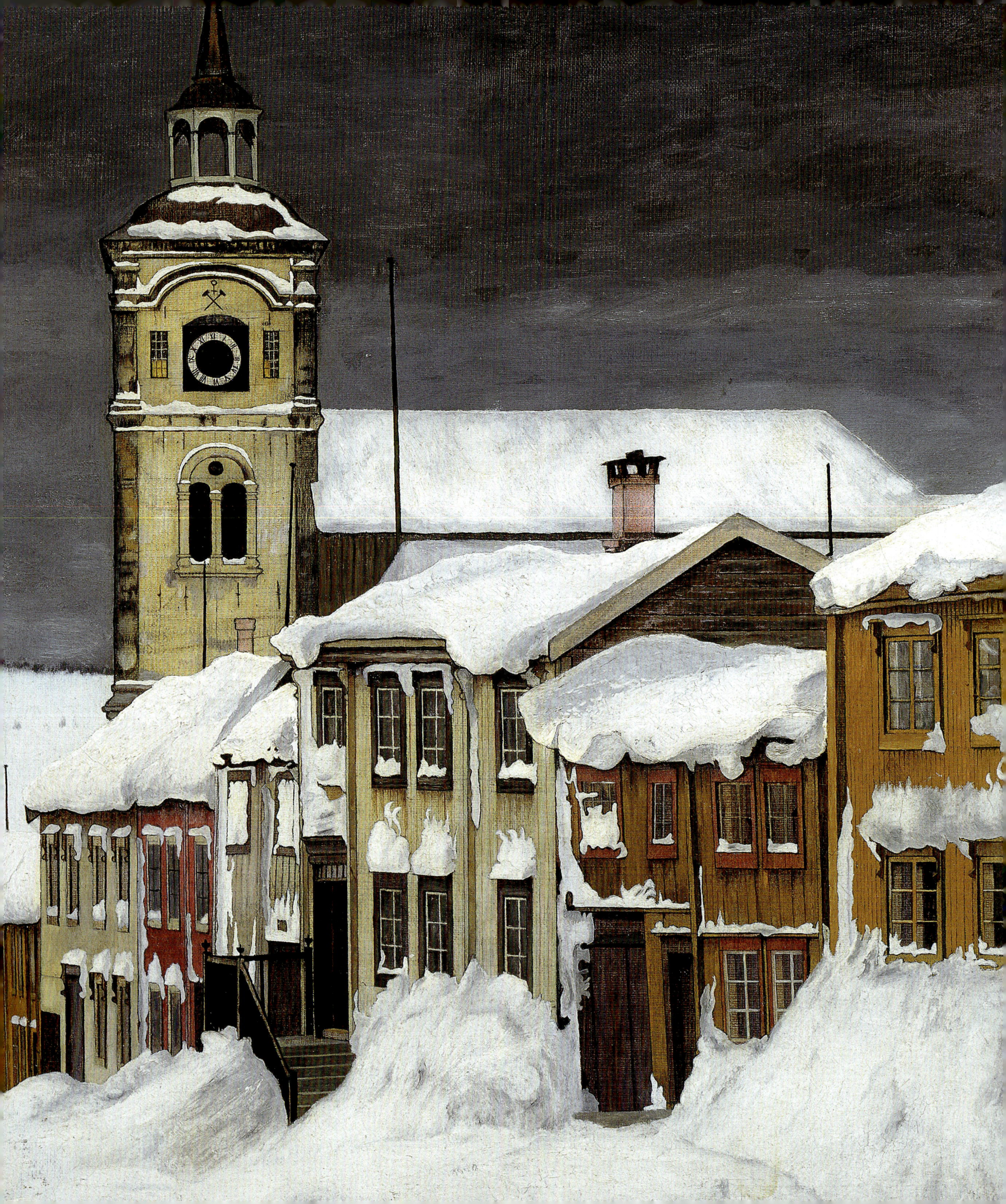

ZU HARALD SOHLBERGS MALTECHNIK: EINE UNTERSUCHUNG ANHAND VON NEUN GEMÄLDEN

THIERRY FORD

Harald Sohlberg nimmt in der norwegischen Malerei als Vertreter der Neoromantik einen wichtigen Platz ein, doch ist bisher sehr wenig über seine Maltechnik und die von ihm verwendeten Materialien bekannt.[1] Im Besitz des Nasjonalmuseet for Kunst, Arkitektur og Design (NMK) in Oslo befinden sich vierzehn Ölgemälde Sohlbergs aus der ersten Hälfte seines künstlerischen Schaffens (1891–1914). Neun dieser Werke wurden einer genauen Analyse von Maltechnik und Materialien unterzogen.[2] Im Folgenden soll ein Überblick über die Ergebnisse dieser Untersuchungen gegeben werden, ergänzt durch schriftliche Zeugnisse des Künstlers aus seinen Tagebüchern und Briefwechseln. Die neun Schlüsselwerke Sohlbergs aus der Sammlung des NMK lassen sich als Resultat dieser technologischen Analysen in drei Gruppen unterteilen, die unterschiedlichen Werkphasen entsprechen. Da wäre zunächst das Frühwerk von 1891/92, in das die Gemälde *Eugenie* (Taf. 60), *Kreuzigung* (Taf. 63) und *Auf der Veranda* (Taf. 64) fallen. Die zweite Gruppe umfasst die Werke aus den Jahren 1893 bis 1899, die sich durch einen Wechsel der Maltechnik auszeichnen – hierzu zählen *Abendrot* (Taf. 25), *Nachmittagssonne* (Taf. 32) und *Sommernacht* (Taf. 68). Die letzte Kategorie schließlich betrifft die Jahre von 1900 bis 1914, in denen Sohlberg die Landschafts- und Straßenbilder mit Motiven aus Rondane und Røros schuf – zu nennen sind hier *Winternacht in Rondane* (Taf. 41), *Straße in Røros im Winter* (Taf. 72) und *Blumenwiese im hohen Norden* (Taf. 29). Die technologische Untersuchung erlaubte es, die Entwicklung von Sohlbergs spezifischer Maltechnik im Detail nachzuvollziehen, zunächst die freie und experimentelle malerische Herangehensweise in seinen frühen Werken, danach den um 1893 erfolgenden Wandel hin zu einer präziseren Methode des Farbauftrags und schließlich in der Werkphase bis 1914 die Verfeinerung seiner spezifischen Technik, die mit mehreren dünn aufgetragenen Farbschichten in Kombination mit Lasuren arbeitet.

UNTERSUCHUNGSMETHODEN

Die genaue Betrachtung aller Farboberflächen und ihres Zustands wurde zunächst mit dem Mikroskop durchgeführt, gefolgt von einer Reihe von Untersuchungen mithilfe bildgebender Verfahren.[3] Zur Sichtbarmachung und zum Studium der Oberflächenstruktur wurde Streiflicht eingesetzt. UV-Strahlung (UVA-Fluoreszenz) sorgte für wertvolle Informationen die Firnisschichten betreffend, später stattgefundene Restaurierungen, die Verteilung der Pigmente und die Bindemittel. Dank der Infrarotreflektografie (IRR) war auf der Suche nach Entwurfsskizzen und Vorzeichnungen ein höchst aufschlussreicher »Blick« unter die Maloberfläche möglich. Vier Gemälde wurden mittels Röntgenstrahlen untersucht, was einen ersten Eindruck von der Farbzusammensetzung und strukturellen Merkmalen vermittelte. Dabei wurden auch von den sichtbaren Farbschichten verdeckte Bildmotive entdeckt. Ein tragbares Röntgenfluoreszenz-Gerät (XRF) unterstützte bei der Pigmentanalyse durch genaue Betrachtung der Maloberfläche. Einige wenige Mikroproben aus dem Farbauftrag wurden für die Untersuchung in Kunstharz eingebettet, vertikal angeschliffen und poliert (sogenannter Querschliff). Dies ermöglichte einen Einblick in den Schichtenaufbau von Grundierung, Farbe und Firnis.

FRÜHE ARBEITEN (1891/92)

Harald Sohlberg ging als 16-Jähriger zunächst bei dem Dekorationsmaler Wilhelm Krogh (1829–1913) in die Lehre und studierte später an der Königlichen Zeichenschule in Kristiania (heute Oslo),[4] was in seiner künstlerischen Ausbildung eine interessante Mischung aus kommerziellen und akademischen Einflüssen bedeutete. Die frühen Arbeiten Sohlbergs im NMK – *Eugenie* (Taf. 60), *Kreuzigung* (Taf. 63) und *Auf der Veranda* (Taf. 64) – zeugen von einer freien und experimentellen Malweise. Bei allen drei Werken handelt es sich um relativ kleinformatige Studien, in Öl auf dünne Leinwand gemalt, die von ihm bereits vorgrundiert gekauft wurde. Zwei der drei Gemälde wurden später auf

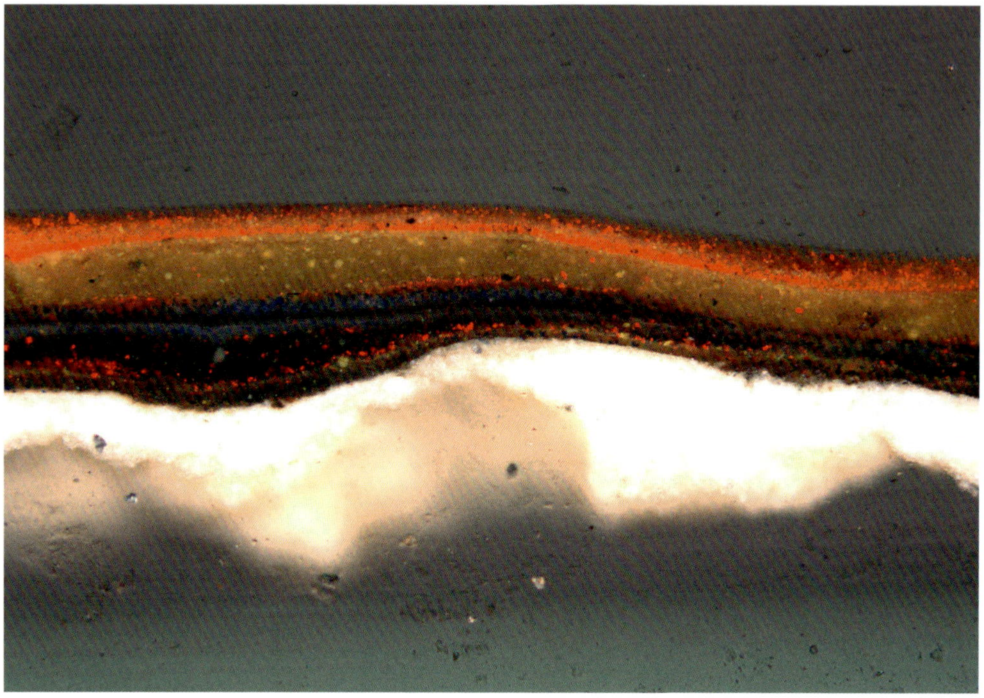

Abb. 23: Querschliff einer Farbprobe, der Partie des orangefarbenen Himmels entnommen. Mehrere übereinander gelagerte dünne Farbschichten über weißer Grundierung (200-fach). *Abendrot*, 1893 (Taf. 25)

Holz aufgezogen, das dritte – *Auf der Veranda* – unachtsam auf eine andere Leinwand geleimt. Die Farbschichten wurden ziemlich dick und in Nass-in-nass-Technik aufgetragen, mit groben Pinselstrichen. Die verwendeten Pigmente sind lebhaft und kräftig. Bei keinem der drei Gemälde konnten mittels IRR-Analyse Skizzen oder Unterzeichnungen entdeckt werden. Jedoch legen Unterschiede zwischen den Röntgenaufnahmen und dem fertig gemalten Bild nahe, dass sich unter der Maloberfläche frühere Kompositionen befinden. So ist beispielsweise bei einer Röntgenaufnahme des Gemäldes *Auf der Veranda* unter dem jetzigen Motiv klar und deutlich im Querformat eine Aktstudie erkennbar. Die Wiederverwendung bereits bemalter Leinwände war damals bei jungen Künstlern üblich. Von Sohlberg ist bekannt, dass er in den Anfangsjahren seiner künstlerischen Karriere mit großen finanziellen Schwierigkeiten kämpfte. Rückblickend bedauerte er es, dass es ihm deshalb nicht möglich gewesen war, sämtliche Ölskizzen, die er während seines Aufenthalts in Kopenhagen (1891/92) gefertigt hatte, mit nach Hause zu nehmen. Um Geld zu sparen, so schreibt er in seinen »Selbstbiografie« genannten Lebenserinnerungen, habe er außerdem Gemälde übermalen müssen.[5]

WECHSEL IN DER MALTECHNIK (1893–1899)

Die drei Gemälde aus der zweiten untersuchten Werkphase zwischen 1893 und 1899 zeichnen sich durch einen auffälligen Wandel in Sohlbergs Art und Weise des Farbauftrags aus. Insbesondere bei *Abendrot* von 1893 (Taf. 25) – dem Gemälde, mit dem Sohlberg der Durchbruch als Künstler gelang – ist ein auffälliger Wechsel, ja Wendepunkt in der Maltechnik festzustellen.[6] Das Werk wurde 1894 auf der alljährlichen Staatsausstellung in Kristiania gezeigt und fand bei der Kritik großen Beifall. Der Künstler Eilif Peterssen (1852–1928) kaufte es und schenkte es im selben Jahr der norwegischen Nationalgalerie.[7] Wie bei Sohlbergs frühen Arbeiten konnten mittels IRR keine Unterzeichnungen entdeckt werden. Es existieren jedoch mehrere detaillierte Skizzen sowie eine kleine Vorstudie in Öl (Taf. 27), die Auskunft über den Entwicklungsprozess der Komposition geben. Auch für die endgültige Fassung von *Abendrot* verwendete Sohlberg eine von ihm bereits bemalte Leinwand, diesmal eine Landschaftsskizze. Auf der Röntgenaufnahme ist die darunterliegende Komposition im Querformat nur mit Mühe zu erkennen, das in Umrissen erahnbare Haus und der Lattenzaun erinnern an seine frühen ländlichen Motive. Was die Maltechnik betrifft, so arbeitete er weiterhin mit einem recht pastosen Farbauftrag. Die mikroskopische Untersuchung der Malschichtoberfläche sowie die Analyse der entnommenen Farbprobe lässt dennoch einen deutlichen Unterschied zu den früheren Werken erkennen (Abb. 23). Wie der Querschliff zeigt, baute Sohlberg jetzt nämlich anders als vorher die Komposition aus mehreren Farbschichten auf. Bei seinen frühen Werken hatte er die unterschiedlichen Farben allesamt nass-in-nass aufgetragen, sodass sie sich auf der Leinwand vermischten, anstatt voneinander getrennte Schichten zu bilden. Die zarten Zweige der Sämlinge im Vordergrund von *Abendrot* scheinen ganz zuletzt hinzugefügt worden zu sein, denn sie sind über alle anderen Schichten gemalt. Mit feinem Pinselstrich zog Sohlberg die dunklen Umrisslinien, und die kräftigeren Blätter sind mit einer transparenten dünnen roten Lasur versehen, die dem grünen Farbton darunter eine warme Note verleiht. In den Handbüchern und Anleitungen zur Ölmalerei, die sich Ende des 19. Jahrhunderts in Umlauf befanden, werden Techniken zum Schichtenaufbau der Farbe und zur Lasur ausführlich beschrieben. Sohlberg dürfte damit bereits während seiner Ausbildung zum Dekorationsmaler vertraut geworden sein.[8] Die frühzeitig aufgetretenen Risse am Himmel und im Vordergrund verraten allerdings, dass er die Technik des Farbauftrags in mehreren Schichten damals noch nicht hinreichend beherrschte. Solche Risse sind das Ergebnis unzureichender Trockenzeit zwischen dem Auftragen der verschiedenen Farbschichten.

In dem Gemälde *Nachmittagssonne* (Taf. 32), auf dem der Kristianiafjord (Oslofjord) abgebildet ist, fuhr Sohlberg fort, mit dieser neuen, von ihm zuvor nicht verwendeten Maltechnik zu experimentieren. Eine erhaltene Fotografie, die das Bootshaus auf dem Gemälde aus exakt demselben Blickwinkel zeigt, könnte als Vorlage gedient haben. IRR-Aufnahmen zeigen deutlich Unterzeichnungen mit Kohlepigmenten auf der das Licht reflektierenden weißen Grundierung. Auch mit bloßem Auge ist bereits zu sehen, dass Sohlberg eine Unterzeichnung auf die Leinwand skizzierte und in der rechten Hälfte des Bildes, wo die Farbe transparenter und dünner als Lasur aufgetragen ist, sind Bleistiftlinien zu erkennen. Die IRR-Aufnahmen brachten außerdem zutage, dass Sohlberg – sozusagen in letzter Minute – noch Änderungen vornahm und ein Ruderboot und ein Segelboot auf dem Fjord übermalte (Abb. 24).

1898 zog Sohlberg innerhalb von Kristiania an die Südostseite des Fjords, wo er 1899 ein großes Gemälde mit dem Titel *Sommernacht* vollendete (Taf. 68). Von dem Motiv sind mehrere vorbereitende Skizzen in Bleistift, Feder und Tusche sowie eine Ölskizze auf Papier (Taf. 69) erhalten. Wie bei dem Gemälde *Nachmittagssonne* sind auf den IRR-Aufnahmen auf der ganzen Fläche Unterzeichnungen zu erkennen. Bei *Sommernacht* offenbaren sie jedoch, dass Sohlberg dort ein Gittersystem benutzte (Abb. 25). Sowohl die Entwurfsskizze als auch die Leinwand wurden mittels eines Gitters in Quadrate unterteilt, um danach sämtliche Details der einzelnen Quadrate vergrößert vom Entwurf auf die Leinwand zu übertragen.[9] Anders als bei *Nachmittagssonne* lassen die IRR-Aufnahmen von *Sommernacht* eine präzise durchkomponierte Komposition erkennen. Die meisten Details sind mit Umrisslinien genau vorgezeichnet und es gibt keinen Hinweis auf spätere Änderungen.

Die Analyse des Farbauftrags auf dem Gemälde mittels Querschnitt durch die vorhandenen Schichten ergab, dass die Ölfarbe mit Lösungsmittel stark verdünnt und in Lasurtechnik aufgetragen wurde. Impasto wurde von Sohlberg bei *Sommernacht* kaum verwendet und ist lediglich bei einigen Details im Vordergrund zu finden, wie etwa den Blütenblättern, die er ganz zuletzt mit dünnem Pinsel aufmalte. Einige der analysierten Farbproben deuten auch auf die Verwendung eines dünnen Firnisses zwischen den einzelnen Farbschichten hin. Der Auftrag eines Firnisses ermöglichte Sohlberg sowohl eine Sättigung als auch die Isolierung der darunterliegenden Schicht, sodass er auch über unzureichend getrockneter Farbe weiterarbeiten konnte. Am Himmel deuten Ritz- und Kratzspuren sowie Fingerabdrücke auf der noch nassen Farbe darauf hin, dass diese Partie des Gemäldes mehrmals überarbeitet wurde. Indem Sohlberg mehrere durchscheinende Farbschichten übereinander auftrug, gelang es ihm eindrucksvoll, das Leuchten des skandinavischen Mittsommernachtshimmels festzuhalten. Gleichzeitig ist es Zeichen einer weiteren Verfeinerung seiner Maltechnik. In den blau und grün pigmentierten Himmelspartien, die optisch den Eindruck von Temperafarbe erwecken, sind nur wenige Pinselspuren auszumachen.[10] Unter UV-Strahlung erweist sich die Fluoreszenz in den verschiedenen Partien des Gemäldes als sehr unterschiedlich. Aus schriftlichen Quellen des 19. Jahrhunderts wissen wir, dass die Wirkung eines partiellen Firnisauftrags unter Verwendung eines Retuschierfirnisses allgemein bekannt war.[11] Stumpfen oder matten

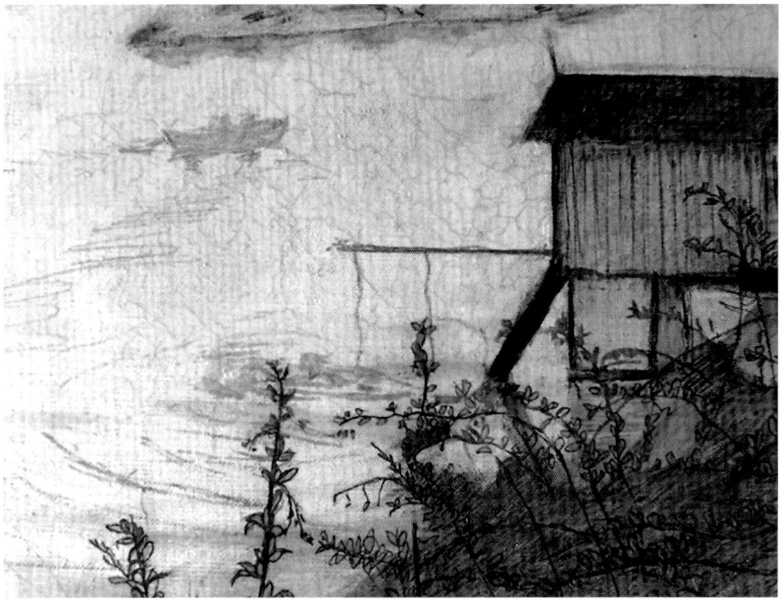

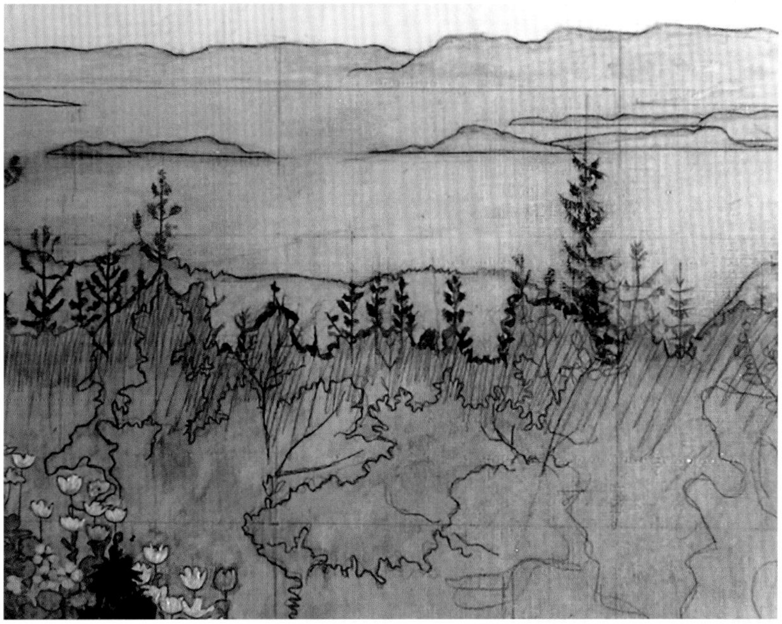

Abb. 24: Ausschnitt. Infrarotaufnahme aus der Unterzeichnungen in schwarzer Kohle sowie Abänderungen während des Malprozesses. *Nachmittagssonne*, 1895 (Taf. 32)

Abb. 25: Ausschnitt. Infrarotaufnahme mit Unterzeichnungen und Gittersystem. *Sommernacht*, 1899 (Taf. 68)

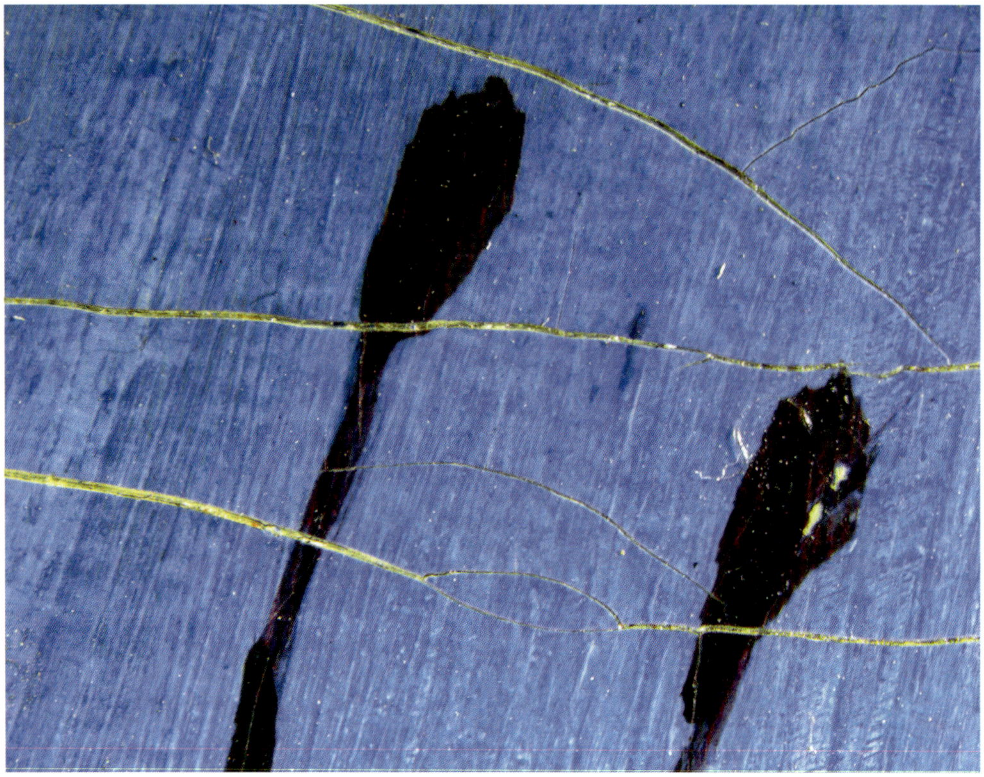

Abb. 26: Ausschnitt. Mikroskopische Aufnahme aus der linken Hälfte des Gemäldes. Zahlreiche dünne blaue Pinselstriche auf hellerem Grund (20-fach). *Winternacht in Rondane*, 1914 (Taf. 41)

Stellen eines Gemäldes konnte damit Glanz verliehen werden. Spätere Hinzufügungen Sohlbergs, noch auf diesen Retuschierfirnis aufgetragen, wirken dagegen matt.[12] Mehrere Jahre später nannte Sohlberg in einem Brief an seinen Bruder Einar den Grund für den partiellen Firnisauftrag, den er lediglich in dunkleren Partien seiner Gemälde vollführte. Der Firnis verleihe nämlich den dunklen Stellen eine höhere Kontrastwirkung. Empfehlenswert sei dafür allein der Retuschierfirnis »Vibert« von Lefranc et Cie in Paris.[13]

REIFEZEIT: WERKE AUS RONDANE UND RØROS (1900–1914)

1900 nahm Sohlberg sein ehrgeizigstes Projekt in Angriff: die *Winternacht in Rondane* (Taf. 41), für deren Vollendung er vierzehn Jahre brauchte. Das Gemälde ist das größte seiner Werke in der Sammlung des norwegischen Nationalmuseums. Seit dem Erwerb 1918 wurde es bereits mehrmals restauriert.[14] Trotz dieser vielen Konservierungsmaßnahmen können mittels einer genauen Untersuchung der Maloberfläche Aussagen über Sohlbergs Maltechnik getroffen werden. Das Landschaftsbild zeigt die Berggipfel des Rondane-Massivs von Osten aus gesehen und ist das Ergebnis zahlreicher Vorstudien in Form von Zeichnungen und Malskizzen in verschiedenen Techniken. Auch durch Fotografien ließ Sohlberg sich anregen.[15] Erst unlängst wurde seine Wanderkarte der Gebirgsgegend entdeckt, mit Markierungen an Stellen, von denen aus er möglicherweise Skizzen gefertigt hat. Auf der Rückseite der Karte befindet sich eine schwache Bleistiftskizze der Gipfel von Rondane.[16] *Winternacht in Rondane* ist auf eine bereits mit Bleiweiß vorgrundiert gekaufte Leinwand gemalt. Die IRR-Aufnahmen förderten an mehreren Stellen Unterzeichnungen zutage. Besonders deutlich sind sie im Laubwerk und bei den großen Baumstämmen sichtbar, aber auch gezeichnete Umrisslinien der Berggipfel sind zu erkennen. In seinen Erinnerungen schreibt Sohlberg, er habe das Gemälde im Februar 1900 während seines Aufenthalts in Rondane begonnen. Damals wohnte er am Atnesjøen.[17] In seine Briefe aus dieser Zeit sind immer wieder kleine, karikaturartige Zeichnungen eingestreut. Eine davon zeigt Sohlberg bei der Arbeit im Freien an einem großen Gemälde, dessen Staffelei sorgfältig am Boden vertäut ist.[18] An der endgültigen Fassung des Motivs hat er jedoch vermutlich kaum *en pleinair* gearbeitet oder höchstens in der Nähe seiner Unterkunft, denn für einen Transport in dem gebirgigen Gelände war die Leinwand mit einem Format von 160 x 180 cm zu groß. Nach einem Missgeschick, das ihn dazu zwang, seine erste Version zu übertünchen und noch einmal von vorn zu beginnen, gab Sohlberg die Arbeit an dem Gemälde im Mai 1901 auf.[19] Erst zehn Jahre später, im Frühjahr 1911, holte er es wieder hervor. 1914 konnte er das Gemälde dann vollenden.

Die endgültige Version der *Winternacht in Rondane* unterscheidet sich maltechnisch geringfügig von *Sommernacht*. Der Farbauftrag wirkt allgemein dicker, für die Darstellung der schneebedeckten Berge arbeitete er mit Impasto-Technik. Bei den Bäumen sind noch einige der ursprünglichen Lasuren erhalten und bei starker Vergrößerung sind die übereinandergelagerten dünnen blauen Pinselstriche weiterhin deutlich wahrzunehmen (Abb. 26). In Tagebucheinträgen beschrieb Sohlberg später en détail die Technik des Farbauftrags in vielen dünnen Schichten über mehrere Tage hinweg wie auch des Gebrauchs unterschiedlicher Typen härterer Pinsel, um bestimmte Wirkungen zu erzielen.[20] Aussagekräftig ist auch die genaue Nennung der von ihm verwendeten und bevorzugten Pigmente, insbesondere Kobaltblau und Kobaltviolett, von denen in seinen Malkästen mehrere Tuben Ölfarbe erhalten sind.[21] Die Pigmente, die mittels XRF-Analyse bei *Winternacht in Rondane* identifiziert werden konnten, bestätigen diese Vorliebe für Kobaltblau, denn das Gemälde wurde hauptsächlich daraus gefertigt. Dabei stellte Sohlberg hohe Ansprüche an die Qualität der Ölfarbe. In zwei Briefen an seine Schwester Ragna aus dem Jahr 1903 legte er dar, dass für ihn lediglich das Kobaltblau des belgischen Farbherstellers J. Blockx Fils infrage komme.[22] Im Verlauf des langen Entstehungsprozesses und danach scheint *Winternacht in Rondane* vor dem Ankauf durch die norwegische Nationalgalerie viele Ortswechsel hinter sich gebracht zu haben.[23] Starke Temperaturschwankungen und das Einrollen der Leinwand für den

Transport sind vermutlich für die vielen Risse verantwortlich, die jetzt die Maloberfläche überziehen.

Nachdem Sohlberg die Arbeit an *Winternacht in Rondane* vorerst unterbrochen hatte, zog er von Rondane weiter nach Norden in die Bergbaustadt Røros, wo er 1903 *Straße in Røros im Winter* malte (Taf. 72). Die Straßenansicht weist große Ähnlichkeit mit einer erhaltenen Fotografie auf und die IRR-Aufnahmen lassen erkennen, dass dem Farbauftrag eine exakt ausgeführte Unterzeichnung vorausging, möglicherweise von einer Vorlage übertragen. Die schwarzen Linien mit Kohlepigment scheinen eher den durch die Schneeverwehungen geschaffenen Umrisslinien und Formen zu folgen als der perspektivischen Konstruktion der Häuserzeile zu dienen (Abb. 27). Anders als bei *Winternacht in Rondane* ist die Leinwand nicht doubliert und die Maloberfläche weist keinerlei Risse auf. Das dicke Bleiweiß-Impasto des Schnees steht in auffälligem Gegensatz zum dünnen, lasierten Farbauftrag bei den Häusern. Im Vordergrund links fand durch Sohlberg nachweislich eine spätere Übermalung mit einem anderen Weißpigment statt. Unter UV-Strahlung sind dort mehrere breite Pinselstriche mit zitronengelber Fluoreszenz, wie sie für Zinkweiß charakteristisch ist, erkennbar. Die übrigen Schneepartien sind dagegen alle mit Bleiweiß gemalt. An dieser Stelle sind auch winzige Partikel von Schwarz, Braun und Ocker auszumachen, was beides die kolportierte Aussage bestätigt, wonach der Käufer des Bildes, Olaf Schou, den Maler darum gebeten habe, eine Figur im Vordergrund zu entfernen.[24] Maltechnisch scheint Sohlberg stark auf die nachhaltige Wirkung der Materialien geachtet und die Gefahr eines Verblassens der Farben sowie der gelblichen Verfärbung durch Bindemittel mitbedacht zu haben. Spätere Tagebuchaufzeichnungen geben Auskunft über seinen gezielten Einsatz von Nussöl, einem langsamer trocknenden, aber zu geringerer gelblicher Verfärbung führenden Öl, das er eigens für hellere Partien in seinen Gemälden wie Himmel oder Schnee benutzte.[25] Es finden sich auch Notizen, in denen er die Beimischung eines Sikkativs erwähnt,

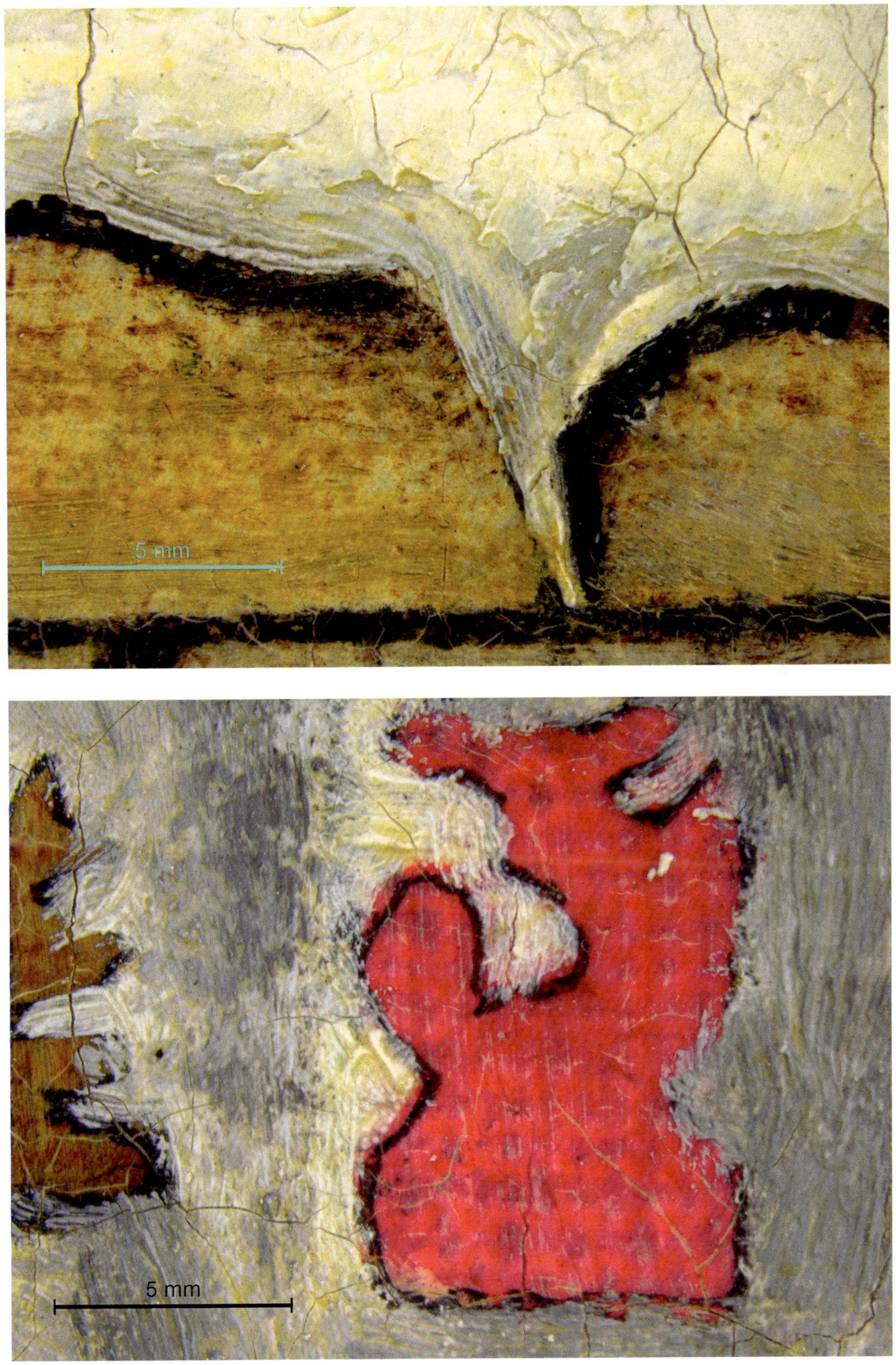

Abb. 27: Ausschnitte. Schwarze Umrisslinien markieren die Stellen mit dickerem weißem Schnee (10-fach). *Straße in Røros im Winter*, 1903 (Taf. 72)

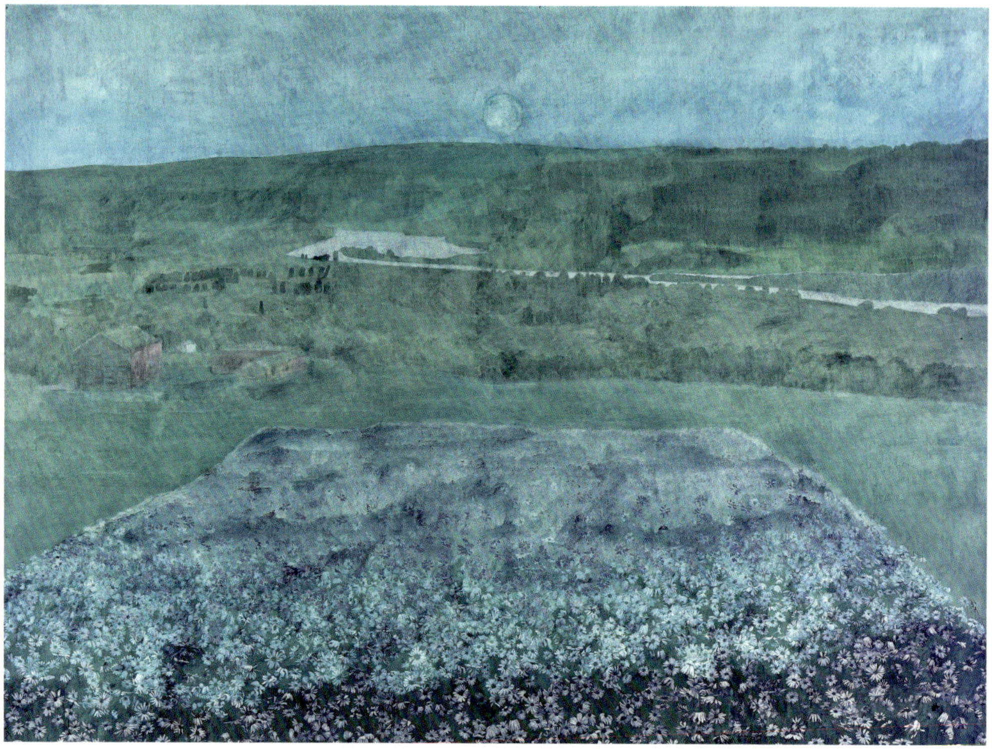

Abb. 28: Ultraviolettfotografie mit Fluoreszenz der Firnisschichten. Es ist deutlich erkennbar, dass die wilden Margeriten im Vordergrund über dem Firnis aufgetragen wurden. *Blumenwiese im hohen Norden*, 1905 (Taf. 29)

um den Trockenprozess vorbereitender weißer Ölfarbschichten zu beschleunigen. Mehrmals klagt er auch über das leichte Verblassen von Farben einer bestimmten Marke.

Mit dem Gemälde *Blumenwiese im hohen Norden* begann Sohlberg 1905 (Taf. 29). Das Landschaftsbild zeigt eine Wiese mit wilden Margeriten sowie den Gullikstad-Hof in der Nähe von Røros, auf dem er damals lebte. Auch hierzu gibt es mehrere Vorstudien, Fotografien sowie eine kleine Ölskizze (Taf. 30), die einzelne Motive oder frühere Versionen der endgültigen Komposition zeigen. Daneben ist eine Fotografie erhalten, die Sohlberg in freier Natur beim Malen des Bildes zeigt. Auf dem Gemälde wurden überdies Spuren von der Befestigung auf der Staffelei gefunden, die mit dem Foto übereinstimmen. Die Untersuchung mittels UV-Strahlen bestätigte, dass Sohlberg einen Teil der Blumenwiese im Vordergrund zu einem späteren Zeitpunkt hinzufügte (Abb. 28). Die wilden Margeriten ganz vorn sind über einen zuvor aufgetragenen Firnis gemalt, und es ist durchaus denkbar, dass Sohlberg beim Transport des Gemäldes mit diesem Firnis die darunterliegenden Farbschichten schützen wollte. Seine Tagebucheinträge aus Paris, wo er das Werk 1906 vollendete, stützen diese Vermutung.[26] Eine ähnliche Technik des Pinselstrichs wie bei *Winternacht in Rondane*, bei dem Sohlberg über einer helleren Ölgrundierung mit dünner Farbe eine blaue Lasurschicht auftrug, zeichnet an dieser Stelle den Himmel aus. Auch hier sind in den Partien oben links und rechts Ritz- und Kratzspuren zu erkennen, zu denen es gekommen sein muss, während die Farbschichten noch nass waren. Ob dies jedoch versehentlich oder mit Absicht geschah, lässt sich schwer beurteilen. Interessanterweise hat auf der Rückseite der Leinwand eine Bleistiftskizze des Kirchturms von Røros überdauert.

SCHLUSSBEMERKUNG

Anhand der Untersuchungen, die an neun Schlüsselwerken Sohlbergs aus den ersten zwanzig Jahren seiner künstlerischen Laufbahn in der Sammlung des Nasjonalmuseet erfolgten, ließ sich die Entwicklung von Stil und Maltechnik des Künstlers ab 1893 schlüssig nachvollziehen. Die neun Gemälde sind drei Schaffensphasen zuzuordnen: eine frühe, experimentelle Phase 1891/92; Werke aus den Jahren 1893 bis 1899, die sich durch einen Wandel in der Maltechnik und im Farbauftrag auszeichnen, und schließlich Werke aus seiner Reifezeit, die zwischen 1900 und 1914 in Rondane und Røros entstanden. Sohlbergs doppelte Ausbildung als Dekorationsmaler und zum Kunstmaler prägte entscheidend seinen spezifischen, persönlichen Malstil. Hauptmerkmale sind die Betonung der Zeichnung und ein Farbauftrag in zahlreichen dünnen Lasurschichten, wie damals auch in der Dekorationsmalerei üblich. Es zeigte sich außerdem, dass Sohlberg mit Skizzen, Ölstudien und Fotografien als Material und Vorlagen für seine Kompositionen arbeitete. Das endgültige Motiv wurde von ihm auf die vorgrundiert gekaufte Leinwand skizziert, abgezeichnet oder übertragen und danach mittels eines Farbauftrags in mehreren Schichten malerisch langsam herausgearbeitet. Er verdünnte die Farben stark mit Lösungsmitteln, arbeitete mit Lasuren und speziellen Pinseltechniken, um die Transparenz bzw. Opazität der Farben zu ändern. In Einzelfällen trug er auf bestimmte Partien eines Gemäldes Firnis auf, um Unterschiede im Sättigungsgrad der Farben zu erzielen. Diese besondere Methode des Farbauftrags hatte zur Folge, dass seine Werke meist über einen langen Zeitraum hinweg entstanden. Sohlbergs Tagebüchern und Briefen ist zu entnehmen, dass er sich mit Pigmenten, Binde- und Lösungsmitteln sowie Firnissen sehr genau auskannte, sowohl was die Produktqualität verschiedener Hersteller als auch was die Verwendungsmöglichkeiten betraf. Die Analysen geben einen Einblick in Sohlbergs besondere Maltechnik, durch die es ihm gelang, die spezielle Leuchtkraft des skandinavischen Winter- und Mittsommernachtlichts einzufangen.

▶ SOHLBERGS ARBEITEN

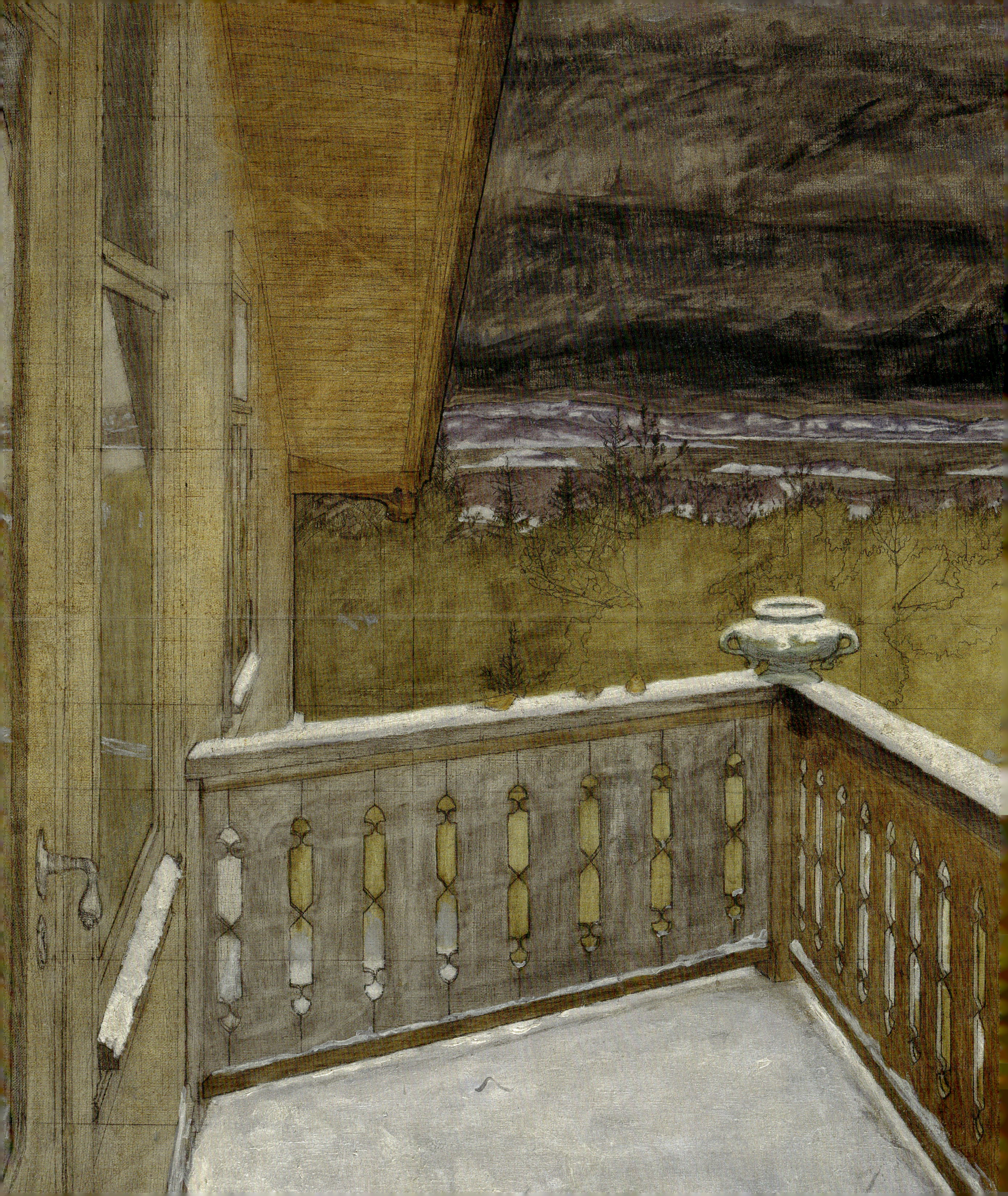

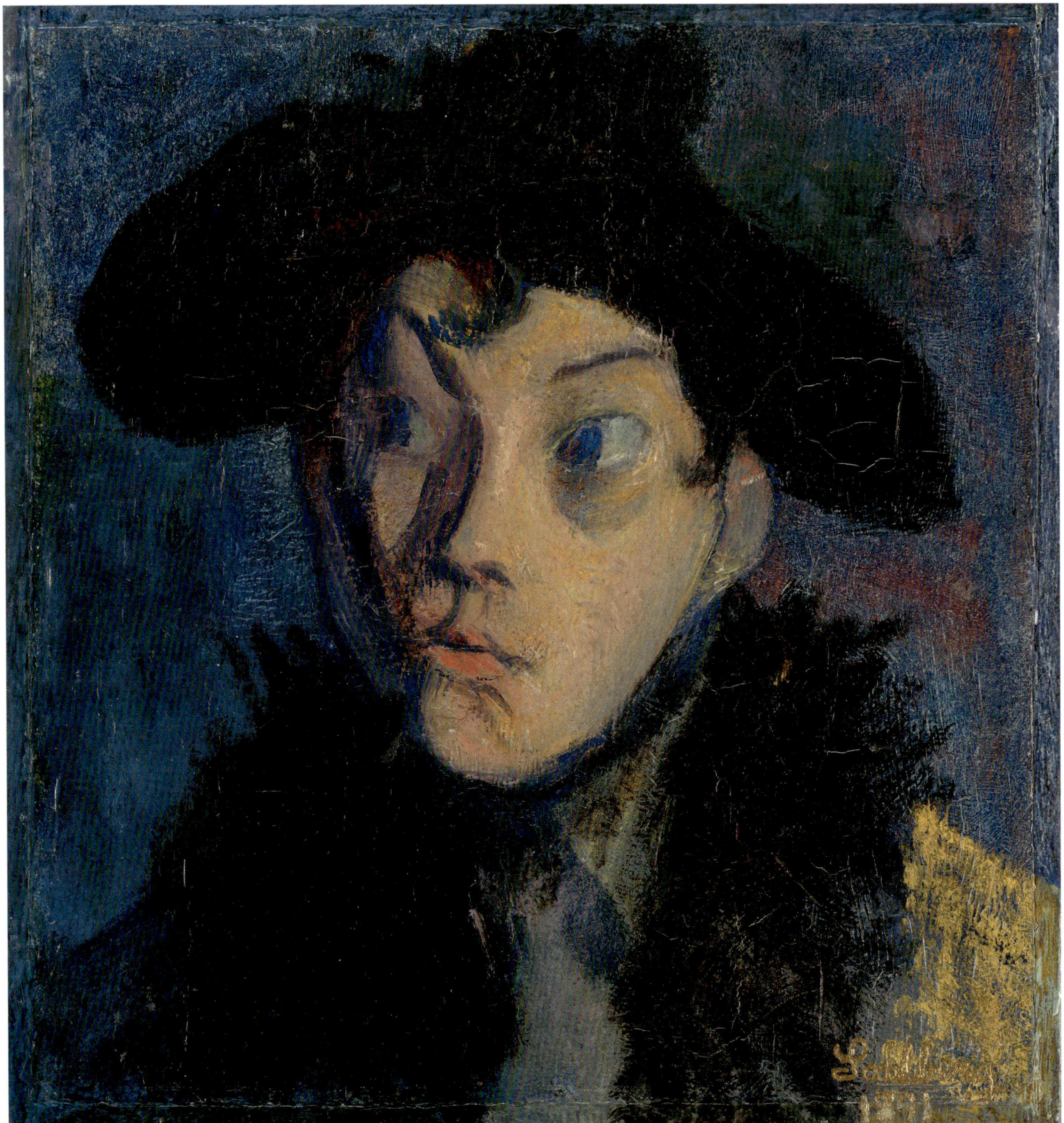

Taf. 60
Eugenie, 1891
Kat. 3

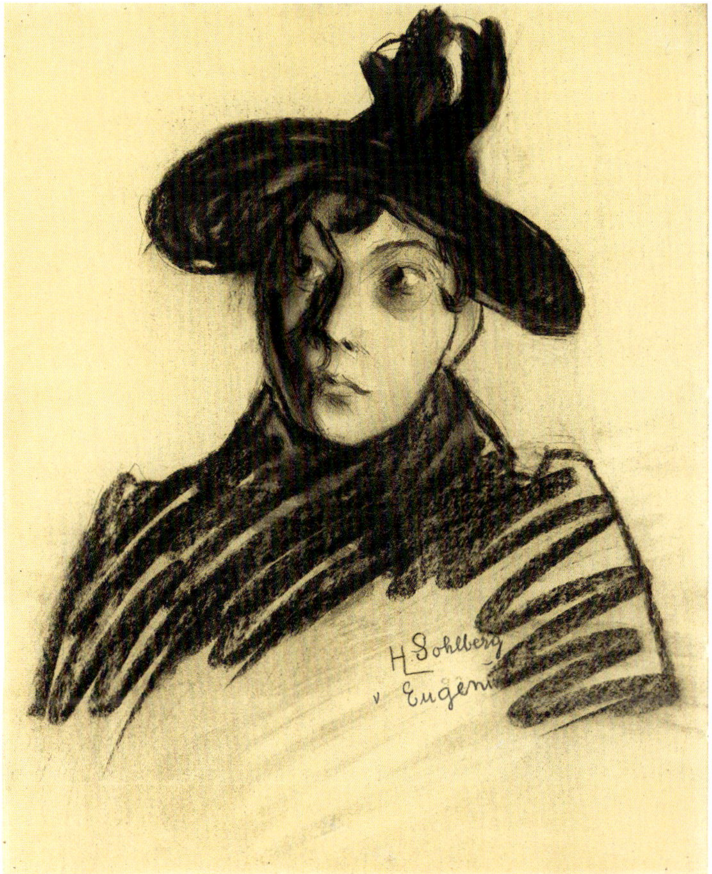

Taf. 62
Eugenie (1891)
Kat. 70

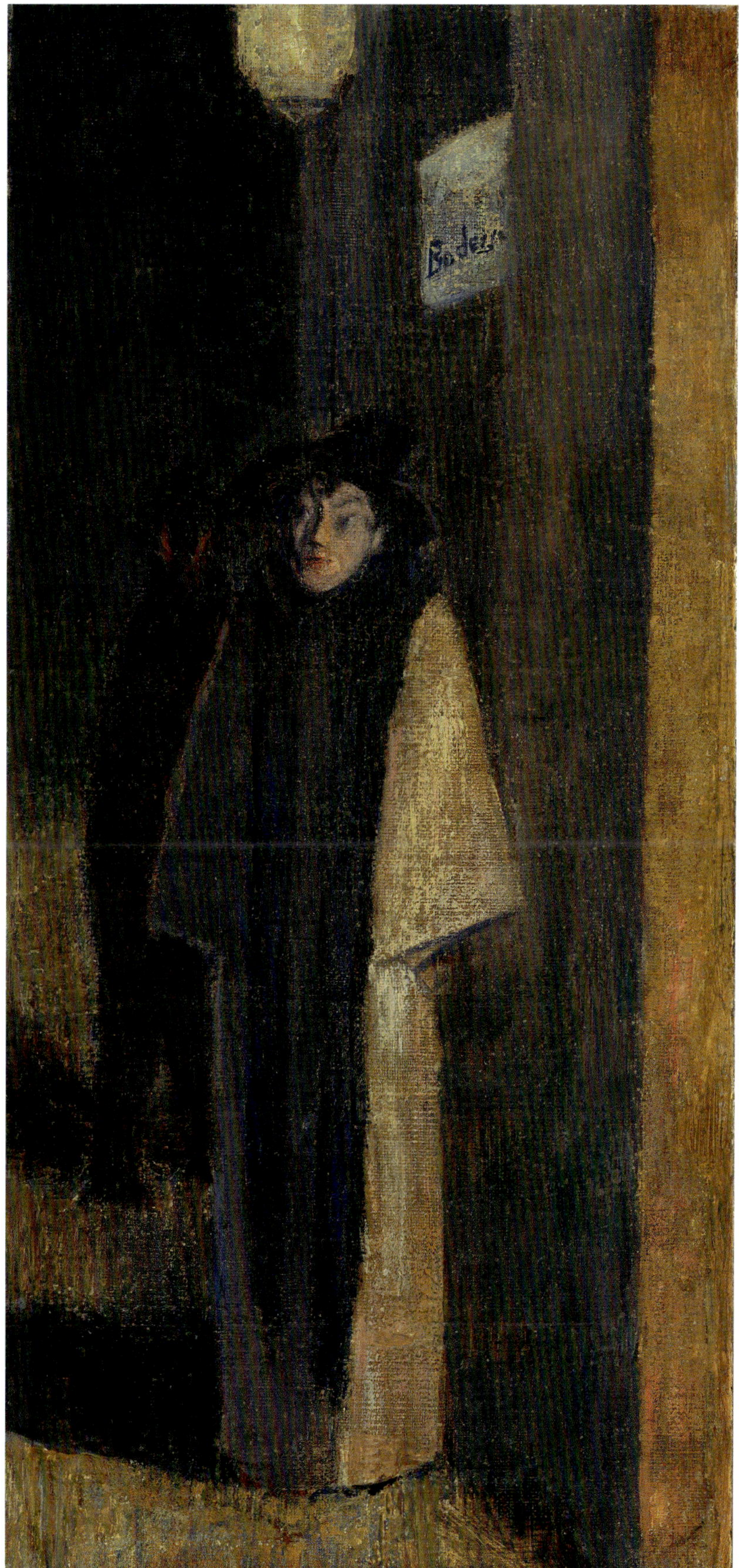

Taf. 61
Eugenie, 1891
Kat. 4

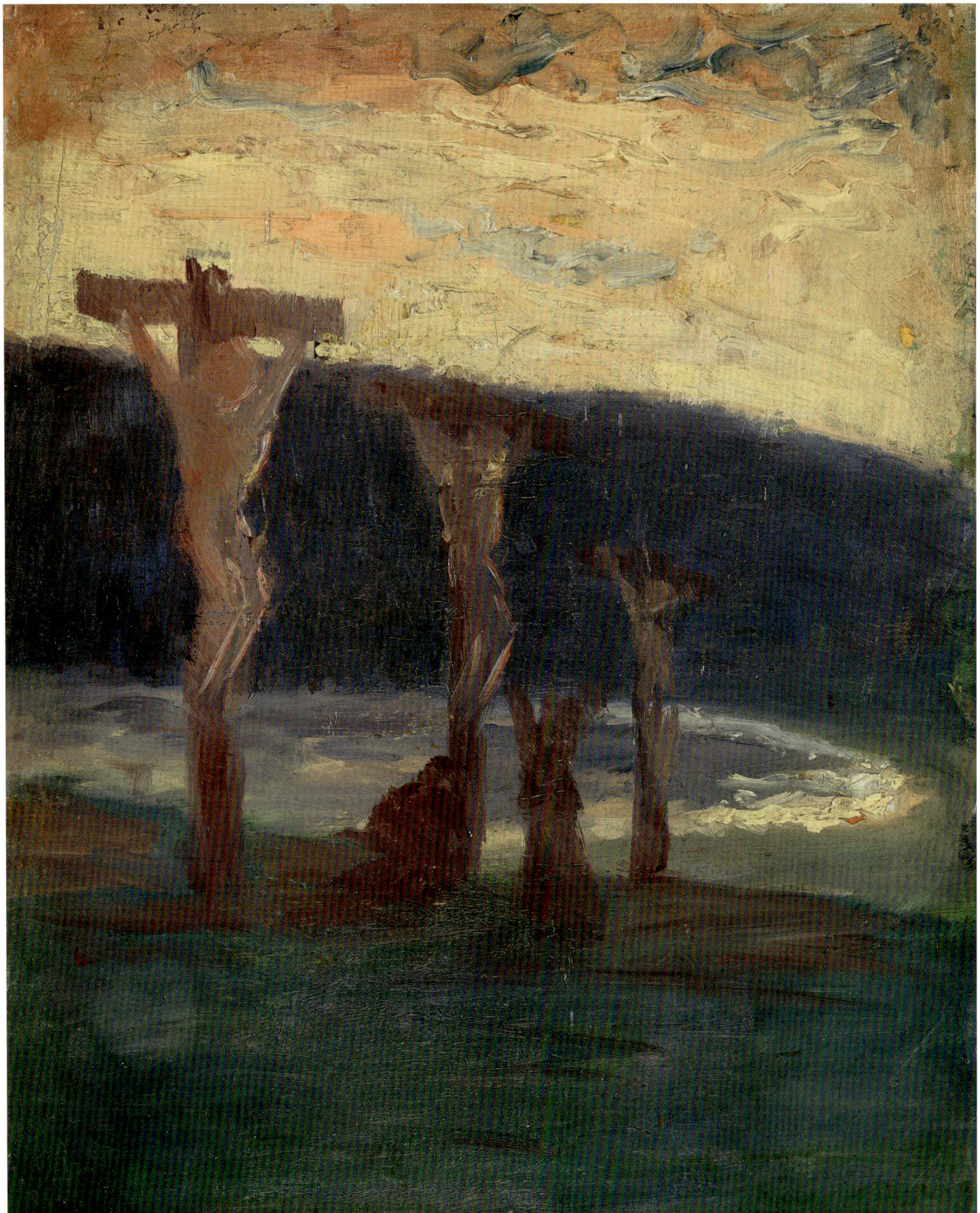

Taf. 63
Kreuzigung (vermutlich 1892)
Kat. 6

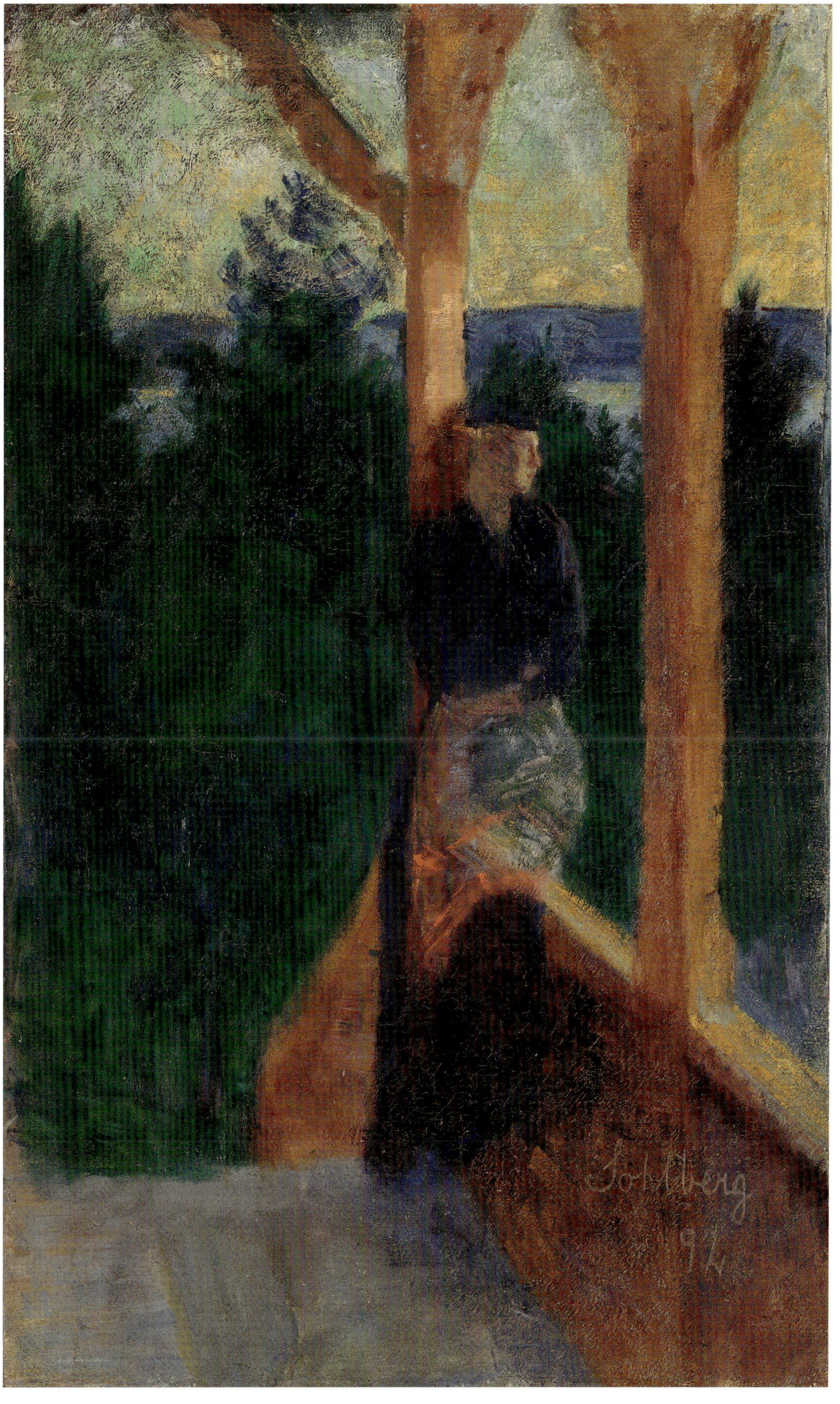

Taf. 64
Auf der Veranda, 1892
Kat. 5

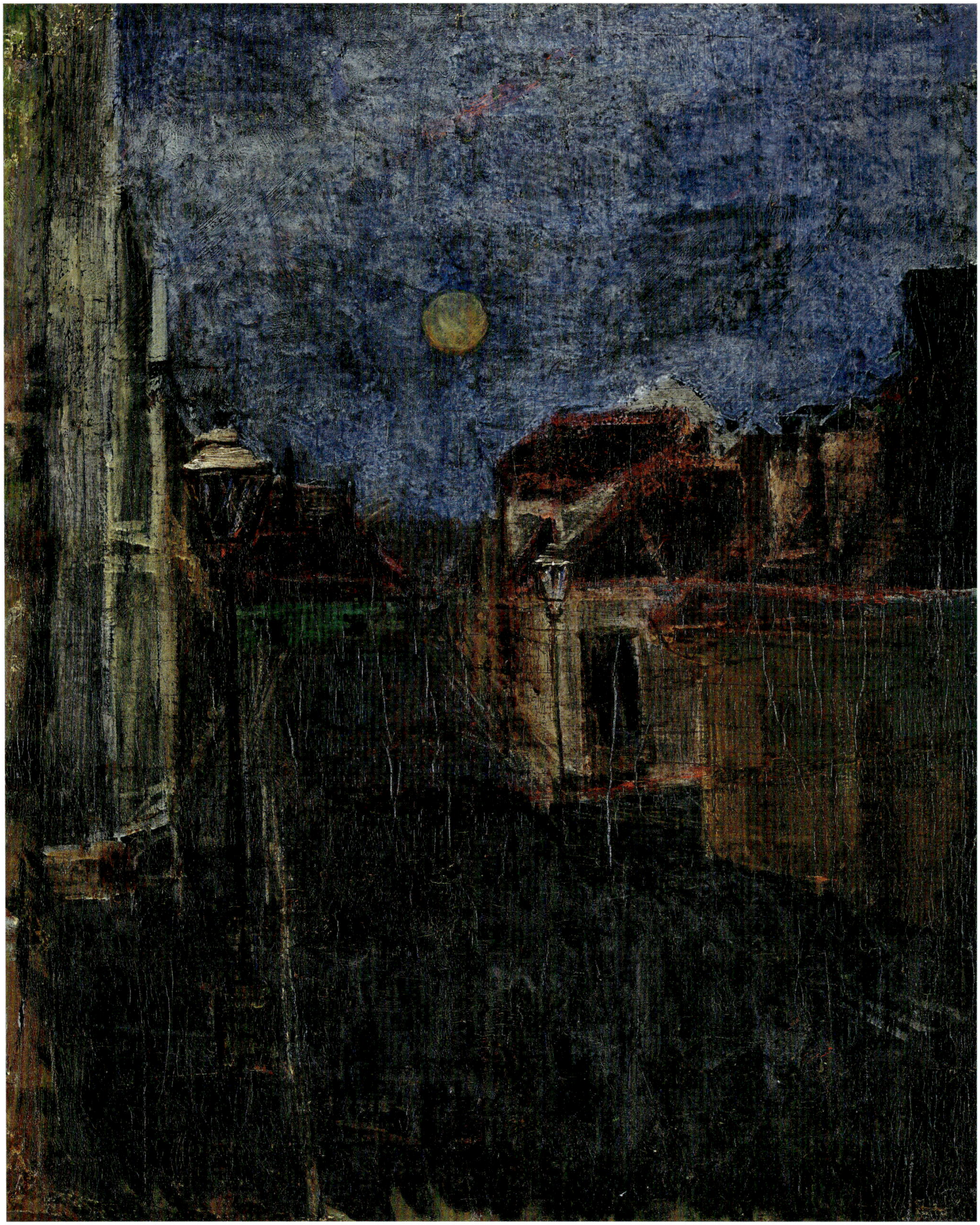

Taf. 65
Blick von der Straße Karl XII. (1894)
Kat. 13

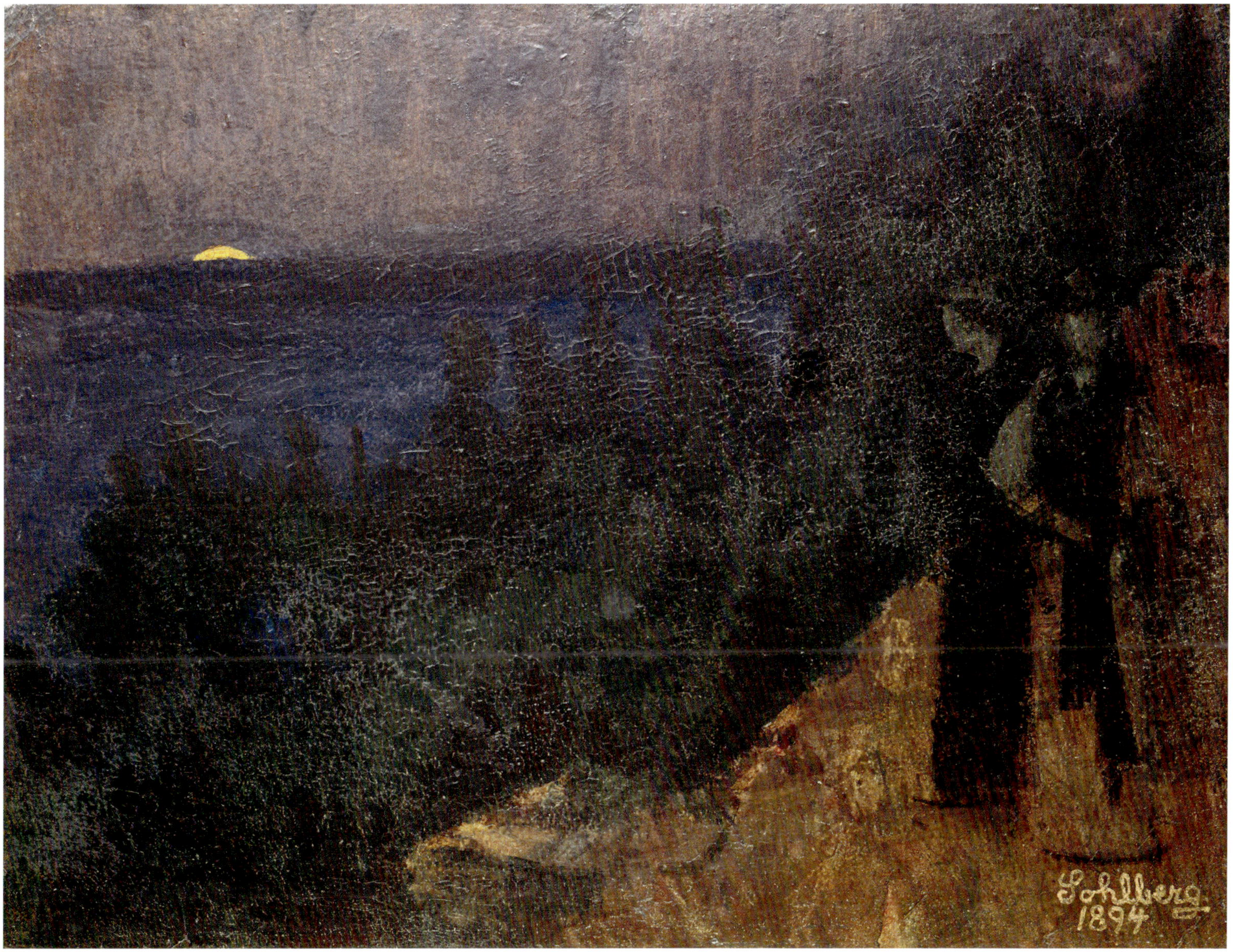

Taf. 66
Mystik, 1894
Kat. 10

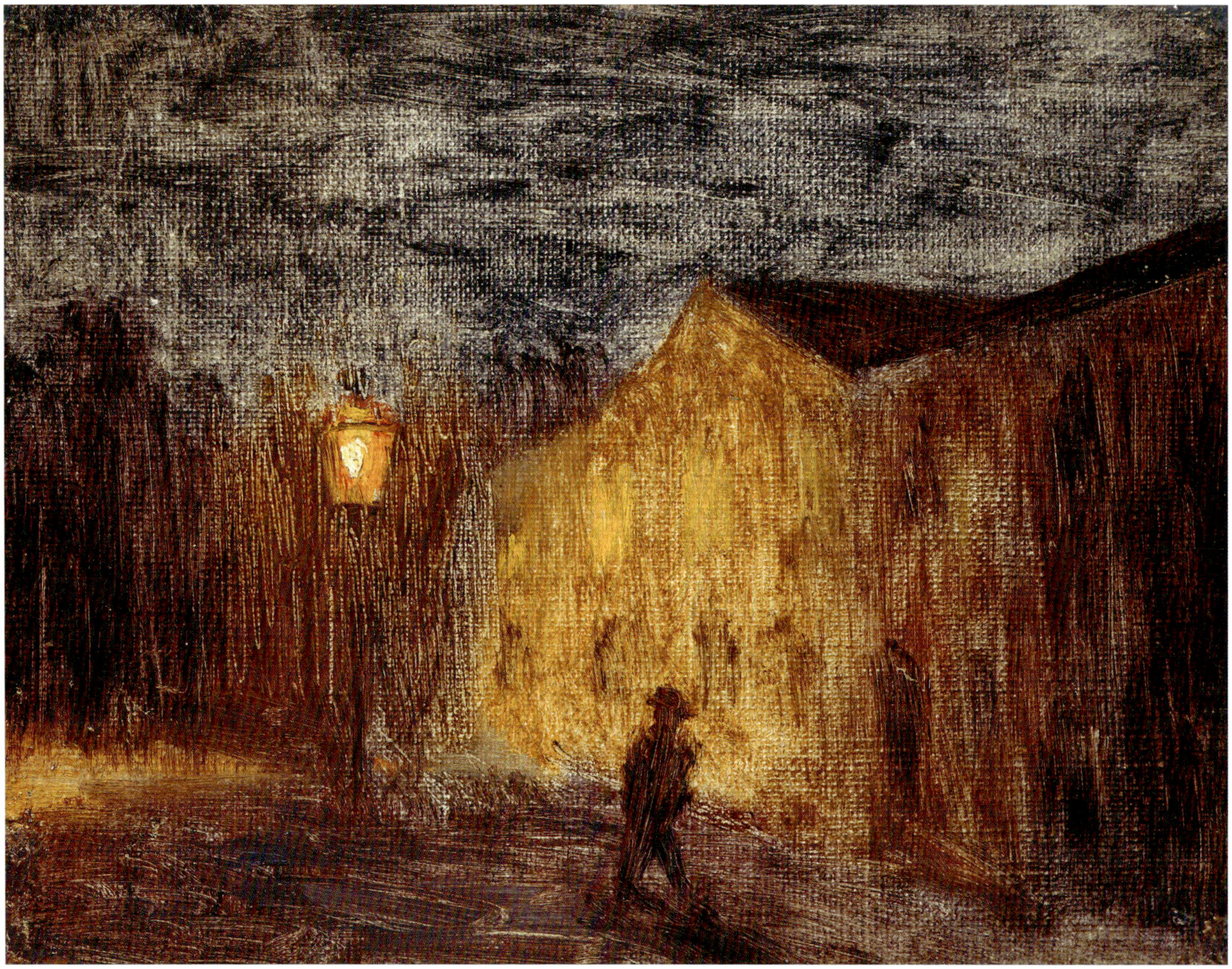

Taf. 67
Laterne (1894)
Kat. 14

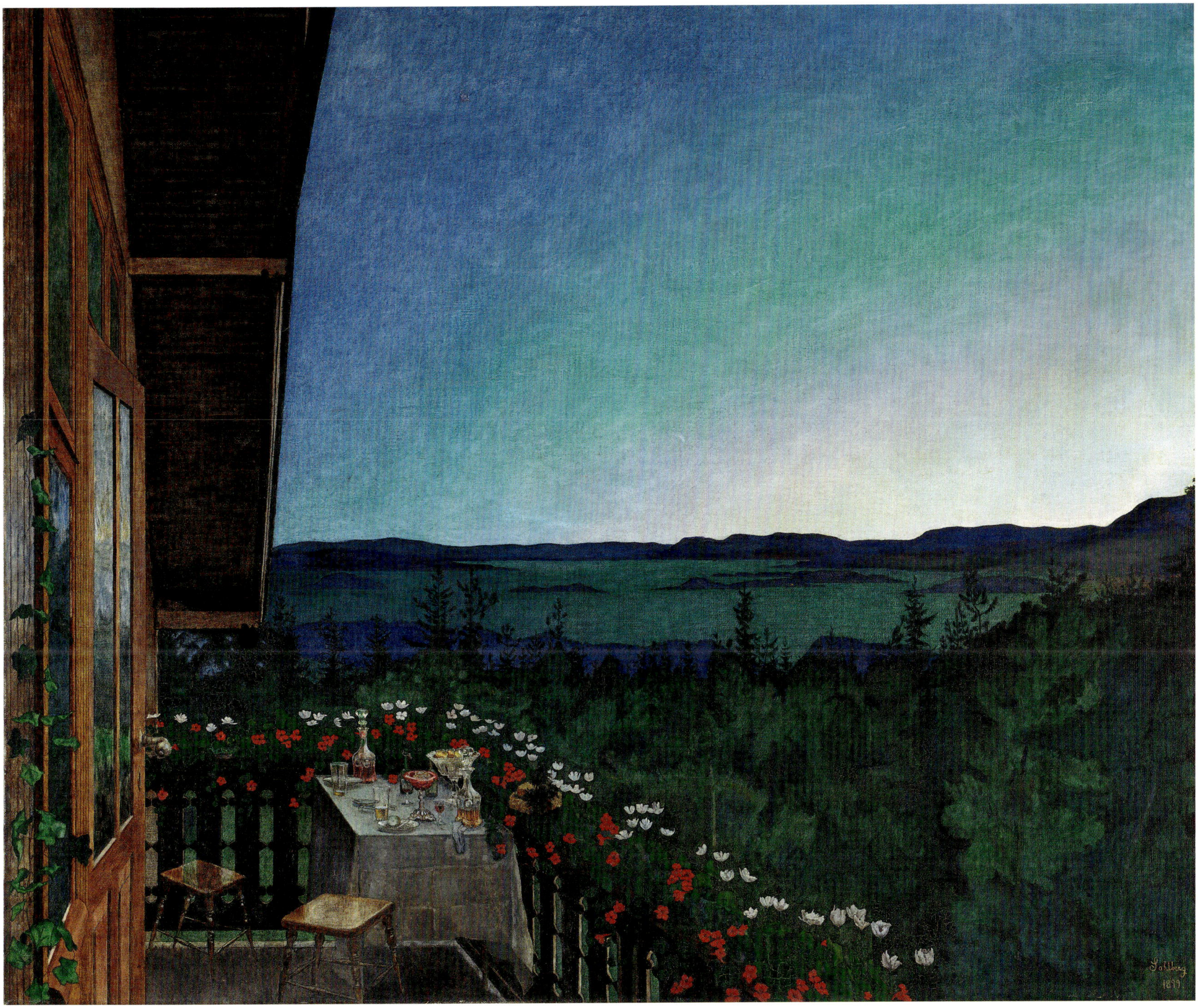

Taf. 68
Sommernacht, 1899
Kat. 28

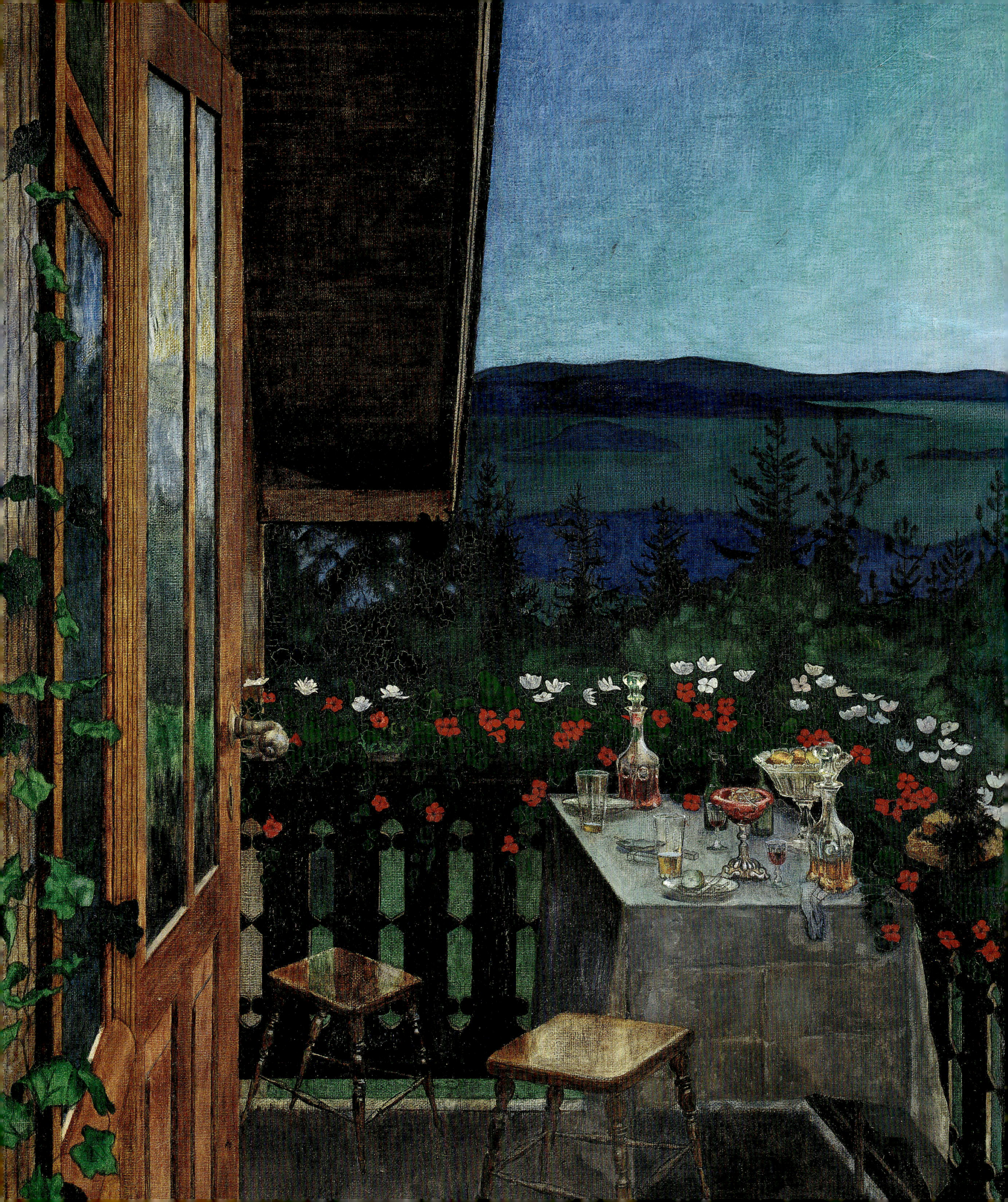

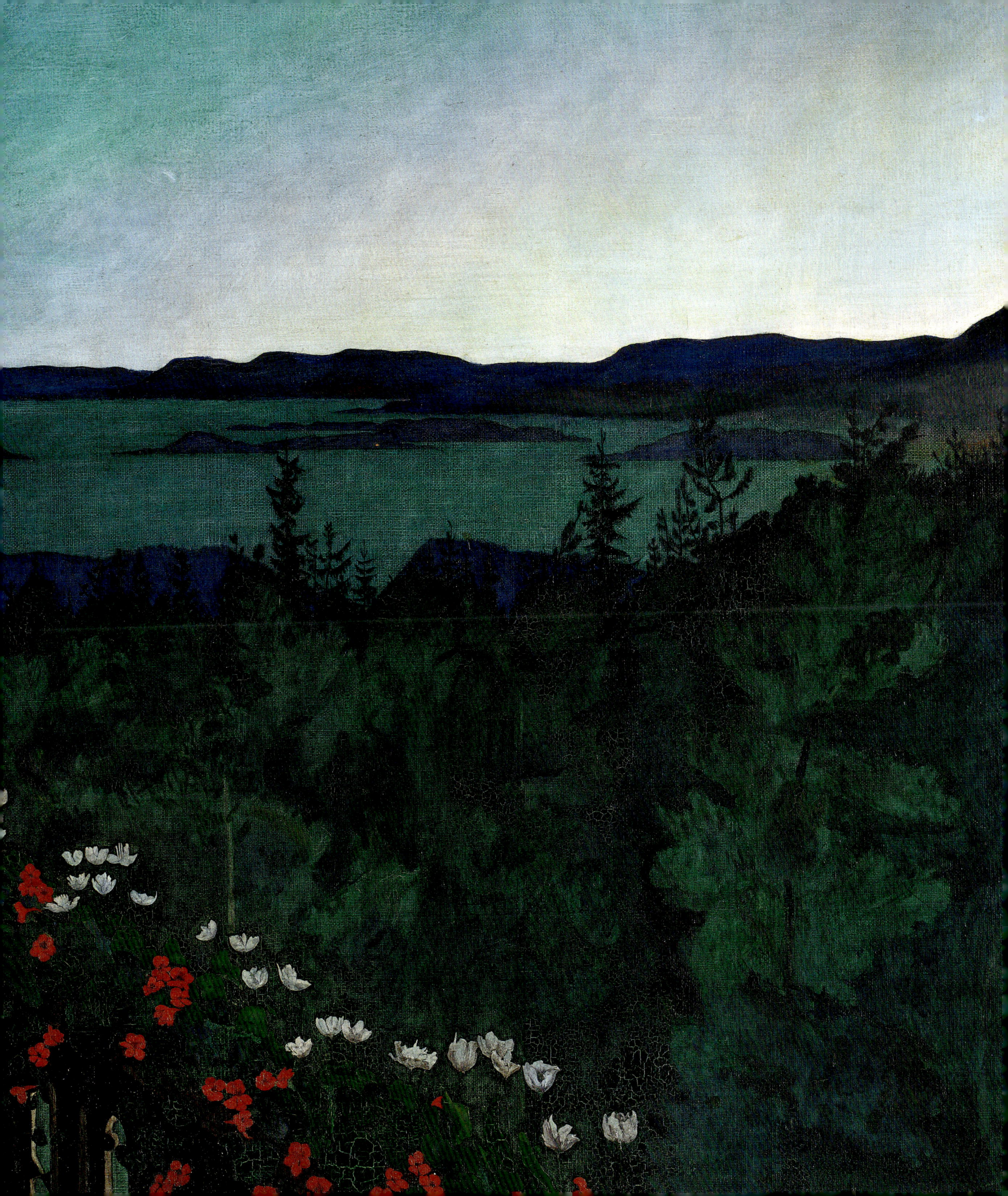

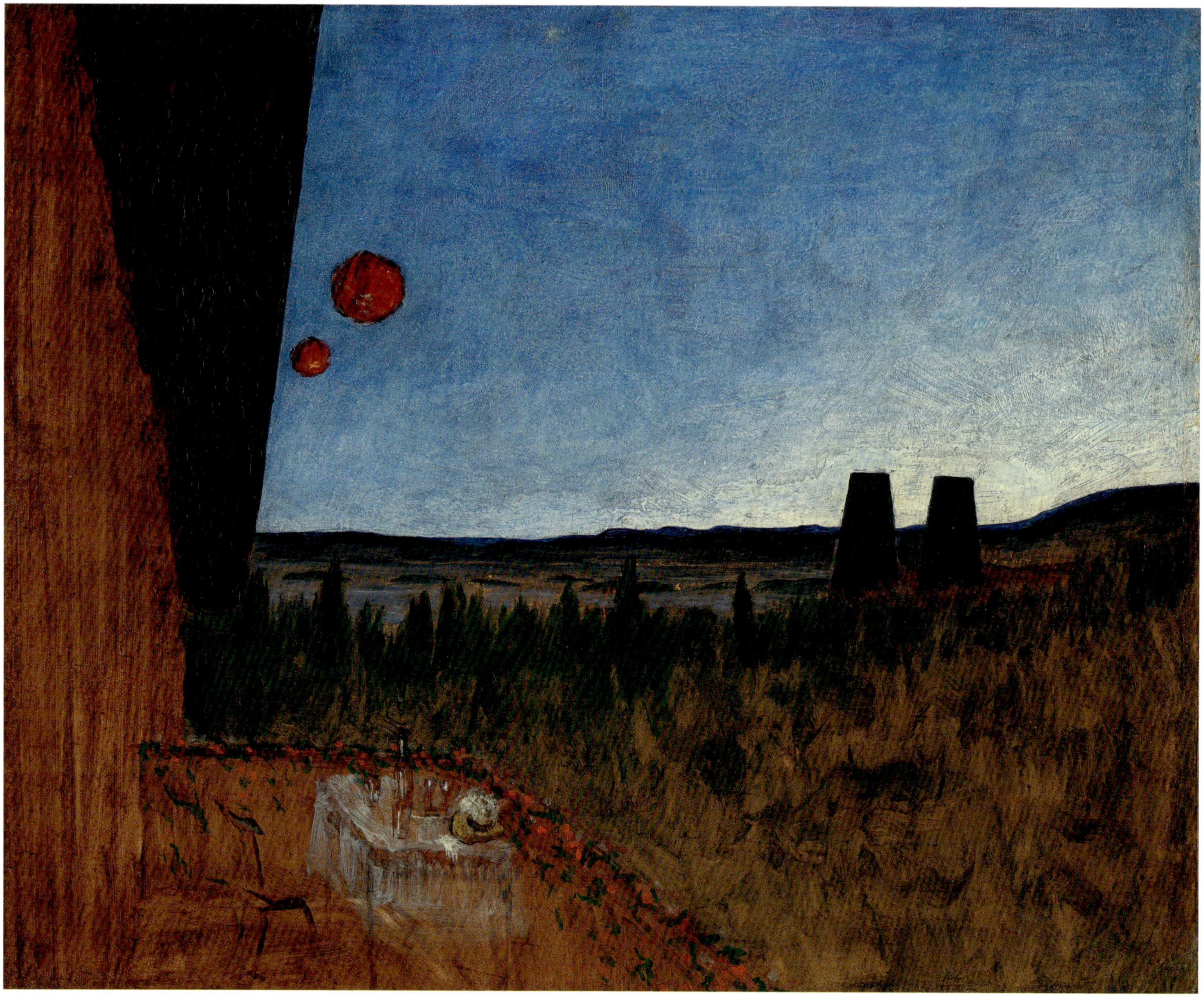

Taf. 69
Sommernacht, Skizze (vermutlich 1899)
Kat. 27

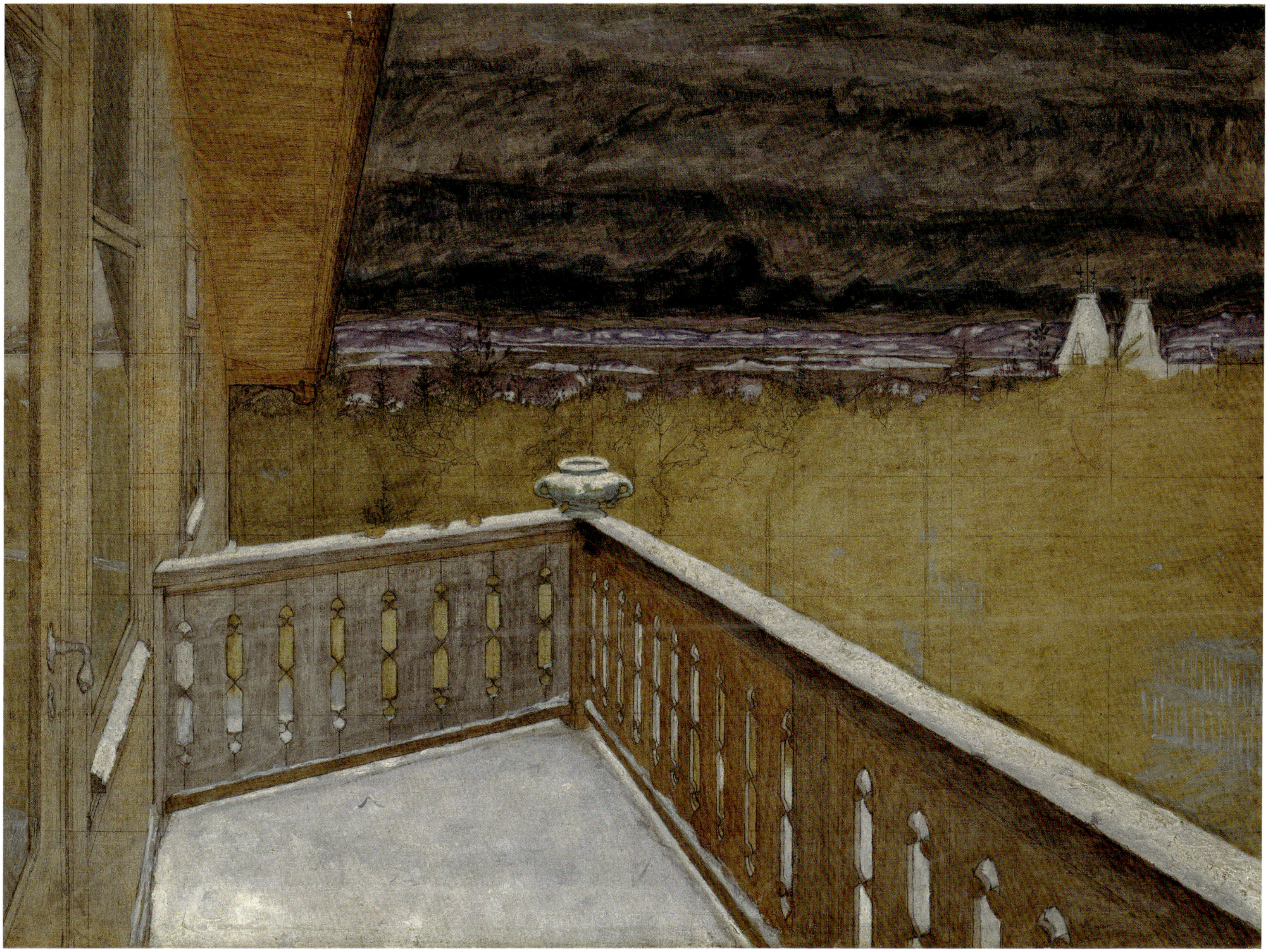

Taf. 70
Winter auf dem Balkon (1899)
Kat. 26

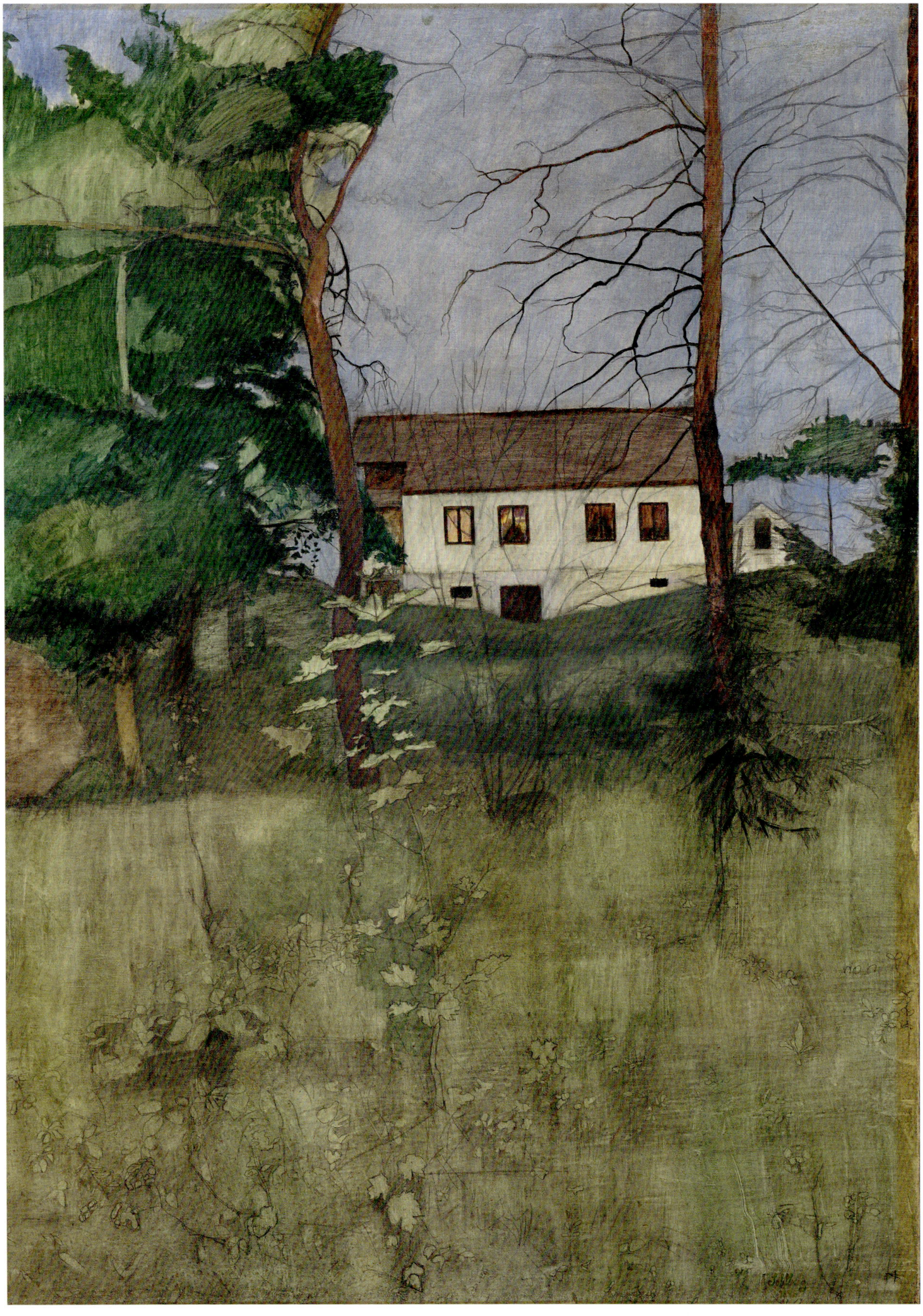

Taf. 71
Landhaus, 1896
Kat. 19

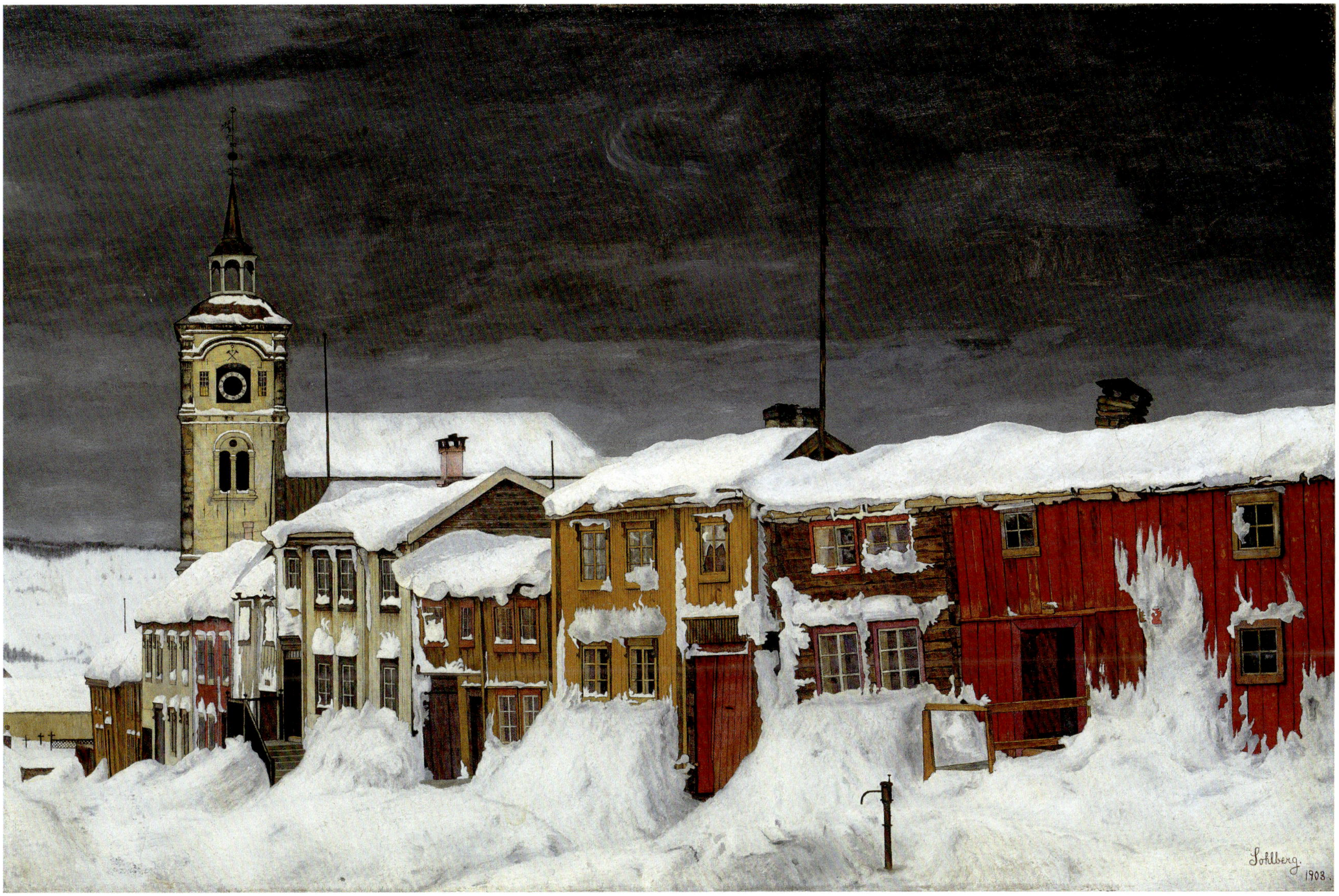

Taf. 72
Straße in Røros im Winter, 1903
Kat. 33

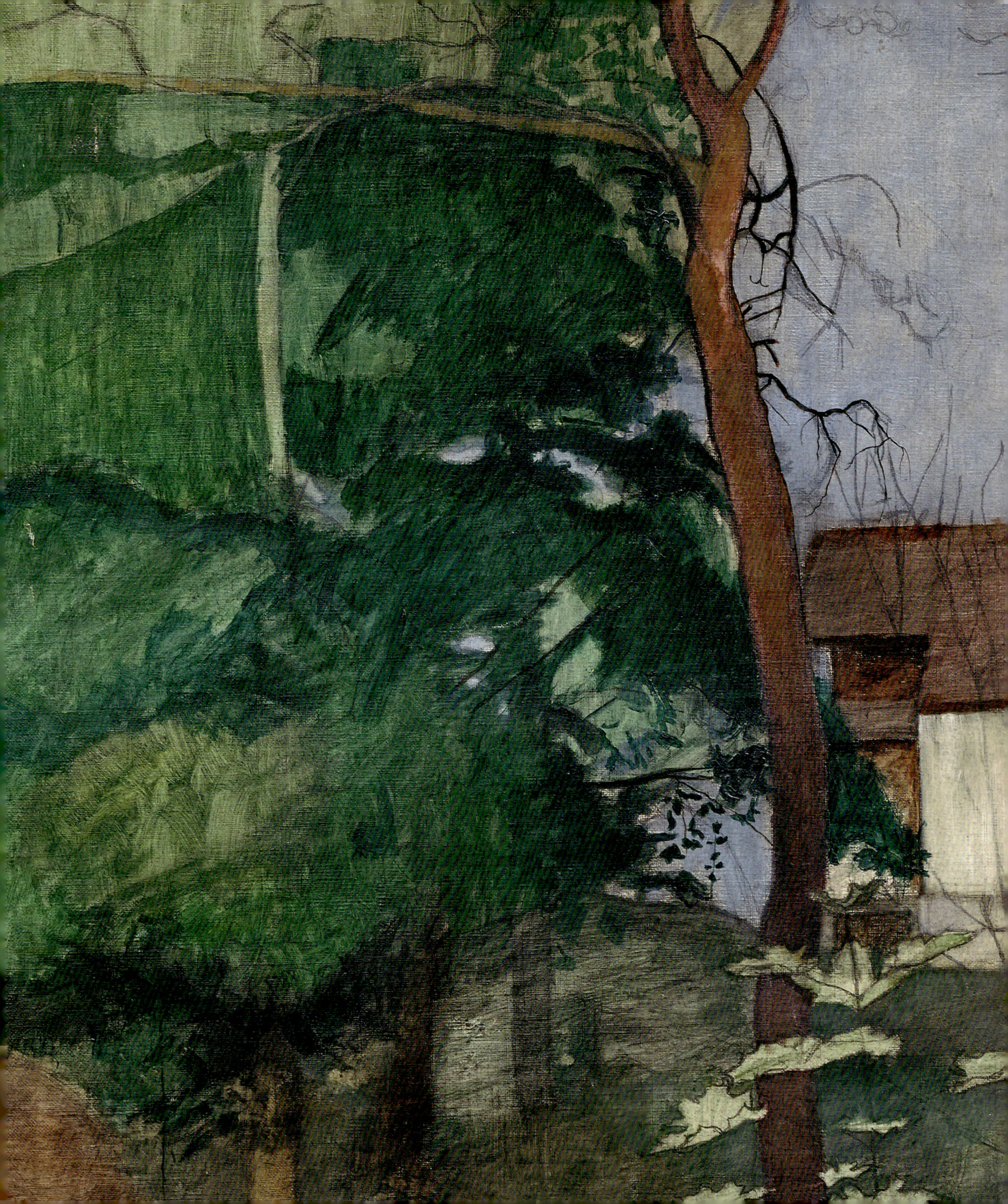

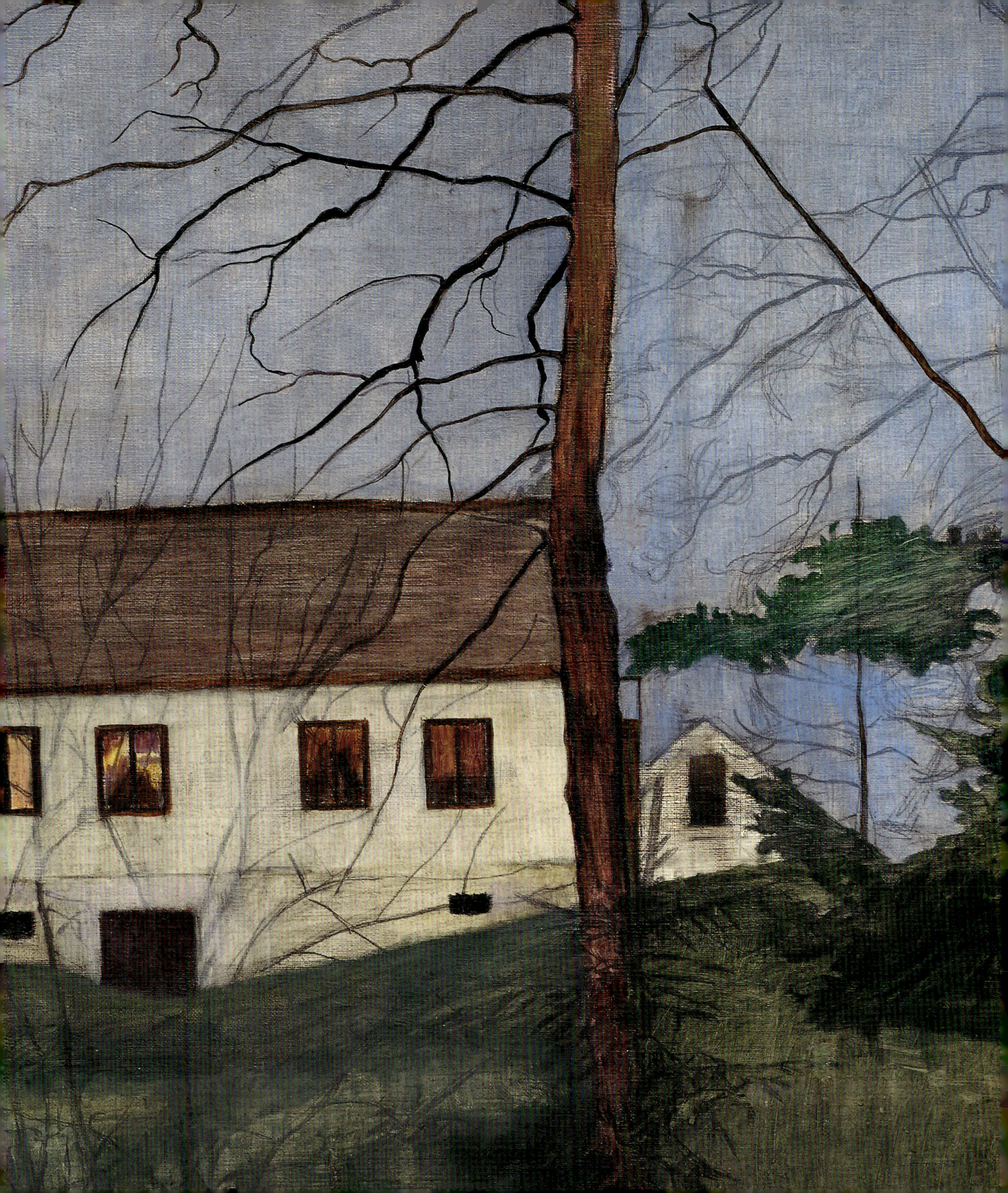

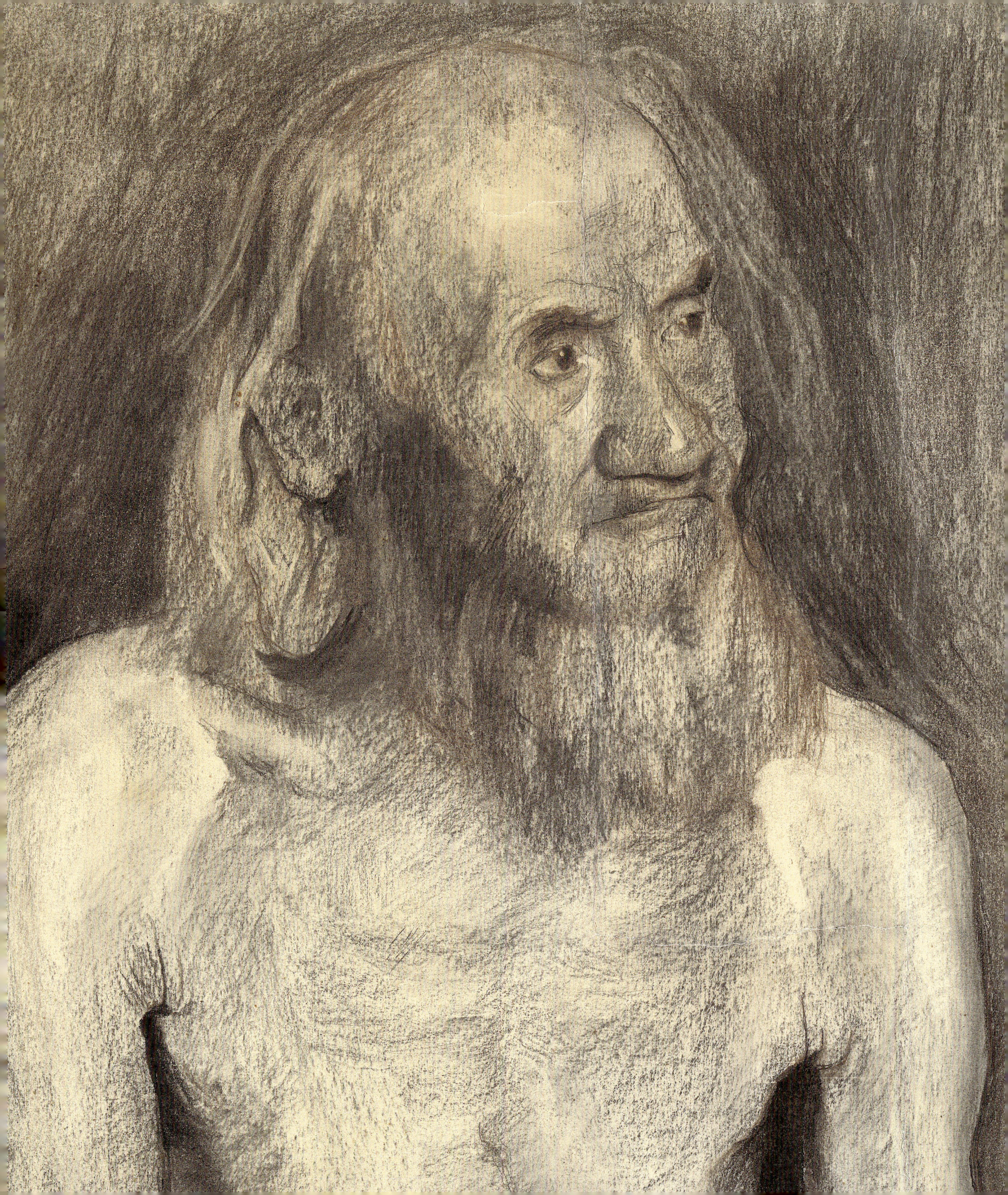

HARALD SOHLBERG IN WEIMAR: AUFBRUCH AUS DEM AKADEMISCHEN

PETER FORSTER

Als der 28-jährige Harald Sohlberg 1897 nach Weimar kam und sich an der Großherzoglich-Sächsischen Kunstschule einschrieb, zählte er längst nicht mehr zu den Studenten im eigentlichen Sinne. Bereits drei Jahre zuvor hatte die norwegische Nationalgalerie ein Werk von ihm angekauft, *Abendrot* (Taf. 25), und ihn damit in den Kreis der anerkanntesten Künstler des Landes gehoben. Sohlberg hatte seit 1889 bereits an unterschiedlichen Orten studiert, zuletzt ein Jahr in der Kunsthauptstadt Paris. Man kann sich also fragen, was ihn dazu bewegte, nach Weimar zu gehen. Was erhoffte er sich von dem Studium dort? Lassen sich in seinem Werk Einflüsse dieser Zeit ausmachen?

Sein klares Ziel war es, in Weimar in die Figurenklasse des norwegischen Porträt- und Genremalers Carl Frithjof Smith (1859–1917) aufgenommen zu werden.[1] Auch dessen Professorenkollege Max Thedy (1858–1924) hat möglicherweise für ihn eine Rolle gespielt, wenngleich sich keine Beziehung zwischen beiden nachweisen lässt. Damit rücken Positionen in Weimar in den Fokus, die heute weitestgehend vergessen sind und auch in jener Zeit nicht für den vielerorts spürbaren Aufbruch und Wandel in der Kunstwelt an der Jahrhundertwende standen.

DAS WEIMARER UMFELD

Die Quellenlage zu Sohlbergs Aufenthalt in Weimar ist äußerst bescheiden: Laut Matrikelnummer wurde Harald Sohlberg am 1. Januar 1897 provisorisch und am 5. Oktober definitiv in der Figurenklasse von Professor Smith aufgenommen. Als Austrittsdatum ist der 5. Oktober des Folgejahres vermerkt.[2] Darüber hinaus sind die wichtigsten Quellen zu Sohlberg in Weimar die an seine Familie gerichteten Briefe und Postkarten.[3] Aus einer Postkarte vom 14. Dezember 1896 an seinen Vater Johan geht seine Ankunft in Weimar hervor – eine Stadt, so Sohlberg, die winzig, aber auch gemütlich sei. Zu diesem Zeitpunkt hatte er bereits drei Mal vergeblich versucht, Professor Smith aufzusuchen. Als Sohlberg ihn endlich in der Kunstschule antraf, fanden die beiden Norweger schnell zueinander. Die künstlerischen Arbeiten, die Sohlberg vorlegte, überzeugten Smith, Sohlberg wurde aufgenommen und Smith kümmerte sich von da an intensiv um ihn, führte ihn in seine privaten Kreise ein und protegierte ihn an der Kunstschule.

Smith, der wie Sohlberg aus Kristiania, dem heutigen Oslo, stammte, wurde 1890 Professor in Weimar und lehrte dort bis 1904. Seine künstlerische Ausbildung erhielt er von 1880 bis 1884 an der Münchener Kunstakademie unter Ludwig von Löfftz (1845–1910). Smiths Vorliebe galt den alten Meistern, deren Kopien er in der Schack-Galerie (heute Teil der Bayerischen Staatsgemäldesammlungen) studierte.[4] Die intensive Beschäftigung mit dem Zeichnen und dem Modellstudium sollte er später an der Kunstschule Weimar an seine Schüler weitergeben.

Mehrfach wurde Smith auf Ausstellungen in München, Berlin und Wien in den 1880er-Jahren mit verschiedenen Medaillen ausgezeichnet. Neben beeindruckenden Porträts, etwa von Henrik Ibsen (Abb. 29), ist er für seine Genrebilder bekannt. Smith genoss in der Kunstwelt zwar Ansehen, Kritiker bemängelten jedoch das Sentimentale, Süßliche und Anekdotische, das sich in seinen Genreszenen zeige (Abb. 30). Als Lehrer soll er sehr beliebt und erfolgreich gewesen sein, zu seinen Schülern zählte neben Sohlberg später auch Max Beckmann (1884–1950).

In Weimar fand Smith für seine pädagogischen Fähigkeiten das richtige Umfeld: Die Kunstschule, 1860 von Großherzog Carl Alexander von Sachsen-Weimar-Eisenach gegründet, sah sich, in der Tradition Weimars, der deutschen Klassik verpflichtet[5] und ließ zugleich als Neugründung den Ballast altehrwürdiger Kunstakademien hinter sich. Stattdessen versuchte sie Anschluss an »die gegenwärtigen Verhältnisse der Kunst zum Leben zu gewinnen«[6]. So hatte sich die Kunstschule auf die Fahnen geschrieben, für eine völlig freie Entwicklung des individuellen Talents der Schüler zu sorgen. Die organisatorischen Strukturen waren äußerst modern, die Hierarchie der angebotenen Fächer und Lehrkörper wurde aufgehoben. Dies betraf vor allem die Historienmalerei, das Genre und die Landschaftsmalerei, denen an den traditionellen Kunstschulen immer eine besondere

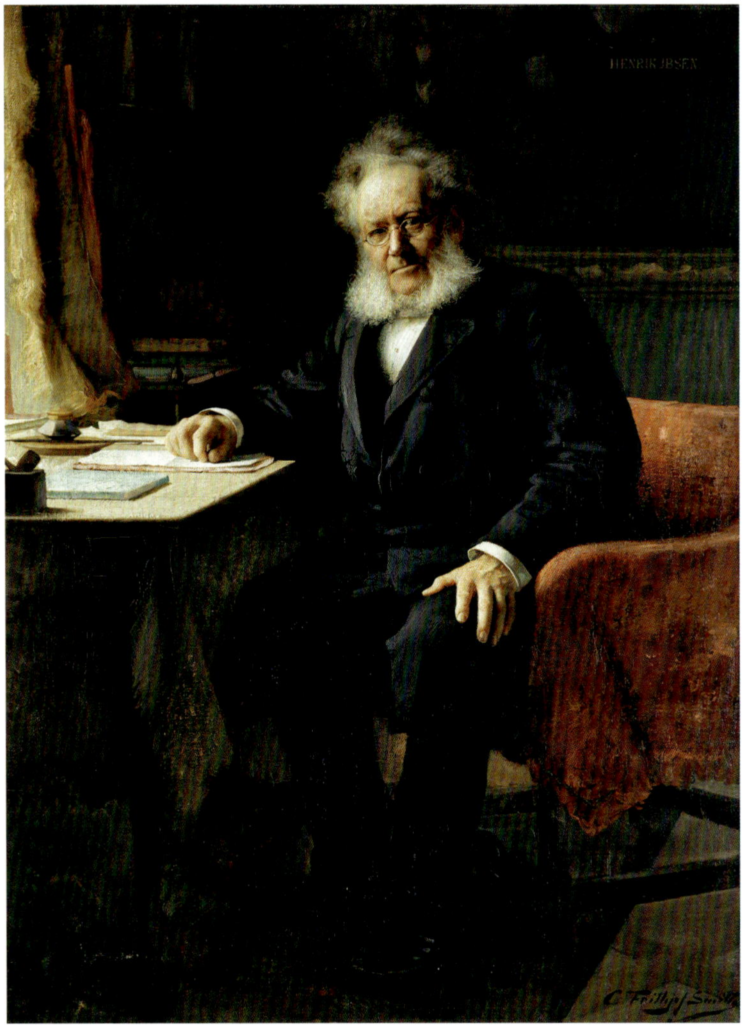

Abb. 29: Carl Frithjof Smith, *Henrik Ibsen*, 1898

Wertigkeit zukam. Man verzichtete auf die Klasseneinteilung, und die Schüler wählten sich ihre Lehrer selbst.[7] Dieser, Meister genannt, konnte seinen Schüler auf diese Weise nachhaltig individuell fördern.[8]

Zum Selbstverständnis der Schule (erstmals schriftlich formuliert 1870) gehörte es auch, dass die Meister selbst die Modelle organisierten und dass die Kompositionsübungen abwechselnd vom Lehrer gestellt und von den Schülern selbst gewählt wurden.[9] Zum zeichnerischen Studium gehörten das Aktzeichnen und das sogenannte Staffagezeichnen nach Modellen in Kostümen. An der Beurteilung der gelieferten Leistungen nahmen die Schüler selbst teil, sodass hierdurch eine fortwährende gegenseitige Anregung und Förderung lebendig gehalten wurde.

Der Jahresbeitrag betrug achtzig Mark. Es herrschte ein striktes Reglement, Fehlzeiten wurden nicht akzeptiert und es war nur während der Weihnachtsferien in der Schule erlaubt, an den eigenen Werken zu arbeiten. Zudem wurde großen Wert auf Etikette gelegt und die Schüler – zu Sohlbergs Zeit waren es rund sechzig – mussten entsprechend gekleidet sein.

WIDER DAS AKADEMISCHE MASS

Die freie Organisation der Schule, die den Lehrern keine Schranken auflegte, kam Sohlberg zugute. Zu Beginn seines Weimarer Aufenthaltes war er regelrecht euphorisch: Er genoss die Überschaubarkeit des Ortes, ganz anders als in Paris, besuchte Oper und Theater und wandelte auf den Spuren der deutschen Geistesgrößen, derer sich die Stadt mit Denkmälern und Gedenktafeln erinnerte. An Goethes Grab pflückte er zwei Lorbeerblätter, die er als Reliquie für den Rest seines Lebens aufbewahrte. Zu Sohlbergs Zeit lebte auch, allerdings schon geistig umnachtet, der Philosoph Friedrich Nietzsche in der Stadt, der mit seiner scharfen Kritik an Moral und Religion das Lebensgefühl des Fin de Siècle entscheidend beeinflusste.

Viele Bekanntschaften scheint der junge Norweger trotz dieser Umtriebigkeit in Weimar nicht gehabt zu haben. Zu seinen Freunden zählte der Schwede Gustav Pettersson Giertz, ansonsten hat er seine Kommilitonen offenbar nicht sonderlich geschätzt. So berichtet er in einem Brief ausführlich davon, dass ihn seine Mitschüler während eines Beurteilungsgesprächs auslachten. Sie warfen ihm vor, dass seine Zeichnungen nicht den erforderlichen anatomischen Ansprüchen gerecht würden. Sohlberg verteidigte sich, indem er klarstellte, dass seine Konzentration allein auf dem menschlichen Charakter und dessen Gefühlswelten liege – eine rein realistische Wiedergabe sei ihm zu wenig.

In einem Brief verweist Sohlberg mit Stolz darauf, dass Smith während einer Sitzung die gesamte Klasse um seine Zeichnungen versammelte und ihnen verkündete, dass dies der Weg sei, wie sie alle arbeiten sollten. Smith erkannte in Sohlbergs Wiedergabe des Menschen durchaus Parallelen zu seiner eigenen Kunst. Diese Übereinstimmung bedeutete aber nicht eine wirkliche geistige Verwandtschaft. Sohlberg profitierte von Smith, weil er das Handwerk benötigte, das Studium des Körpers, um daraus etwas Neues, Eigenes zu entwickeln. Smith hingegen blieb seinem Stil treu.

SYMBOLISTISCHE EINFLÜSSE

Wenn Sohlberg seinen Kommilitonen vorhielt, sie würden seine Arbeiten nur an althergebrachten akademischen Maßstäben messen, während sie selbst nicht in der Lage wären, davon abzurücken, wirft dies ein bezeichnendes Licht auf sein Kunstverständnis und vor allem seine Hinwendung zum Symbolismus. Sicherlich war Sohlberg in Paris im Kontext des Art nouveau mit der symbolistischen

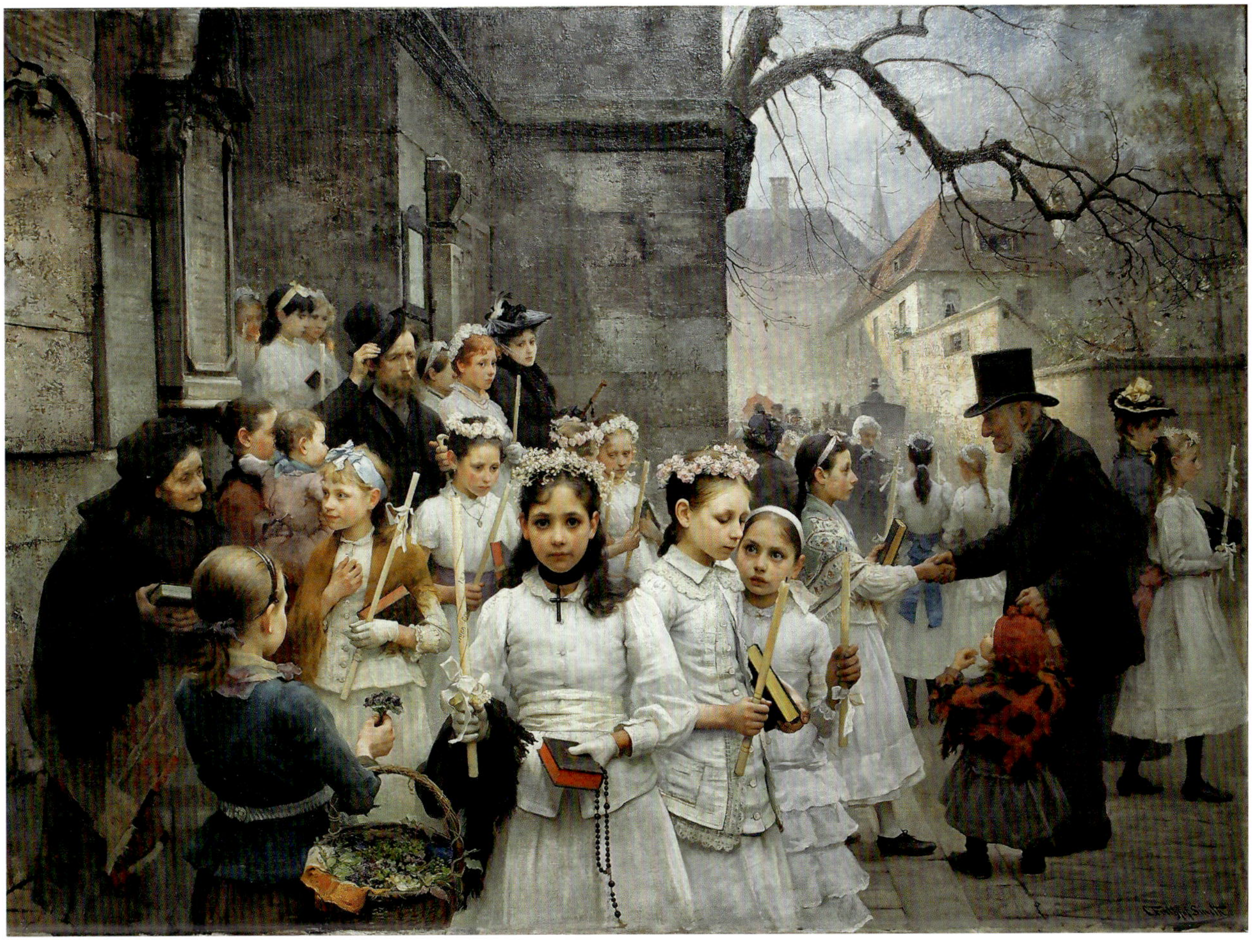

Abb. 30: Carl Frithjof Smith, *Nach der Erstkommunion*, 1892

Strömung in Berührung gekommen. Weimar und sein durch Nietzsche und Arnold Böcklin (1827–1901) geprägtes intellektuelles und künstlerisches Umfeld boten sich als Fortgang auf diesem Weg an. Böcklin, der 1897 zum Ehrenmitglied der Weimarer Kunstschule ernannt wurde, vertrat mit seiner »Stimmungsmalerei« für viele die Befreiung der menschlichen Psyche aus Konvention und Moral sowie aus den Zwängen des gründerzeitlichen Existenzkampfes und wurde so zu einem Wegbereiter des Symbolismus.

In Sohlbergs zeichnerischen Arbeiten aus seiner Weimarer Zeit wird spürbar, wie er diese Einflüsse aufgriff. Dabei zog er zugleich Ausdruckskraft aus dem altmeisterlichen Repertoire, das er bei Smith perfektionierte. Das illustriert etwa die Zeichnung des alten Mannes, die mit Weimar »1896, 97« betitelt ist und als einzige Arbeit mit Sicherheit Sohlbergs Weimarer Zeit zugeordnet werden kann. Die Darstellung ist zutiefst barock und geht zugleich durch ihr symbolistisch überhöhtes Pathos darüber hinaus.

Eine Handvoll stilistisch vergleichbarer Zeichnungen dürften deshalb ebenfalls in Weimar entstanden sein. Diese überschaubare Menge bezeugt vor allem Sohlbergs technische Fähigkeiten und eine besondere Qualität, die eindeutig von einem künstlerisch ausgereiften Umgang in diesem Medium spricht. Zwar war Sohlberg bereits vor seiner Weimar Zeit ein guter Zeichner, aber Smith hat ihn auf diesem Weg spürbar vorangebracht.

Besonders ergreifend ist seine Zeichnung eines ausgemergelten, alten Mannes, der mit gefalteten Händen und blutunterlaufenden Augen sehnsuchtsvoll den Blick gen Himmel richtet (Abb. 31). In barocker Gebetsmanier erfleht der asketische Alte die himmlische Erlösung. Bei der Darstellung beließ es Sohlberg aber nicht. In der unteren linken Ecke notierte er: »Ich glaube an Darwins Theorie der Evolution. Ja, ich glaube, dass die Menschheit von den Affen abstammt. Was die großen Menschen, die wahren Menschen, zuerst getan haben, haben die kleinen Affen zuerst gemacht.« Dieses Bekenntnis zum Darwinismus lässt das Blatt in einem völlig anderem Licht erscheinen. Mit einem Schlag wirkt die Inbrunst des alten Mannes vergebens. Øivind Storm Bjerke verweist in diesem Kontext auf Nietzsche, der in seinem Werk an den zu seiner Zeit sich schnell ausbreitenden Darwinismus anknüpfte und sich zugleich kritisch damit auseinandersetzte.[10] Inwieweit Sohlberg solche Bezüge herstellen und mit seiner Zeichnung zu einer Auseinandersetzung mit Nietzsches Religionskritik und seinem »Übermen-

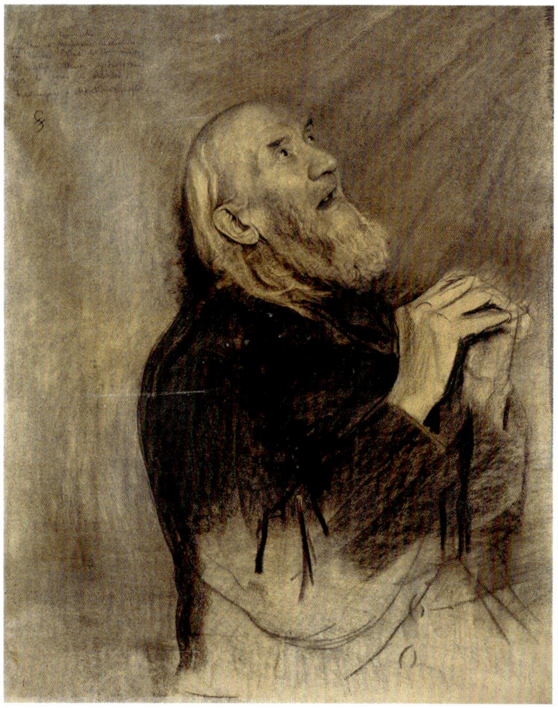

Abb. 31: Harald Sohlberg, *Darwins Lehre* (1897)

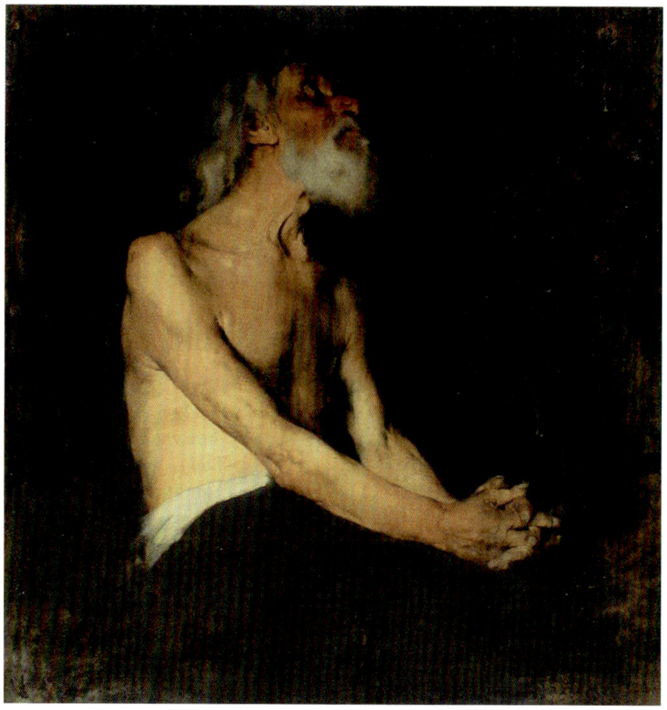

Abb. 32: Max Thedy, *Studie eines sitzenden Alten*, 1879

schen« anregen wollte, lässt sich hier nicht abschließend klären. Dennoch belegt das Blatt, dass Sohlberg vielfältige Einflüsse in seine Kunst mit einbezog, mit denen er in Weimar in Kontakt kam.

An keiner Stelle in seinen Briefen erwähnt Sohlberg den zweiten Zeichenlehrer in Weimar, Max Thedy. Er wurde bereits mit 24 Jahren auf eine Professur an der Weimarer Kunstschule berufen und hat durch seine langjährige Lehrtätigkeit als Leiter der Figurenklasse die Künstlerausbildung in Weimar maßgeblich geprägt. Neben einer Vielzahl von Zeichnungen beschäftigte er sich intensiv auch mit Radierungen. Offiziell hat Sohlberg nicht bei ihm studiert, aber es ist naheliegend, dass Thedy ihn sowohl motivisch als auch stilistisch beeinflusst hat. Dies wird am deutlichsten an dem Ölgemälde *Studie eines sitzenden Alten* von Thedy (Abb. 32), das um 1879 entstanden ist und eine starke Kohärenz zu einer Zeichnung von Sohlberg (Taf. 79) aufweist. Wäre da nicht die zeitliche Differenz, könnte man meinen, es handle es sich sogar um das gleiche Modell.

Insgesamt lässt sich für die Weimarer Zeit festhalten, dass Sohlberg sich verstärkt im Medium der Grafik ausdrückte und dabei besondere Aufmerksamkeit der Radierung schenkte. Inwiefern ihn auch der in Leipzig lebende Künstler Max Klinger (1857–1920) beeinflusste, bleibt unklar. Er gehörte mit seinen symbolistischen Arbeiten jedenfalls zu den Erneuerern der Radiertechnik. Insbesondere seine Radierzyklen, die auch die Beziehungen der Geschlechter thematisierten, stießen die Tür ins Reich der Fantasie weit auf und sorgten regelmäßig für Skandale. Sie könnten Sohlberg dazu inspiriert haben, jeweils Skizzenbücher nur für ein bestimmtes Thema anzulegen, die dann in einem inhaltlichen Zusammenhang standen. Sohlbergs Radierung *Mädchen mit wilder Margerite* (Zeichnung Taf. 38) entstand sehr wahrscheinlich in Weimar. Die Kupferplatte ist mit Weimar gestempelt und aus einem Brief wissen wir, dass er eine Radierung einem Unbekannten zum Geschenk machte. Zu sehen ist, in einer nicht realen Landschaft, ein übergroßes, in sich versunkenes Mädchen. Es wirkt ebenso symbolhaft hervorgehoben wie ein blühender Baum und eine Kirche. Losgelöst von realen Zuständen, gibt diese Konstellation seelische Befindlichkeiten wieder und wirft existenzielle Fragen nach dem Dasein, nach Werden und Vergehen auf. Das ist definitiv etwas anderes als das, was die Weimarer Landschaftsmalerei zu jener Zeit ausmachte.

AUS DER TRADITION LERNEN

Die Radierung zeigt, dass Sohlberg sein schon vor Weimar entwickeltes künstlerisches Interesse am Symbolismus nun umsetzen konnte. Dafür hat er sich, offenbar ganz gezielt, Lehrer gesucht, die gerade nicht für Innovation, sondern die alte akademische Lehre standen – Smith und vermutlich auch Thedy. Bei ihnen lernte er das Handwerk, etwa die Radiertechnik und die Figurendarstellung. Für den Inhalt und die symbolistische Übersteigerung des Ausdrucks sorgte Sohlberg selbst. Weimar war für ihn daher eine Zeit des inneren Suchens, nötig, um zu sich selbst zu finden. Am Ende sah er für seinen eigenen Weg nur den Abschied und Aufbruch.

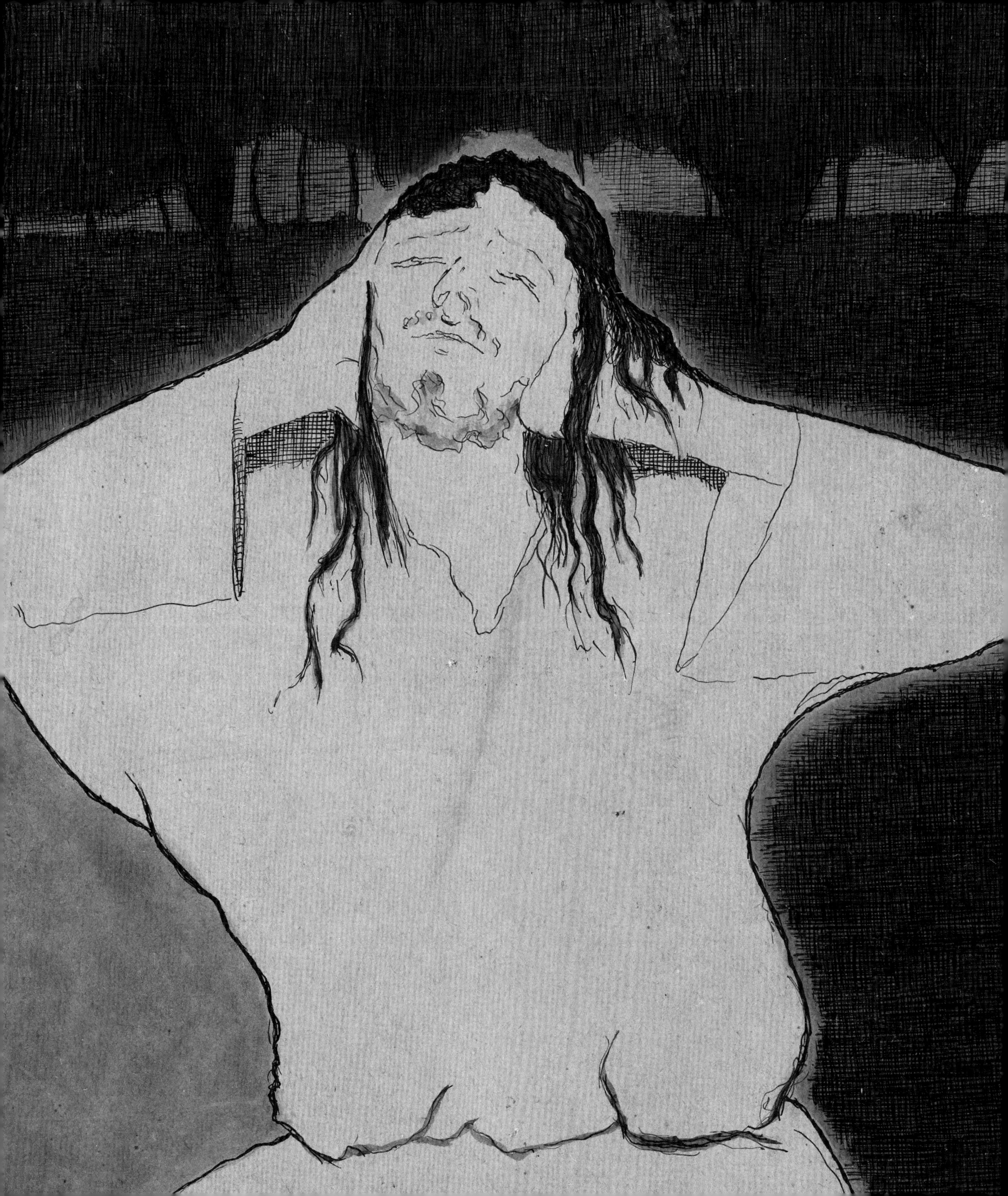

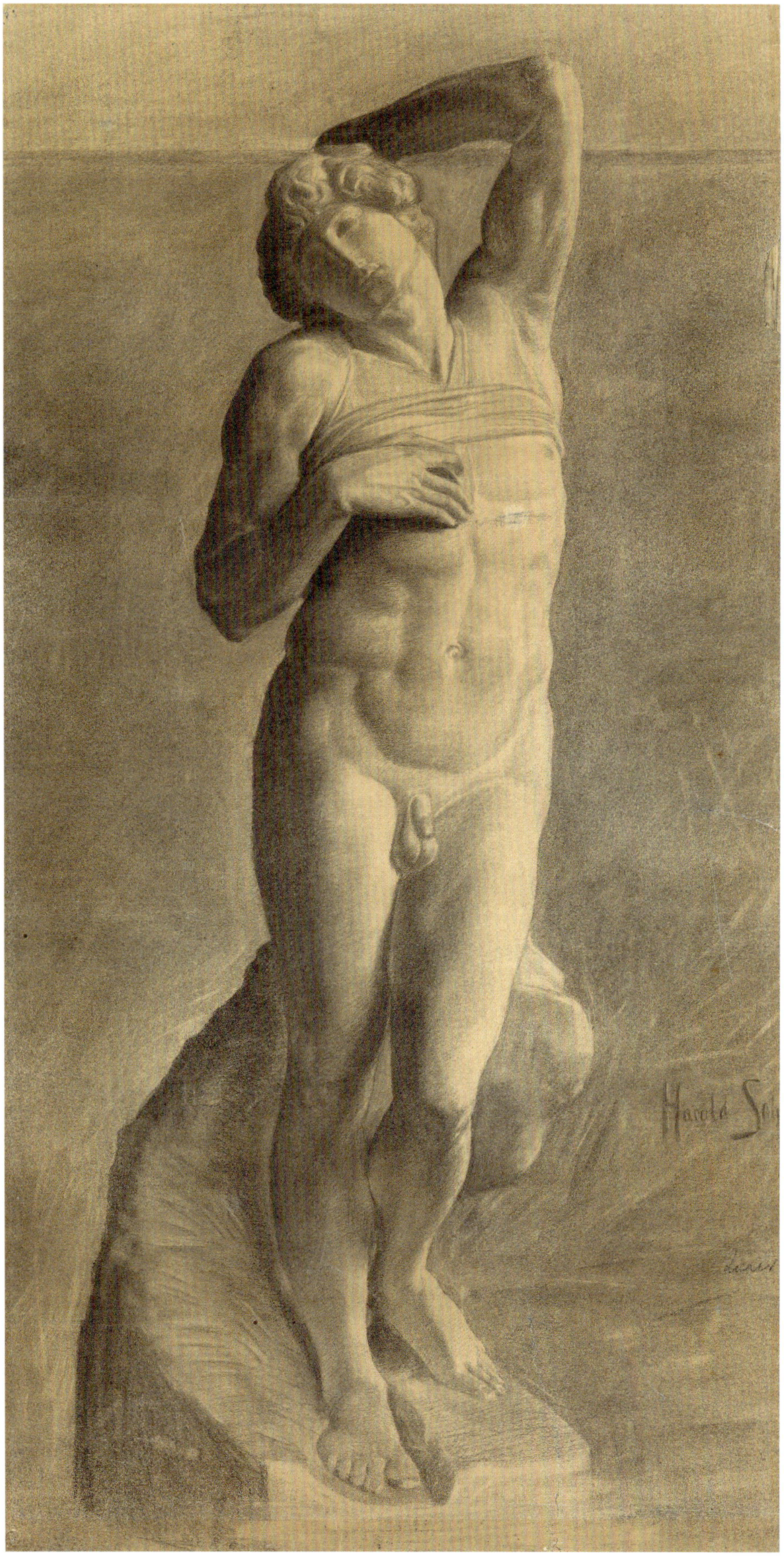

Taf. 73
Nach Michelangelos Sterbendem Sklaven (vermutlich 1889)
Kat. 68

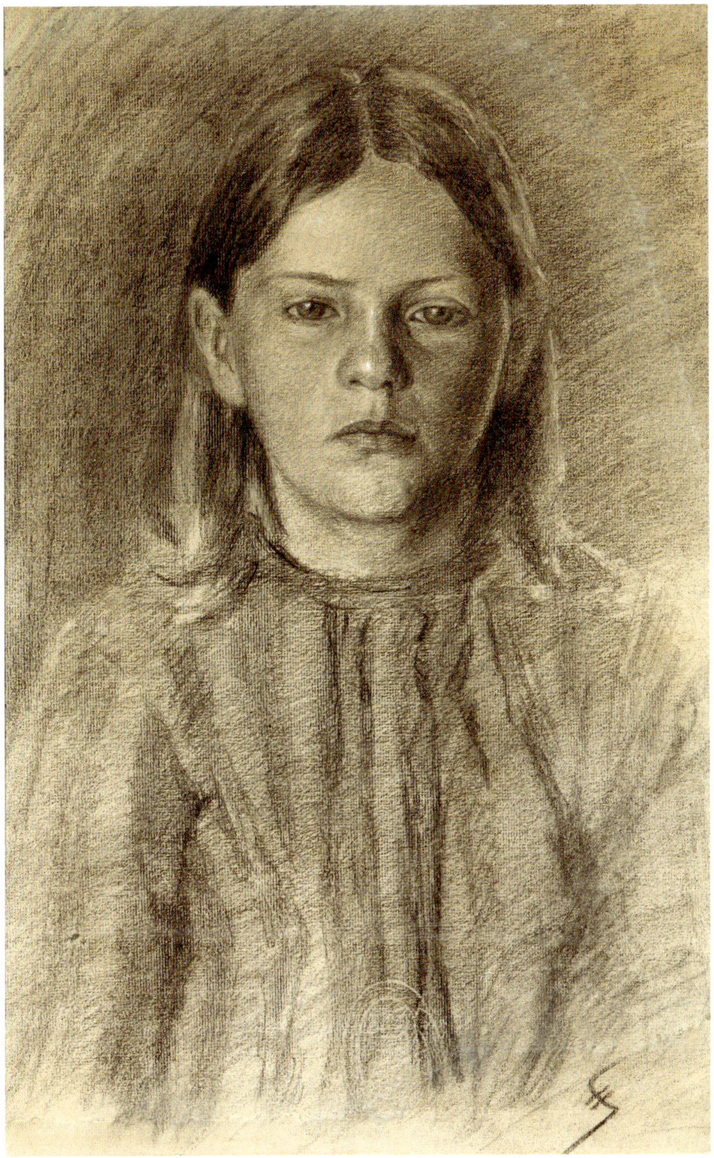

Taf. 74
Mädchen aus Slagen (1890)
Kat. 69

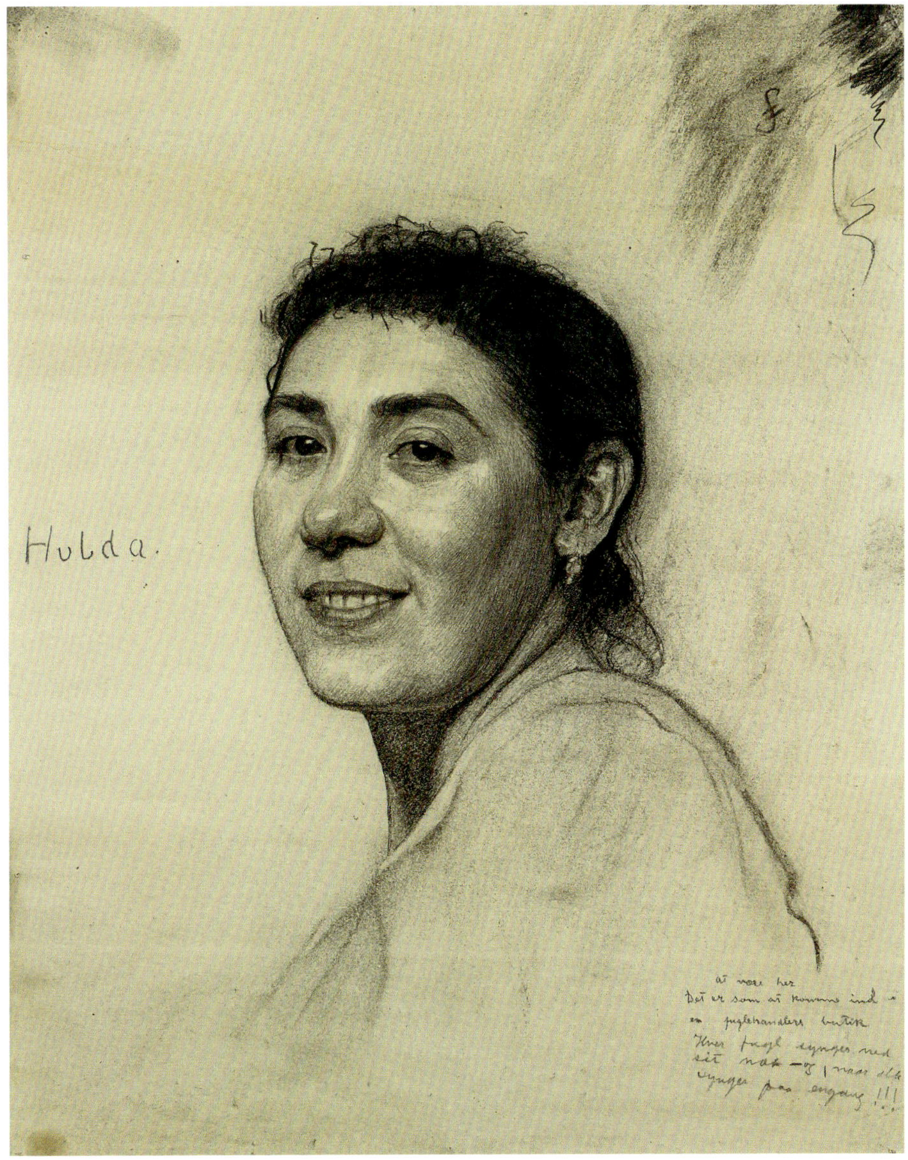

Taf. 75
Hulda (1890er)
Kat. 94

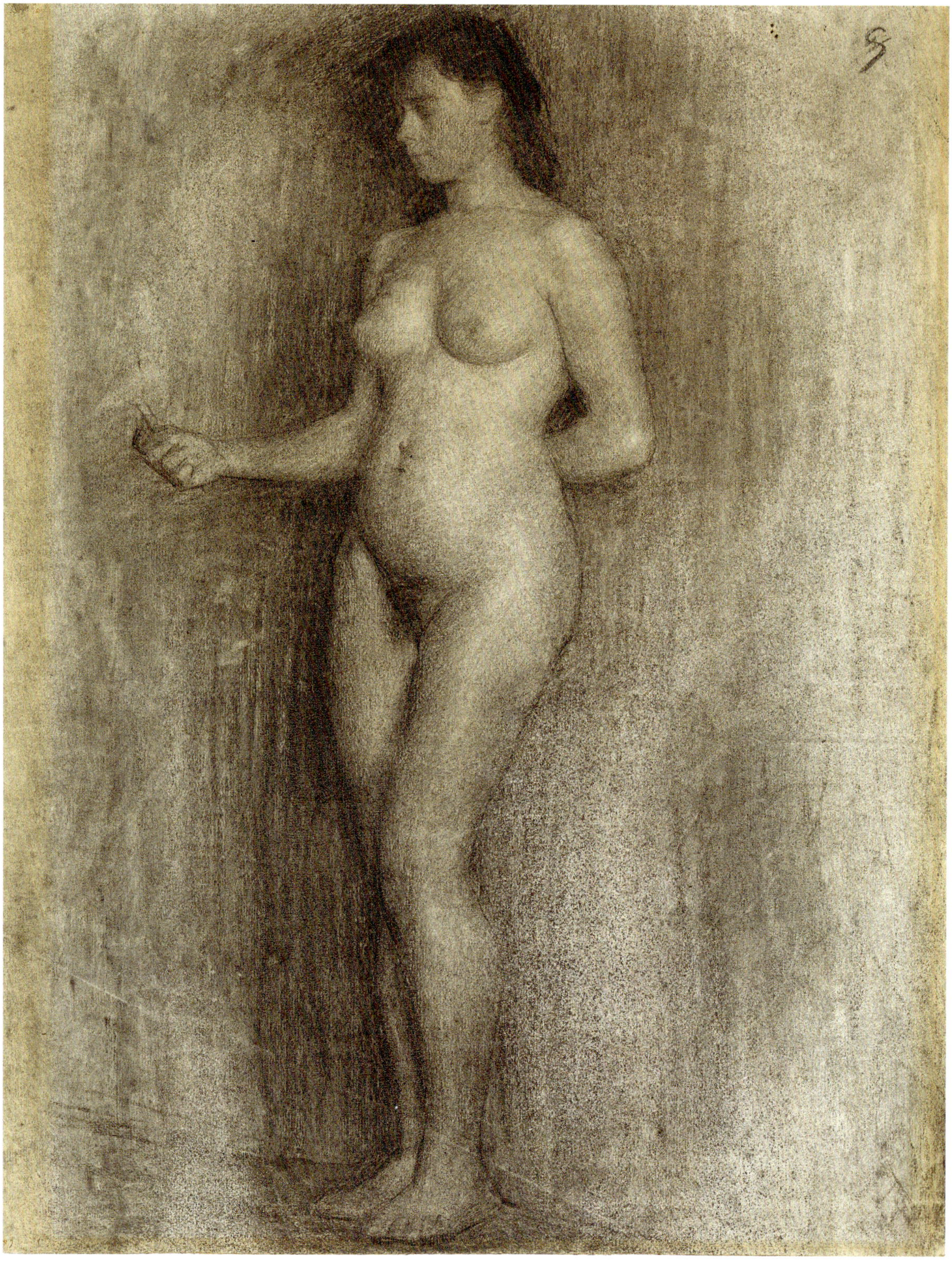

Taf. 76
Weiblicher Akt (1890er)
Kat. 96

▶
Taf. 77
Weiblicher Halbakt
(1890er)
Kat. 95

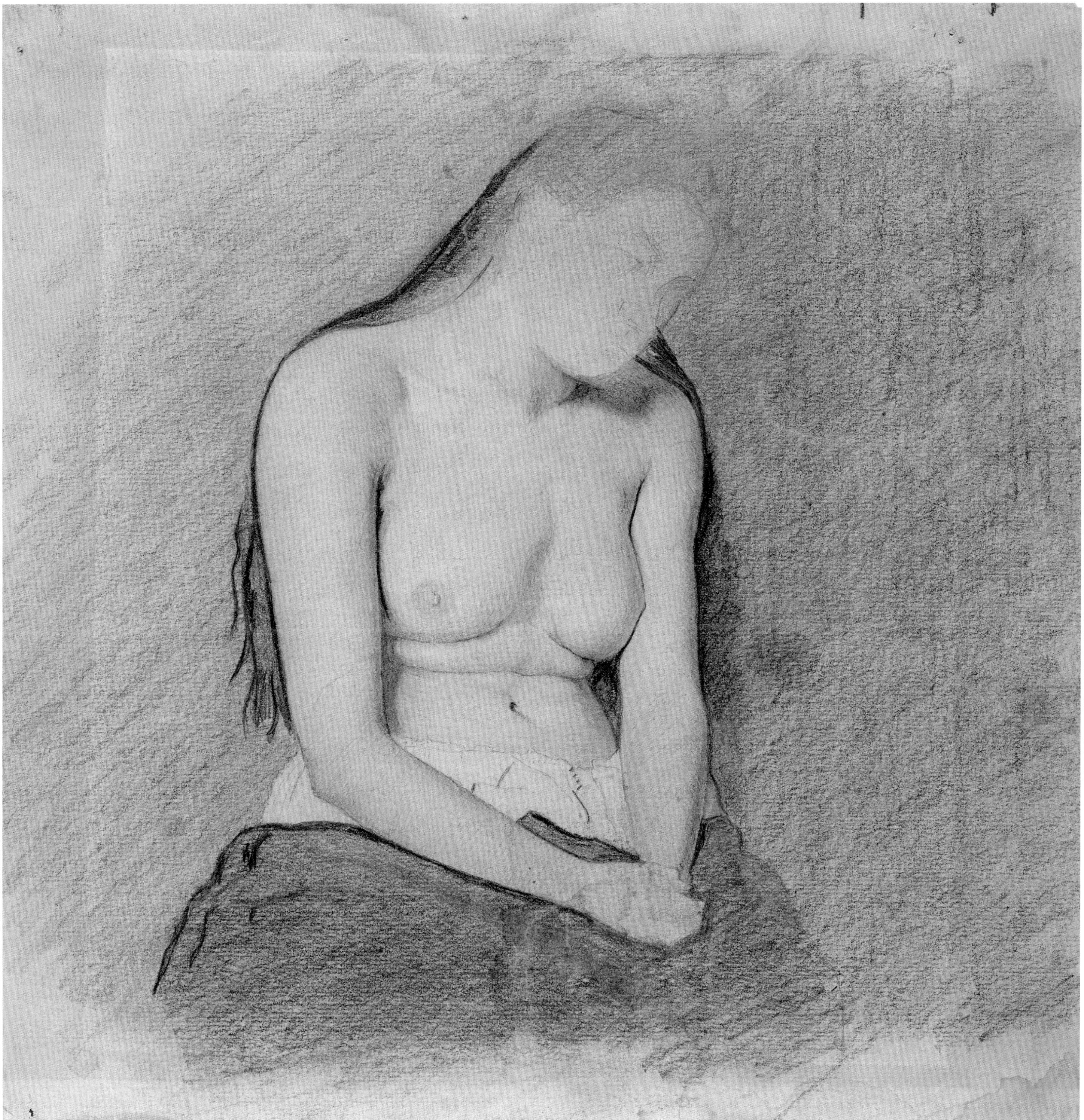

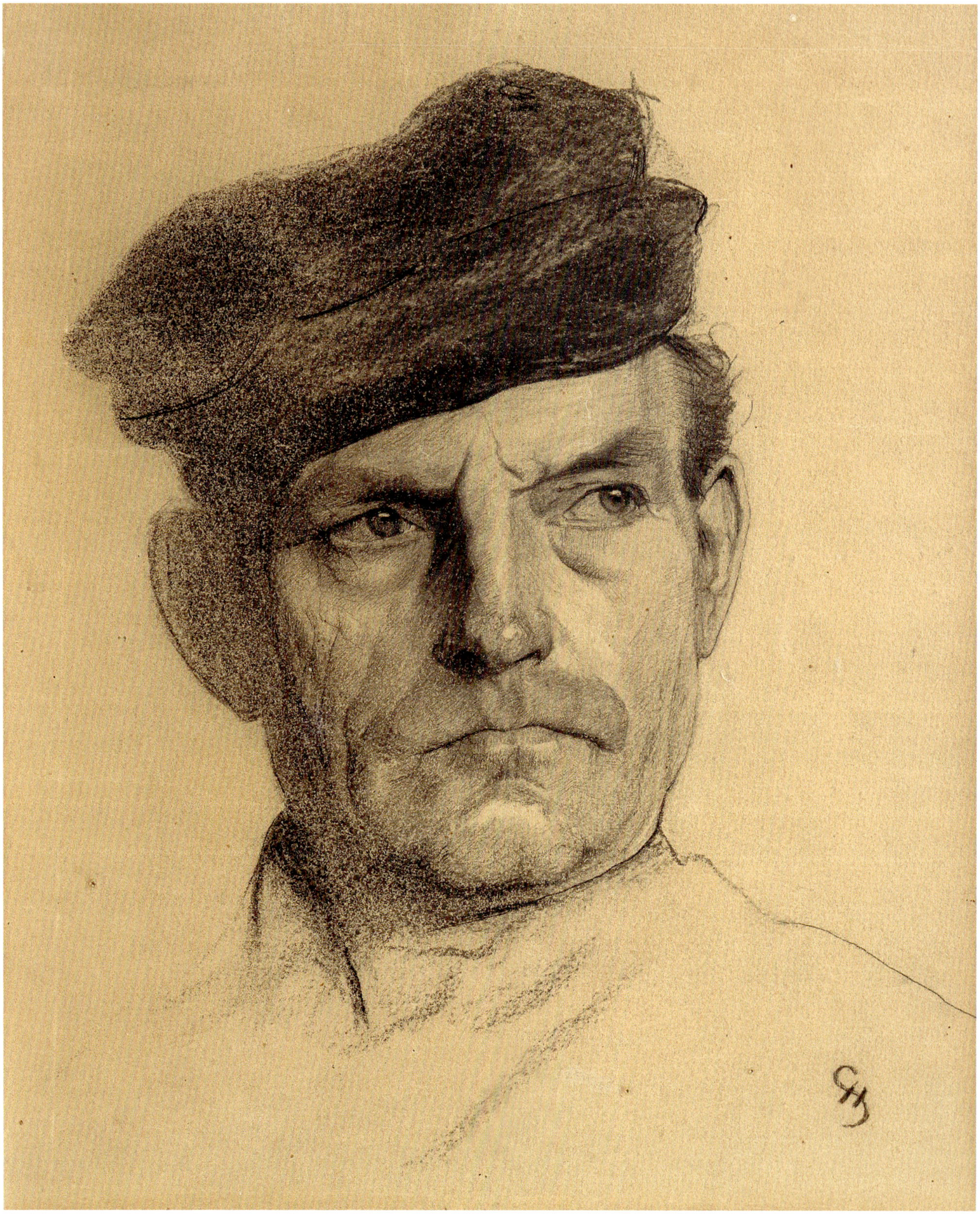

Taf. 78
Mann mit Hut (vermutlich 1897)
Kat. 89

▶
Taf. 79
Studie eines alten Mannes (vermutlich 1897)
Kat. 88

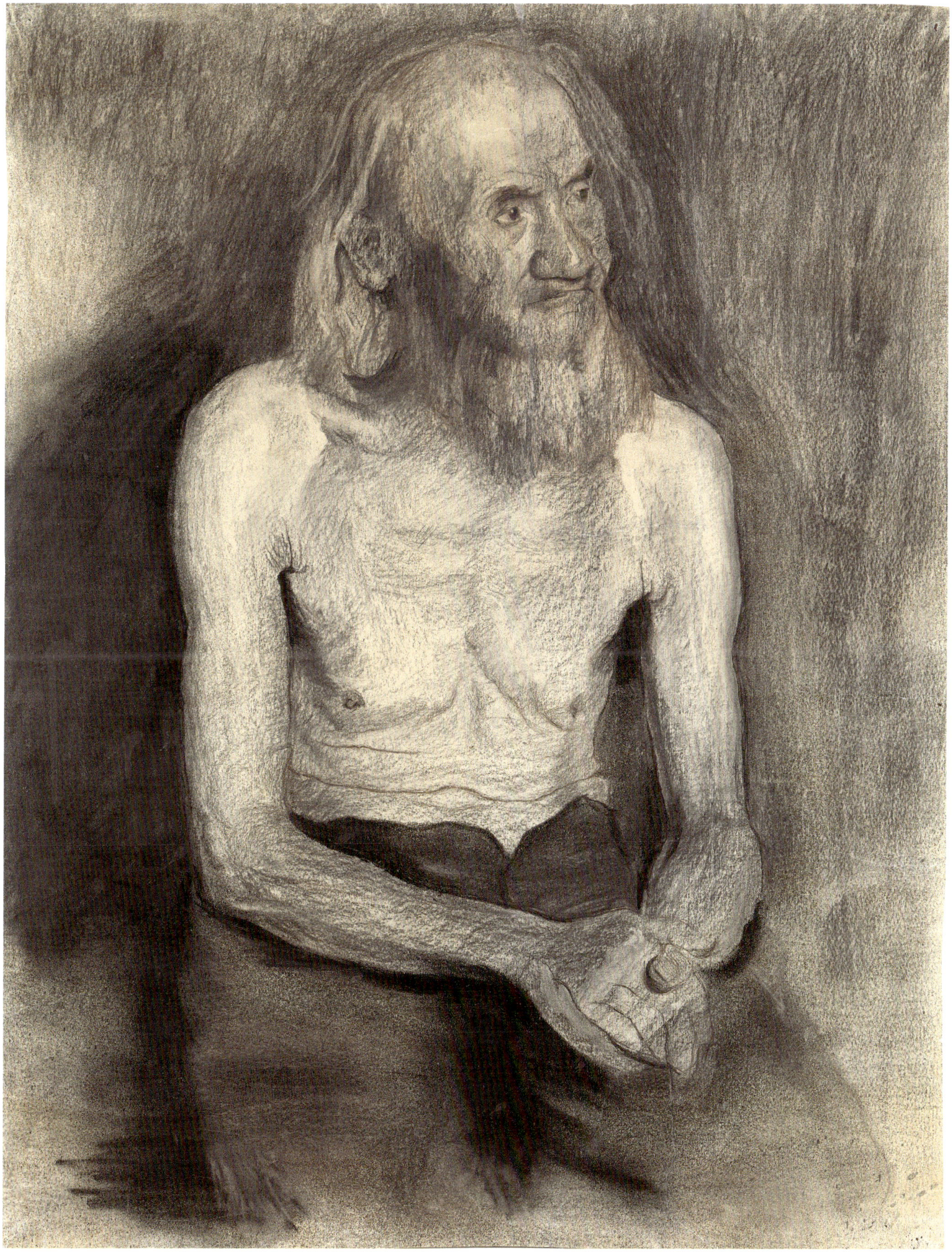

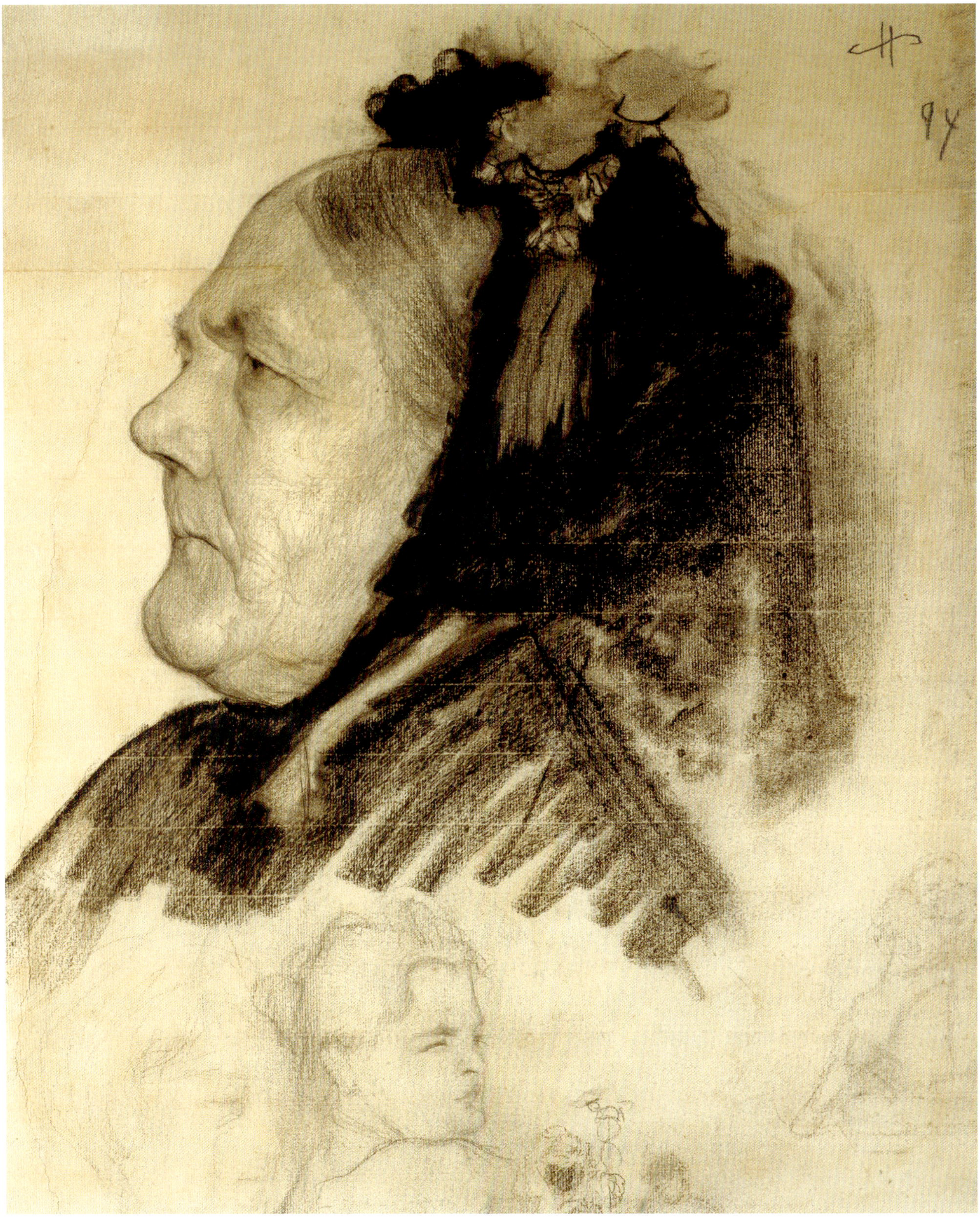

Taf. 80
Alte Dame mit
Strimmel-Haube, 1894
Kat. 76

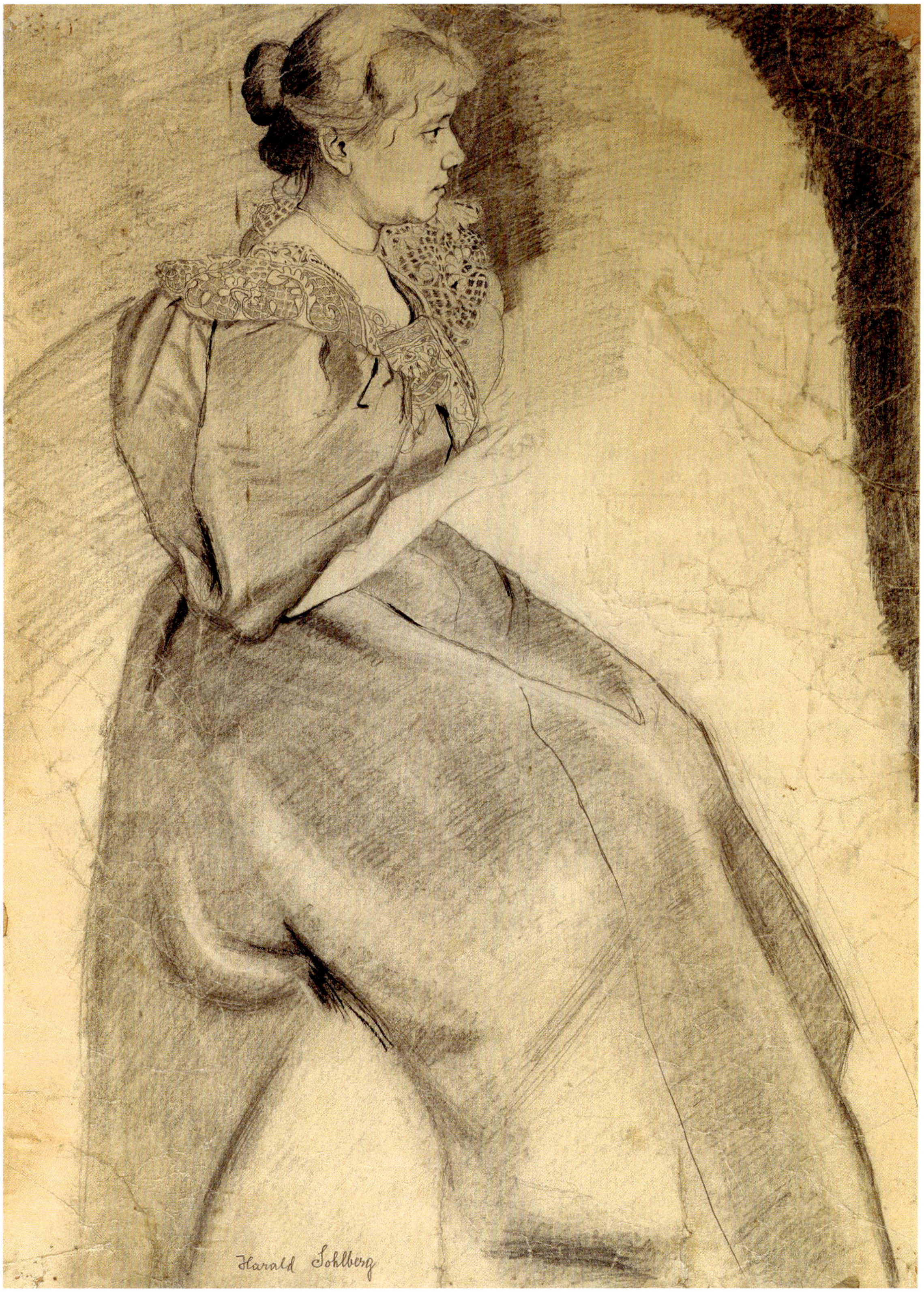

Taf. 81
Frau X (1895/96)
Kat. 82

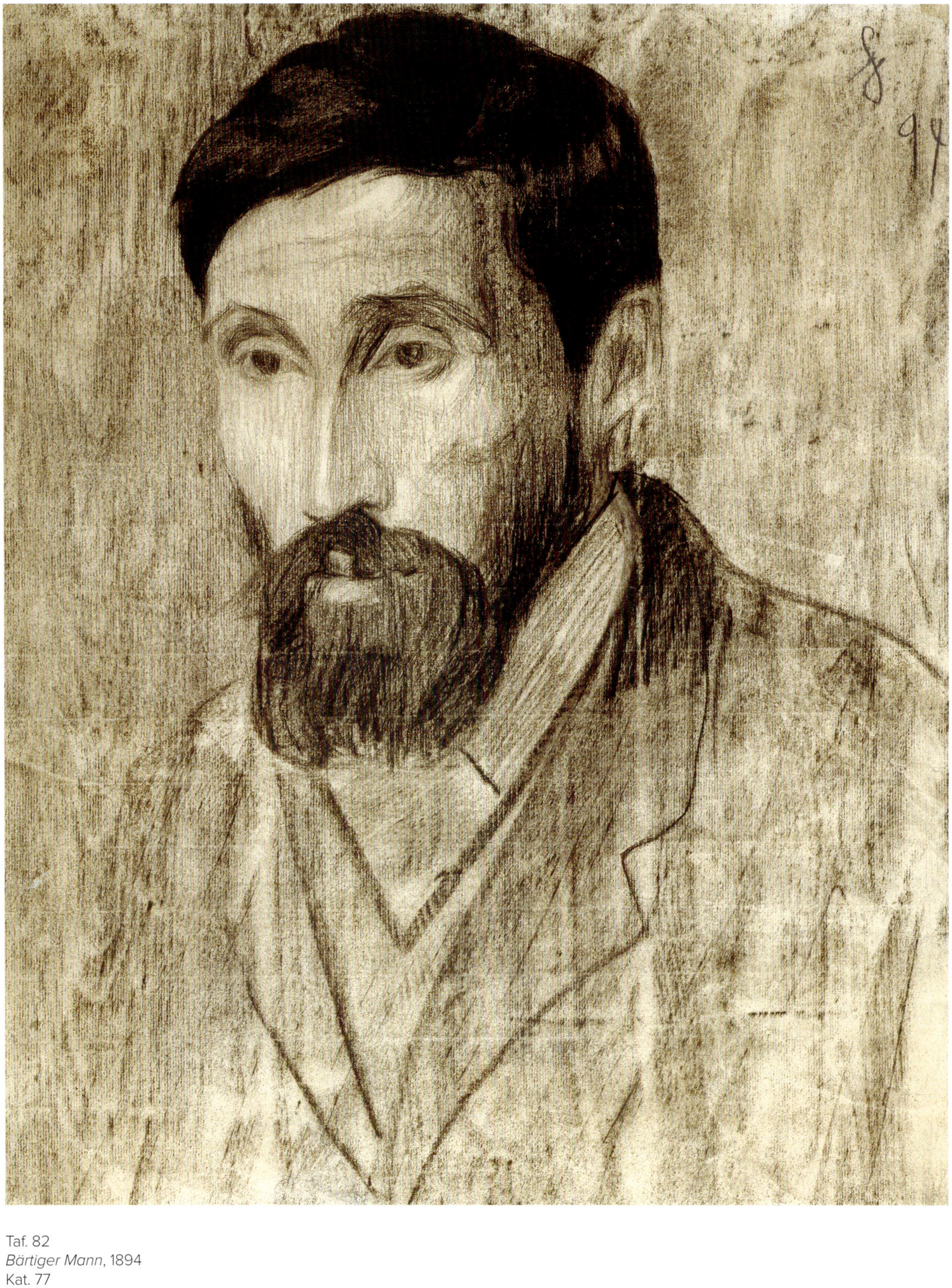

Taf. 82
Bärtiger Mann, 1894
Kat. 77

▶
Taf. 83
Liebe und Tod (um 1895/96)
Kat. 81

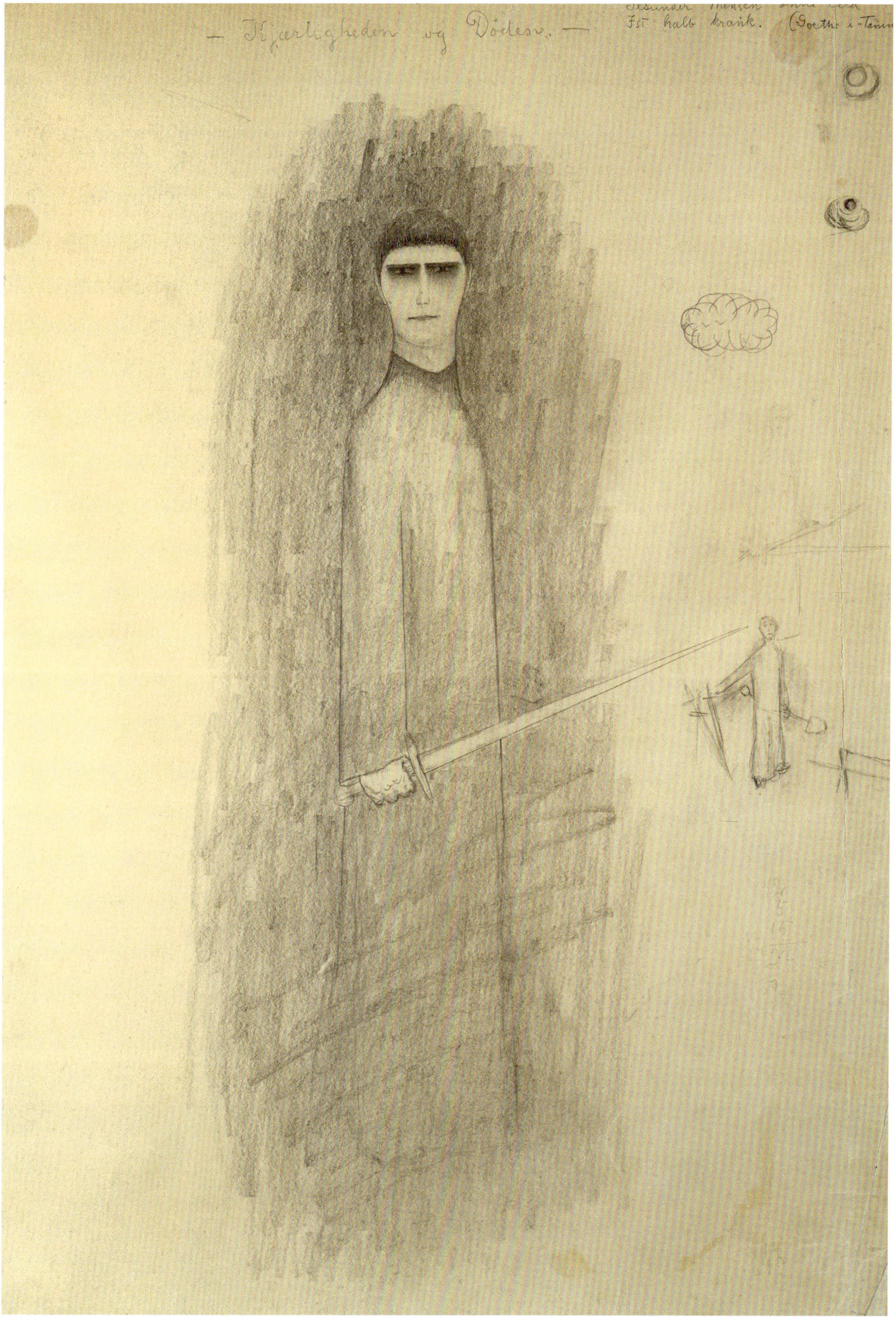
– Kjærligheden og Dödesv. –
Ist halb krank.

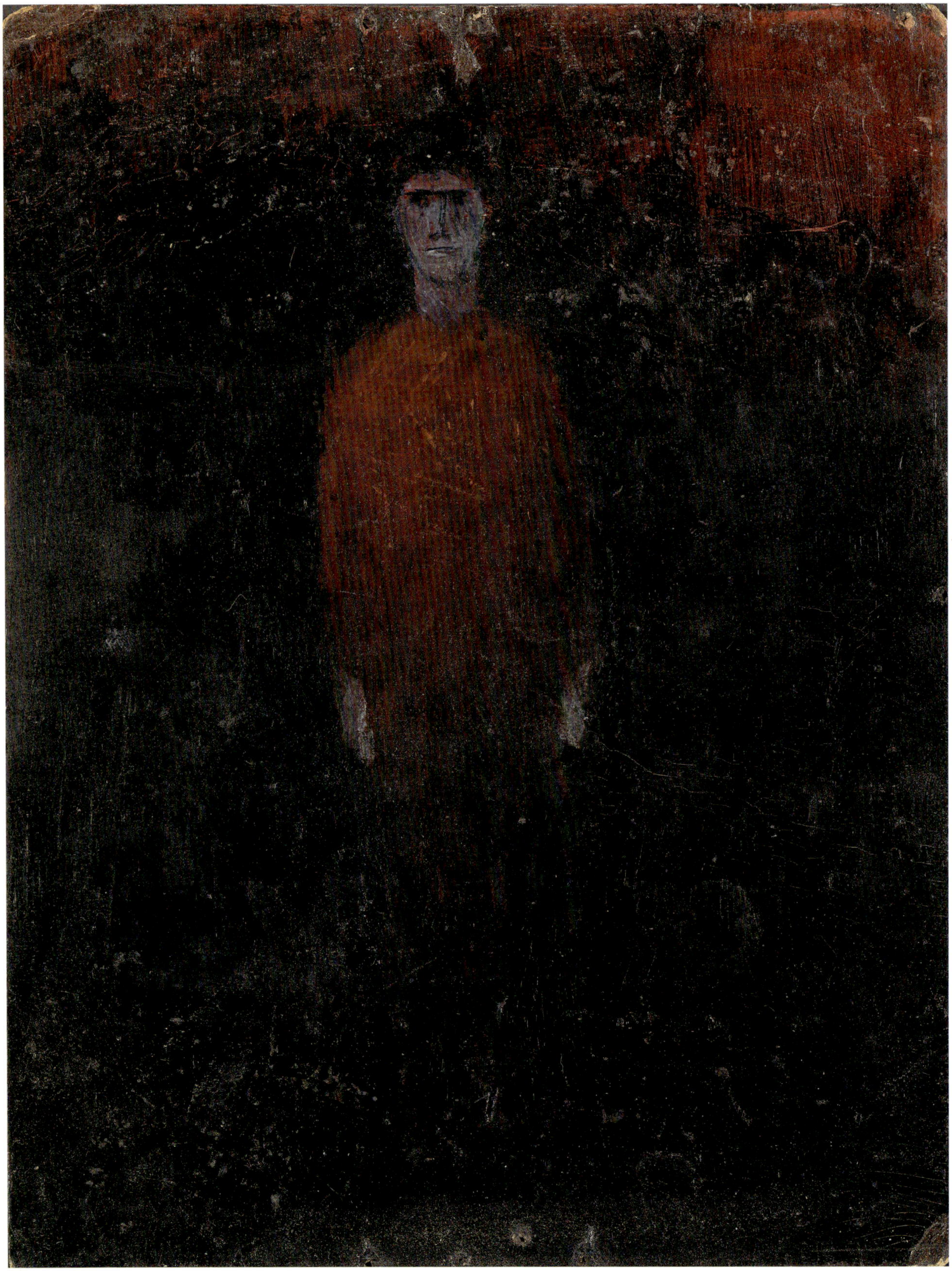

Taf. 84
Tod (um 1895/96)
Kat. 21

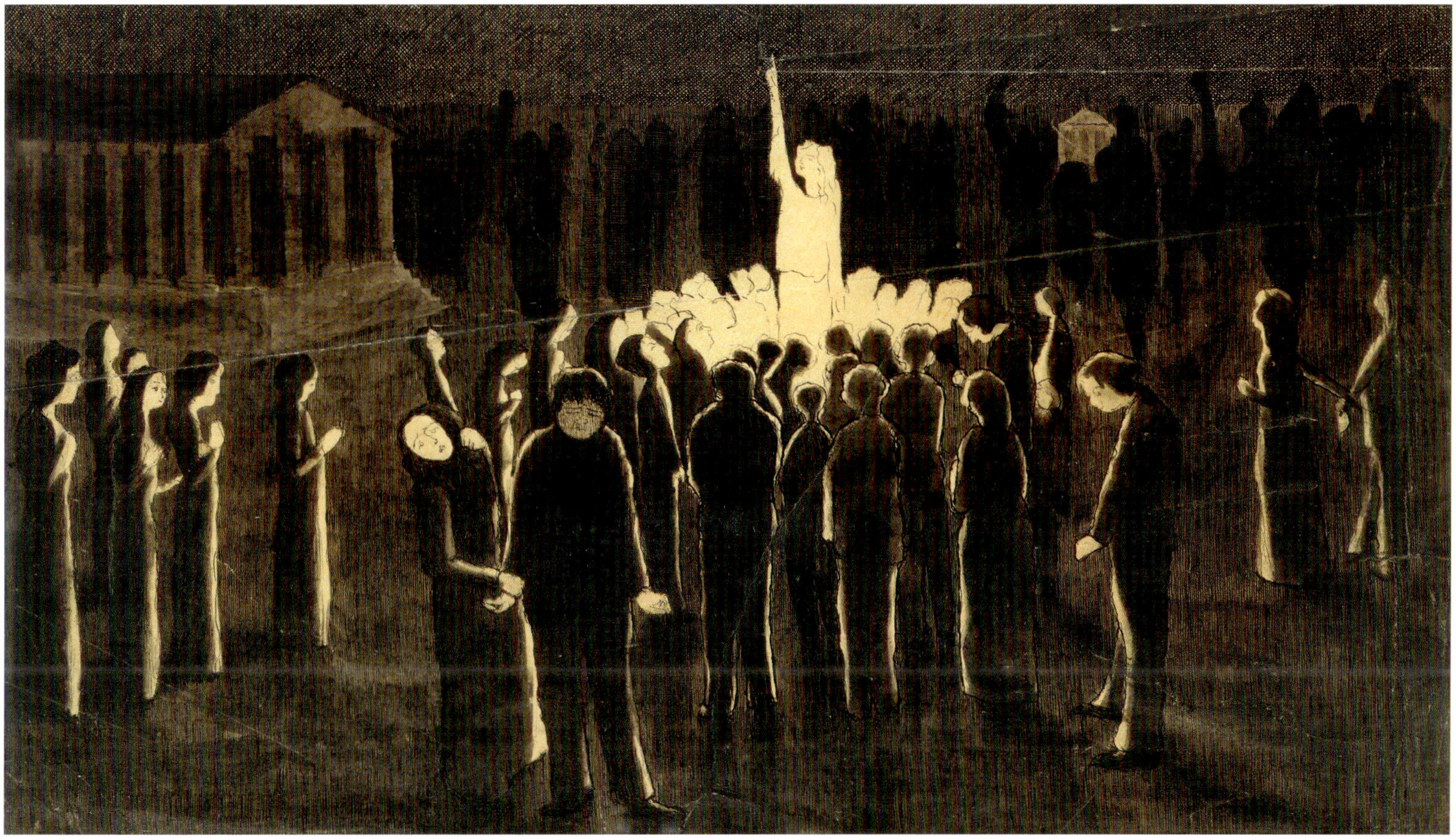

Taf. 85
Christus spricht zu den Menschen (um 1895/96)
Kat. 80

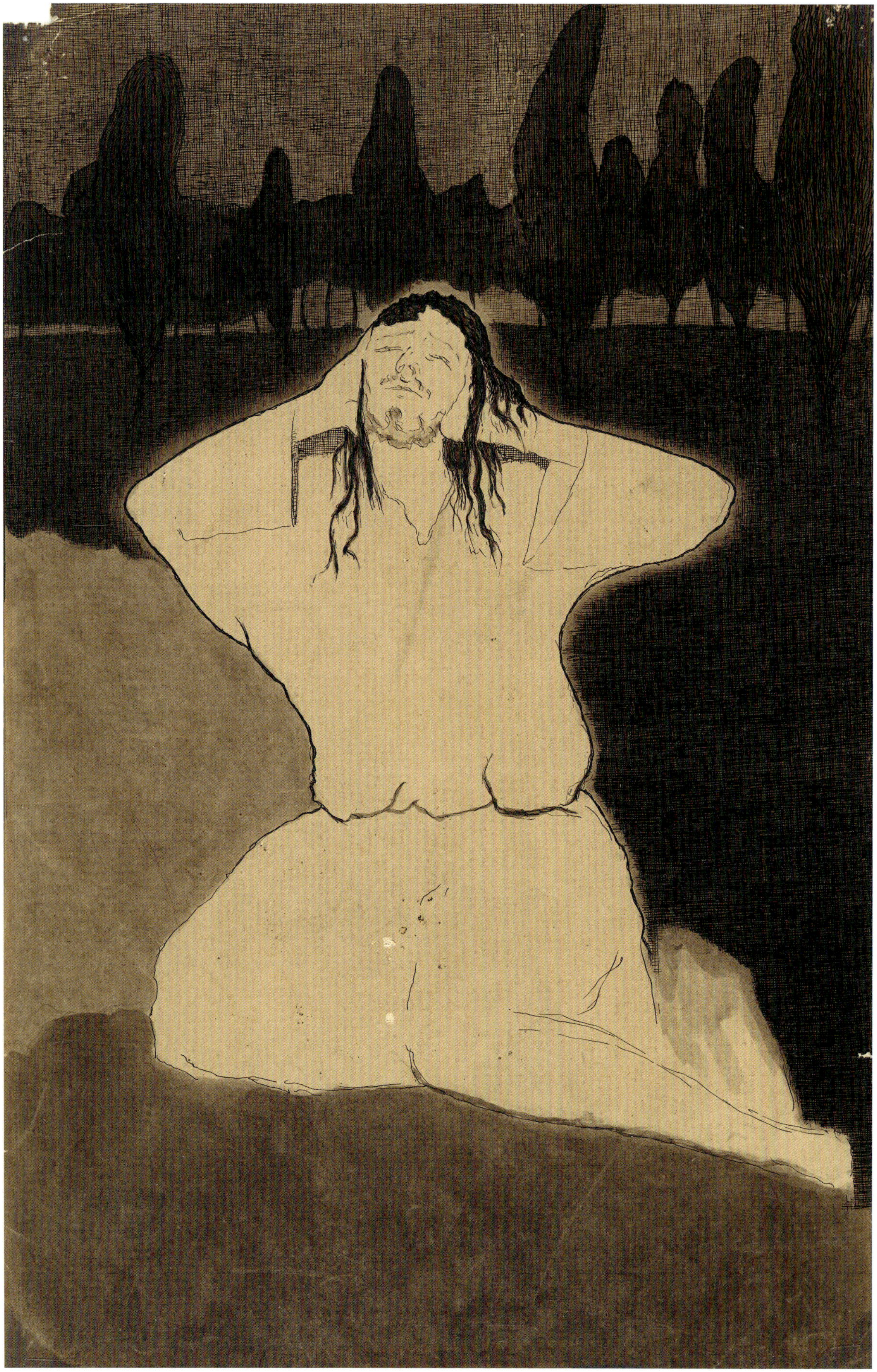

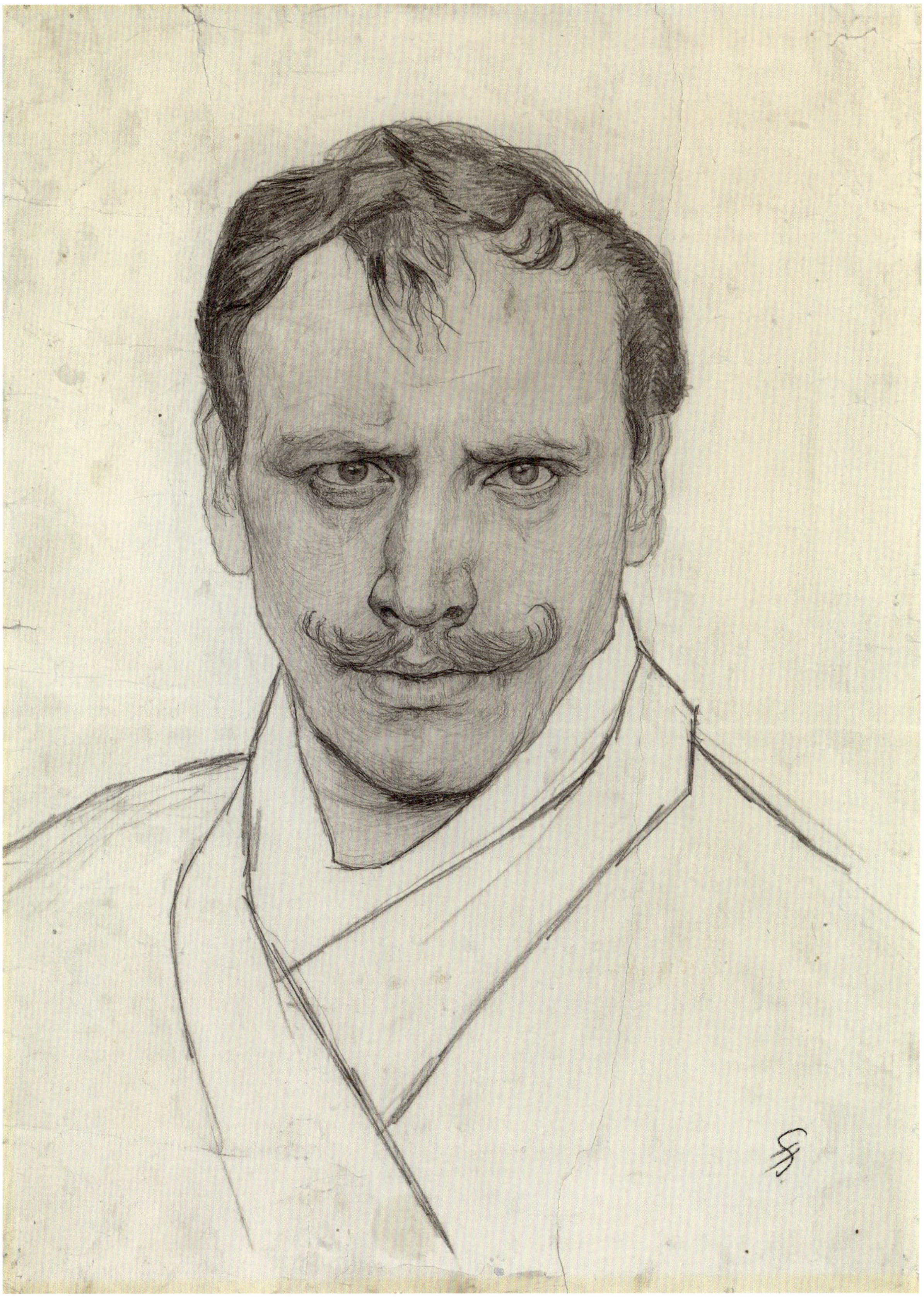

◀
Taf. 86
Christus in Gethsemane (um 1894)
Kat. 79

▶
Taf. 87
Selbstporträt (1895)
Kat. 83

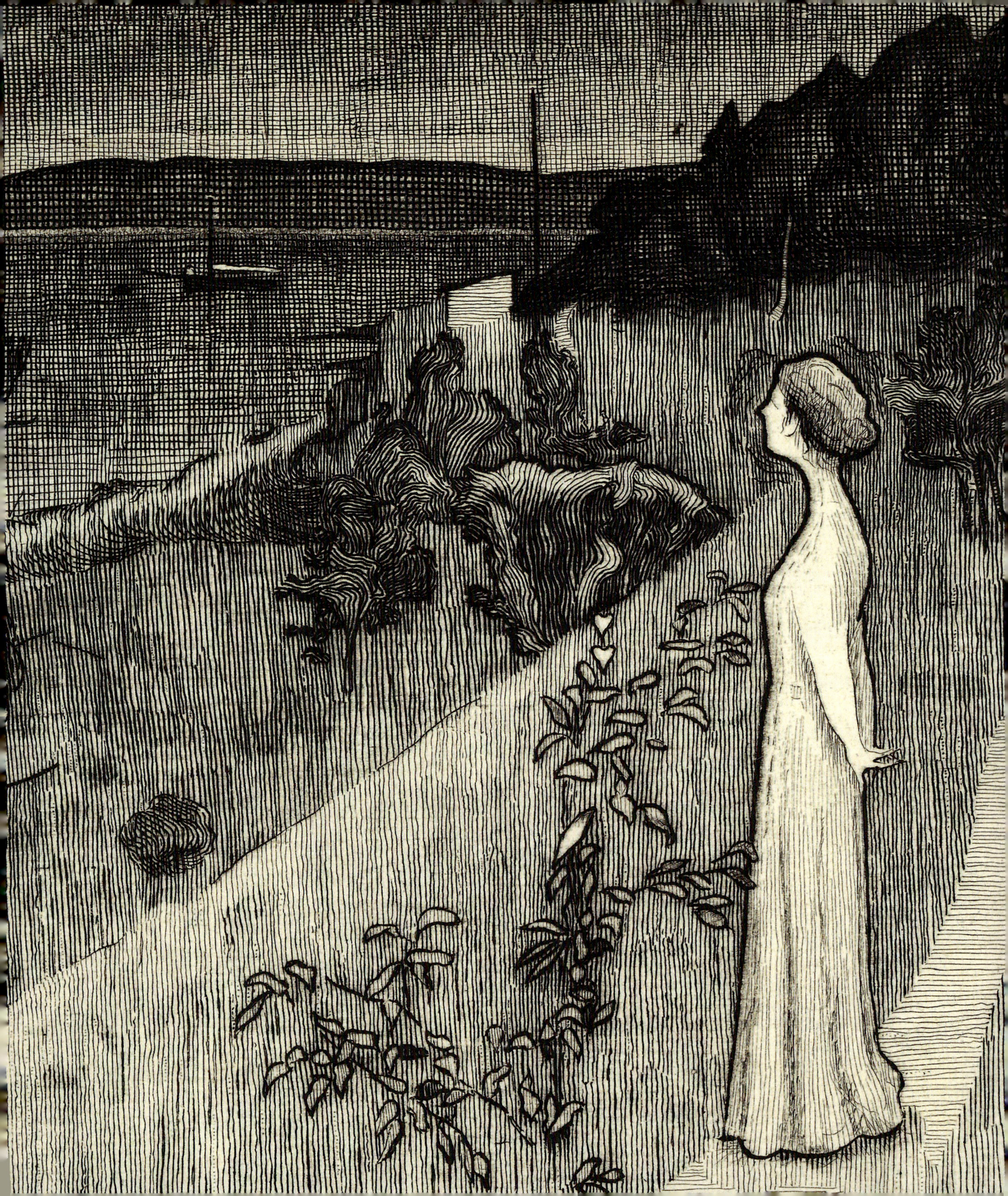

DER MALER UND SEINE DRUCKGRAFISCHEN ARBEITEN

MØYFRID TVEIT

... es darf auf keinen Fall nur eine Wiederholung werden. Dann ist es verwerflich und verächtlich.[1]

Harald Sohlberg, 1921

Im vorangestellten Zitat notierte Harald Sohlberg – er bezieht sich hier auf eine neu entstehende Version eines Gemäldes von Værvågen nahe der Ortschaft Helgeroa am westlichen Ufer des Oslofjords – seine grundsätzliche Haltung zur Arbeit mit Motiven. Er beschäftigte sich gern lange mit einem Motiv, fotografierte, zeichnete, malte mehrere Versionen und fertigte Grafiken an.

In diesem Artikel möchte ich einzelne Aspekte seines grafischen Arbeitens erörtern, etwa die Komplexität, mit der er ein Motiv seriell behandelte, oder seinen Umgang mit Vervielfältigungstechniken. In Sohlbergs grafisches Werk flossen Elemente des Kopierens ebenso ein wie jene der Wiederholung früherer Motive. Dieser Prozess beinhaltete allerdings auch ein beharrliches Suchen nach einem optimalen Ausdruck jener Stimmung, die er vermitteln wollte. Darüber hinaus möchte ich anhand einiger weniger ausgewählter Beispiele aus seinem grafischen Œuvre die Herausforderungen darlegen, denen Sohlberg bei der Transformation eines Motivs von einem Medium in ein anderes begegnete und in welchem Ausmaß er bei dieser Tätigkeit die künstlerischen Möglichkeiten der Grafik nutzte. Den Kontext der Abhandlung bildet dabei die norwegische Grafikszene jener Tage.[2]

ZEITTYPISCHE GRAFIK

Als Sohlberg sich der Grafik zuwandte, waren die druckgrafischen Künste in Norwegen immer noch jung und auf einen kleinen Interessenkreis beschränkt. Die im speziell norwegischen Zusammenhang herausragende Position von Edvard Munch (1863–1944) und Nikolai Astrup (1880–1928) ist zwar bekannt, doch ihr grafisches Werk hatte einen geringen Einfluss auf ihre Kollegen. Wahrscheinlich ist, dass Sohlberg Munchs grafische Arbeiten durch dessen Ausstellungen in Kristiania, dem späteren Oslo, sehr gut kannte.[3] Wie seine beiden Vorgänger arbeitete Sohlberg relativ isoliert vom Rest der norwegischen Kunstszene, doch über kürzere Zeiträume war er damals als Schüler in der Radierklasse der Kunst- und Handwerksschule in Kristiania, der damals einzigen Ausbildungsmöglichkeit für Grafiker, eingeschrieben.[4] Zu dieser Zeit steckte die norwegische Grafik noch in den Kinderschuhen – und befand sich irgendwo zwischen einem Handwerk und einer künstlerischen Disziplin. Sohlberg fügte sich dabei in die Tradition derjenigen Maler ein, die auch grafische Werke schufen. Für viele wurde die grafische Produktion ein Nebengeschäft, die sich oftmals auf eine bestimmte Phase ihrer Karriere beschränkte. Bei Sohlberg jedoch blieb das Interesse bestehen.

Bereits zu Zeiten von Marcantonio Raimondi (um 1475 – um 1534) und Raffael (1483–1520) hatten Künstler ein großes Eigeninteresse daran, dass ihre Gemälde auch grafisch umgesetzt wurden. Ein Aspekt war dabei ihr Renommee, ein anderer die zusätzliche Einnahmequelle. Aus diesen Gründen war die Qualität der Grafiken von wesentlicher Bedeutung. In einigen Fällen konnten grafische Blätter gar von größerem kommerziellen Wert sein als die Malerei, die den Ausgangspunkt bildete. Das einzelne Exemplar kostete nicht so viel wie das Original, doch wenn das Motiv beliebt wurde, konnte die gesamte Auflage in der Summe einen Gewinn erzielen, der den Erlös aus dem Verkauf des Gemäldes überstieg. Für manche Künstler war dieses Vorgehen ein bewusster und karrierefördernder Schritt im Eigenmarketing, während es für andere zum zentralen Moment ihrer schöpferischen Tätigkeit wurde. Selbst für Munch war die Möglichkeit zusätzlicher Einkünfte ein wichtiges Motiv, als er 1894 seine grafische Produktion startete.[5] Munchs erste Radierungen waren Reproduktionen von bereits abgeschlossenen Gemälden (Abb. 33). Man kann also sagen, dass sich Sohlberg in guter Gesellschaft befand, als er sich entschloss, mehrere seiner Gemäldemotive in Grafiken zu übersetzen.[6]

Sohlberg studierte druckgrafische Werke in Büchern und Reproduktionen von den großen Meistern, unter anderem in den 1890er-Jahren in der Nationalgalerie in Oslo. Ludvig Ravensberg (1871–1958) soll von einer kleinen Gruppe erzählt haben, zu der auch Sohlberg und er selbst gehörten, die sich dazu in der Nationalgalerie traf.[7]

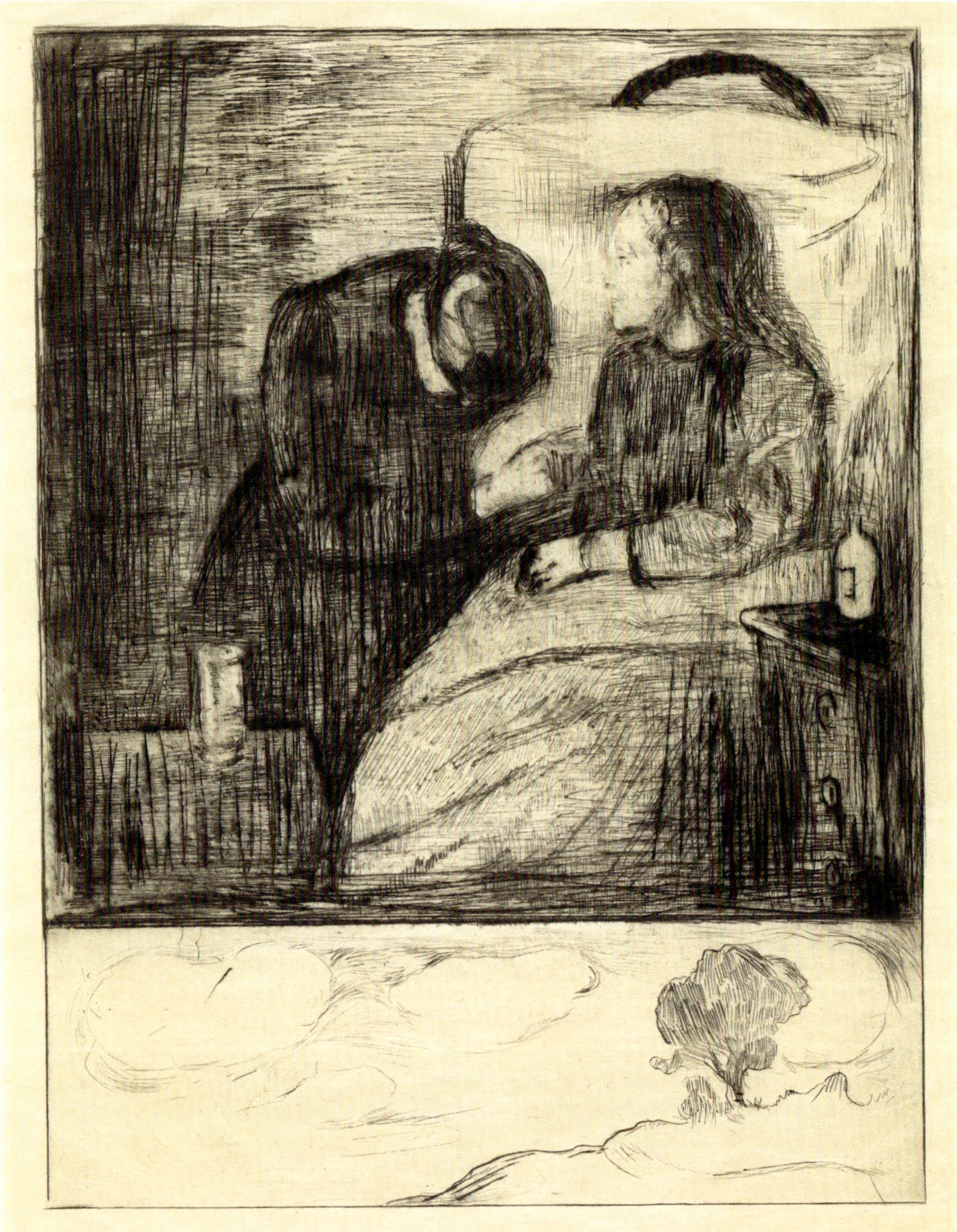

Abb. 33: Edvard Munch, *Das kranke Kind* (1894)

Aus dieser Zeit existieren leider keine Besucherprotokolle mehr, doch es ist durchaus erwähnenswert, dass es in der damaligen Sammlung von Kupferstichen und Handzeichnungen auch Originalgrafiken von Albrecht Dürer (1471–1528) und Rembrandt (1606–1669) gab. Bereits bei Gründung der Sammlung 1877 waren sie Teil des Grundbestandes. 1898 wurden weitere zwanzig grafische Blätter von Dürer und im gleichen Jahr die Ausgabe von 1799 der *Caprichos* von Francisco de Goya erworben.

Sohlberg war ein eifriger Museumsbesucher. Während seiner Aufenthalte in Amsterdam, Paris, Weimar und Berlin erhielt er viele Impulse. Zeitschriften, die Originalgrafiken oder aufwendige Reproduktionen enthielten, lagen damals im Trend, führend war beispielsweise die deutsche Zeitschrift *Pan* aus der Berliner Kunstwelt. Während Sohlberg sich in Deutschland aufhielt, veröffentlichten die Ausgaben der Jahre 1896 und 1897 Originalgrafiken unter anderem von Max Klinger (1857–1920) und Anders Zorn (1860–1920).

In seinem Heimatland engagierte sich Sohlberg in zwei zeitgenössischen Vereinen für grafische Kunst, um seine druckgrafische Technik weiter zu schulen. In den Jahren 1912, 1913 und 1926 steuerte er eigene Arbeiten zur Jahresmappe des Norwegischen Verbandes für Grafische Kunst bei.[8] Diese Jahresmappen fügten sich in die verschiedenen Formen der Veröffentlichung von Mappen in der Blütezeit der europäischen Grafik Ende des 19. Jahrhunderts und zu Beginn des 20. Jahrhunderts ein. 1919 war Sohlberg einer der Initiatoren bei der Gründung des Vereins Norwegischer Grafiker.[9] Zu dieser Zeit hatte er bereits selbst erfahren, wie nützlich professionelle Hilfe und geeignete Räumlichkeiten bei der Bearbeitung der Steine und beim Druck von *Winternacht in Rondane* war (Taf. 88). Es ist sogar anzunehmen, dass er die Notwendigkeit einer eigenen Interessensgemeinschaft unterstützte, die sich für bessere Arbeitsbedingungen einsetzte.

EIN MOTIV IN VERSCHIEDENEN MEDIEN

Die grafische Produktion von Sohlberg ist in ihrem Umfang eher bescheiden. Insgesamt schuf er lediglich 13 Radierungen und eine Farblithografie. Hinzu kommt die nicht vollendete, 1922 begonnene Platte *Nacht* (Taf. 12 und Abb. 34).[10] Sieben der grafischen Blätter lassen sich als eigenständige Motive kategorisieren, die übrigen sechs basieren auf bereits vollendeten Ölbildern. Nach eigenen Gemälden Grafiken herzustellen, war, wie bereits erwähnt, Anfang des 20. Jahrhunderts ein verbreitetes und respektiertes Phänomen. Auch in der Radierklasse widmete man sich dem Aspekt der Reproduktion.[11] Man beschäftigte sich mit dem Unterschied zwischen den sogenannten künstlerisch ausgeführten sowie den mechanischen Reproduktionen. Jens Thiis, 1908 Direktor der Nationalgalerie in Oslo, war ein engagierter Förderer der »künstlerisch ausgeführten Arbeiten«. Er vertrat die Auffassung, dass es »eine große Handlung im Sinne des Volkes

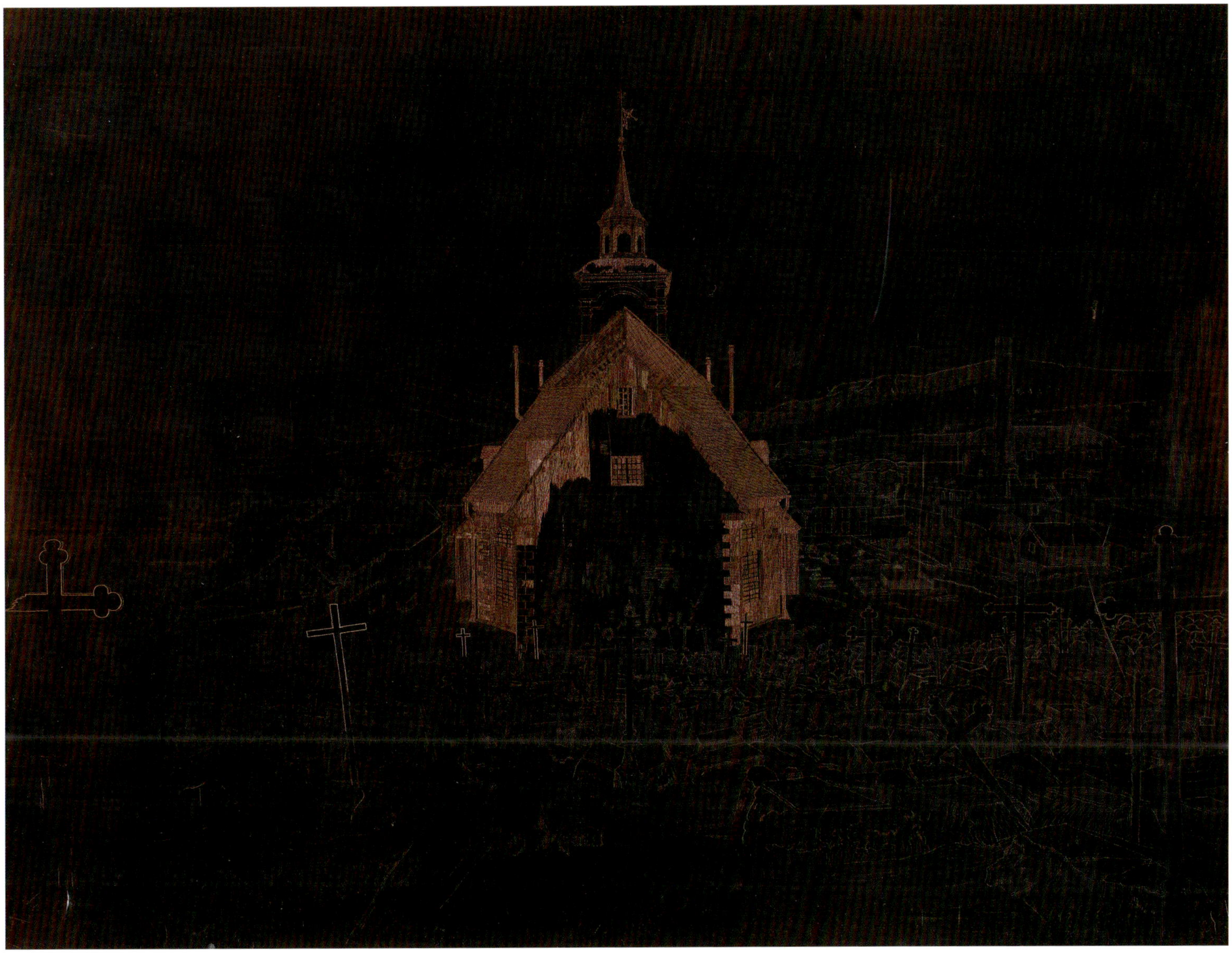

Abb. 34: Harald Sohlbergs begonnene Platte für *Nacht*, 1927

war, die hier im Dienst der Kunst ausgeübt wurde«.[12] Es war üblich, ein Abonnement für solche Reproduktionen zu haben, und die Angebote für Subskriptionen wurden bevorzugt in der Presse und in Zeitschriften annonciert.

Zwei zentrale norwegische Lithografen, Peter Wilhelm Johannsen (1870–1957) und Hans Holm (1878–1946), beherrschten wie wenige, ein Gemäldes in eine Lithografie zu überführen. Gleichzeitig bewältigten sie dabei die Herausforderung, die Stimmungen der Ölbilder wiederzugeben.[13] Wahrscheinlich reizte Sohlberg genau diese Aufgabe, als er mit den Farbgrafiken der Gemälde *Mitternacht* (Taf. 93) und *Winternacht in Rondane* (Taf. 88) begann.[14] Warum wandte Sohlberg sich nicht – wie viele Malerkollegen –
an professionelle Lithografen, etwa Holm oder Johannsen? Stattdessen brachte er sich diese anspruchsvolle Technik mit allen Herausforderungen bei, um einen Abzug von hoher Qualität zu erzielen. Schwer vorstellbar ist es zudem, dass es für seine Beschäftigung mit der Grafik nur finanzielle Gründe gab. Wahrscheinlich steckte in seiner Motivation auch ein genuines Interesse für die künstlerischen Herausforderungen und Möglichkeiten des Mediums. Hinzu kam seine auffällige Haltung, alles selbst machen zu wollen.[15]

Die Farblithografie *Winternacht in Rondane* (Taf. 88) war Sohlbergs ehrgeizigstes Grafikprojekt. Es ist naheliegend, die Entstehung dieser Lithografie im Zusammenhang mit der Diskussion über das Gemälde zu betrachten. Der Künstler selbst wie auch der Museumsdirektor waren davon überzeugt, dass es sich um ein für die norwegische Kunstgeschichte wichtiges Werk handelte, doch es dauerte mehrere Jahre, bis sich der für Ankäufe verantwortliche Ausschuss entschied und das Angebot einer Schenkung von Jørgen Breder Stang annahm. Vielleicht trug die Erfahrung mit dem zögerlichen Ausschuss dazu bei, dass sich Sohlberg mit der Anfertigung einer Lithografie quasi abzusichern gedachte und das norwegische Publikum zudem so die Möglichkeit erhalten sollte, seine Bildkomposition kennenzulernen. »Wenn ›Rondane‹ nicht in der Galerie zum Eigentum für alle wird, wird es zumindest als Lithografie das Eigentum vieler.«[16]

Gleich nach den ersten positiven Reaktionen auf das Gemälde bei der Jubiläumsausstellung auf dem Gut Frogner in Kristiania 1914 begann Sohlberg mit der Lithografie. Seine Motivation fand in dem Wunsch Ausdruck, »dass ich so viel wie möglich von dem Guten wiederzugeben versuchte, was mir gelungen war, in das Gemälde hineinzulegen [erste Version des Motivs von 1901; M. T.]«.[17] Sohlbergs detaillierte Notizen über den Arbeitsprozess beschreiben, wie zeitaufwendig und anspruchsvoll das Projekt war.[18] Auch Sidsel Helliesen weist darauf hin, dass ihm die Technik der Lithografie die Möglichkeit gab, die transparenten Farbflächen und intensiven Farbwirkungen der Malerei nachzubilden.[19]

TRANSFORMATION – VON DER FARBE ZUM STRICH

Kupferstecher sind nicht einfach nur Kopisten, sie sind Übersetzer, welche die Schönheiten aus einer sehr reichen Sprache in eine andere übersetzen, die weniger reich ist, dafür aber Finessen aufweist und nach Entsprechungen verlangt, die ebenfalls von Genie und Geschmack zeugen.[20]

Charles Nicolas Cochin, 1775

Die stimmungsvolle und wunderschöne Radierung *Das Haus des Fischers* (Taf. 95), die 1913 erschien, ist neben *Winternacht* Sohlbergs bekanntestes grafisches Blatt. Das Motiv kommt den gemalten Versionen sehr nahe, die zusammen mit einer Zeichnung auf eine Fotografie Sohlbergs von diesem Küstenabschnitt aus dem Jahre 1906 zurückgeht (Taf. 96, 97). In der Radierung hat Sohlberg das Ausdruckspotenzial der Technik ausgeschöpft. Dies gilt sowohl für die Bearbeitung des Motivs in der Platte als auch die eigentliche Einfärbung und den Druck bis zum fertigen Abdruck. Dabei kann der Betrachter sehr schön nachvollziehen, wie die Schwarz-Weiß-Darstellung den Bildausdruck zu intensivieren vermag. Und genau dieses Resultat, die gleiche Stimmung in einer anderen Technik auf noch gelungenere Art und Weise zu vermitteln, wollte Sohlberg laut seinen Notizen erzielen. Er nutzt dazu die Strichführung zu einer gewissen Stilisierung des Motivs, und mit der Aquatinta-Technik erreicht er eine Variation in den Farbtönen des Hintergrunds.[21]

In Sohlbergs künstlerischem Nachlass befinden sich sowohl Entwurfszeichnungen für Druckgrafiken als auch Zeichenstudien auf Leinwand, die die Komposition skizzieren. Als Ganzes betrachtet bestätigt dieses Material die Bedeutung der Zeichnung im Sohlberg'schen Schaffen – egal, ob es sich um Grafik oder Malerei handelte. Die Zeichnungen variieren zwischen schnellen Skizzen und ausgearbeiteten Stiftzeichnungen, die als Vorlage genutzt und über ein Pauspapier auf die Kupferplatte übertragen werden konnten. Die direkte Übertragung bestätigt seine vorsichtige Annäherung an das Medium Grafik.

Die Zeichnung *Nacht* von 1922 (Taf. 90) etwa wiederholt das Motiv vom Friedhof in Røros so, wie es auf dem Gemälde von 1904 dargestellt ist. Im Rückblick ist es naheliegend, diese stimmungsvolle Zeichnung als ein eigenständiges Werk zu betrachten, doch höchstwahrscheinlich entstand sie als eine Vorlage für eine Radierung. Die Zeichnung bestätigt, dass der Strich bzw. die Linie in den Radierungen von Sohlberg eine Hauptrolle spielen. Die Umarbeitung bringt als ein Ergebnis die Übersetzung von Farbe in Zeichnung mit sich, wobei der Ausdruck allein durch die Stärke und Dichte des Strichs innerhalb der Monochromie entsteht. Erneut zeigt diese Zeichnung, wie Sohlberg die Eigenarten des Mediums – den Strich – ausnutzt, um den Ausdruck und die Stimmung des achtzehn Jahre früher entstandenen Ölgemäldes zu intensivieren. Die Spuren der Pauszeichnung auf der Oberfläche der Platte bildeten die Grundlage für eine mühevolle Arbeit mit der Radiernadel. Leider unterbrach eine Krankheit die Arbeit, die so nie vollendet wurde.[22]

Die US-amerikanische Kunstkritikerin Rosalind E. Krauss behauptet, dass jede Wiederholung als Rekontextualisierung betrachtet werden könne, die eine gewisse Verschiebung des Bedeutungsinhalts nach sich zieht, und dass das Motiv darüber hinaus durch Wiederholungen verstärkt werde.[23] Grundsätzlich unterscheidet sich Sohlbergs grafisches Œuvre nicht von jenen Gemälden seiner Hand, die einer Fotografie, Zeichnung oder früher gemalten Version sehr nahestehen. Der Prozess des Medienwechsels erfolgte nicht linear, wobei die Malerei notwendigerweise immer das letzte Glied in einem schöpferischen Prozess bildete. Vielmehr suchte Sohlberg gerade in der Wiederholung der Motive Erneuerung und ein erneutes Erleben von Natureindrücken wie auch Stimmungen.

▶ SOHLBERGS ARBEITEN

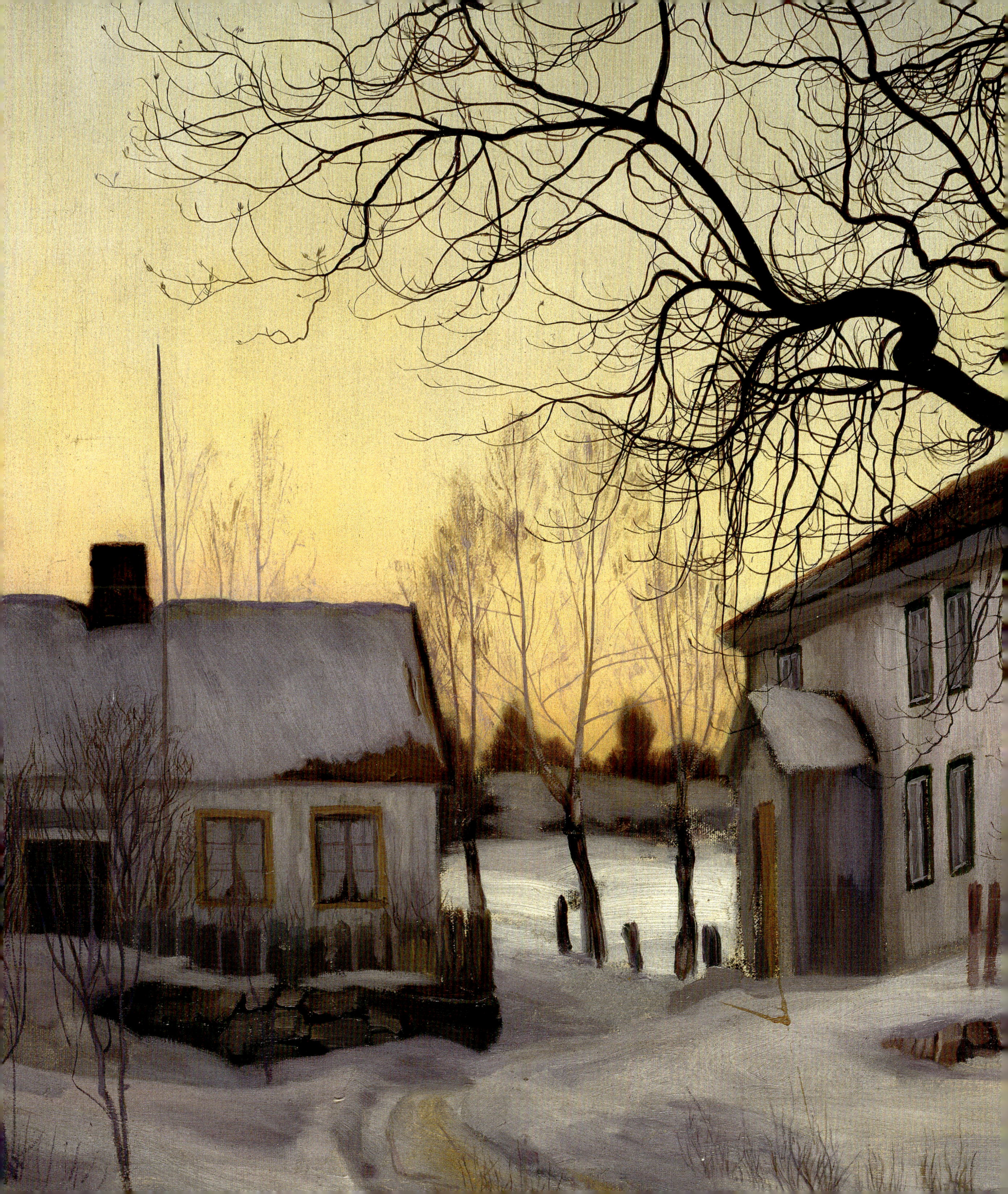

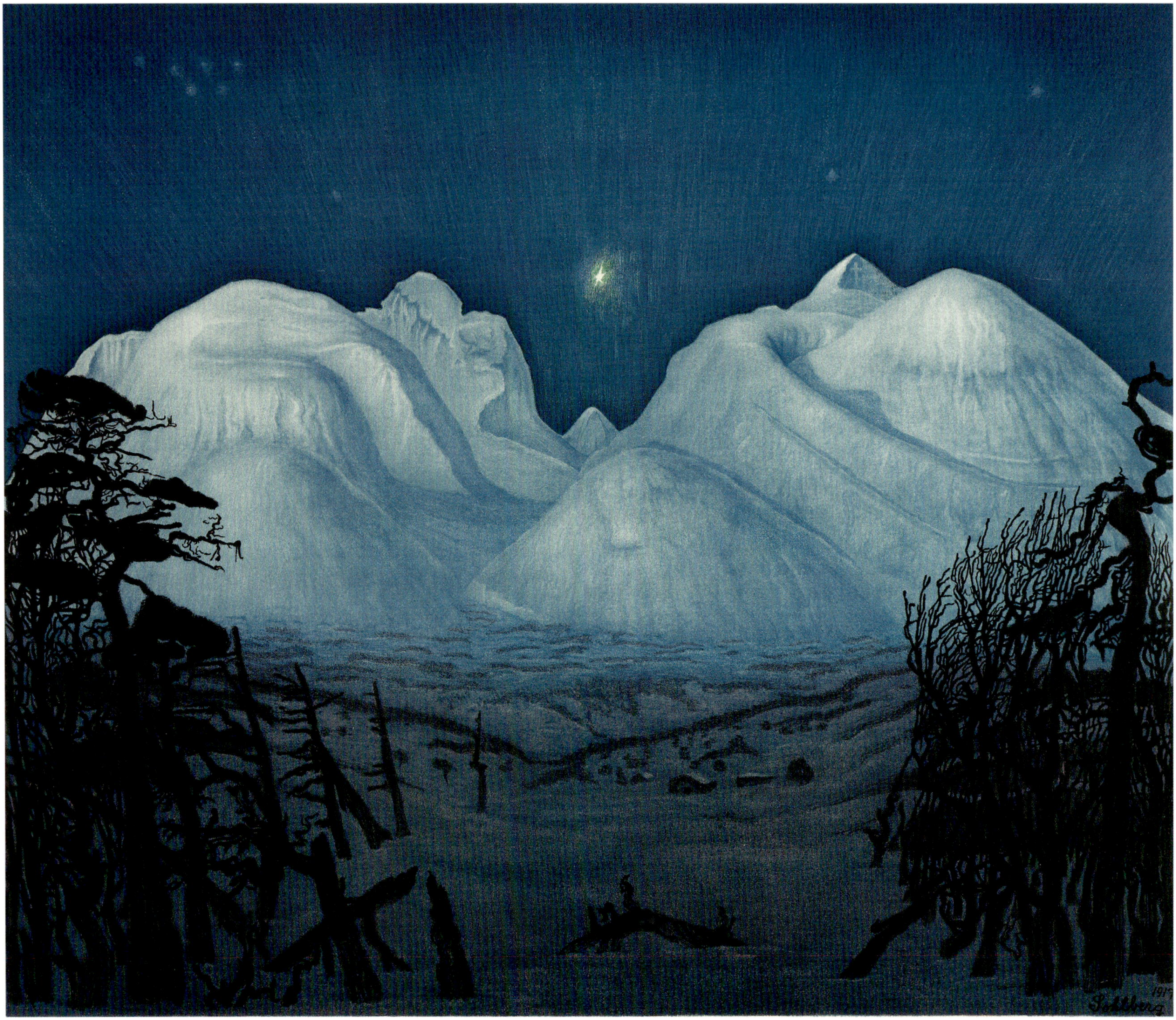

Taf. 88
Winternacht in Rondane (1917)
Kat. 123

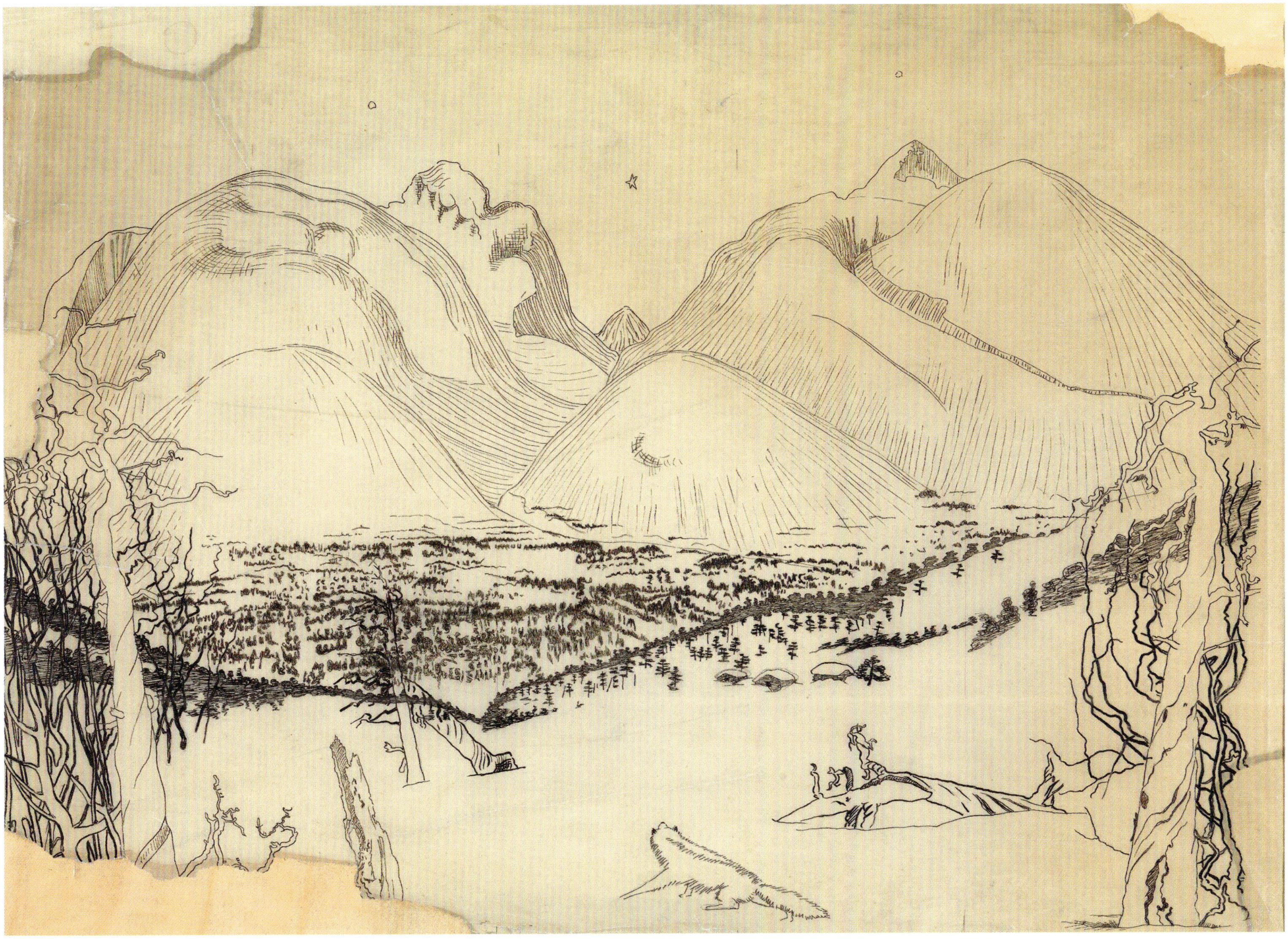

Taf. 89
Winternacht in Rondane (1911)
Kat. 118

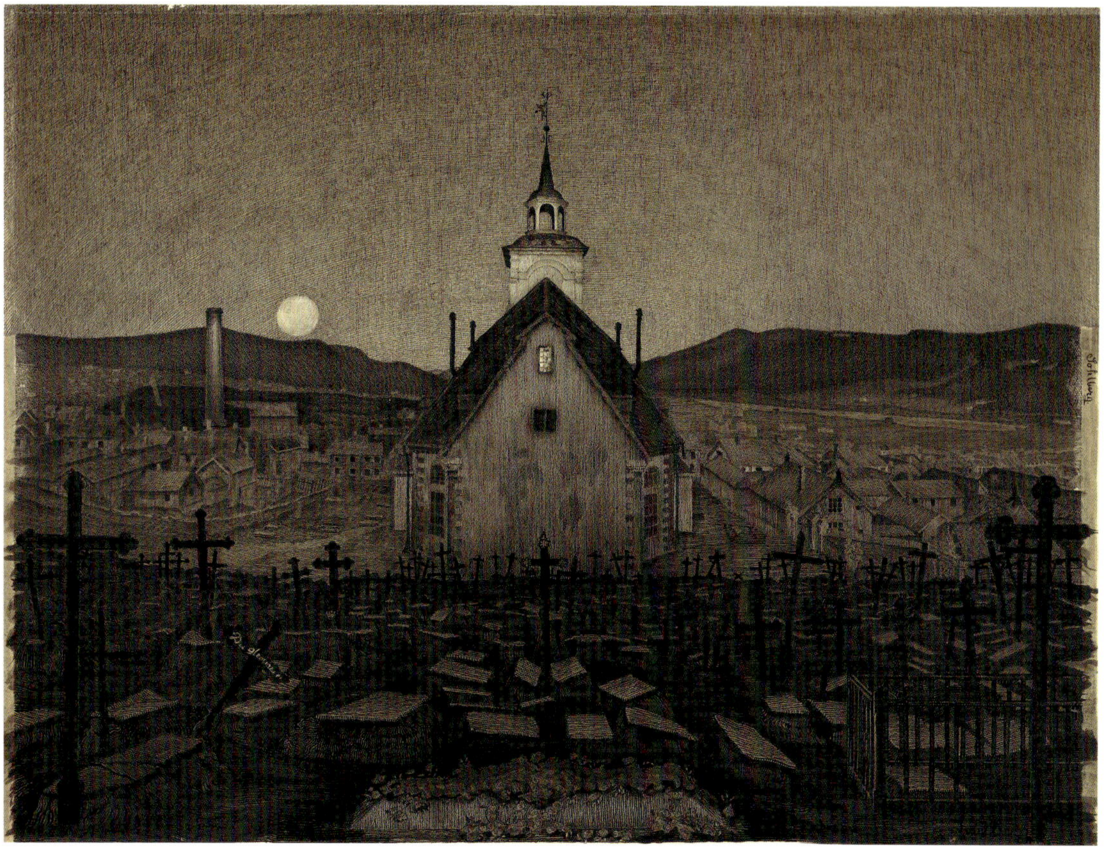

Taf. 90
Nacht (1922)
Kat. 119

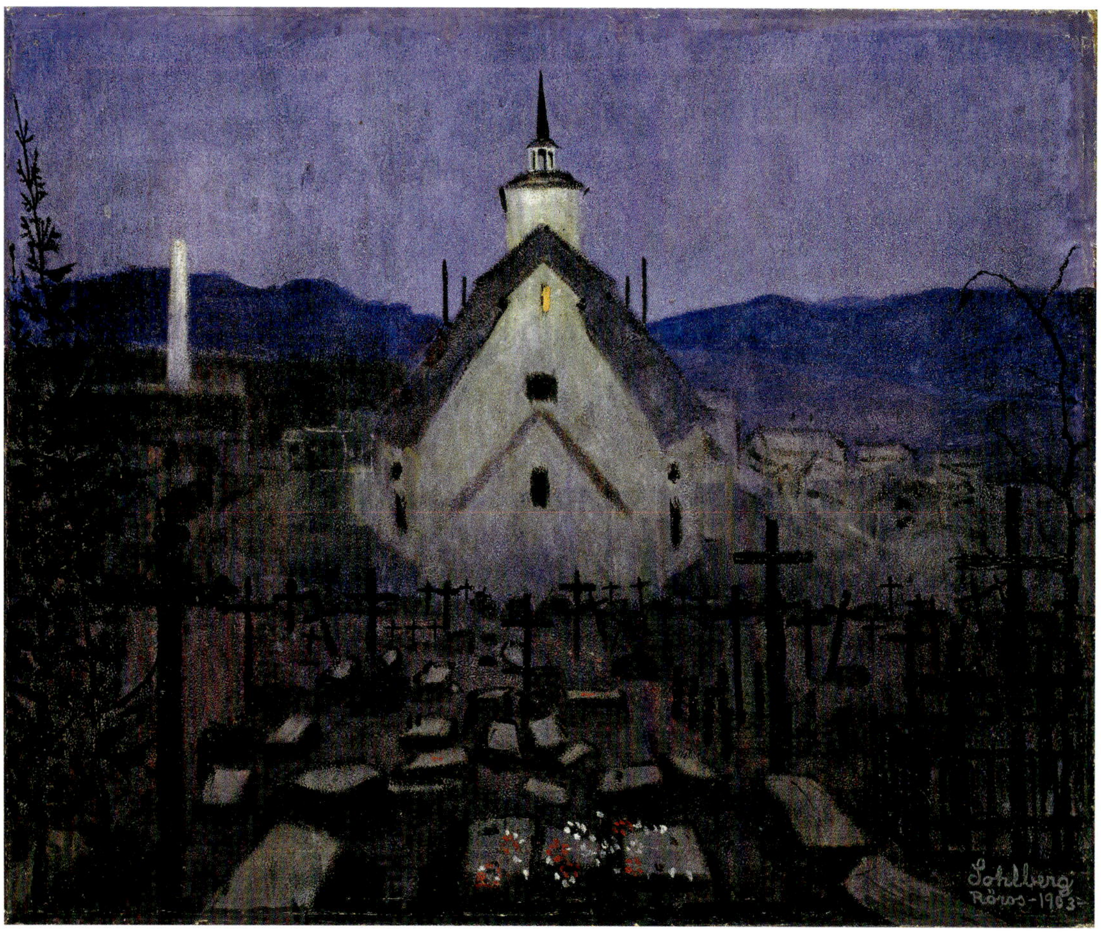

Taf. 91
Nacht, Røros-Kirche,
Skizze, 1903
Kat. 35

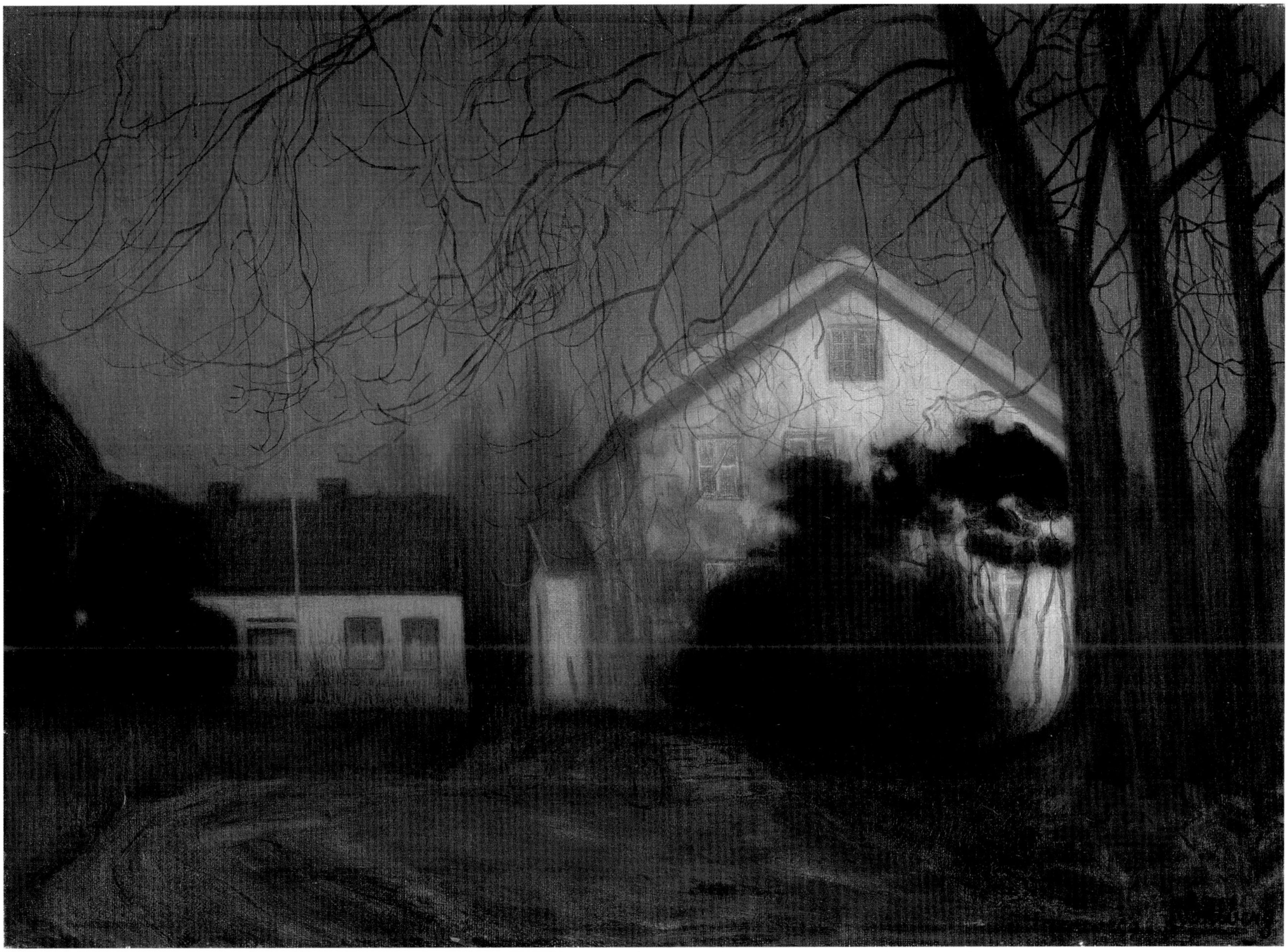

Taf. 92
Mondscheinstimmung (1909)
Kat. 52

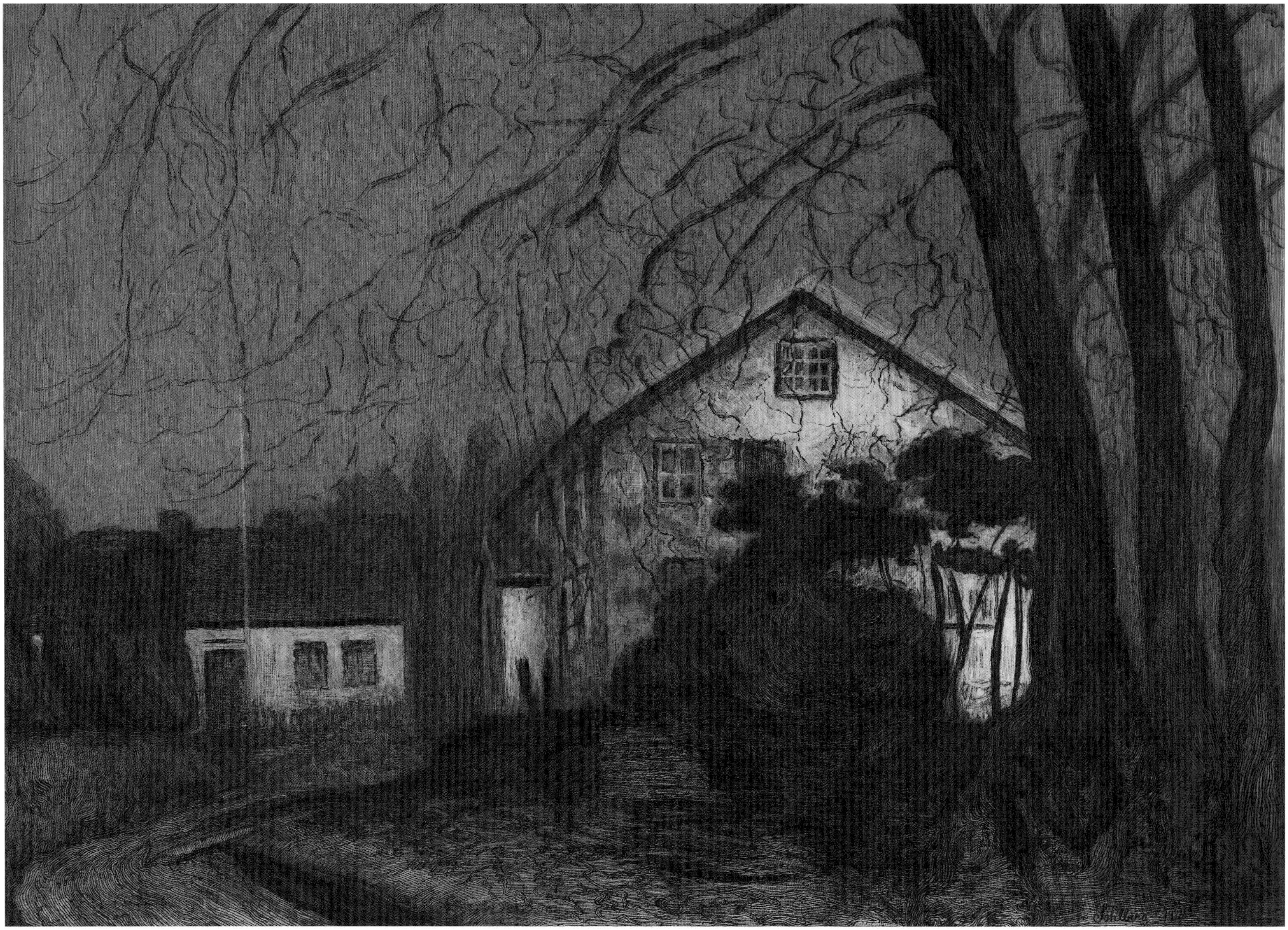

Taf. 93
Mitternacht, 1914
Kat. 121

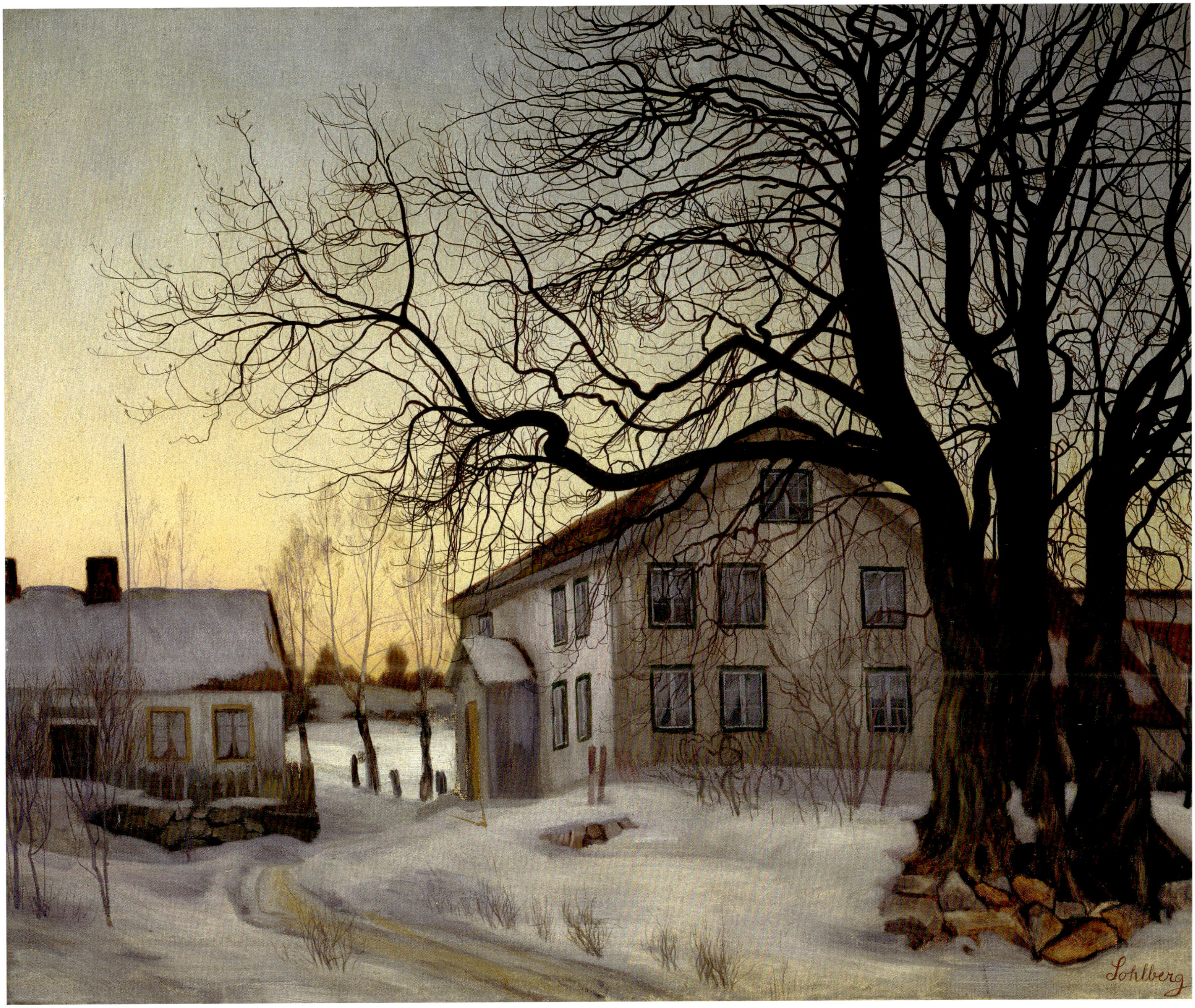

Taf. 94
Winterabend, 1909
Kat. 50

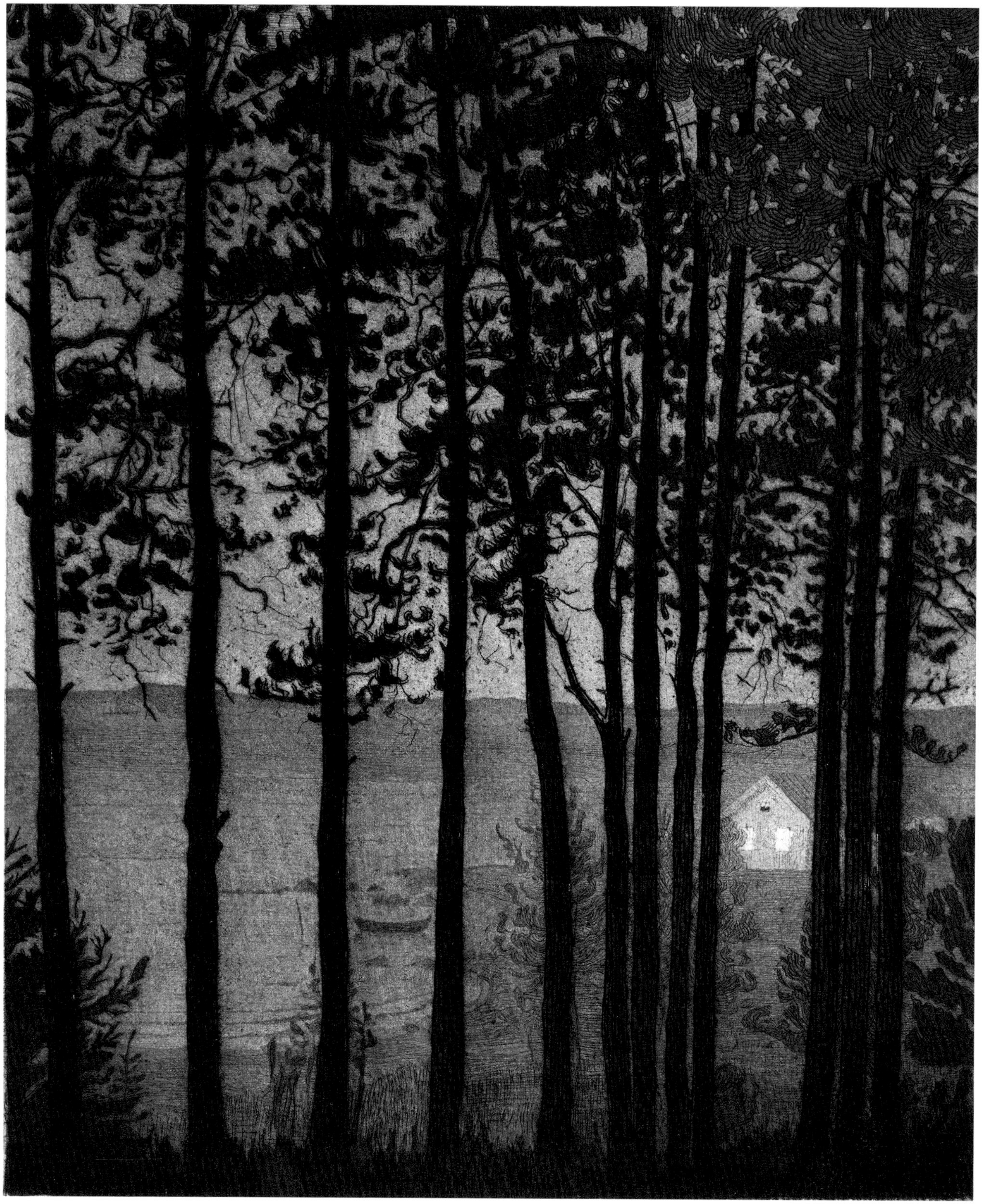

Taf. 95
Das Haus des Fischers (1913)
Kat. 122

▶
Taf. 96
Das Haus des Fischers (1906)
Kat. 44

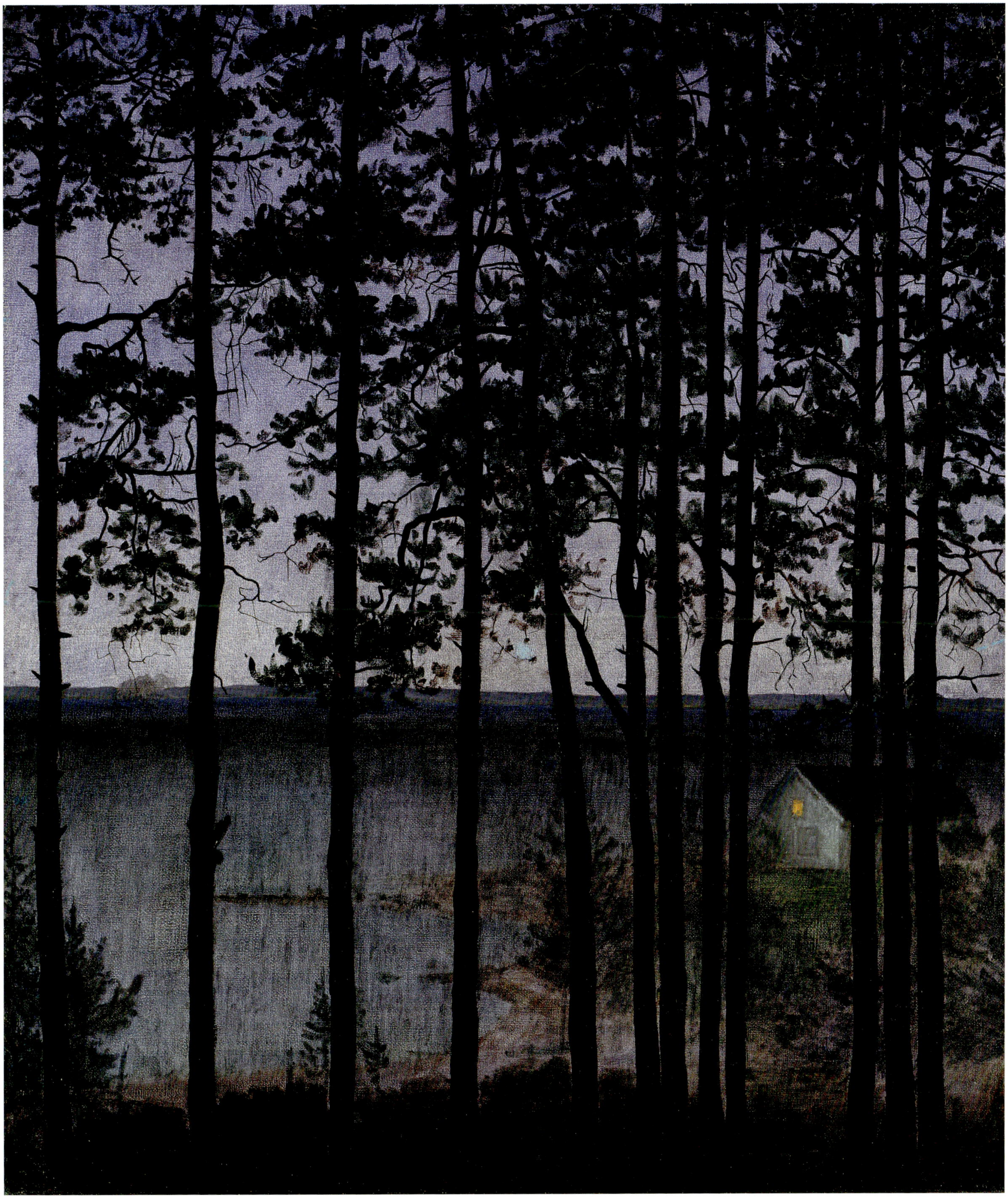

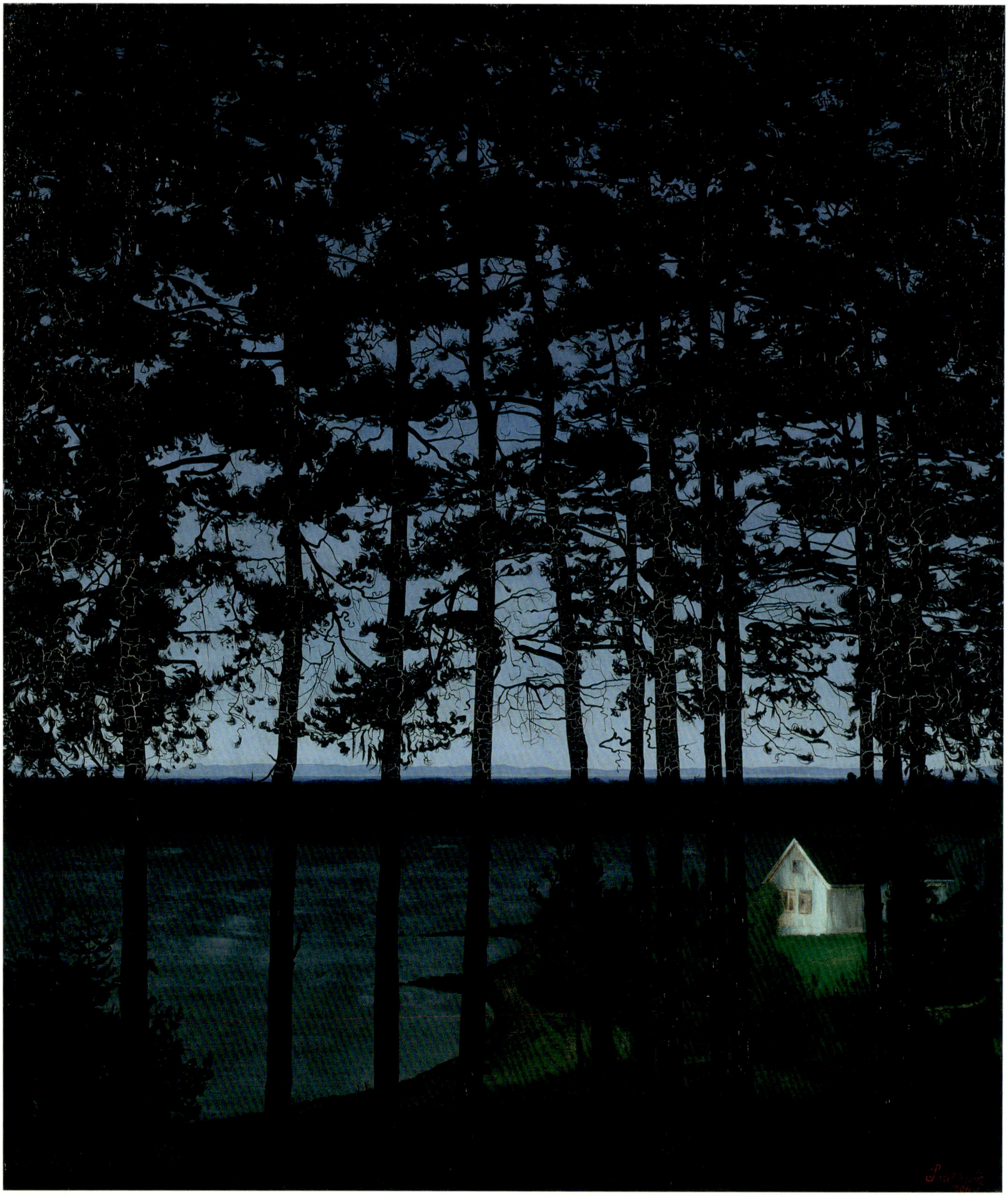

Taf. 97
Ein Haus an der Küste, 1906
Kat. 45

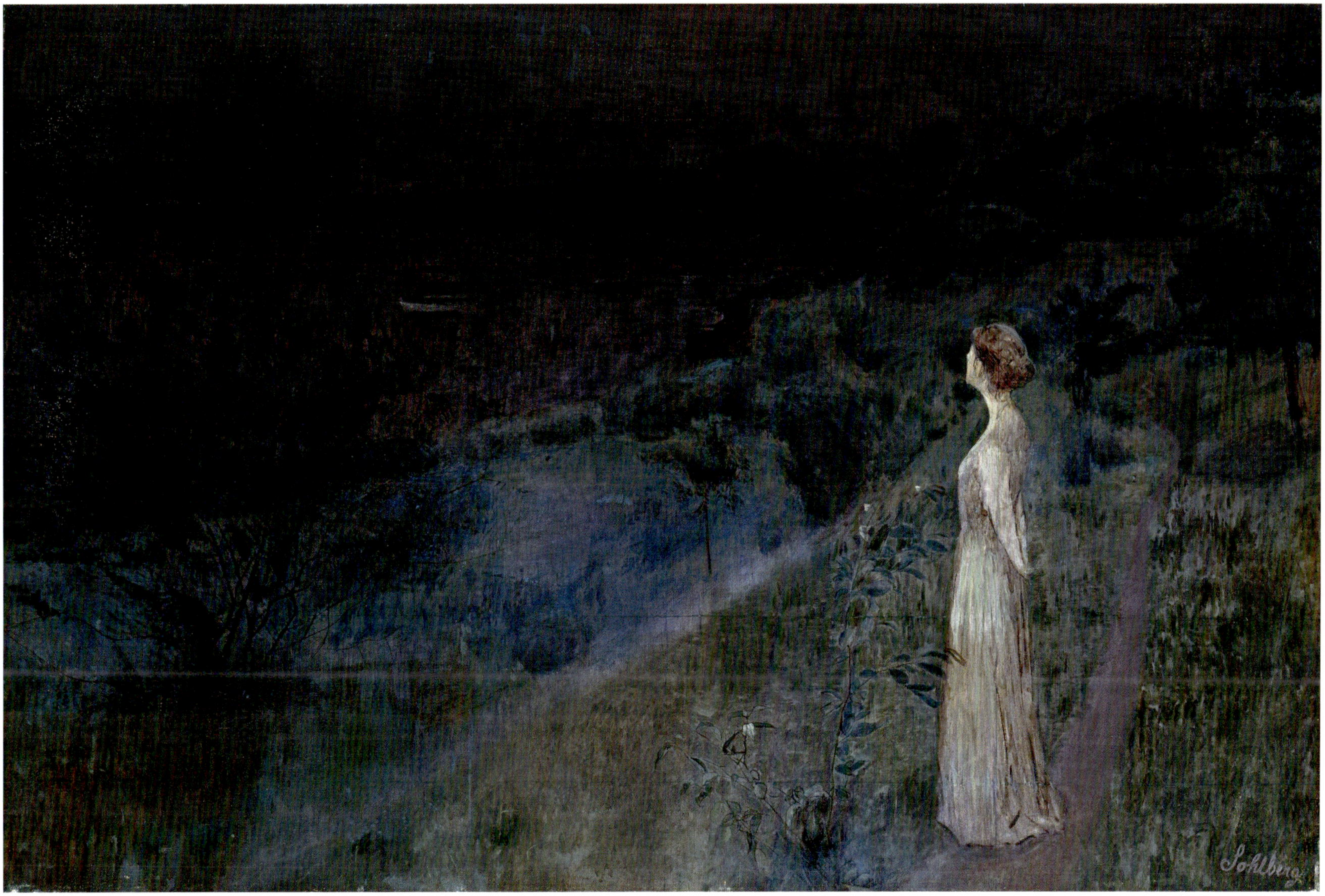

Taf. 98
Schweigen (1894)
Kat. 15

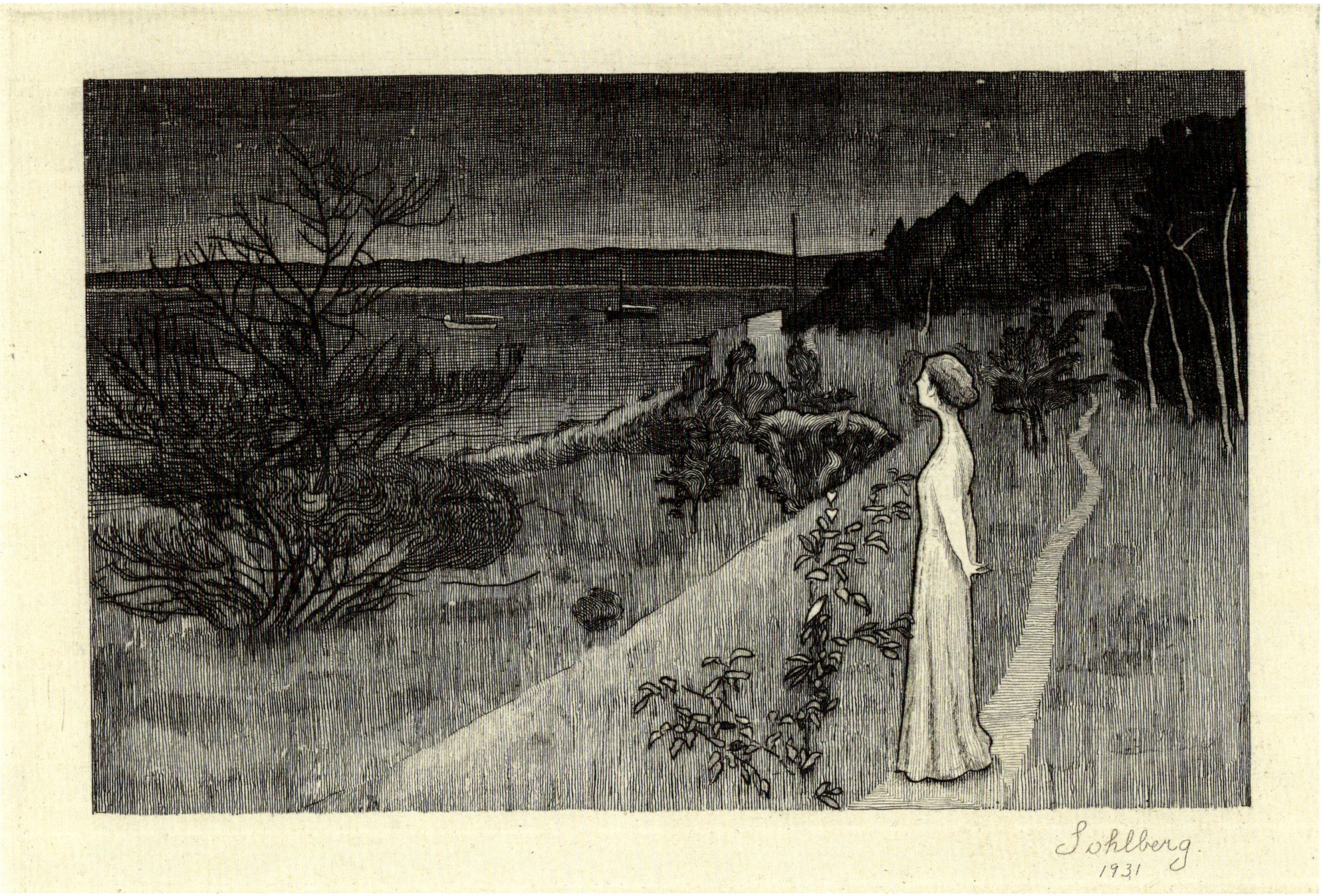

Taf. 99
Schweigen II (1931 oder 1936)
Kat. 125

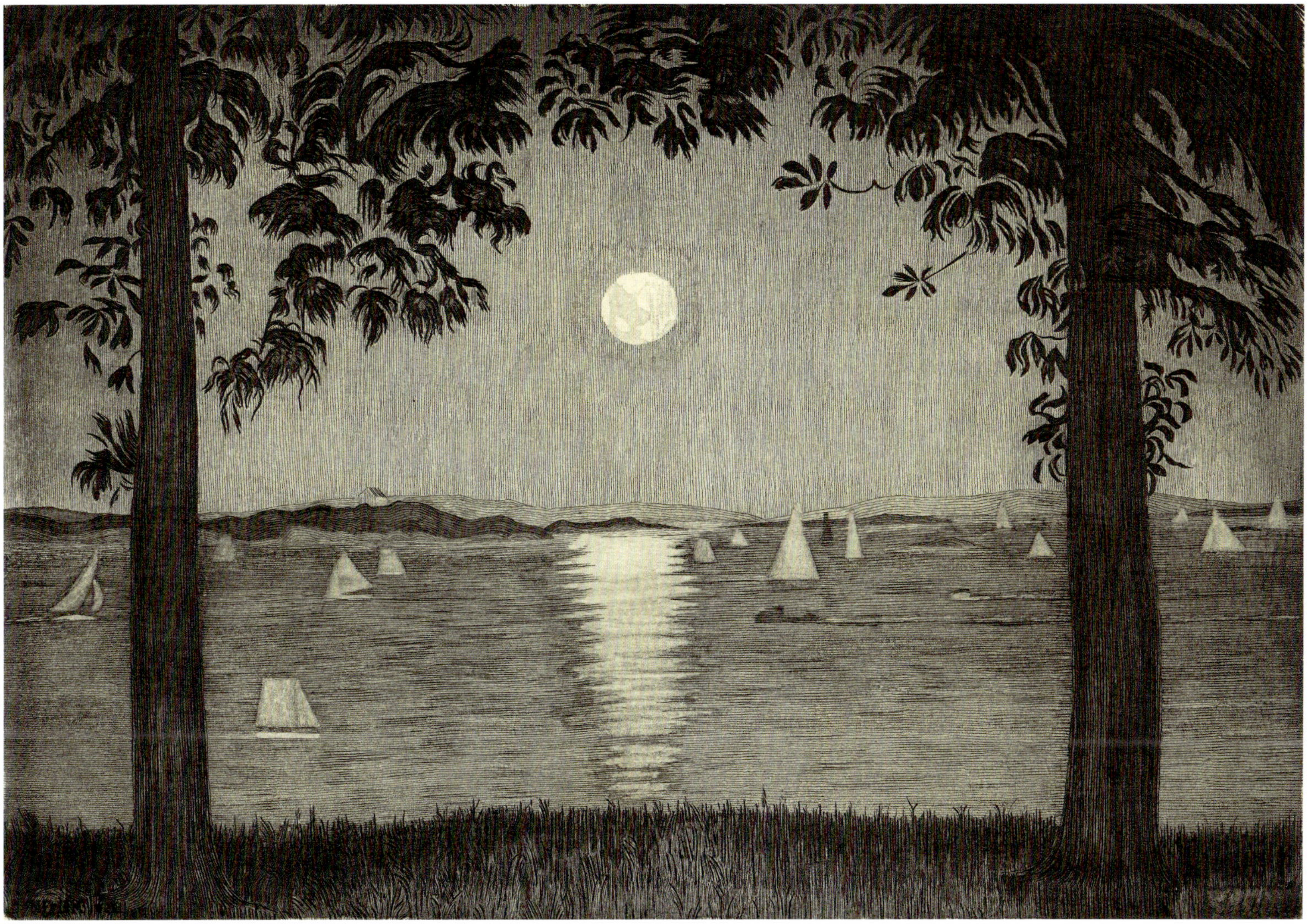

Taf. 100
Akershusvollen, Abend, 1926
Kat. 124

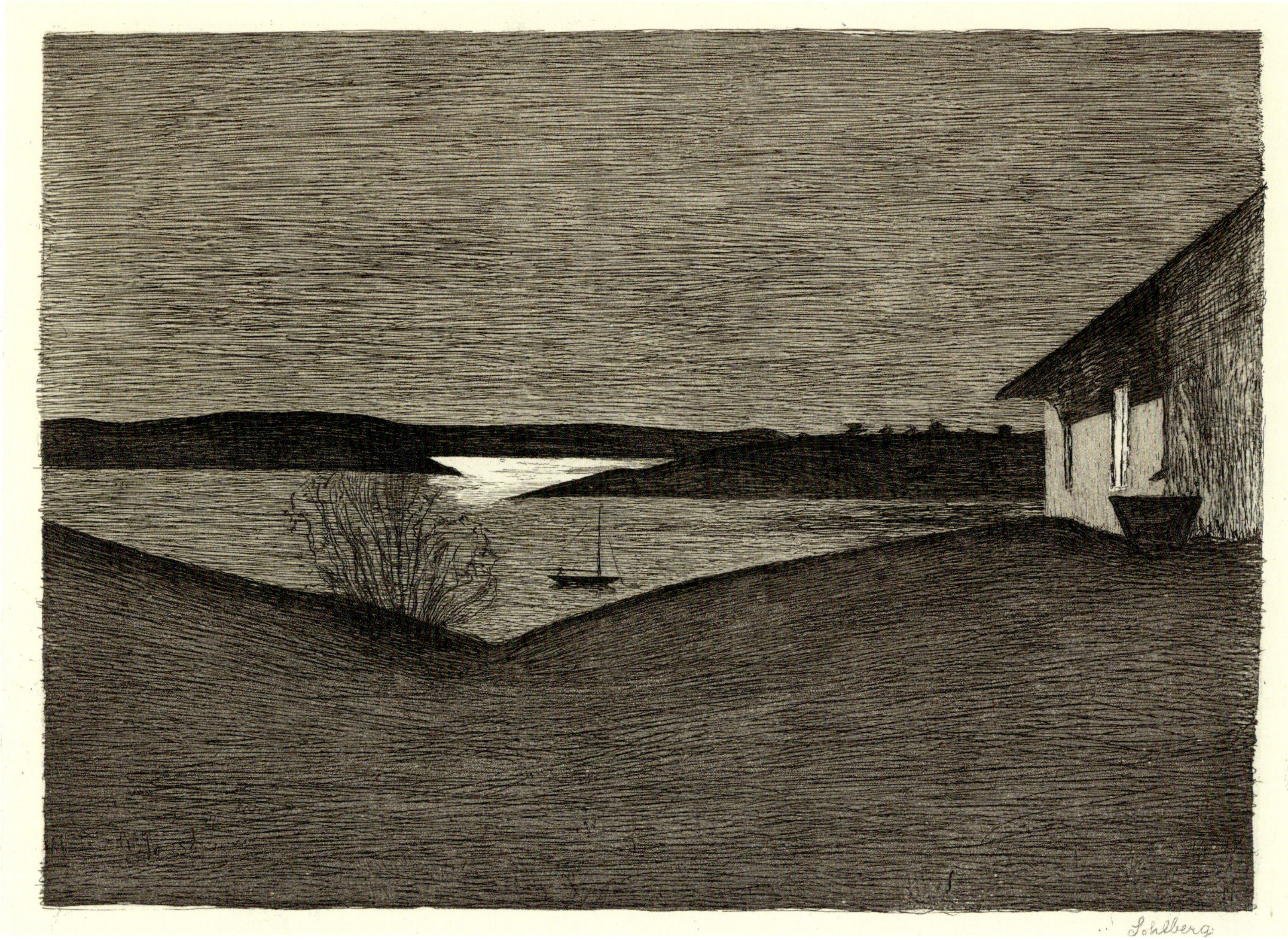

Taf. 101
Mondschein (1912)
Kat. 120

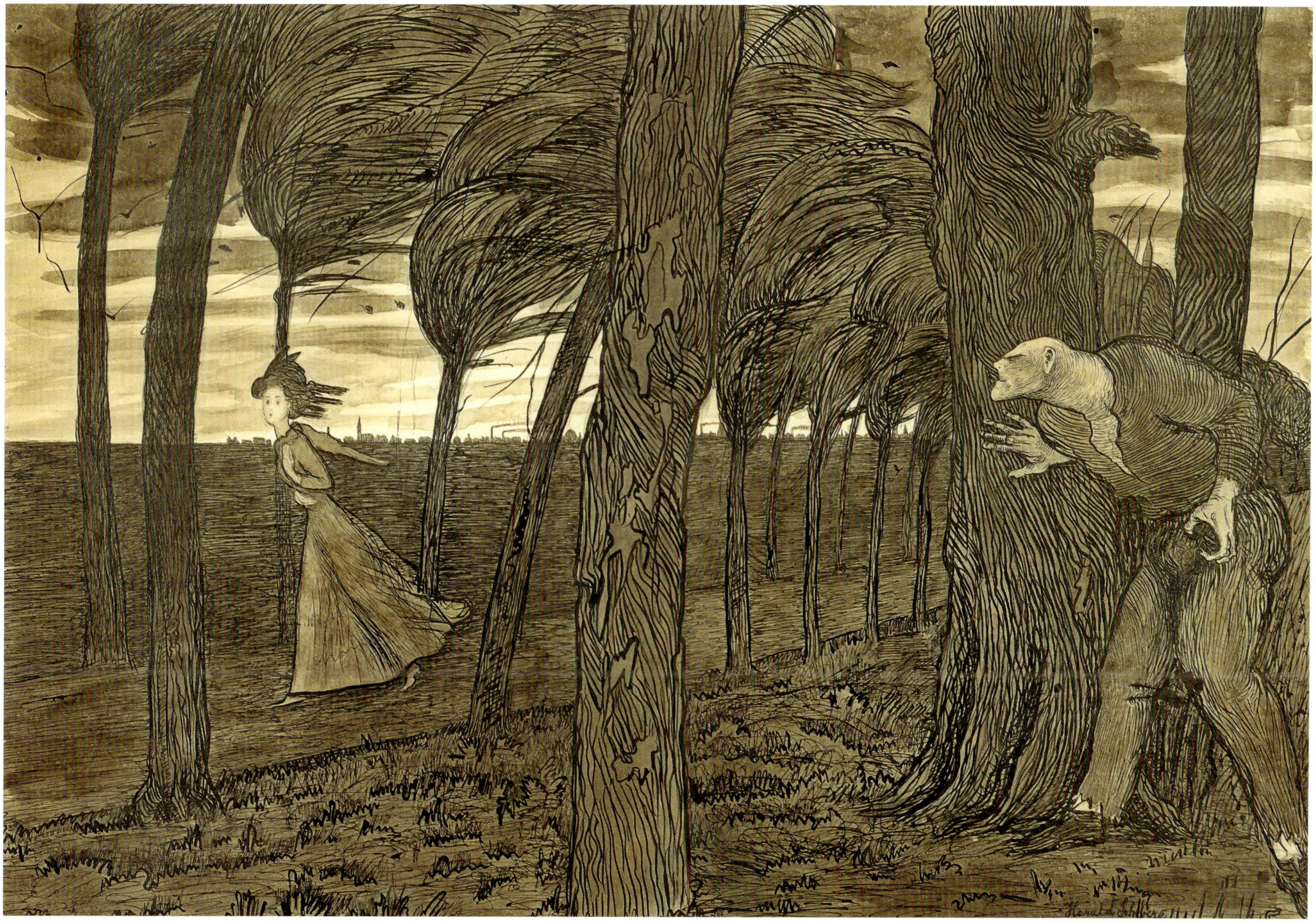

Taf. 102
Angreifer (1911)
Kat. 114

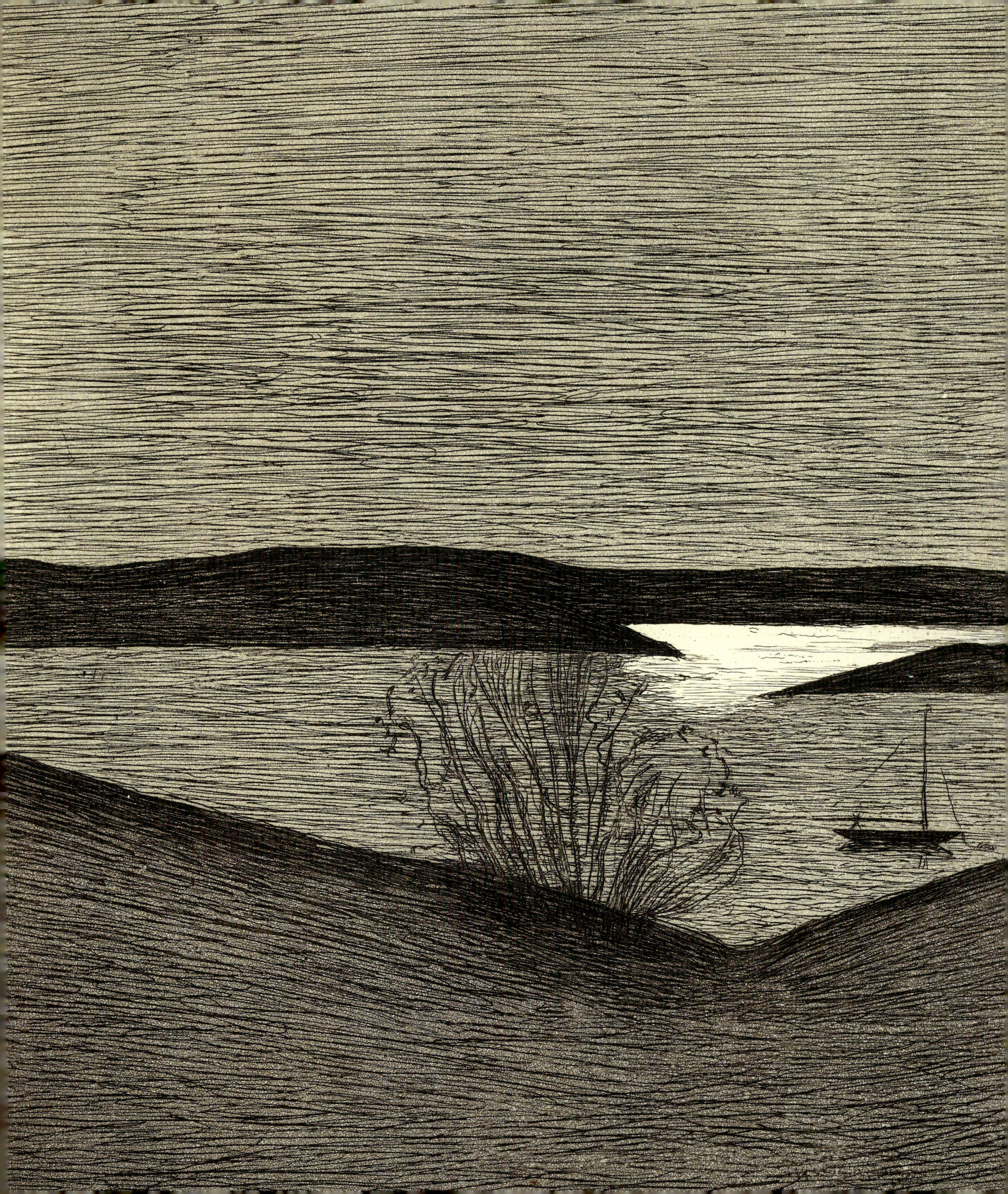

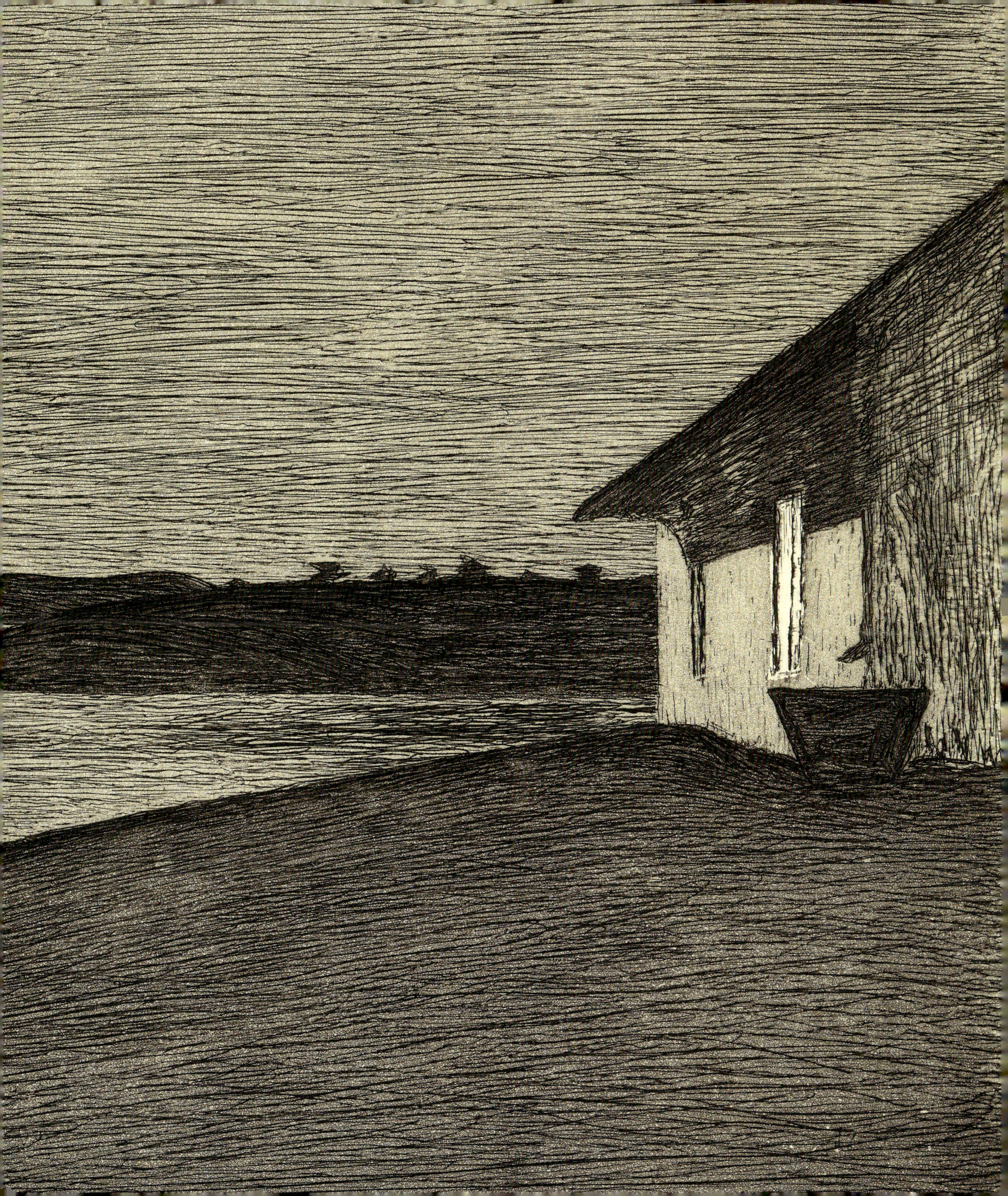

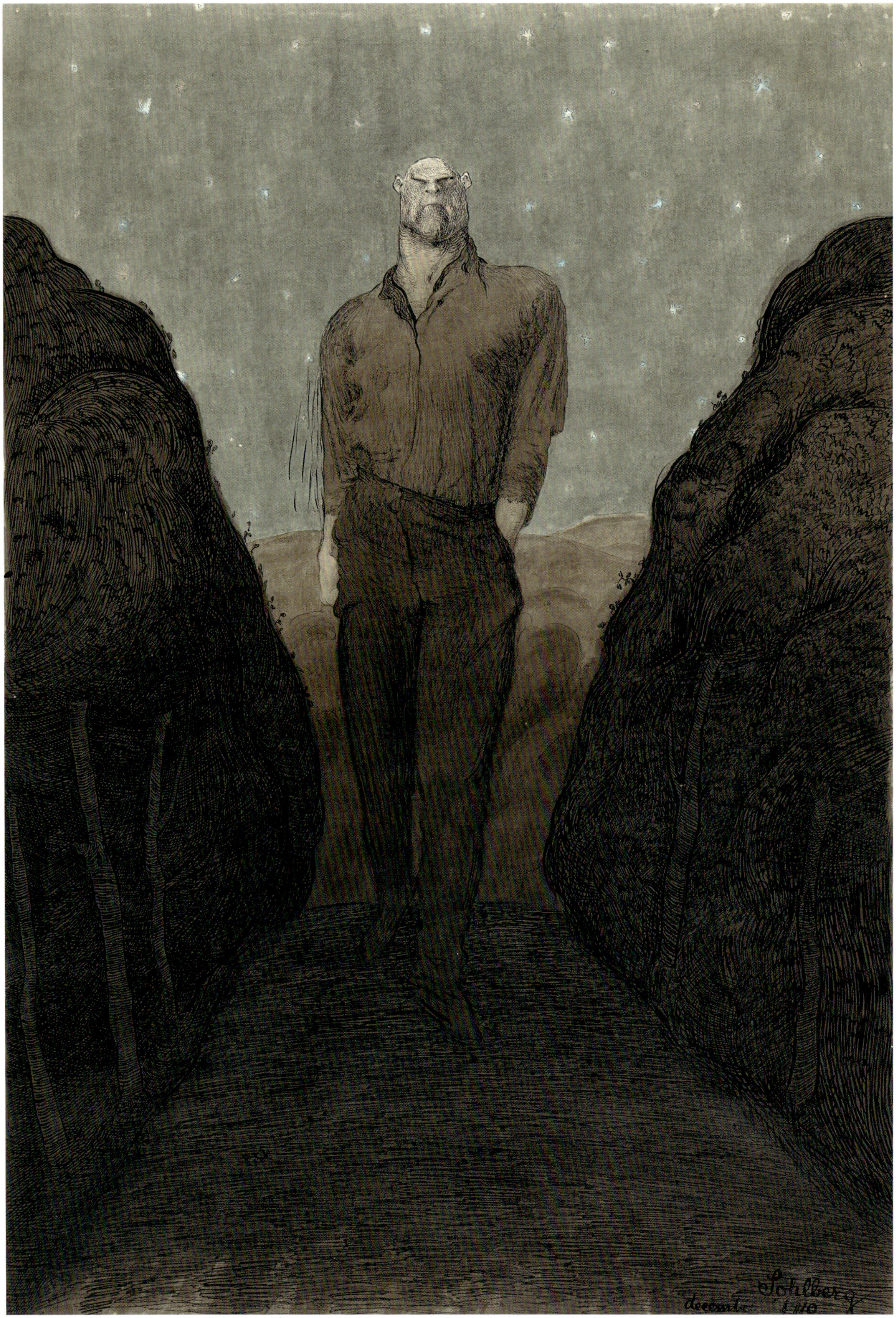

Taf. 103
Ein königliches Treffen, 1910
Kat. 113

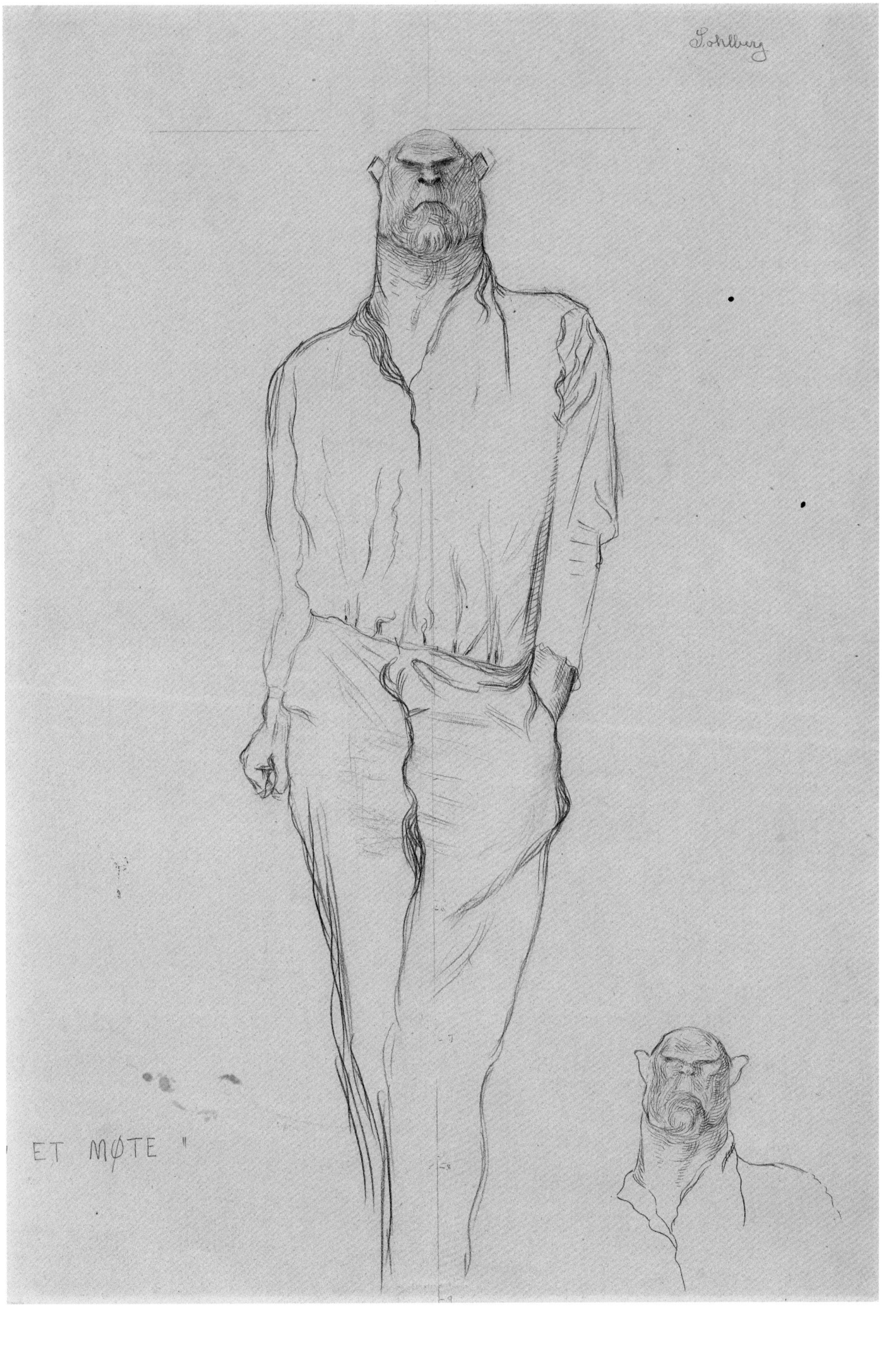

Taf. 104
Ein Treffen (1910)
Kat. 112

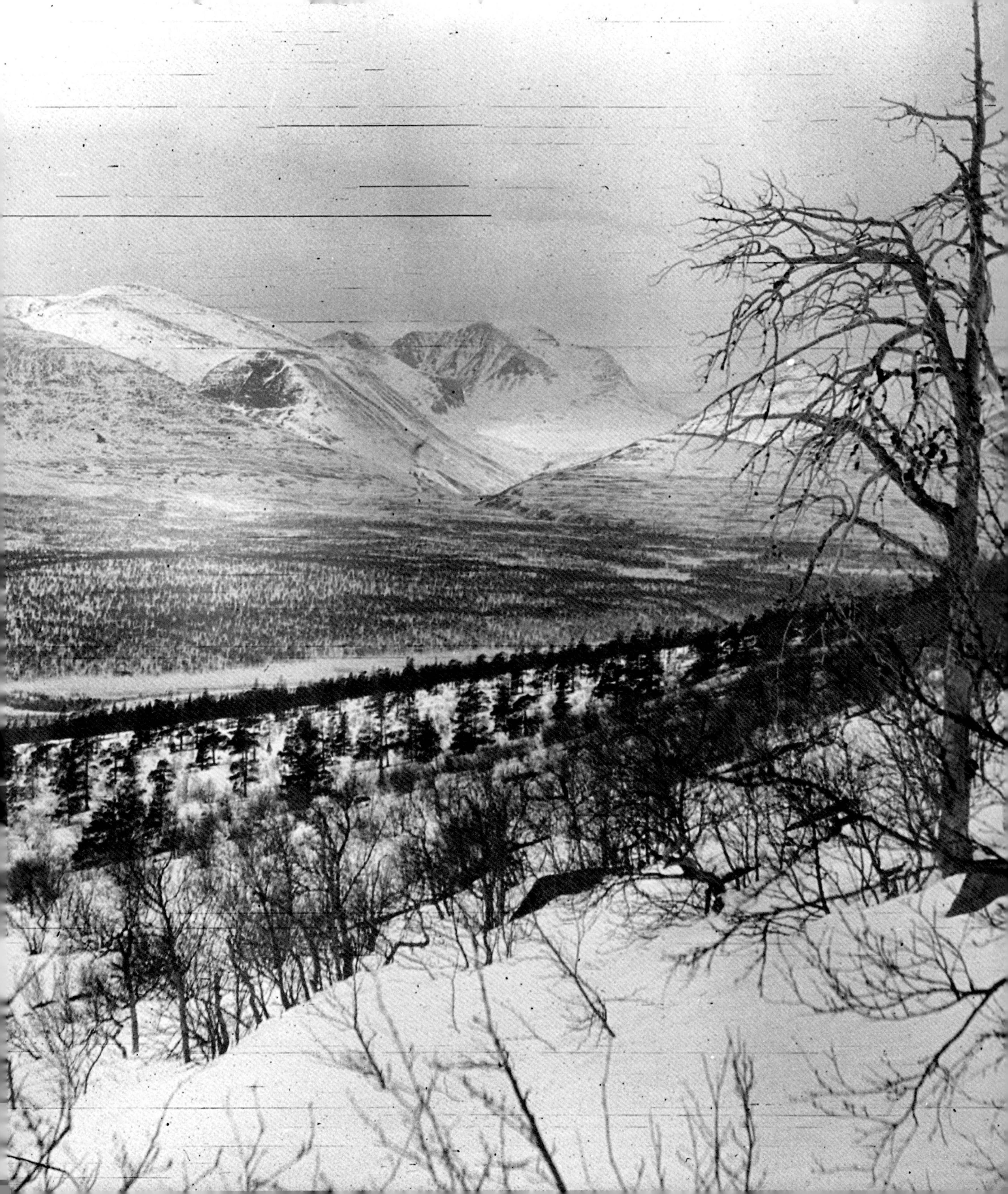

HARALD SOHLBERG: DAS FOTOGRAFISCHE ŒUVRE

NILS OHLSEN

Man erkennt sofort, dass Sohlbergs fotografisches Schaffen mehr darstellt als beiläufiges Ausprobieren eines neuen Mediums. Die Lust am Experimentieren mit der Kamera ist deutlich spürbar. Nichts scheint dem Zufall überlassen zu sein. Die Aufnahmen sind sorgfältig komponiert, zeigen Sinn für Symbolik und ein Gespür für formale Strukturen.

Rund 600 Fotografien[1] von den frühen 1890er- bis in die 1930er-Jahre sind erhalten und zum Teil durch Vermerke Sohlbergs datiert und lokalisiert. Abgesehen von den Familienaufnahmen, die hier nicht besprochen werden, zeigen sie fast immer menschenleere Landschaften sowie – wesentlich seltener – Stadtansichten. Sohlberg hat keines seiner Fotos je ausgestellt oder publiziert, seine Fotoausrüstung ist nicht erhalten, und in seinem Nachlass finden sich keine Fotozeitschriften. Die wenigen Male, bei denen das Medium in Briefen erwähnt wird, geht es um den Einkauf von Platten und Ausrüstung.[2] Wie er zur Fotografie kam, ist nicht bekannt. Es war jedoch erst nach der sogenannten Kodak-Revolution der 1880er-Jahre möglich, in kurzer Zeit und ohne großen Aufwand eine Reihe von Fotos in der Natur anzufertigen.

Øivind Storm Bjerke stellt in dem bisher einzigen allein der Fotografie Sohlbergs gewidmeten Artikel von 1988 fest, dass nichts darauf hindeutet, Sohlberg habe seinen Fotografien einen eigenen künstlerischen Wert beigemessen.[3] Storm Bjerke hat die Vorbildfunktion einer Reihe von Aufnahmen für den Entstehungsprozess von mehr als einem Dutzend Gemälden ausführlich dargelegt[4] und kommt zu dem Schluss, dass Sohlbergs Fotografien wichtige Hilfsmittel im Prozess von der Idee zum Gemälde gewesen sind.[5] Dieses Ergebnis ist nicht infrage zu stellen.

Sohlbergs fotografisches Schaffen soll hier jedoch erstmals in einen fotokunsthistorischen Kontext gestellt werden. Anlass dazu gibt die Beobachtung, dass er in der Fotografie eine zum Teil andere Natur der Erscheinungen festhält als in seiner Malerei.

DER NORDEN UND DIE INTERNATIONALE ENTWICKLUNG

Das Verhältnis zwischen Fotografie und Malerei wurde in der zweiten Hälfte des 19. Jahrhunderts in Europa und den USA intensiv und kontrovers diskutiert.[6] Die Debatte war einerseits vom Stigma des Technischen und rein Dokumentarischen, andererseits von der Forderung nach einer neuen eigenständigen Kunstform geprägt.[7]

Es waren engagierte Amateure in Europa und den USA, die die Auffassung von der Fotografie als legitimes künstlerisches Ausdrucksmittel voranbrachten. Durch ihre Fotoklubs erfuhren die neue Bewertung und die rasche Entwicklung des Mediums in kürzester Zeit eine enorme Internationalisierung. Den ersten Durchbruch zur autonomen Kunstform brachte die 1893 von Alfred Lichtwark, dem Direktor der Hamburger Kunsthalle, organisierte Internationale Amateurfotografie-Ausstellung. Mit den Ausstellungen *The New School of American Photography* (London 1900) und *American Pictorial Photography* (New York, London, Paris 1902) erlangte die Fotografie endgültig den Status einer eigenen Kunstform.

Im Norden setzte der dänische Kunsthistoriker Julius Lange die Debatte Kunst contra Fotografie um 1860 in Gang.[8] Die Entwicklung verläuft hier – wenn auch zeitversetzt – nach den gleichen Mustern wie sonst in Europa und den USA. In Norwegen wurde 1888 der erste Amateurfotografenclub gegründet. Von großer Bedeutung für die Etablierung des Mediums als eigenständige Kunstform war die 1908 vom Kunstindustriemuseum in Kristiania, dem späteren Oslo, organisierte Ausstellung mit 184 Fotos aus den Sammlungen des Erzherzog Rainer Museums in Brünn, Kaiser-Wilhelm-Museums in Krefeld sowie Beiträgen europäischer und amerikanischer Amateurfotografen. Ziel der Ausstellung war es zu zeigen, »dass Fotografieren auch eine Kunstform ist«, wie Direktor Henrik Grosch im Vorwort schreibt.[9]

In den Künstlerateliers schaffte die Praxis der sich rasch entwickelnden Fototechnik neben dem theoretischen Diskurs neue Fakten. Seit Mitte des Jahrhunderts ersetzen in hohen Auflagen hergestellte und international vertriebene fotografische Naturstudien rasch die Stahlstiche und lithografischen Vorlagen.[10] Darüber hinaus lernten zahlreiche Maler selbst zu fotografieren, um neue Motive zu finden, Erscheinungsformen der Natur festzuhalten, aber auch, um mit dem neuen Medium zu experimentieren. Immer mehr solcher fotografischen Œuvres sind

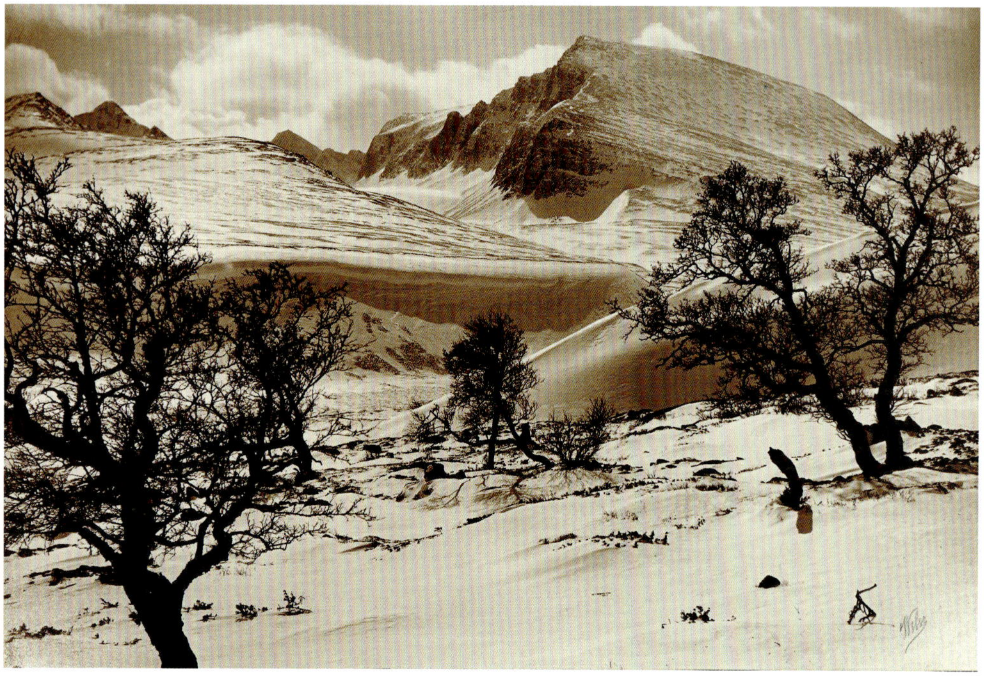

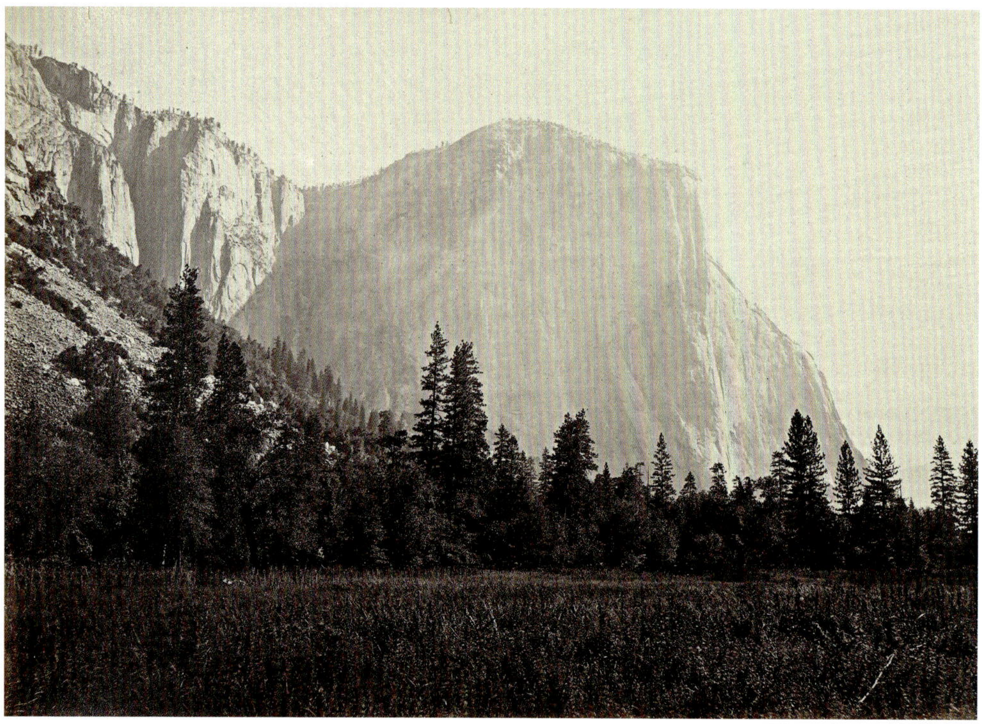

Abb. 35: Anders Beer Wilse, *Rondane*, 1912

Abb. 36: Carleton E. Watkins, *El Capitan from the Foot of the Mariposa Trail*, um 1867

in letzter Zeit wiederentdeckt worden.[11] Sohlberg gehört zu der kleinen und bislang kaum erforschten ersten Generation von Malern, die *auch* Amateurfotografen waren wie etwa Edgar Degas (1834–1917), Alfons Mucha (1860–1939), George Hendrik Breitner (1857–1923) und Pierre Bonnard (1867–1947) – oder, um im Norden zu bleiben, Jens Ferdinand Willumsen (1863–1958), Hugo Simberg (1873–1917), Anders Zorn (1860–1920) und Edvard Munch (1863–1944). Wie er erwähnten diese fotografierenden Maler »ihre fotografische Aktivität so gut wie nie; zumindest versuchten sie nicht, ihre Fotografien ebenso wie ihre Malerei in der Öffentlichkeit zu zeigen.«[12]

Die Tatsache, dass in der zweiten Hälfte des 19. Jahrhunderts praktisch jede Verbindung von der Malerei zur Fotografie mit einem Tabu belegt war, erschwert es bis heute, die Rolle und Bedeutung der Fotografie als eigenständige Kunstgattung im späten 19. Jahrhundert objektiv darzustellen.[13] Auch wenn keine Belege für persönliche Kontakte zu anderen Fotografen vorliegen, so setzt Sohlbergs fotografisches Œuvre meiner Meinung nach voraus, dass er durch Magazine bzw. Ausstellungen in Norwegen und anderen nordischen Städten sowie möglicherweise in Hamburg, wo er 1907 die Kunsthalle besuchte, Kenntnis von den aktuellen Strömungen des jungen Mediums gehabt hatte und diese aktiv anzuwenden und weiterzuentwickeln weiß. Angesichts der bislang relativ wenig erforschten nordischen Fotogeschichte des späten 19. und frühen 20. Jahrhunderts[14] wurde seinen Aufnahmen diese Qualität bislang nicht zugesprochen.

SCHNEE UND GEBIRGE

Die wenigen erhaltenen Fotografien Sohlbergs von seiner Skitour ins Rondane-Gebirge mit Freunden Ostern 1899 scheinen von den Aufnahmen inspiriert zu sein, die bei Fridtjof Nansens Grönlandexpedition im Jahre 1888/89 entstanden. Die Rondane-Tour sollte zum Schlüsselerlebnis für den Künstler werden. Dabei erkannte er auch die Vorteile der Fotografie. »Diese waren mir nämlich sehr hilfreich [...] weil es Motive gibt, die man aufgrund schlechter Wege, Wind und großer Distanzen beim besten Willen nicht direkt auf die Leinwand zeichnen kann, sondern die sich nur in Skizzen und Fotografien festhalten lassen.«[15]

Die mit gut zwanzig erhaltenen Aufnahmen umfangreichste erhaltene Motivgruppe in Sohlbergs fotografischem Material ist, wie er sogfältig auf den Negativen vermerkt, in der ersten Aprilhälfte 1911 südöstlich vom Rondane-Massiv entstanden. Dort nutzte er den Frühling, um Studien für die 1914 vollendete Version seiner *Winternacht in Rondane* (Taf. 41) anzufertigen. Für die meist querformatigen Fotografien wählte er einen hohen Betrachterstandpunkt, von dem aus der Blick über ein weites Tal auf das mächtige Massiv führt, deren weit entfernt liegende Gipfel oft nur knapp unterhalb der Bildoberkante liegen. Die einzigen Spuren des Menschen sind einige verfallene Blockhäuser im Mittelgrund weniger Aufnahmen.

Die Wahl seiner Motive und Ausschnitte verweist auf die Landschaftsmalerei der Romantik, insbesondere auf die symmetrisch angelegten Riesengebirgskompositionen Caspar David Friedrichs (1774–1840). Sohlberg macht aus verschiedenen Perspektiven Aufnahmen der höchsten Gipfel und schafft somit eine Art Gesamtpanorama des Massivs. Dabei müssen die Aufnahmen im Zusammenhang der Entwicklung des noch ganz jungen Mediums der Gebirgsfotografie gesehen werden.

Die Fotografie hatte seit Mitte des 19. Jahrhunderts den Blick auf die Natur nachhaltig geändert. Zu den ersten Pionieren, die das Gebirge nicht mehr kontemplativ vom Tal aus darstellten, sondern direkt vor Ort erlebbar machten, gehört der Franzose Auguste-Rosalie Bisson (1826–1900), der Anfang der 1860er-Jahre als Erster die extremen körperlichen und technischen Herausforderungen bewältigte und Aufnahmen vom Gipfel und Gletscher des Montblanc machte, die enorme Aufmerksamkeit erregten.[16]

In Norwegen haben seit den 1870er-Jahren Knud Knudsen (1832–1915), etwas später der Schwede Axel Lindahl (1841–1906) und nach 1900 Anders Beer Wilse (1865–1949) das Genre der Gebirgsfotografie etabliert.[17] Knudsen, der Tausende von Aufnahmen norwegischer Landschaften anfertigte und Motivvorlagen für Maler

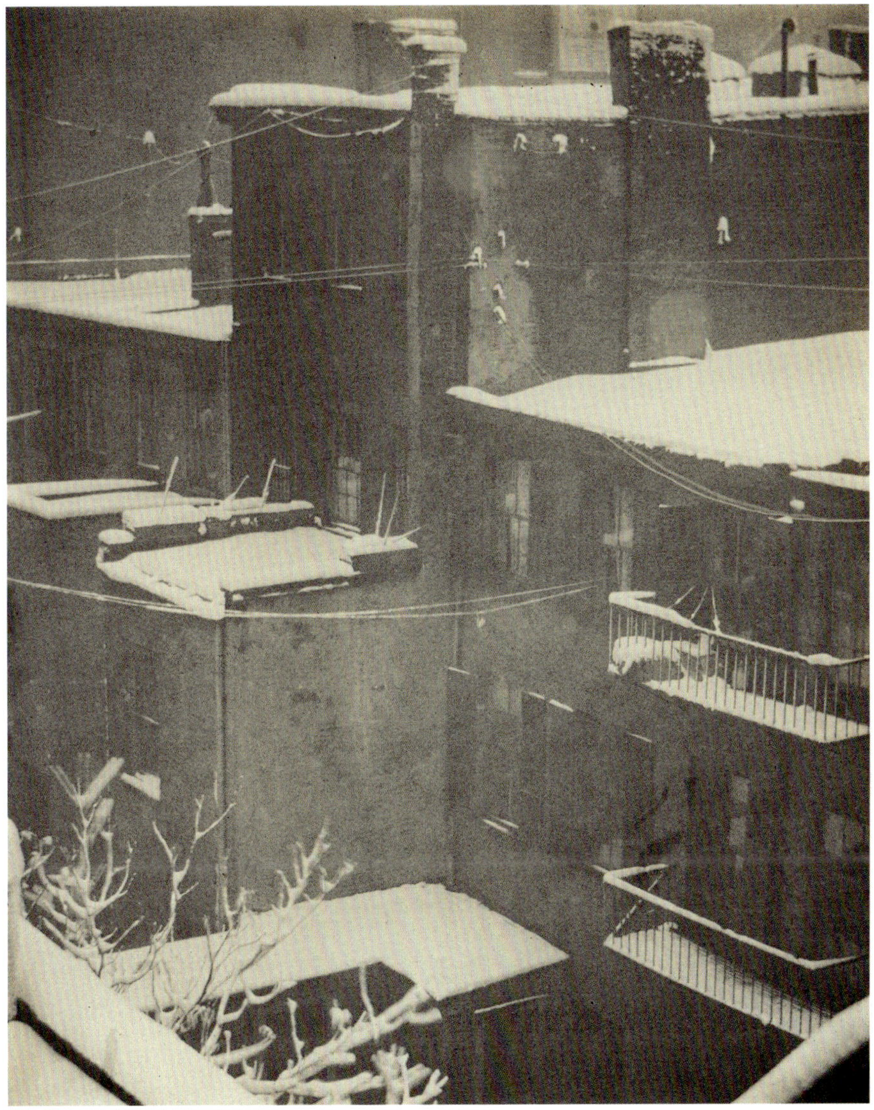

Abb. 37: Alfred Stieglitz, *From the Back Window at »291«, 3. April 1915*

herausgab, sah sich bereits als eigenständiger Fotokünstler, der gelöst vom Schema der Malerei danach strebte, das Erhabene in der Natur sichtbar zu machen. Lindahls ebenfalls umfangreiche Norwegenserien von 1892 und 1897 sind poetischer und erschließen erstmals Eis, Schnee und Gletscher für die nordische Fotografie. Sohlberg ist nach den Fotopionieren der erste nordische Maler, der mit der Kamera ins Hochgebirge seiner Heimat vordringt. Auch wenn seine Gebirgsfotos Wilses technische Perfektion und kompositorische Präzision vermissen lassen, stehen sie dessen Bildkonzeptionen deutlich näher als denen der Vorgänger Knudsen und Lindahl. Ob Sohlberg den nur vier Jahre jüngeren Wilse persönlich gekannt hat, ist nicht nachweisbar.[18] Ohne Zweifel muss er jedoch spätestens in der Zeit zwischen Wilses ersten großen gedruckten Illustrationsaufträgen 1906 und seinem endgültigen Durchbruch 1914 Kenntnis von dessen Gebirgs- und Winterfotografie erhalten haben (Abb. 35).

Wilse wanderte 1884 in die USA aus. 1897 wurde er Besitzer eines Fotoateliers in Seattle. 1898 war er Expeditionsfotograf auf der von John D. Rockefeller finanzierten Expedition in das Gebiet des heutigen Yellowstone-Parks.[19] Nach seiner Rückkehr

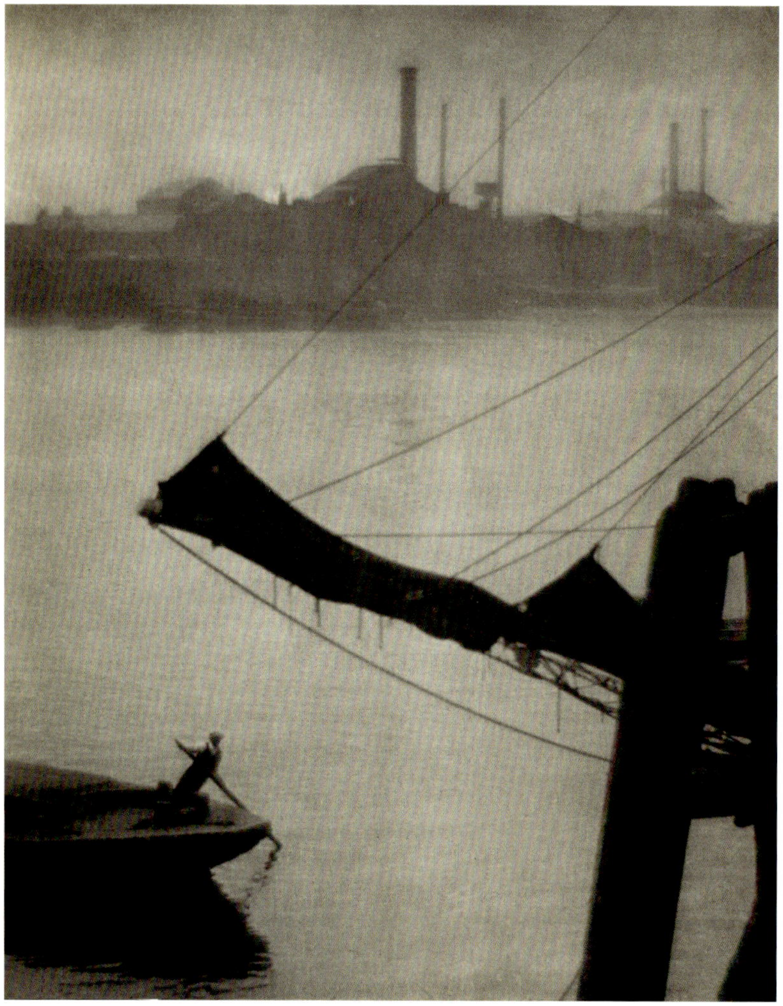

Abb. 38: Alvin Langdon Coburn, *Wapping*, 1904

1901 wurde er rasch zum wichtigsten norwegischen Landschaftsfotografen und ersten Fotokünstler Norwegens im 20. Jahrhundert. Die zugleich monumentale und sachlich-distanzierte Bildsprache seiner norwegischen Gebirgsaufnahmen zeigt deutlich den Einfluss US-amerikanischer Landschaftsfotografien wie Timothy H. O'Sullivan (1840–1882) oder Carleton Watkins (1829–1916; Abb. 36), die erstmals die unberührte Wildnis späterer Nationalparks fotografisch festhielten.[20]

Ob Sohlberg Arbeiten dieser Fotografen kannte, ist nicht festzustellen. Deren Suche nach Monumentalität und Erhabenheit in der Natur scheint sich jedoch durch das Vorbild Wilse auf ihn übertragen zu haben. Wo jene nach dramatischen Kontrasten suchten, scheint Sohlberg in seinen Rondane-Aufnahmen die Grenze zwischen nah und fern, Ruhe und Bewegung, Gegenwart und Traum aufheben und über alle Distanzen hinweg ein harmonisches Raum-Zeit-Kontinuum schaffen zu wollen. Auf diese Weise erlangen seine Aufnahmen eine sowohl direkte und präzise als auch ruhige und monumentale Wirkung, wobei der Betrachter und sein exponierter Standpunkt stets in die Komposition einbezogen werden.

Die Vorbildfunktion der Fotos für die Entwicklung der Komposition seines Gemäldes *Winternacht in Rondane* (Taf. 41) von 1914 ist unverkennbar. Die Fotos dienten ihm zur Vorbereitung und Klärung wesentlicher Elemente der späteren Komposition. Anders als dort ist in den Aufnahmen der Standort des Fotografen bzw. des Betrachters und die räumliche Distanz zum Massiv stärker gegenwärtig. Die Fotos bilden damit den Ausgangspunkt für die Verdichtung von Raum und Gebirgsmassiv im Gemälde.

AKERSELVA-PIKTORIALISMUS

Zu Sohlbergs aus fotokunsthistorischer Sicht erstaunlichsten Aufnahmen gehören sieben erhaltene Fotos vom Akerselva, einem kleinen Fluss im Zentrum Kristianias, an dem sich in der zweiten Hälfte des 19. Jahrhunderts zahlreiche kleinere Industriebetriebe ansiedelten. Doch ging es ihm offenbar nicht darum, das geschäftige Treiben des Viertels zu dokumentieren. Keine der im Winter 1910 und Sommer 1912 entstandenen Aufnahmen zeigt Menschen. Sohlberg scheint vielmehr fasziniert zu sein von den scharfen Kontrasten zwischen dem weißen Schnee und den dunklen Partien sowie der Spannung zwischen den gedrängt stehenden kleinteiligen Schuppen, Stegen und Booten und dem ruhig dahinfließenden Wasser mit seinen Reflexionen. Gemeinsam ist den Aufnahmen die markante Diagonale des Ufers und der auffällig hohe Horizont. Eines der 1912 entstandenen Fotos (Abb. 43–46) nutzte Sohlberg als direkte Vorlage für seine zwei Versionen des Gemäldes *Hütten und Fabriken* (Taf. 16). Angesichts der weitgehend identischen Wiedergabe der Häuser wird der strukturelle Unterschied zwischen den Gemälden und dem Foto besonders deutlich. In den zwei Gemälden fasste Sohlberg die Häuser durch Ton-in-Ton-Malerei zu einer Einheit zusammen. Während er im früheren Bild über einem im Gegensatz zum Foto niedrigen Horizont den Rauch der Schornsteine und die Drähte der Telegrafenmasten hervorhob, fügte er in der späteren Version mit einer Katze im Vordergrund und Figuren auf den Stegen narrative Elemente hinzu. In den Fotos lenkte er die Aufmerksamkeit hingegen auf die strukturellen Kontraste zwischen Dächern und Wänden, Holz und Wasser sowie Räumlichkeit und Flächigkeit. Auch wenn die Aufnahmen primär der Suche einer geeigneten Komposition für ein Gemälde gedient haben mögen, entstanden letztlich Fotos, die eine eigene, von den Gemälden getrennte Ästhetik aufweisen und formale Kontraste in den Vordergrund heben.

Motivisch und konzeptionell zeigen Sohlbergs Aufnahmen vom Akerselva unmittelbare Verwandtschaft zu Fotos zentraler Vertreter des Piktorialismus, einer führenden Stilrichtung der Fotografie zwischen 1885 und dem Ersten Weltkrieg, die kurz nach 1900 zur ersten internationalen Bewegung des Mediums wird. Der Vergleich zu etwa zeitgleich entstandenen Aufnahmen von Alfred Stieglitz (1864–1946; Abb. 37), der Schlüsselfigur des US-amerikanischen Piktorialismus, belegt die hohe Qualität und Aktualität von Sohlbergs Aufnahmen.

Drei im Hafen von Kristiania entstandene undatierte Aufnahmen Sohlbergs zeichnen sich durch extreme Anschnitte und den starken Kontrast zwischen scharf wiedergegebenem Vordergrund und in Nebel gehülltem Hintergrund aus (Abb. 47–49). Zum Vergleich lassen sich für Nordeuropa etwa Aufnahmen der Schweden Ture Sellman (1888–1968) und Henry Buergel Goodwin (1878–1931) oder der Dänen Thomas G. Sørensen und Carl Frederiksen heranziehen.[21] Darüber hinaus zeigt die Aufnahme mit einer Gangway zwischen zwei Schiffen verblüffende Ähnlichkeit zu *Wapping* von 1904 (Abb. 38) aus der 1909 erschienenen London-Publikation mit zwanzig originalen Fotogravüren von Alvin Langdon Coburn (1882–1966), einem weiteren Protagonisten des US-amerikanischen Piktorialismus.

Nirgends sonst kam Sohlberg dem Piktorialismus so nahe wie hier. Seine Akerselva-Fotos sind in ihrer Qualität – auch im Vergleich zu Wilses Schaffen – für die norwegische Fotogeschichte einzigartig. Mit den Aufnahmen vom Akerselva 1910–1912 gelangte Sohlberg parallel zur dienenden Vorbildfunktion für seine Malerei zu einer modernen Fotoästhetik.

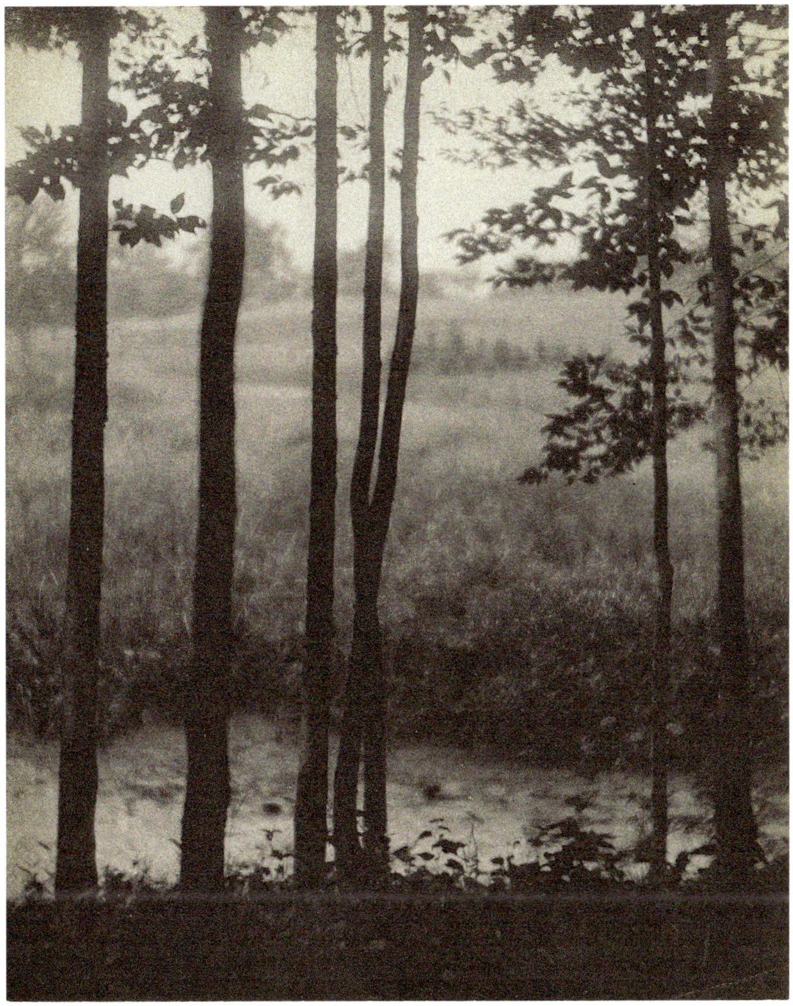

Abb. 39: Alvin Langdon Coburn, *Landschaft*, 1902

RAUM UND STRUKTUR

Die Ufer des Oslofjordes und der westlich seiner Mündung liegenden Region Vestfold mit ihren vielen Inseln, Schären, Buchten und Anlegestellen sowie vereinzelten Fischer- oder Sommerhäusern boten Sohlberg zahlreiche Motive. Zwar ging es ihm in seinen Fotos in erster Linie um die Dokumentation von Orten, doch war er mit dem Objektiv gleichzeitig auf der Suche nach formalen Strukturen.

Zu Sohlbergs frühesten erhaltenen Fotos gehören einige Aufnahmen von Nordre Langøy, einer Insel im inneren Oslofjord, auf der die Familie schon in seiner Kindheit die Sommerferien verbrachte. Es scheint, als habe Sohlberg zwei dieser Aufnahmen aus leicht unterschiedlichen Perspektiven als Vorbild für sein Gemälde *Nachmittagssonne* verwendet (Taf. 32). Auffällig ist seine Vorliebe für filigranes Geäst, das sich kontrastreich gegen den Himmel abzeichnet, ein Motiv, das ihn fortan immer wieder beschäftigte.

In drei vermutlich 1897 entstandenen Aufnahmen verdeckt das Gewirr scharf fokussierter junger Triebe eines beschnittenen Baumes im Vordergrund nahezu ganz das vermeintliche Hauptmotiv des Fotos, eine Mietskaserne hinter ihnen. Anders als hier relativierte er in der aquarellierten Zeichnung *Schafteløkken* (Taf. 7) die abstrakte Wirkung des Geästs und des nahansichtigen Hauses. In zwei Aufnahmen einer Eiche in Kjerringsvik von 1908 fokussierte er mit dem Objektiv die filigranen Linien der Äste des mächtigen Baumes, sodass in einem der Fotos eine nahezu abstrakte Struktur entsteht. Auch wenn er die Äste für sein Gemälde *Eiche* (Taf. 15) bis ins kleineste Detail kopierte, wird die abstrahierende Wirkung des Fotos durch einen weiteren Ausschnitt doch relativiert.

Interessant sind in diesem Zusammenhang auch drei 1906 auf Slagentangen in Vestfold entstandene Aufnahmen einer Reihe am Ufer stehender Kiefern. Der exakt geplante Durchblick auf ein entfernt liegendes kleines Haus erzeugt einen optischen Sog in den Raum. Sohlberg wählte für seine Kamera eine Position, die die Baumreihe jeweils streng bildparallel einfing, sodass ein gleichmäßiges senkrechtes Gitter entsteht, welches das gesamte Bildformat einnimmt. Die hermetischen Kompositionen erinnern erneut an eine Aufnahme von Langdon Coburn von 1902 (Abb. 39). Sohlberg nutzte die Fotos offenbar als direkte Vorbilder für sein Gemälde *Ein Haus an der Küste* (Taf. 97), in welchem er den in den Fotos bereits angelegten Kontrast zwischen Vorder- und Hintergrund noch einmal verstärkte (Abb. 50).

Das Spiel mit Fläche und Raum beschäftigte Sohlberg erneut 1905 in zwei Fotos einer scharf abgegrenzten Blumenwiese. Hier wird das Blütenmeer zur zweidimensionalen Folie (Abb. 51). Eine ähnlich abstrahierende Wirkung zeigen weitere Aufnahmen, die Himmel und Landschaft bzw. Wasser und Ufer wie zwei Flächen in der Bildmitte aufeinandertreffen lassen.

Stehen die Aufnahmen der Mietskaserne, der Baumreihe und der Blumenwiese zeitlich und motivisch in unmittelbarem Bezug zu Gemälden Sohlbergs, so haben seine vermutlich 1909 entstandenen Brandungsfotos vom Skagerrak keine Gemälde nach sich gezogen. Für die Fotografen des 19. Jahrhunderts stellten solche Aufnahmen aufgrund der notwendigen kurzen Belichtungszeit noch enorme technischen Herausforderungen dar, und auch im frühen 20. Jahrhundert ist das Motiv aufgrund der technischen Anforderungen noch selten anzutreffen.[22] Einer der wenigen zeitgenössischen Fotografen, die sich zeitgleich mit Sohlberg intensiv mit diesem Thema beschäftigten, war der deutsche Fotopionier Franz Schensky (1871–1957).

EINORDNUNG

Insbesondere die Aufnahmen aus den Jahren zwischen 1905 und 1911 zeigen ein intensives Interesse und beachtliches Geschick im Hinblick auf die Fotografie. Die Kamera diente Sohlberg erst einmal zum Finden von Motiven und zur Klärung von Bildkonzepten. Was und wie er fotografierte, war deutlich von zeitgenössischen nationalen und internationalen Entwicklungen geprägt wie etwa der Gebirgsfotografie und dem Piktorialismus. Eine Reihe von Aufnahmen kam bei der Entstehung der Gemälde direkt zum Einsatz – nicht nur als Inspiration, sondern oft als exakt kopierte Vorlagen, zumindest für Teile seiner Gemälde. Der abstrahierende Charakter vieler seiner Fotos kann dabei verstärkt, aber auch abgeschwächt werden. Sohlbergs kreative Auseinandersetzung mit der aktuellen Fotografie hatte neben anderen Faktoren also durchaus Einfluss auf die Wahl und Form der Motive seiner Gemälde, dominierte diese jedoch nicht. Mit großer Neugier und Ausdauer schuf er gleichzeitig fotografische Bilder, die über die dienende und dokumentierende Funktion für seine Malerei hinausgingen. Sie zeigen eine eigene fotospezifische Qualität, die den Möglichkeiten und Gesetzmäßigkeiten des schwarz-weißen Mediums voll gerecht werden.

Obwohl sein fotografisches Schaffen eigentlich nicht von seiner Malerei zu trennen ist, weist es dennoch starke individuelle und sogar einzigartige Züge auf. Mittels der Fotografie erschloss er sich neben der Malerei einen weiteren Zugang zu seinem großen Thema, der Landschaft. Die Aufnahmen zeigen sein Interesse an Strukturen, Flächigkeit, Anschnitten, am Flüchtigen sowie dem Seriellen, das in den Gemälden so nicht vorhanden ist und dem das Medium der Fotografie besonders gerecht wird.

Dass Sohlberg das für Maler seiner Generation tabubelegte Medium nicht in den Vordergrund hob, ist nur verständlich. Der Blick auf seine Fotografien darf und muss deshalb unabhängig vom Urteil bzw. Nicht-Urteil des Künstlers zu seiner Fotografie erfolgen. Aus der fotokunsthistorischen Perspektive wird Sohlberg zu einer komplexeren Künstlerpersönlichkeit, was jedoch nicht bedeutet, wie Dominique de Font-Réaulx schreibt, »von einem ›ut pictura photographia‹ (wie die Malerei so die Fotografie) auszugehen; vielmehr bedeutet es, sich immer wieder neu zu fragen, in welchem Verhältnis Malerei und Fotografie im schöpferischen Universum eines Künstlers zueinander stehen«.[23]

Zwar wäre es falsch, Harald Sohlberg als Fotopionier zu bezeichnen, für die Entwicklung der Fotografie in Norwegen fiel ihm jedoch in einer Zeit, in der das Medium im Begriff stand, sich endgültig als eigenständiges Kunstmedium zu etablieren, eine wichtige Rolle zu. Es ist heute eine Tatsache, dass die Fotografie für die Entwicklung der Kunst seit Mitte des 19. Jahrhunderts eine weitaus wichtigere Rolle gespielt hat, als es bislang allgemein bekannt und anerkannt ist. Dies gilt auch für Nordeuropa. Es ist zu hoffen, dass diese Untersuchung auch dazu dient, größere Aufmerksamkeit auf das spannende und bisher wenig erforschte Feld nordischer Fotokunstgeschichte zu richten.

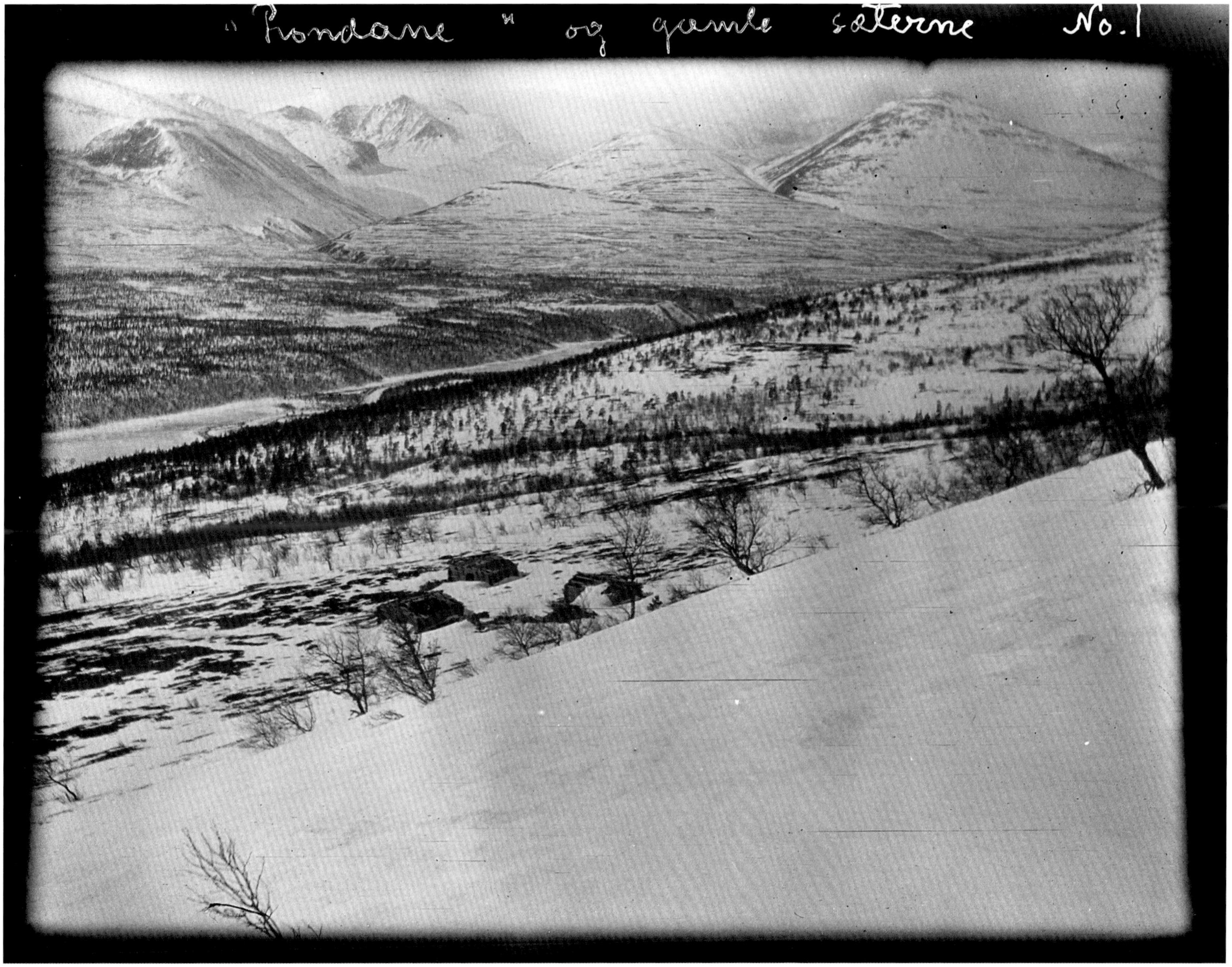

Abb. 40: *Rondane und alte Alm Nr. 1*, Originalnegativ eines Nitrozellulose-Rollfilms, aufgeschnitten, 1913

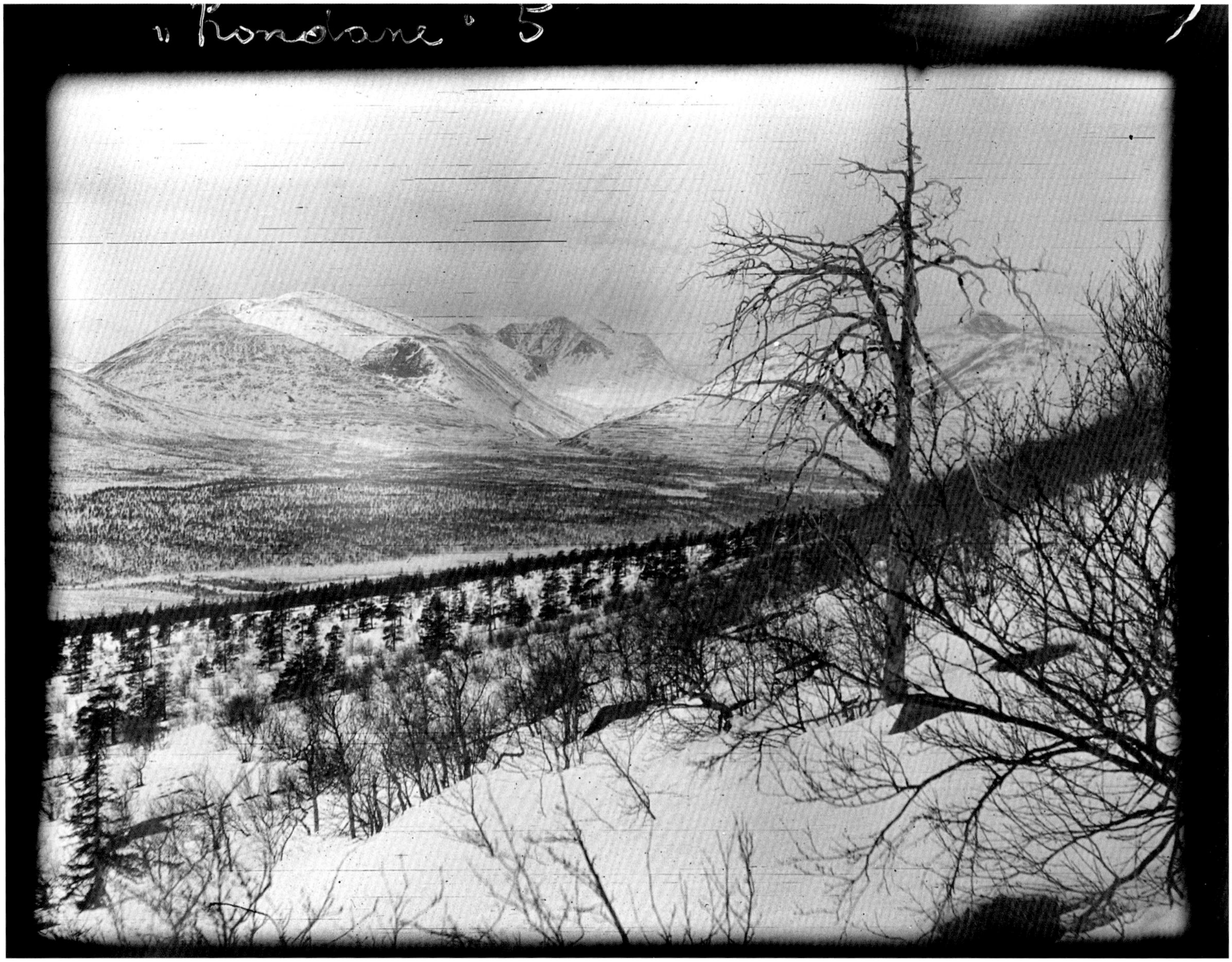

Abb. 41: *Rondane Nr. 5*, Originalnegativ eines Nitrozellulose-Rollfilms, aufgeschnitten, 1911

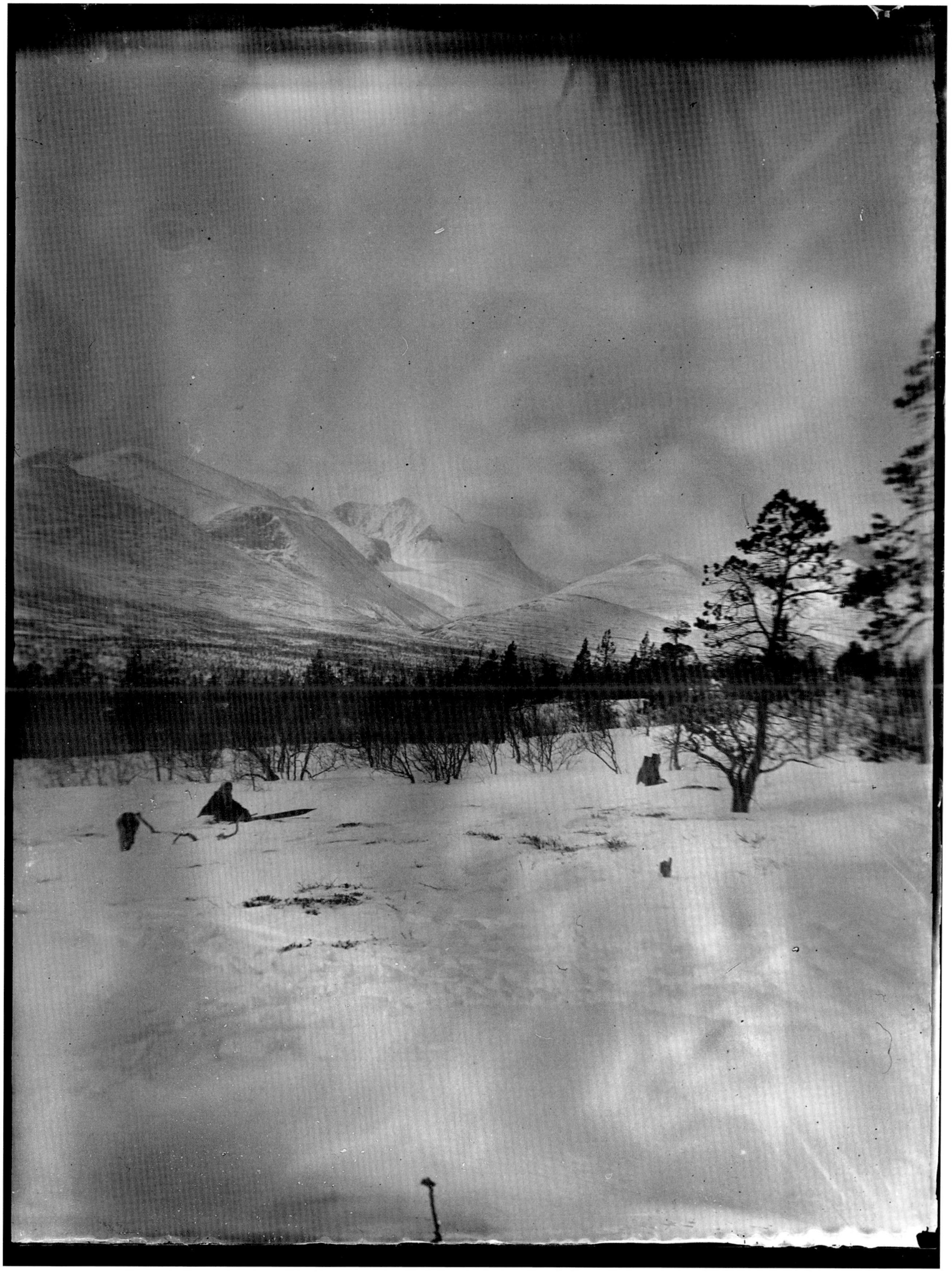

Abb. 42: *Rondane*,
Original-Glasnegativ,
undatiert

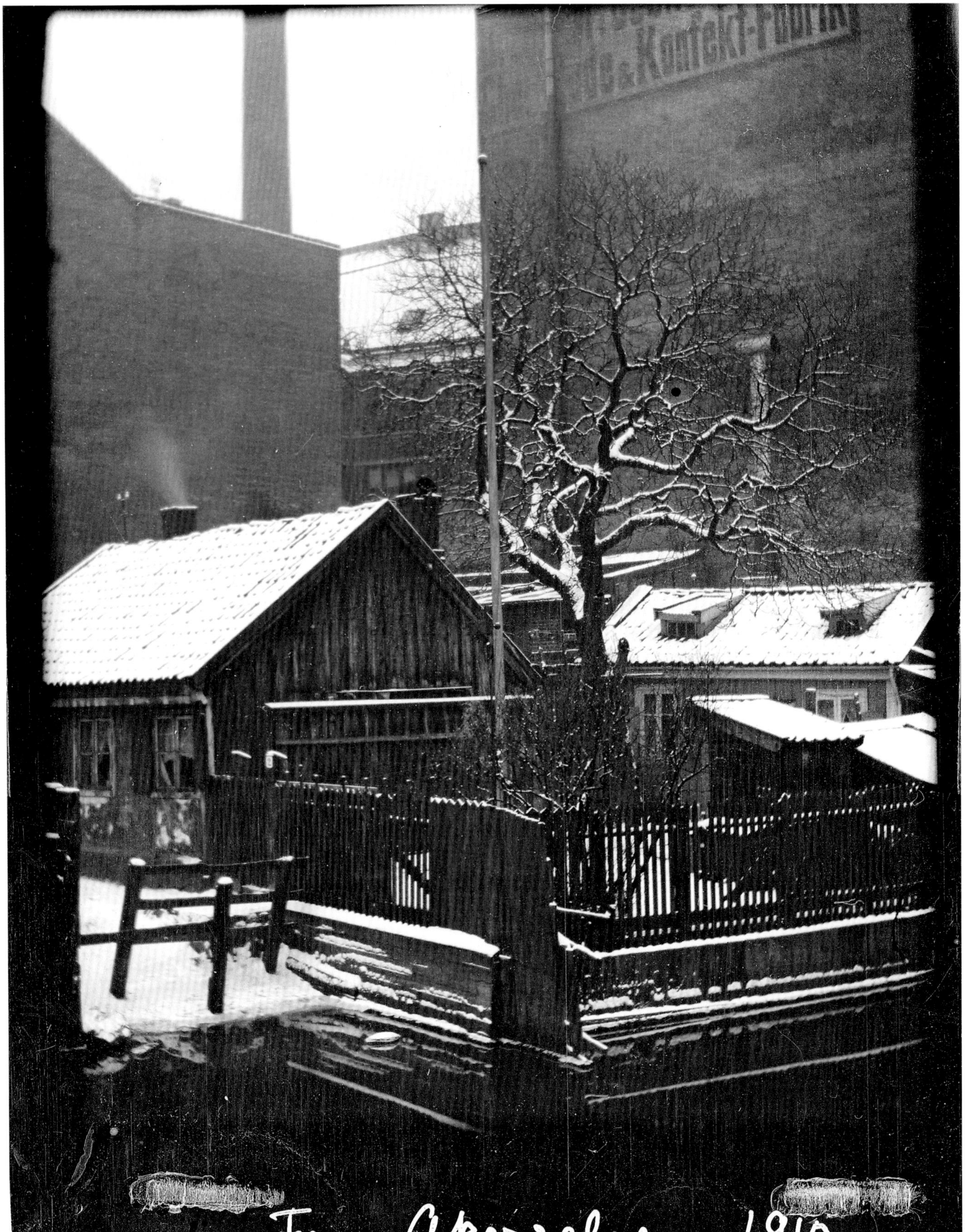

Abb. 43: *An der Akerselva*, Originalnegativ eines Nitrozellulose-Rollfilms, aufgeschnitten, 1910

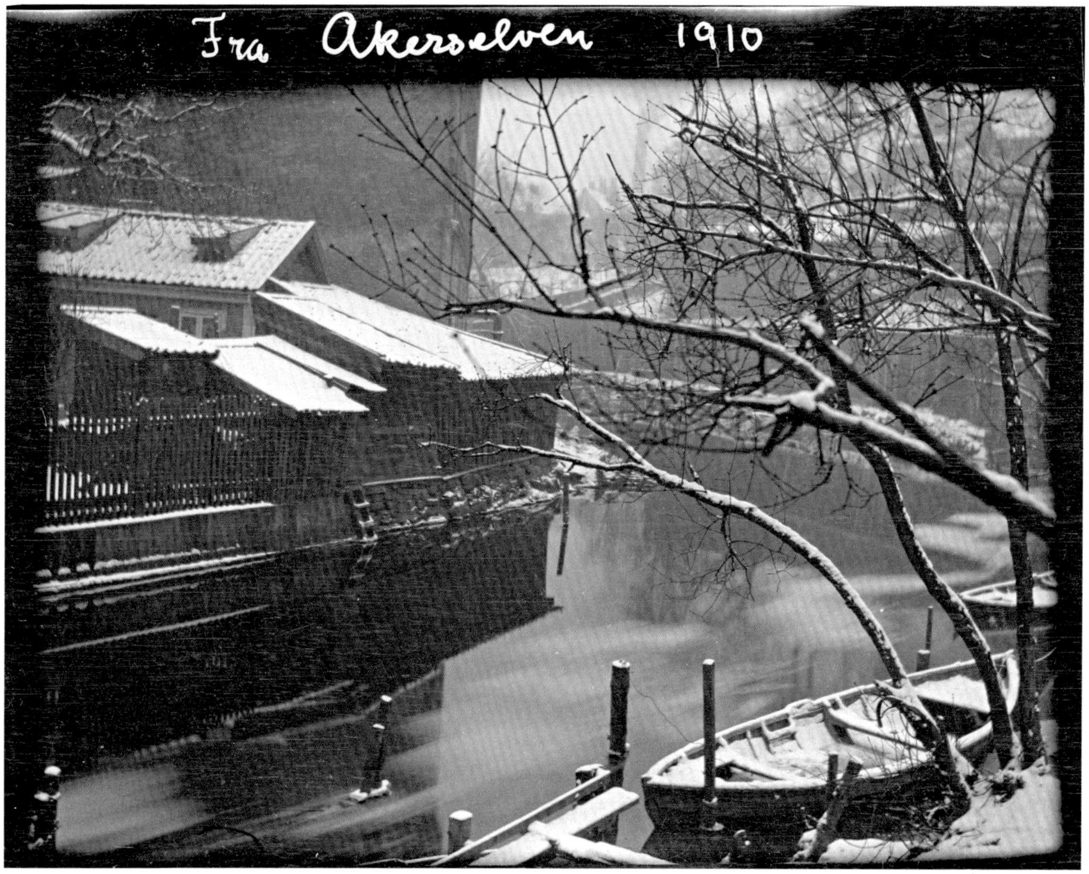

Abb. 44: *Akerselva*, Originalnegativ eines Nitrozellulose-Rollfilms, aufgeschnitten, 1910

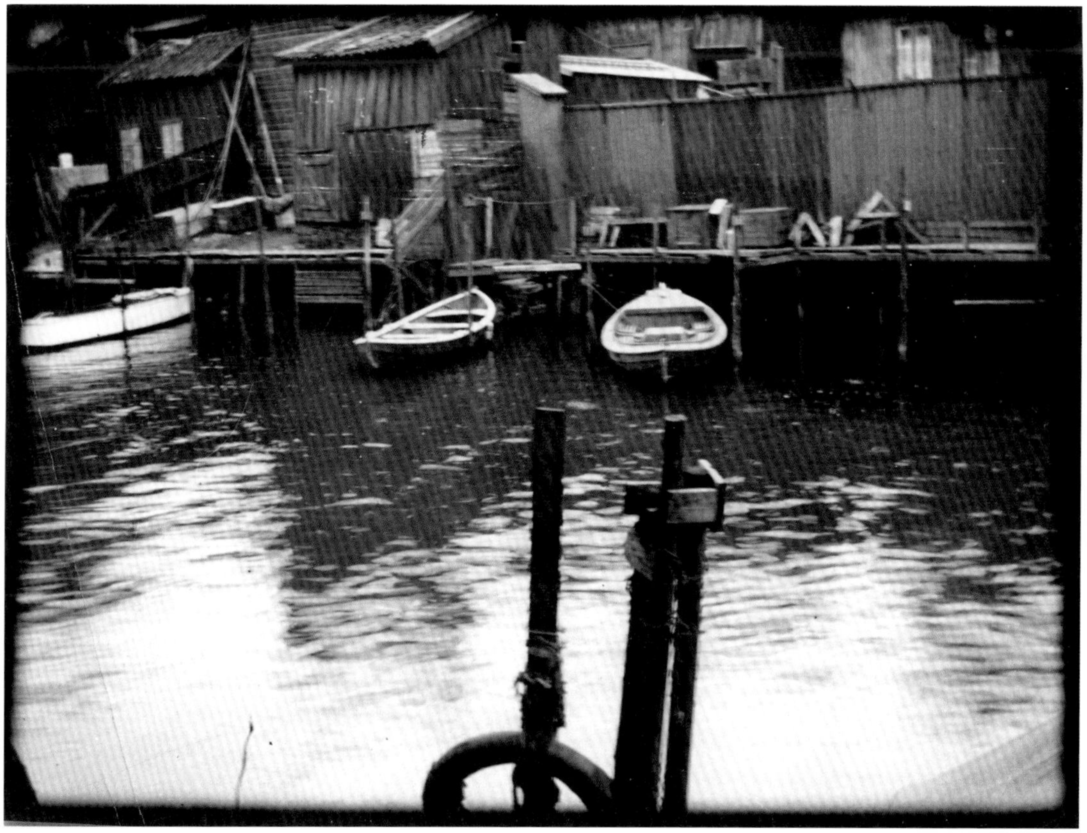

Abb. 45: *Akerselva*, Originalnegativ eines Nitrozellulose-Rollfilms, aufgeschnitten, 1910

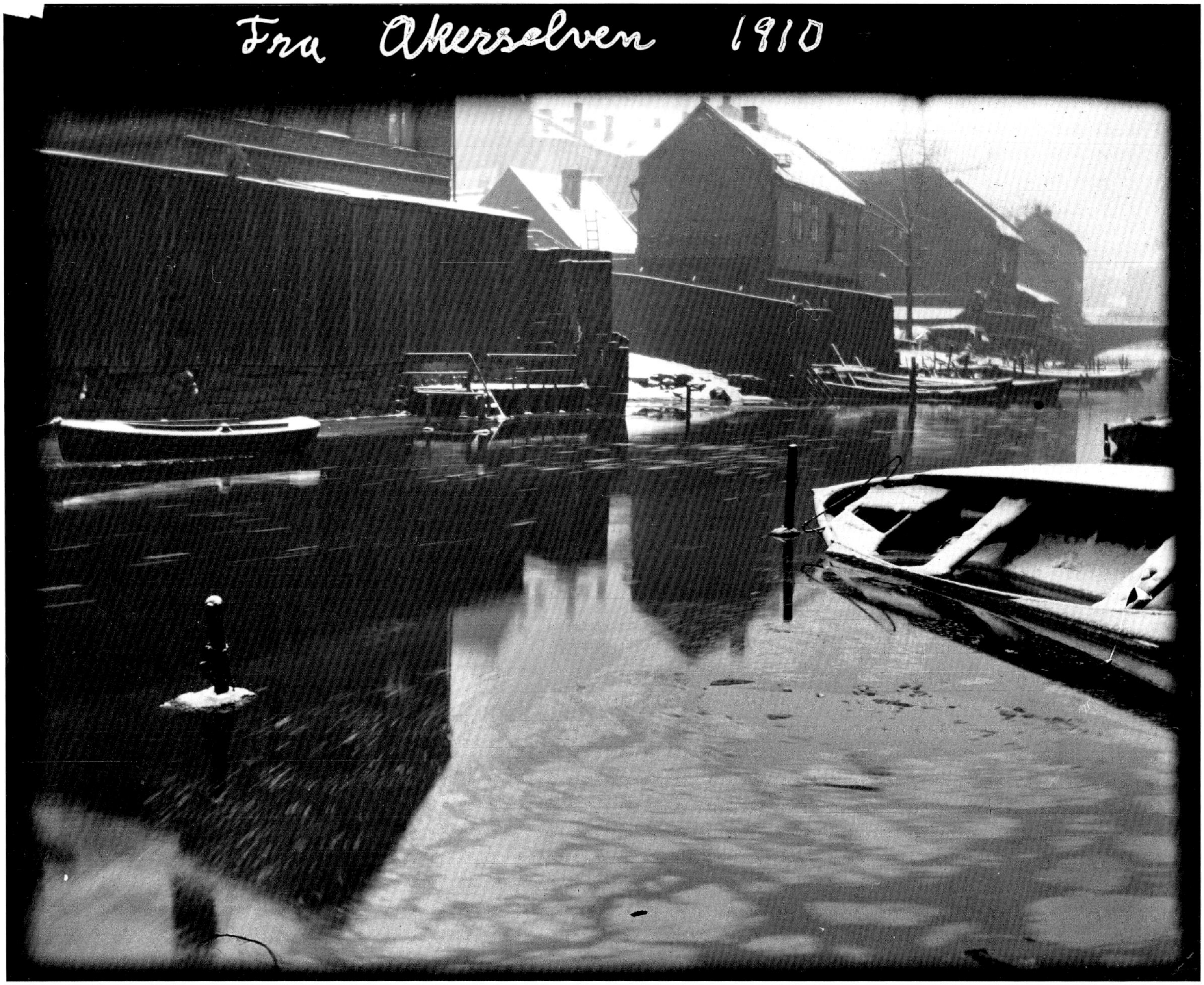

Abb. 46: *Akerselva*, Silbergelatine auf Barytpapier, 1910

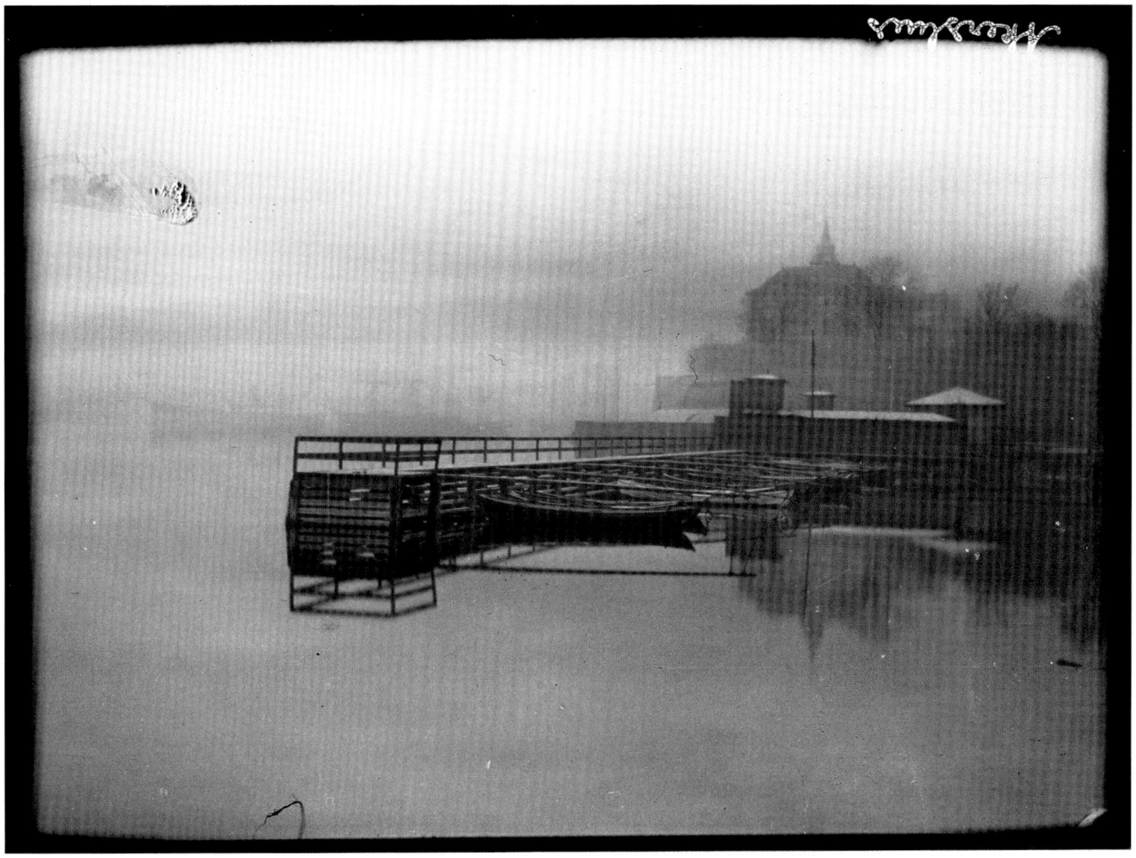

Abb. 47: *Akershus*, Originalnegativ eines Nitrozellulose-Rollfilms, aufgeschnitten, undatiert

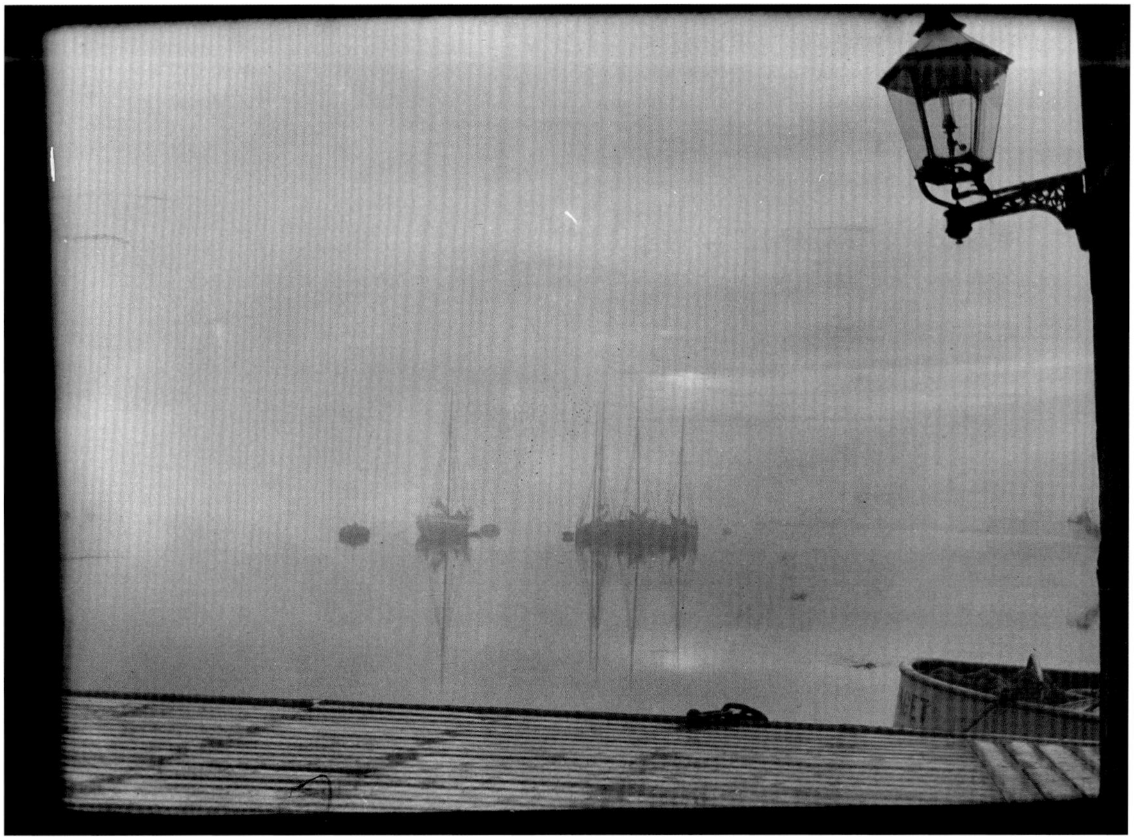

Abb. 48: *Hafen von Oslo* (?), Originalnegativ eines Nitrozellulose-Rollfilms, aufgeschnitten, undatiert

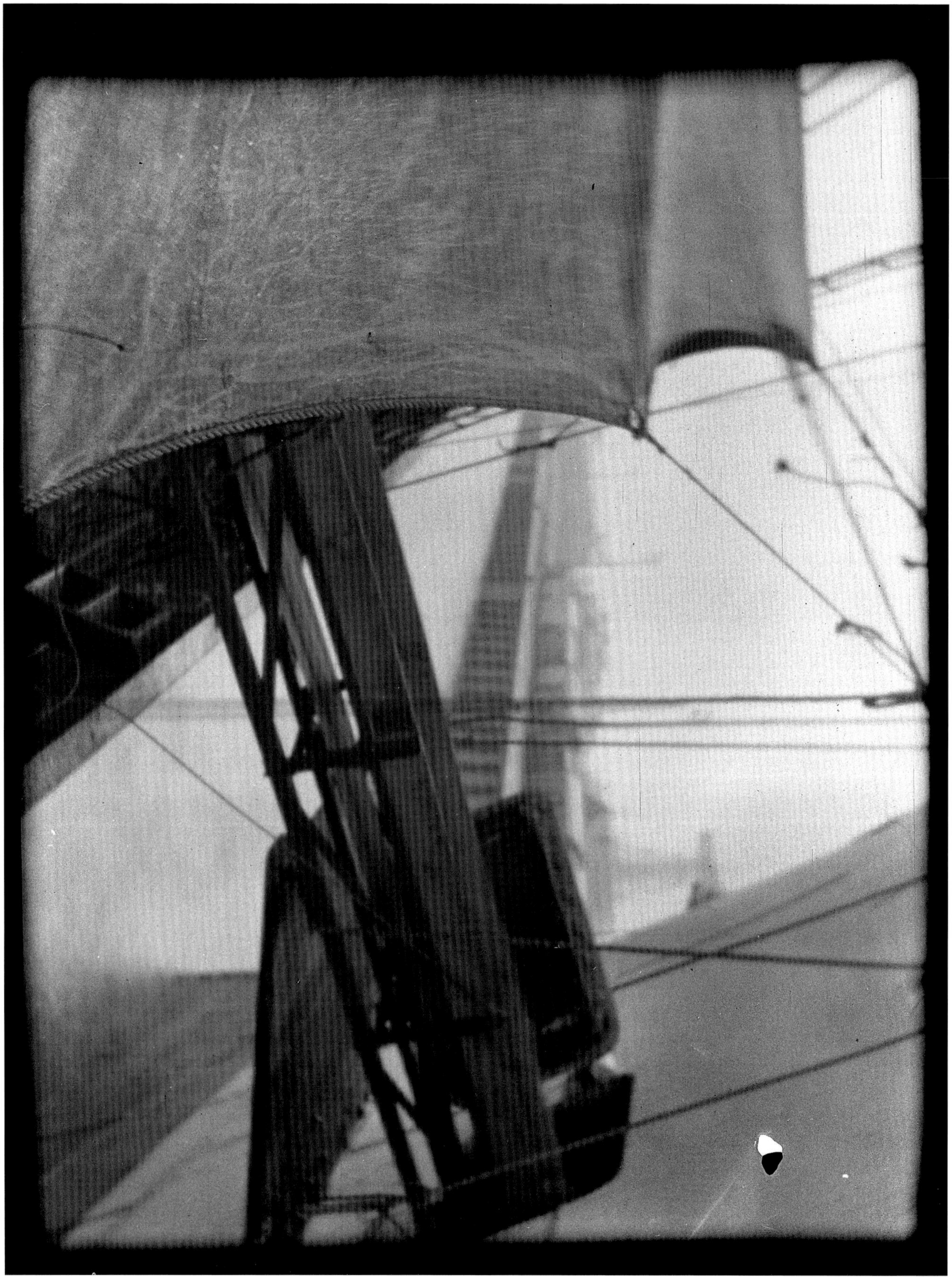

Abb. 49: *Hafen in Oslo (?) »Nr 1«*, Originalnegativ eines Nitrozellulose-Rollfilms, aufgeschnitten (Negativmaß), undatiert

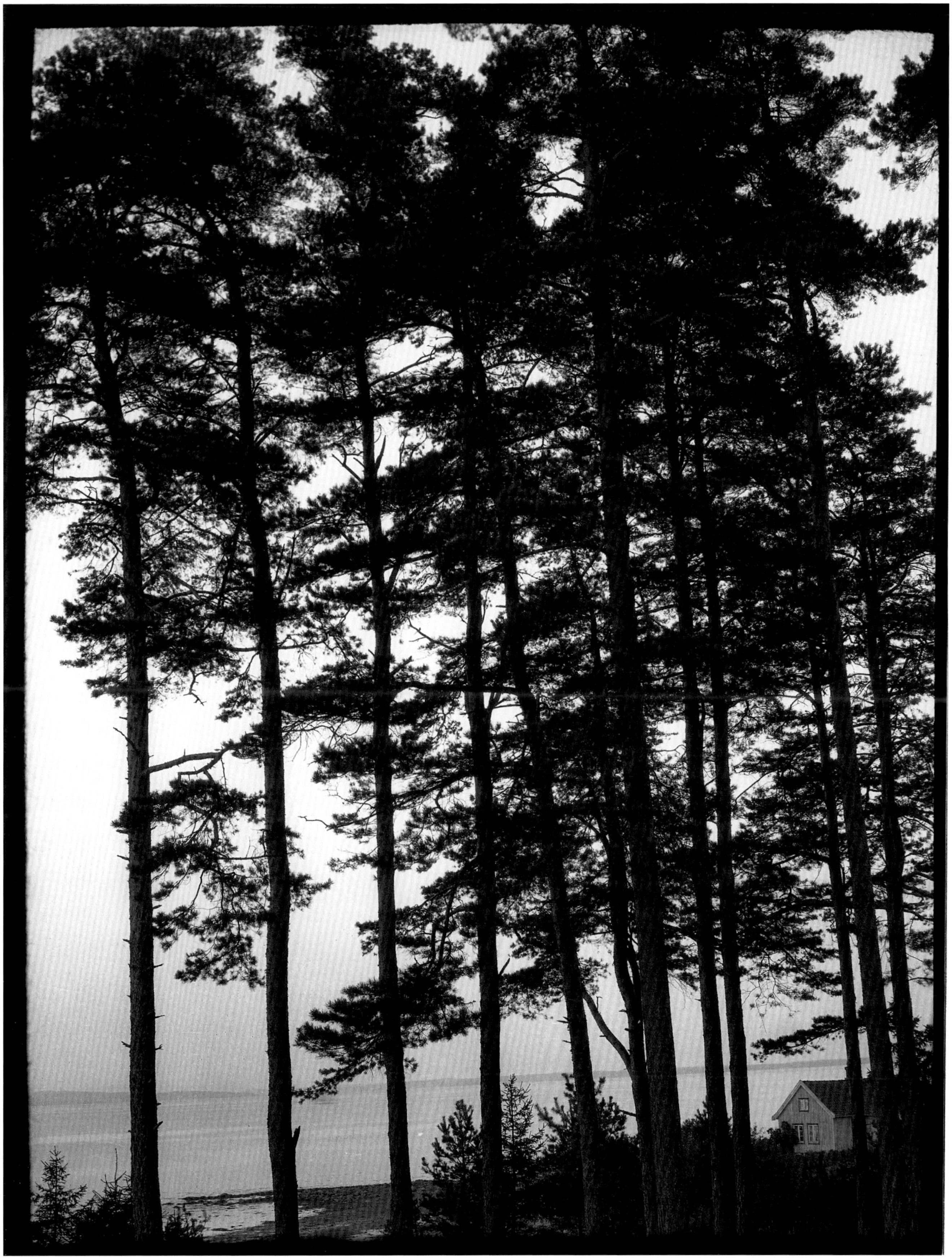

Abb. 50:
Slagentangen, Vestfold, Originalnegativ eines Nitrozellulose-Rollfilms, aufgeschnitten, vermutlich 1906

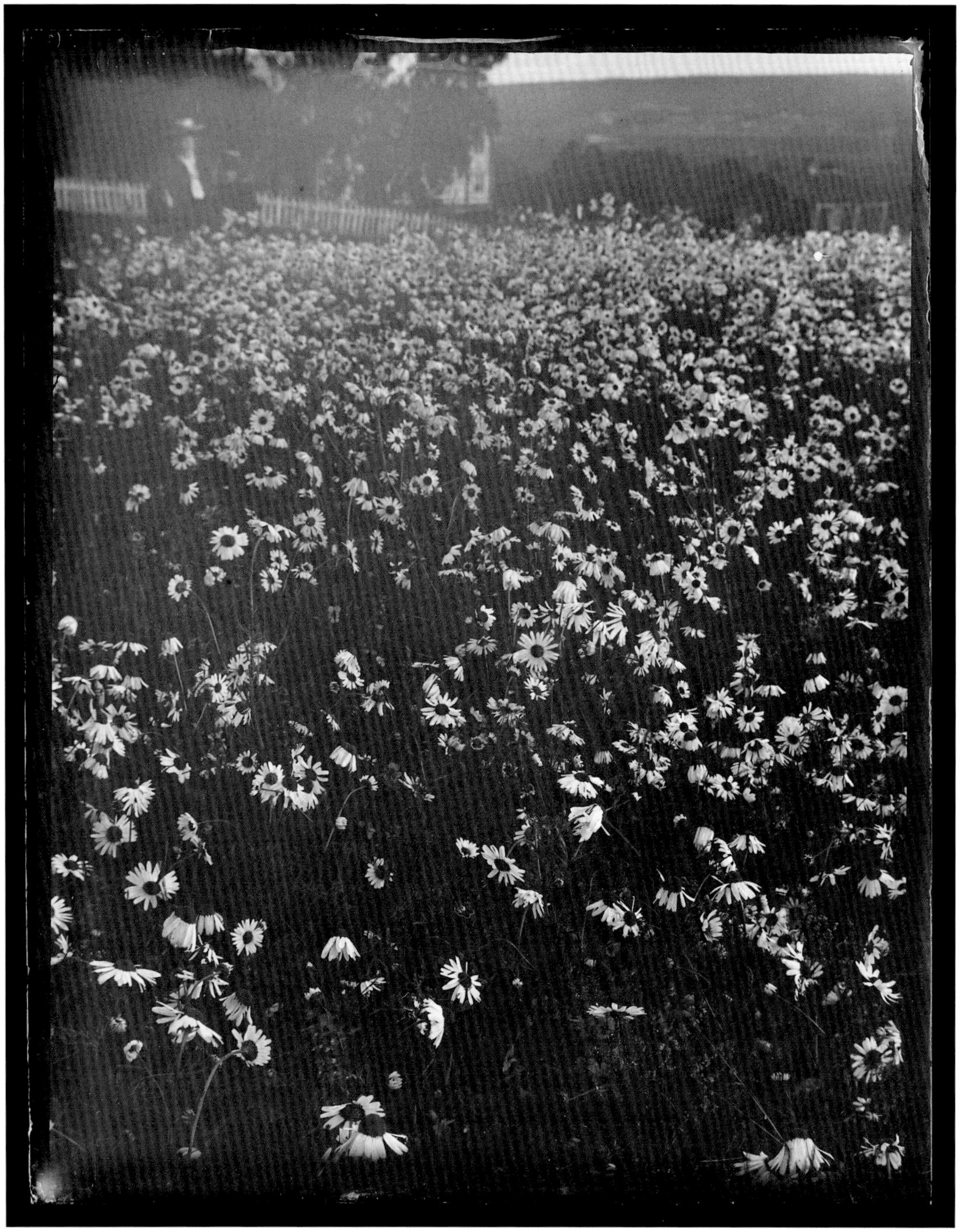

Abb. 51: *Blumenwiese, wilde Margeriten, Gullikstad*, Original-Glasnegativ, vermutlich 1905

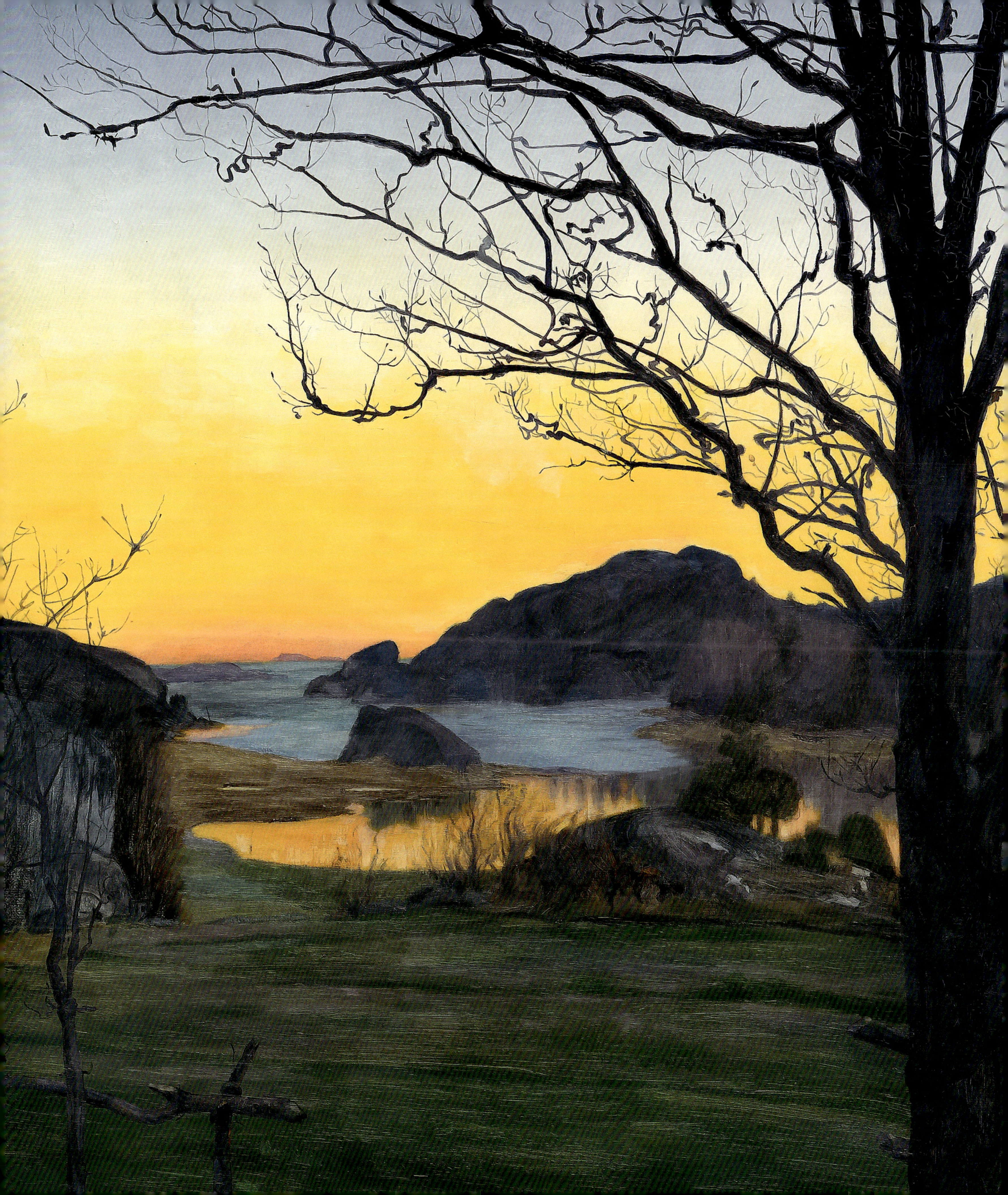

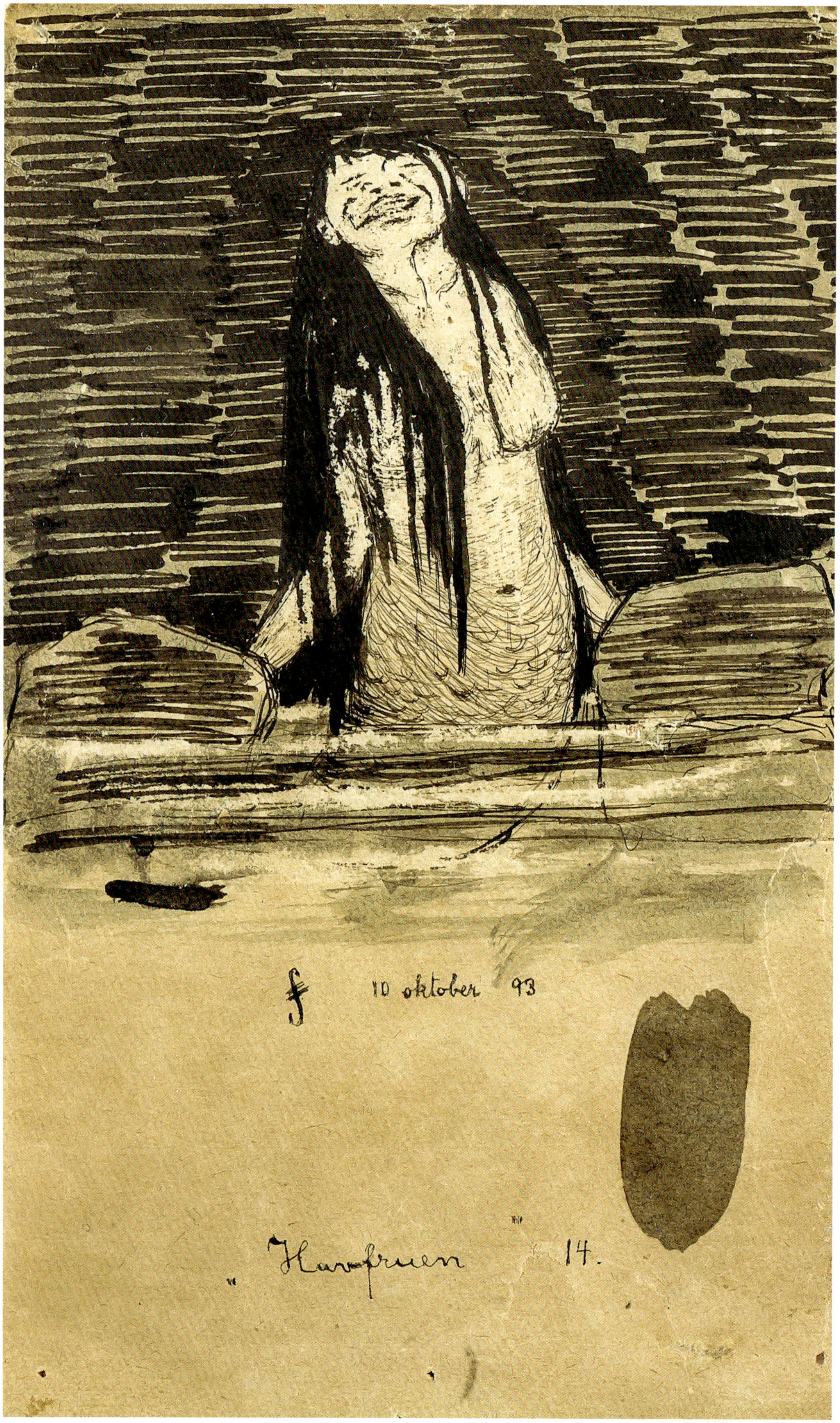

Taf. 105
Meerjungfrau (14), 1893
Kat. 71

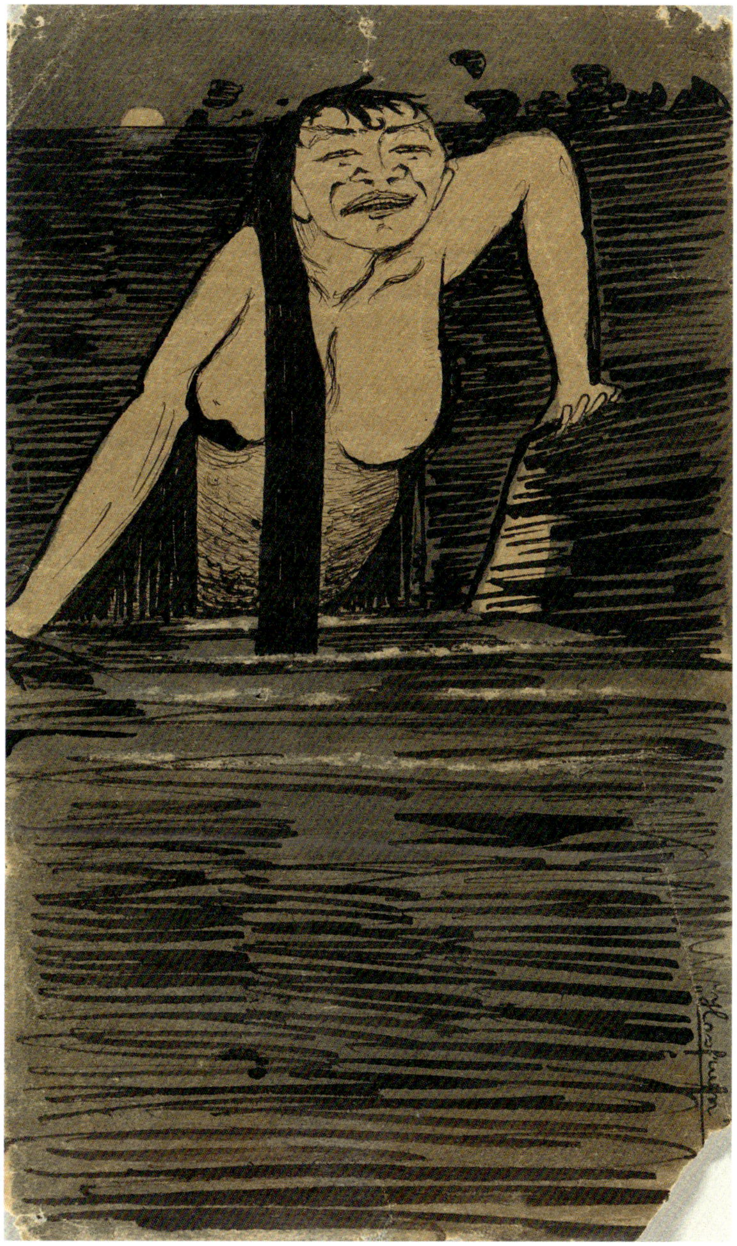

Taf. 106
Meerjungfrau (1893)
Kat. 72

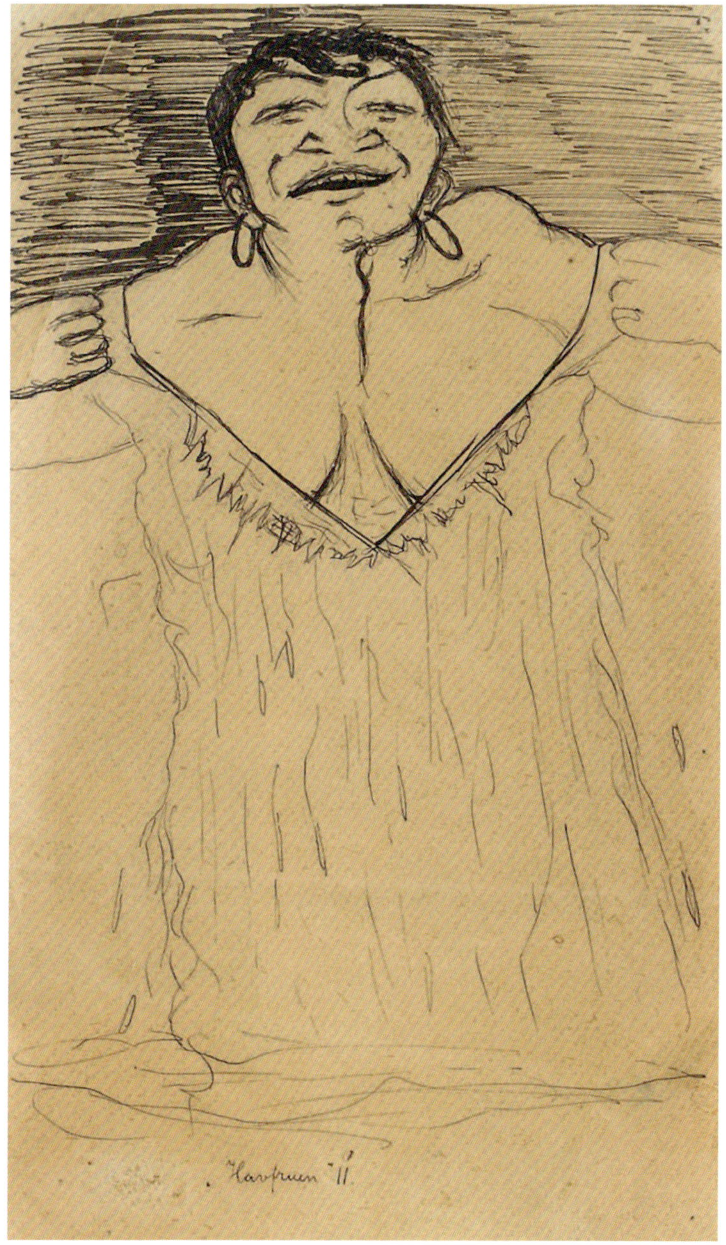

Taf. 107
Meerjungfrau (II) (1893)
Kat. 73

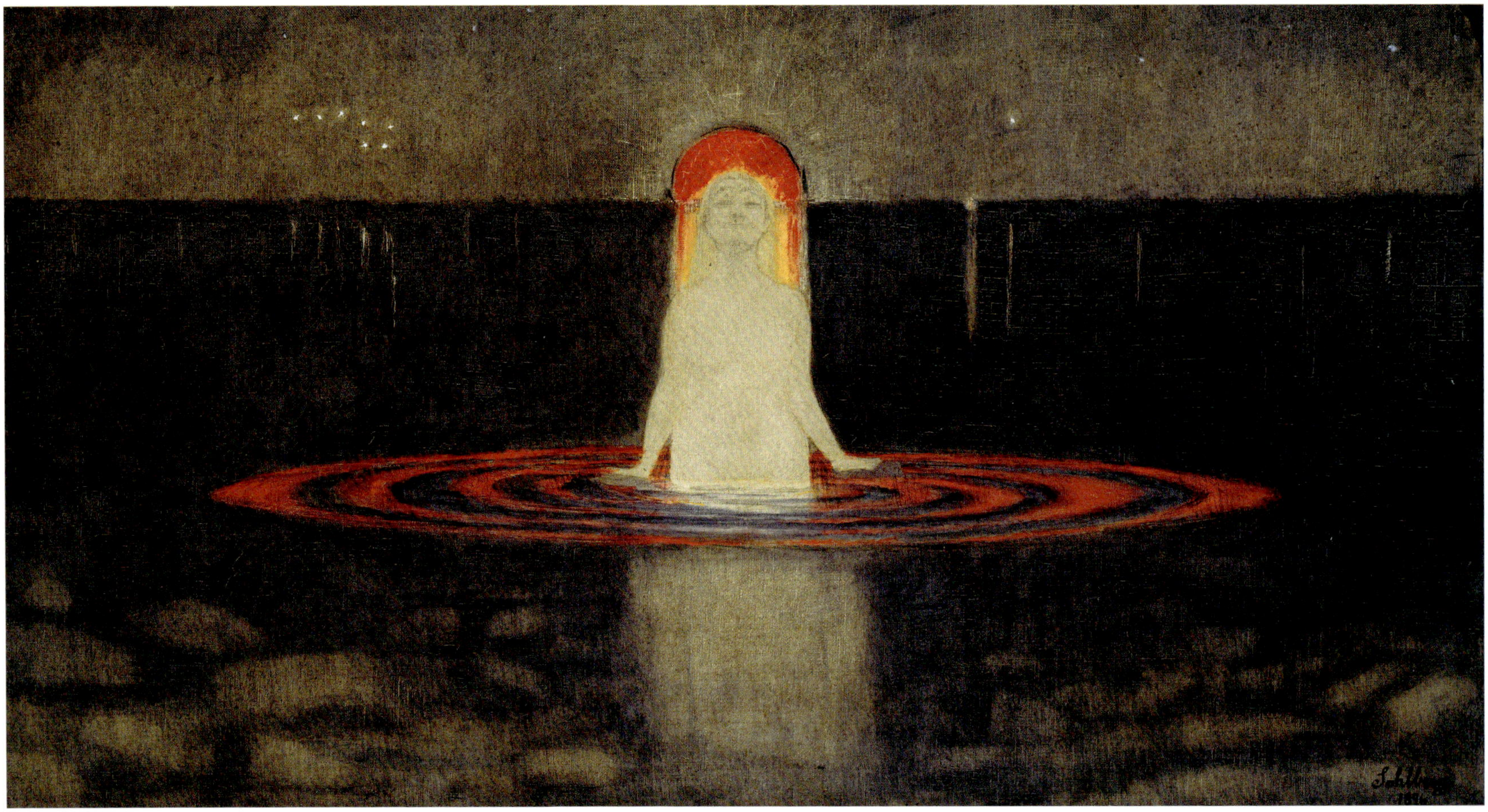

Taf. 108
Meerjungfrau, 1896
Kat. 20

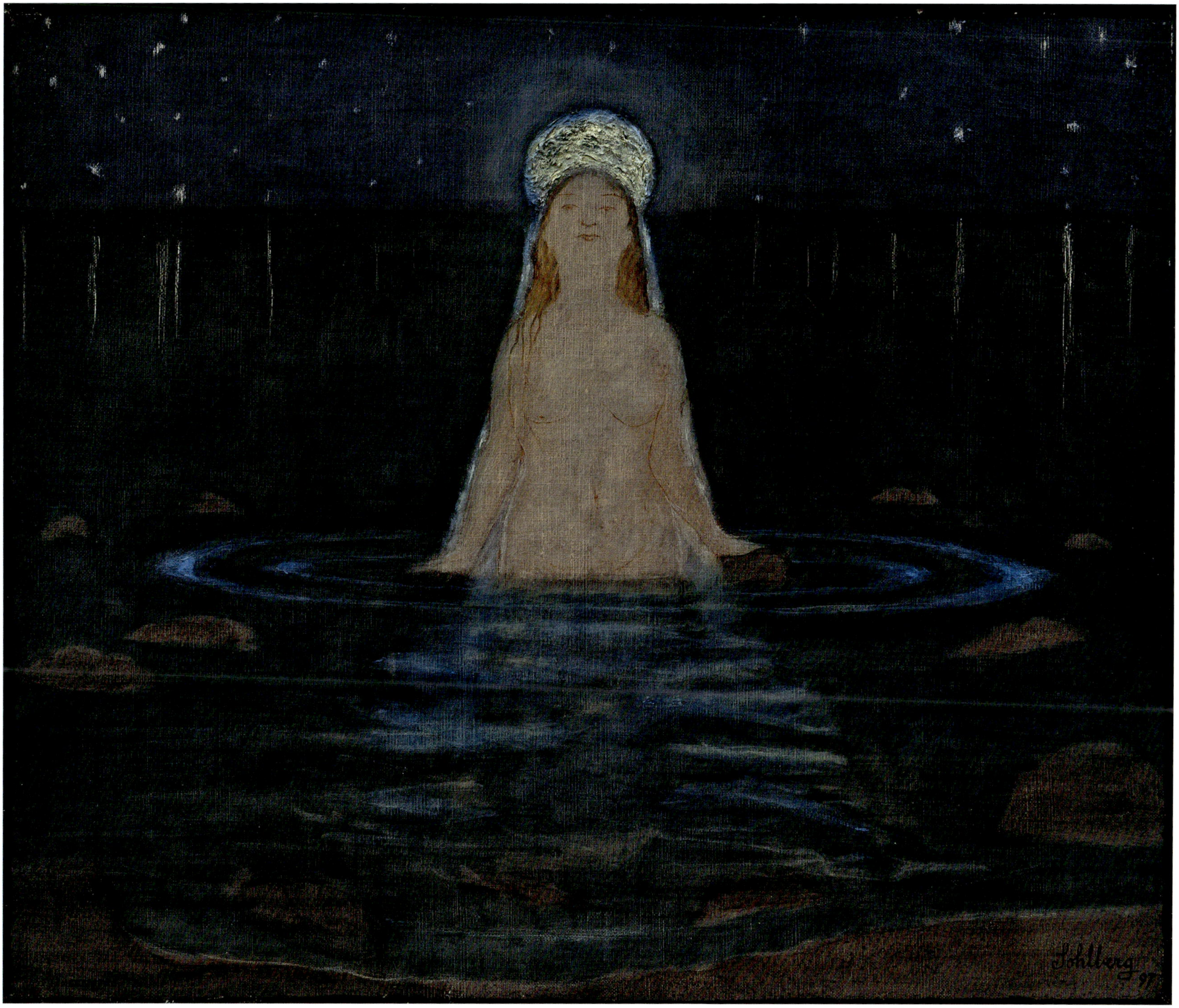

Taf. 109
Meerjungfrau, 1897
Kat. 22

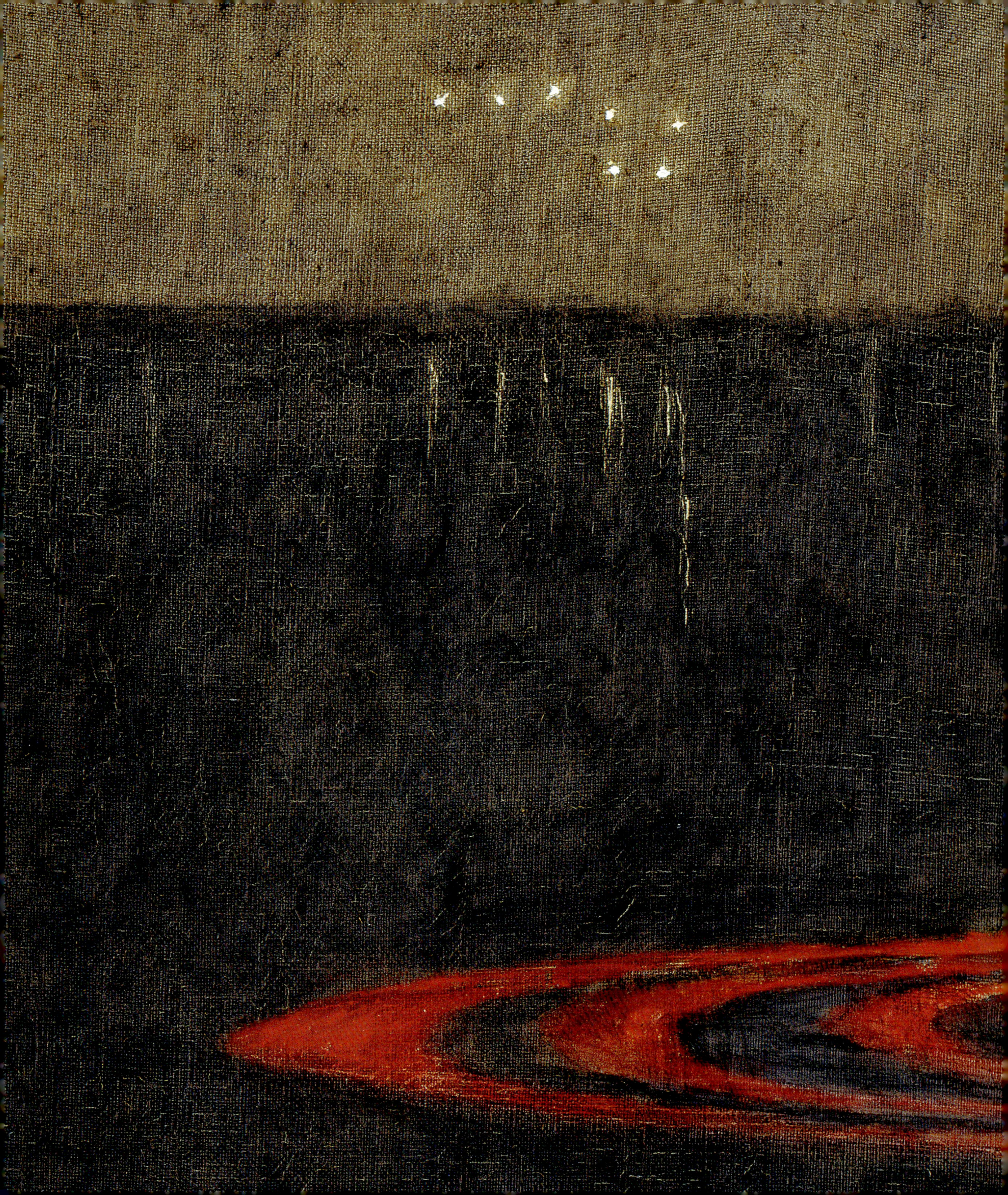

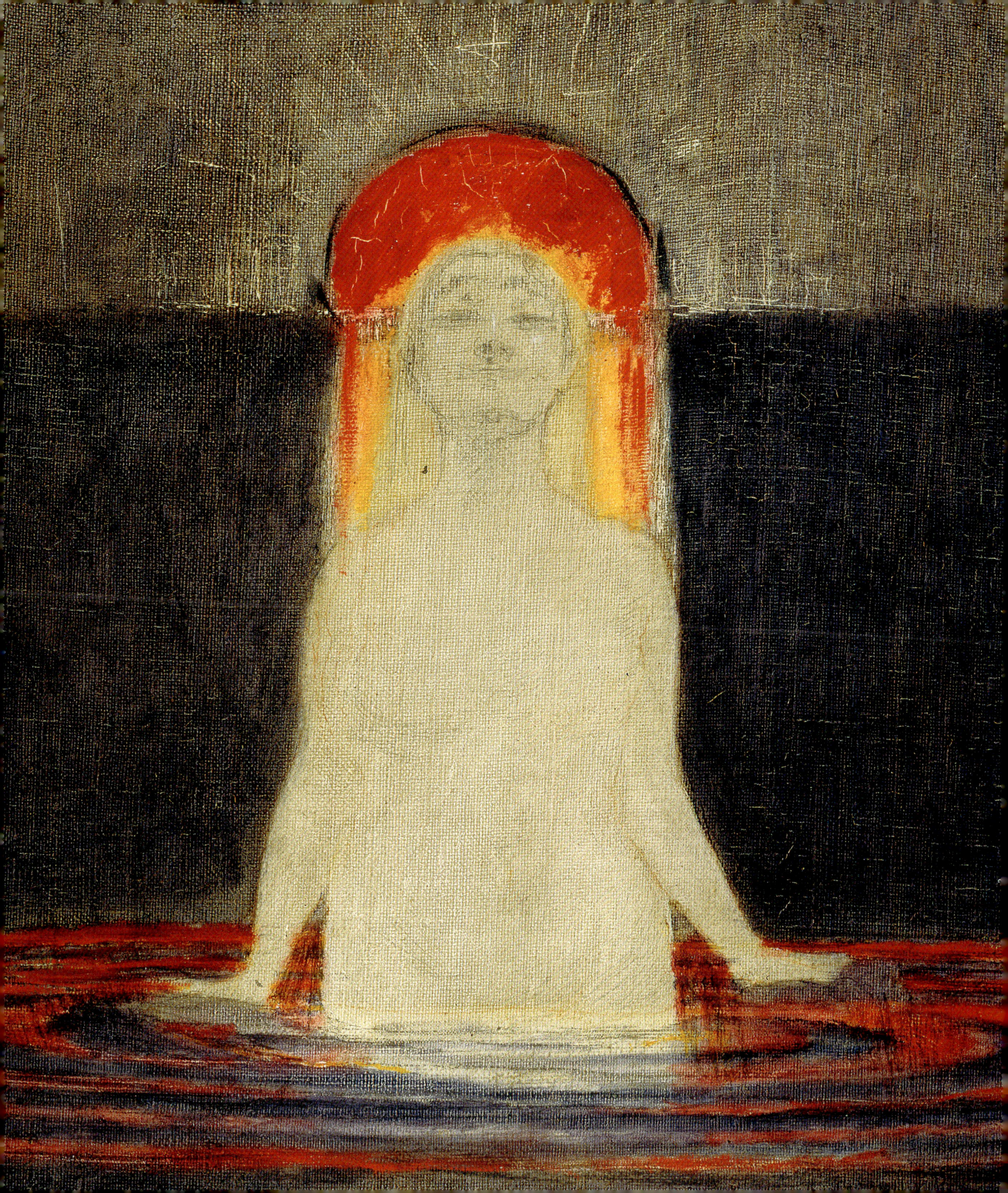

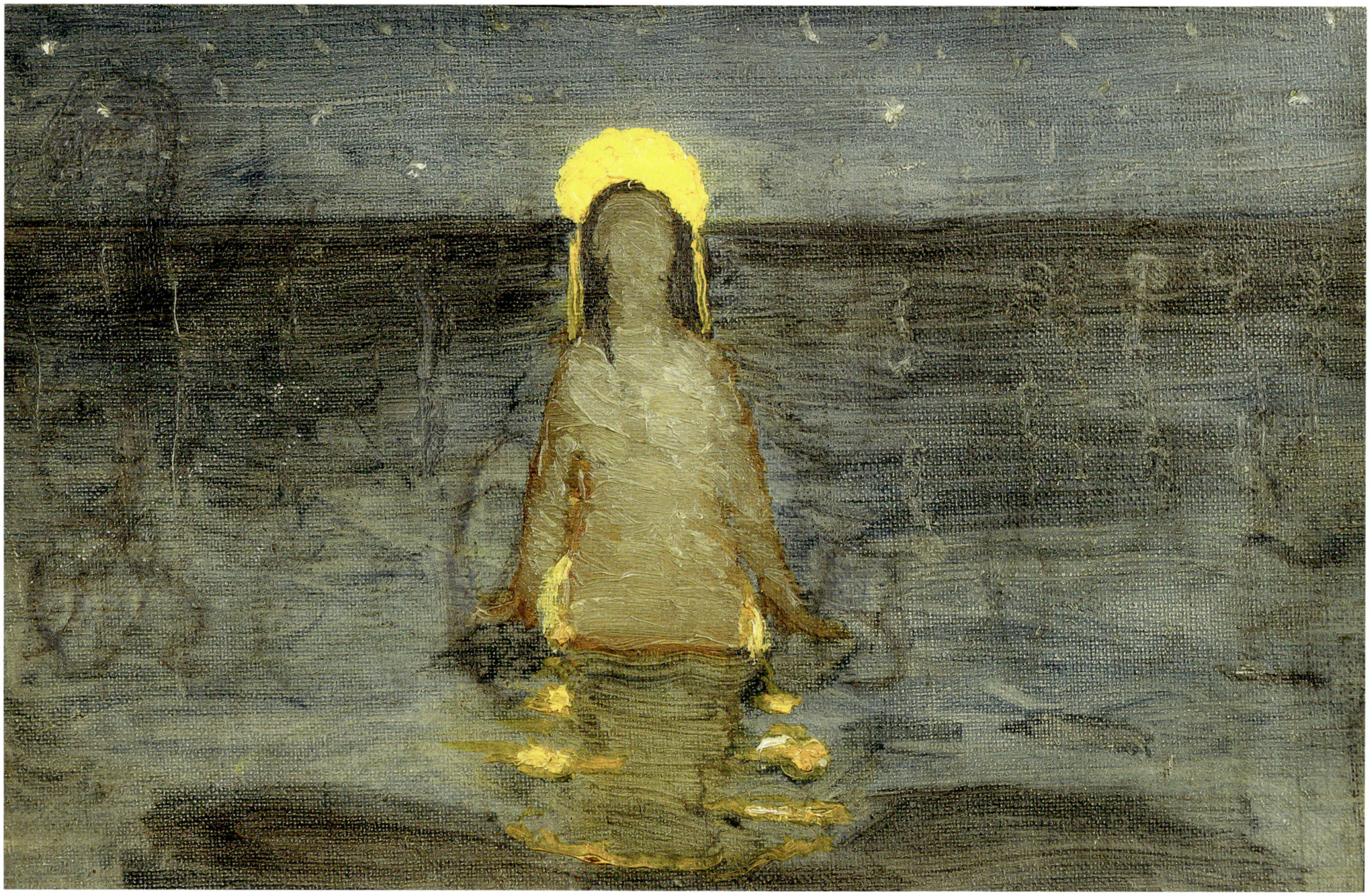

Taf. 110
Meerjungfrau (1898)
Kat. 25

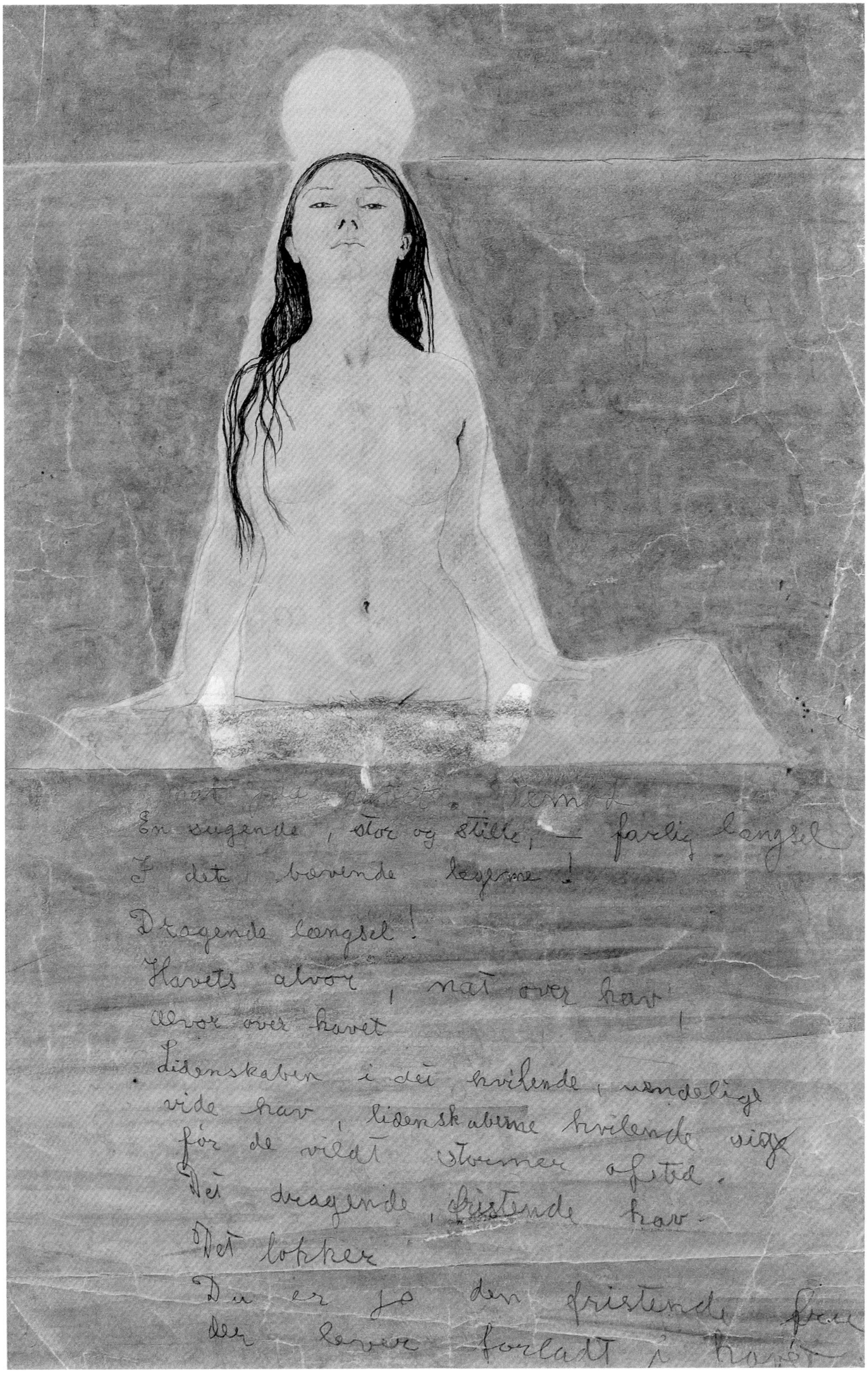

Taf. 111
Meerjungfrau (1897)
Kat. 85

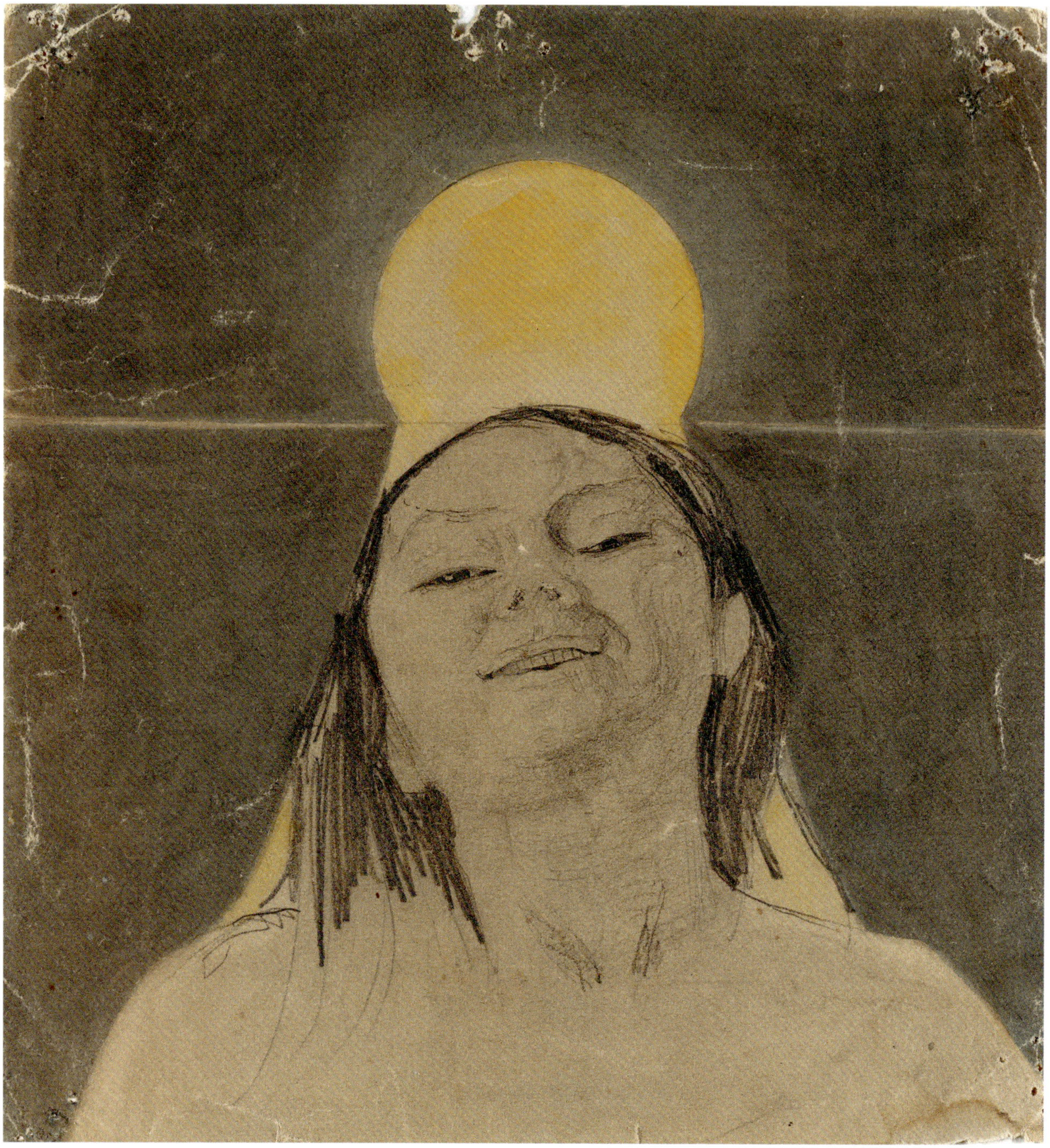

Taf. 112
Meerjungfrau (1897)
Kat. 86

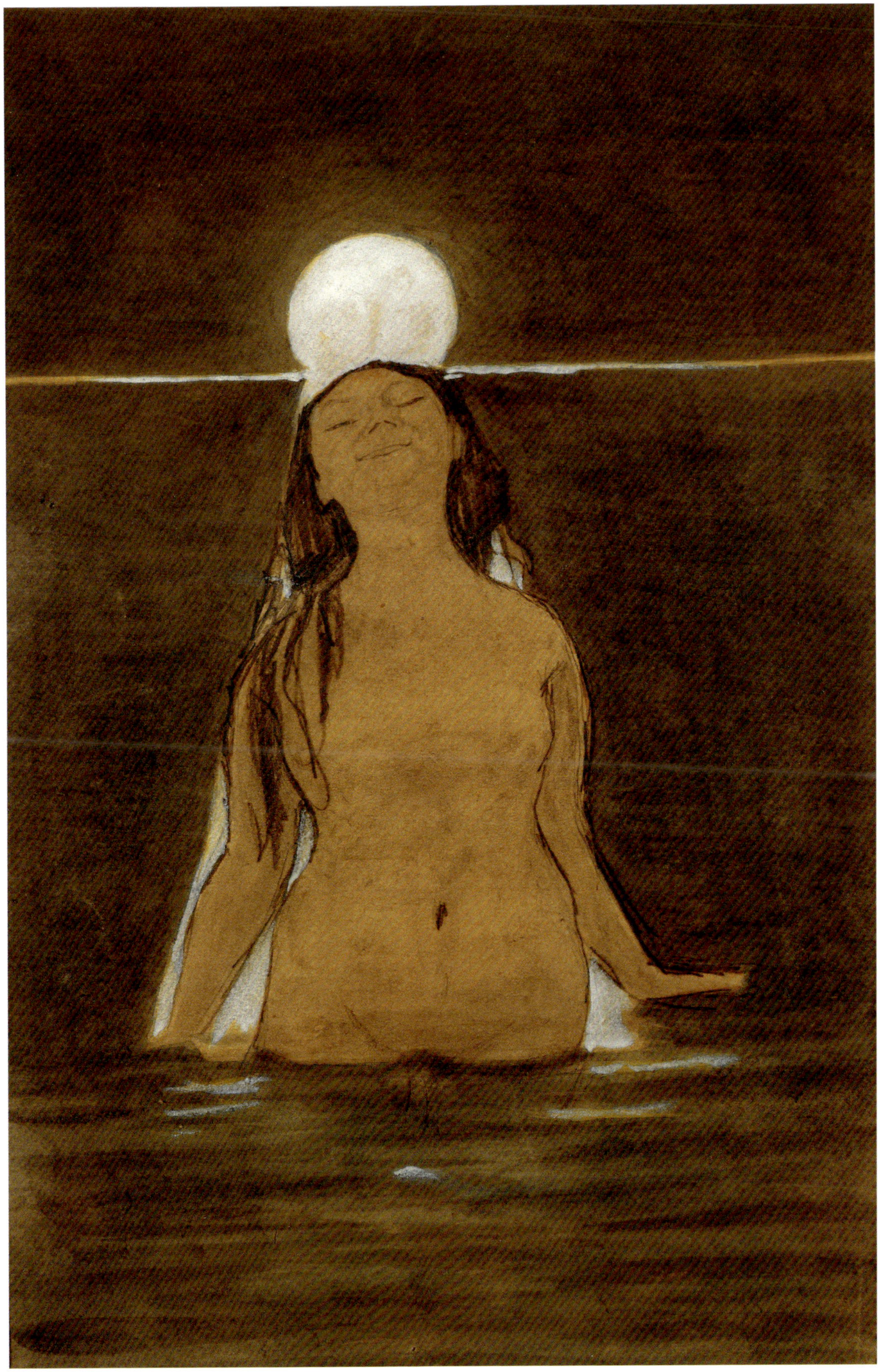

Taf. 113
Meerjungfrau (1897)
Kat. 84

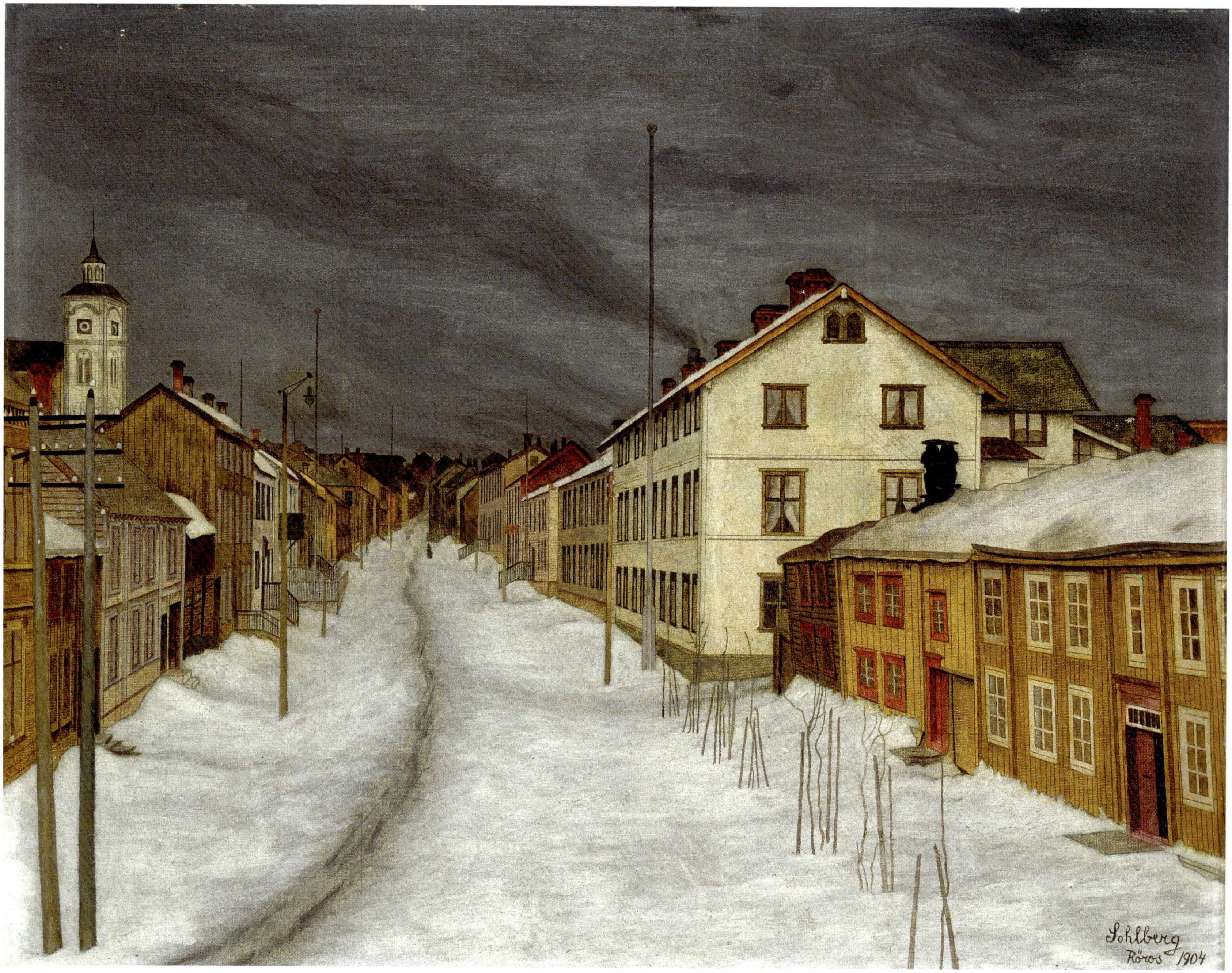

Taf. 114
Große Straße, Røros, 1904
Kat. 36

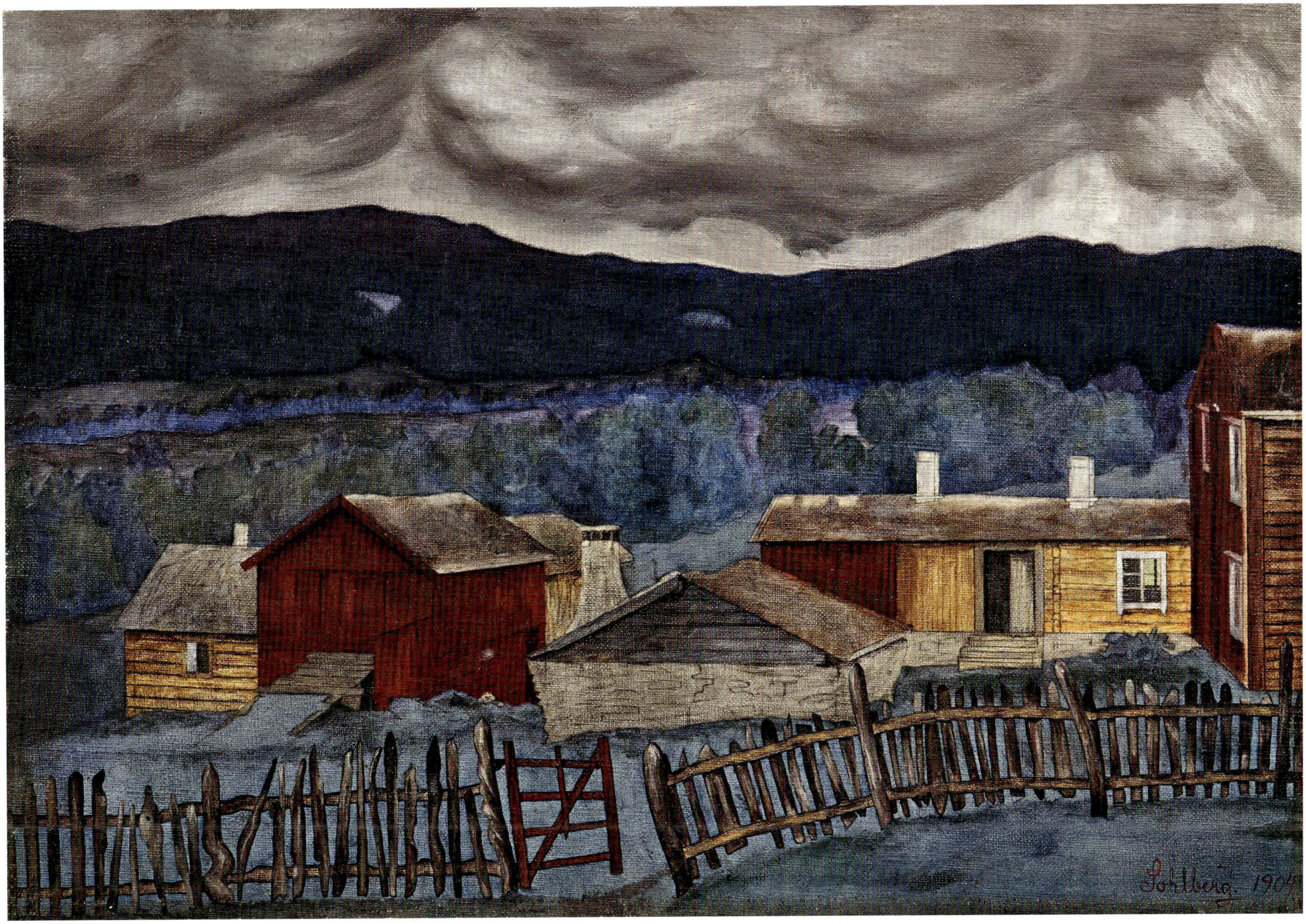

Taf. 115
Gullikstad, 1904
Kat. 38

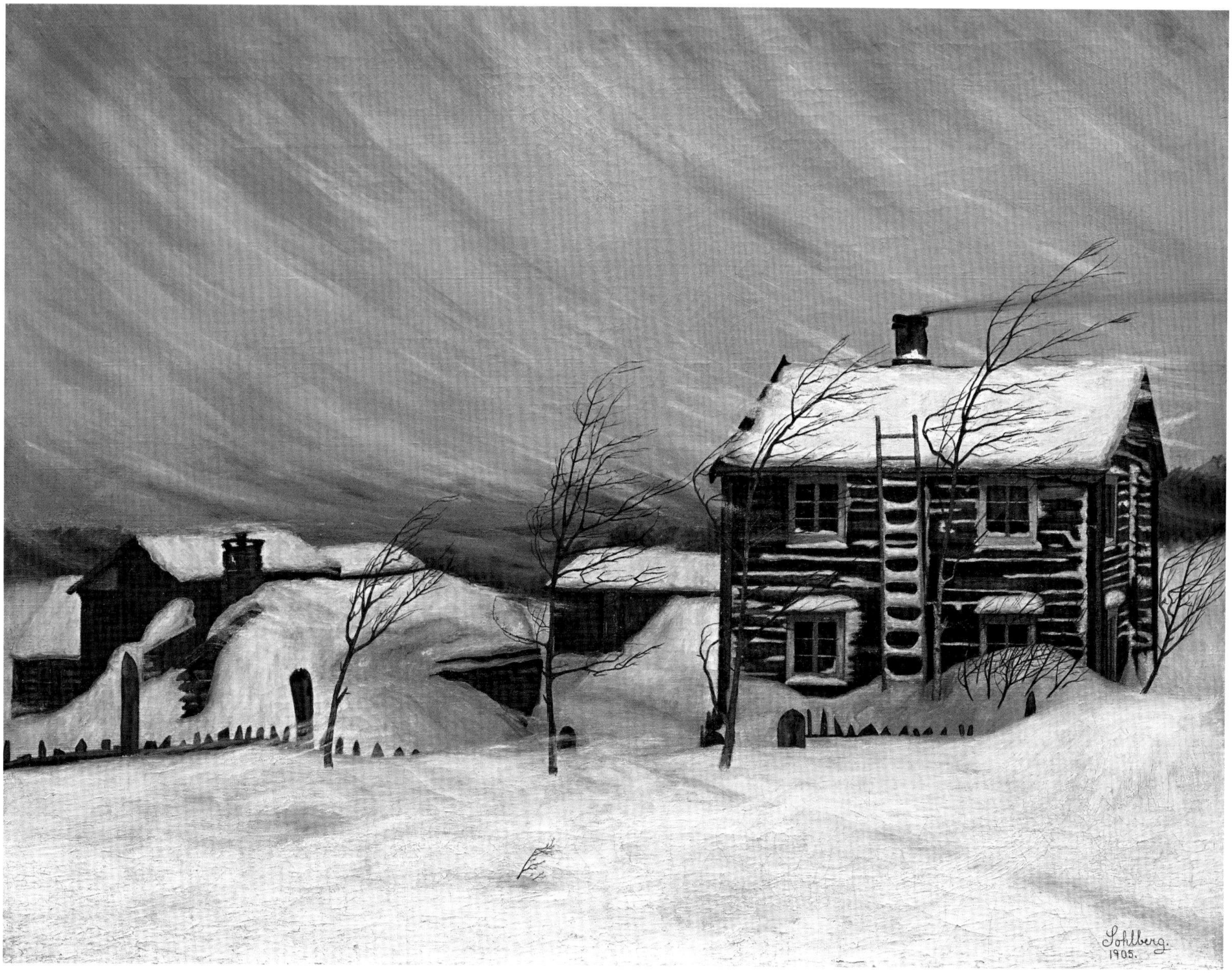

Taf. 116
Schneefall, Gullikstad, 1905
Kat. 42

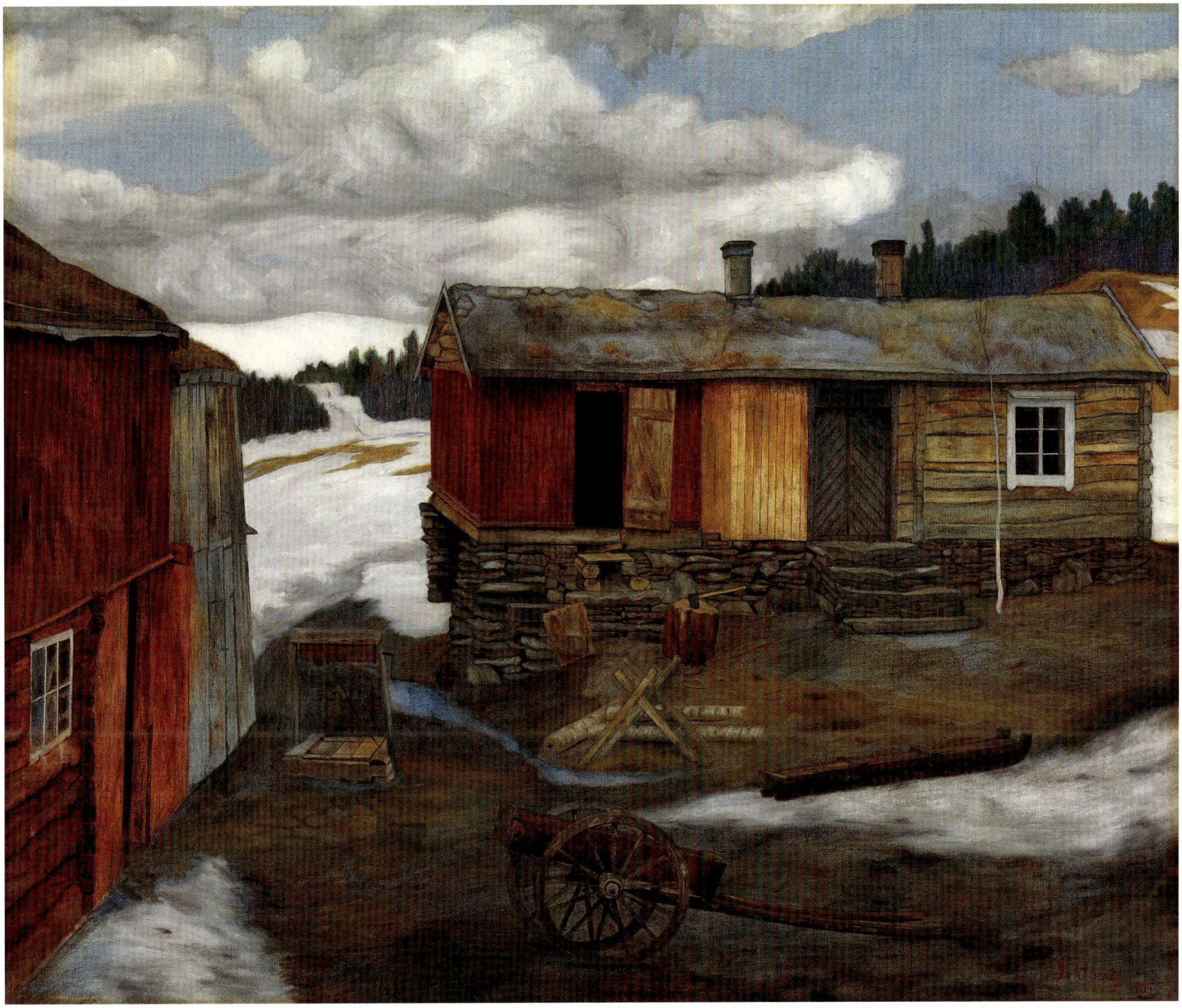

Taf. 117
Hof im Schneematsch, Røros, 1905
Kat. 43

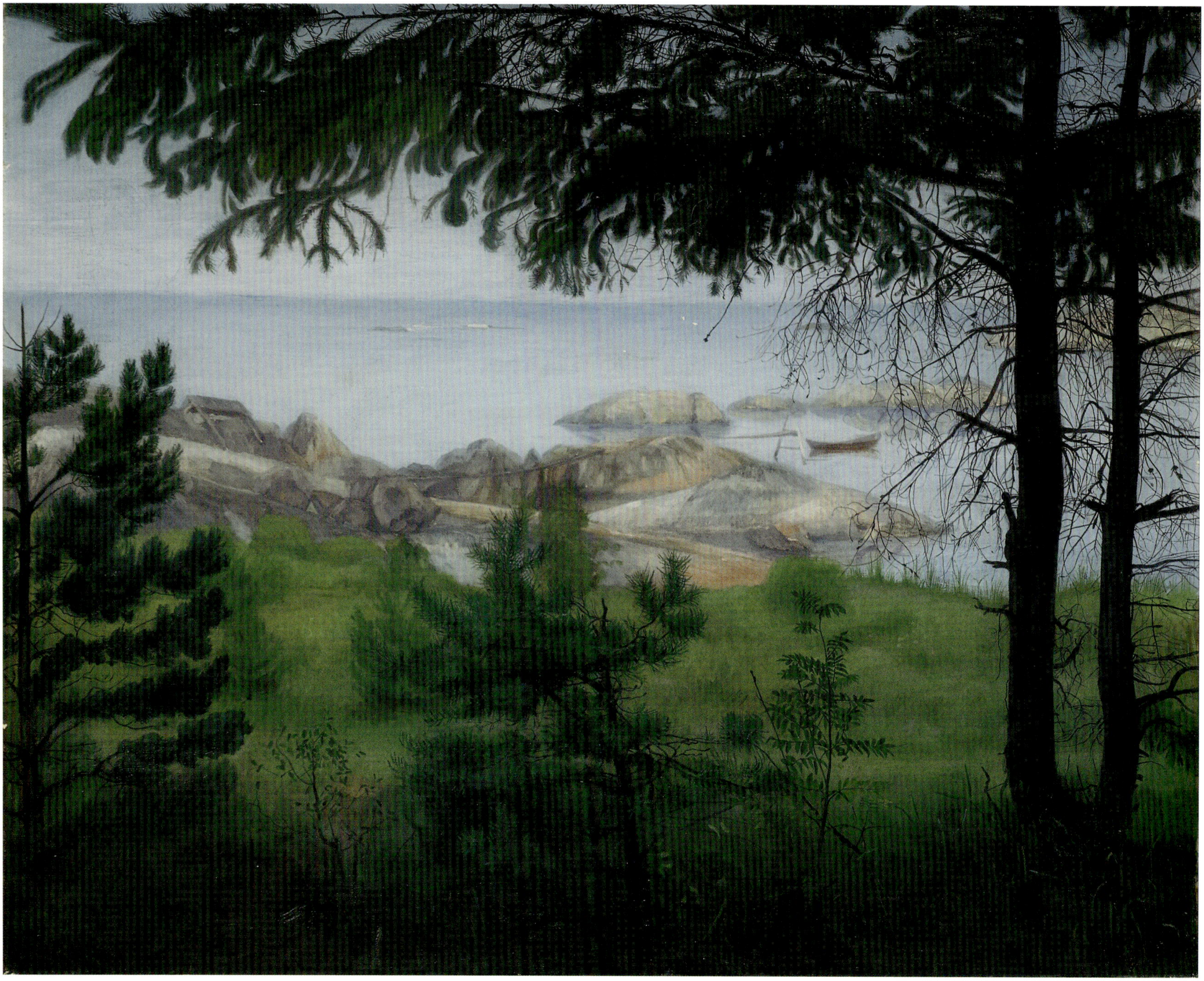

Taf. 118
Am Meer, Ranviken, 1909
Kat. 51

▶
Taf. 119
Herbstliche Landschaft, westlich von Kjerringvik
(1910)
Kat. 53

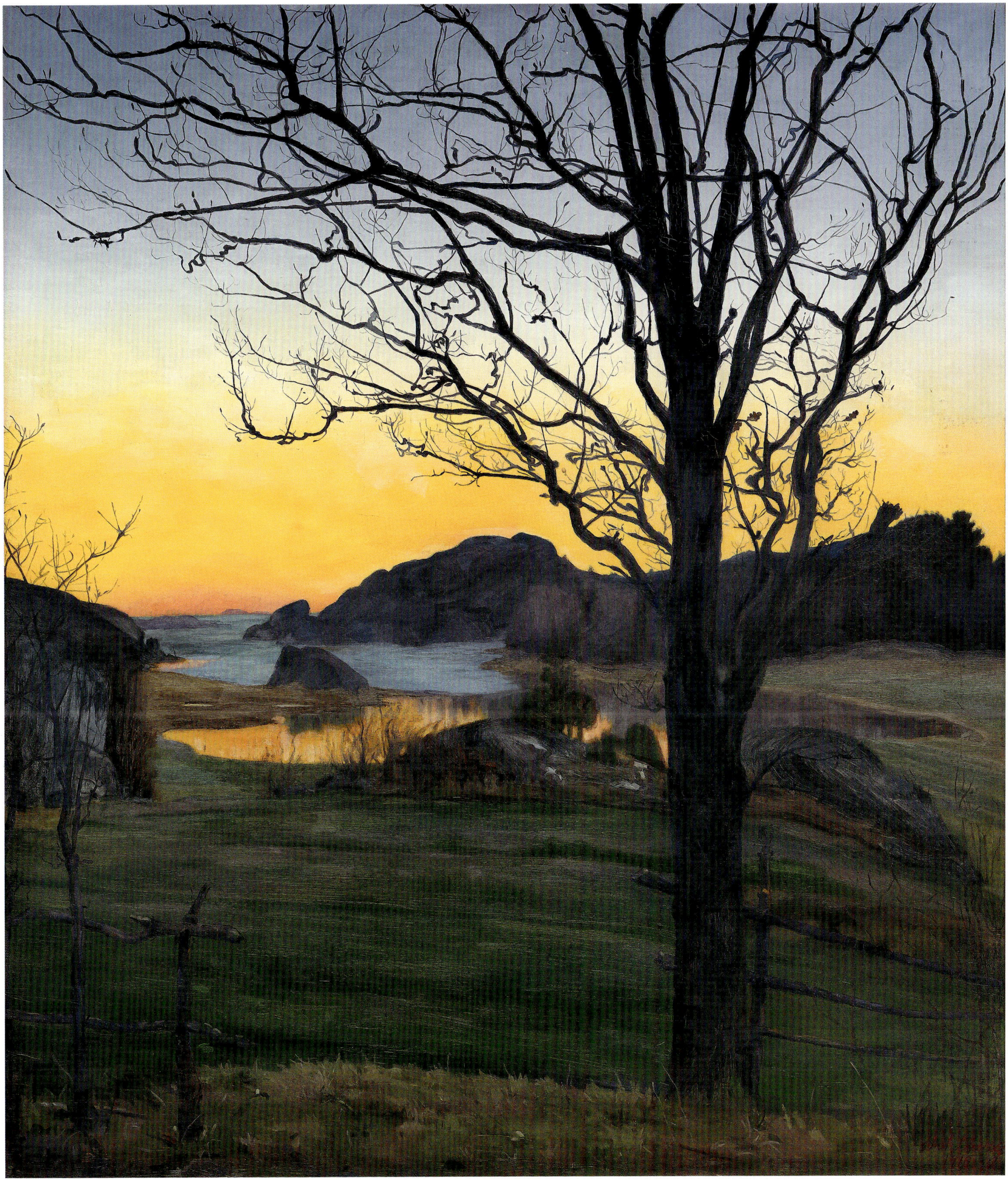

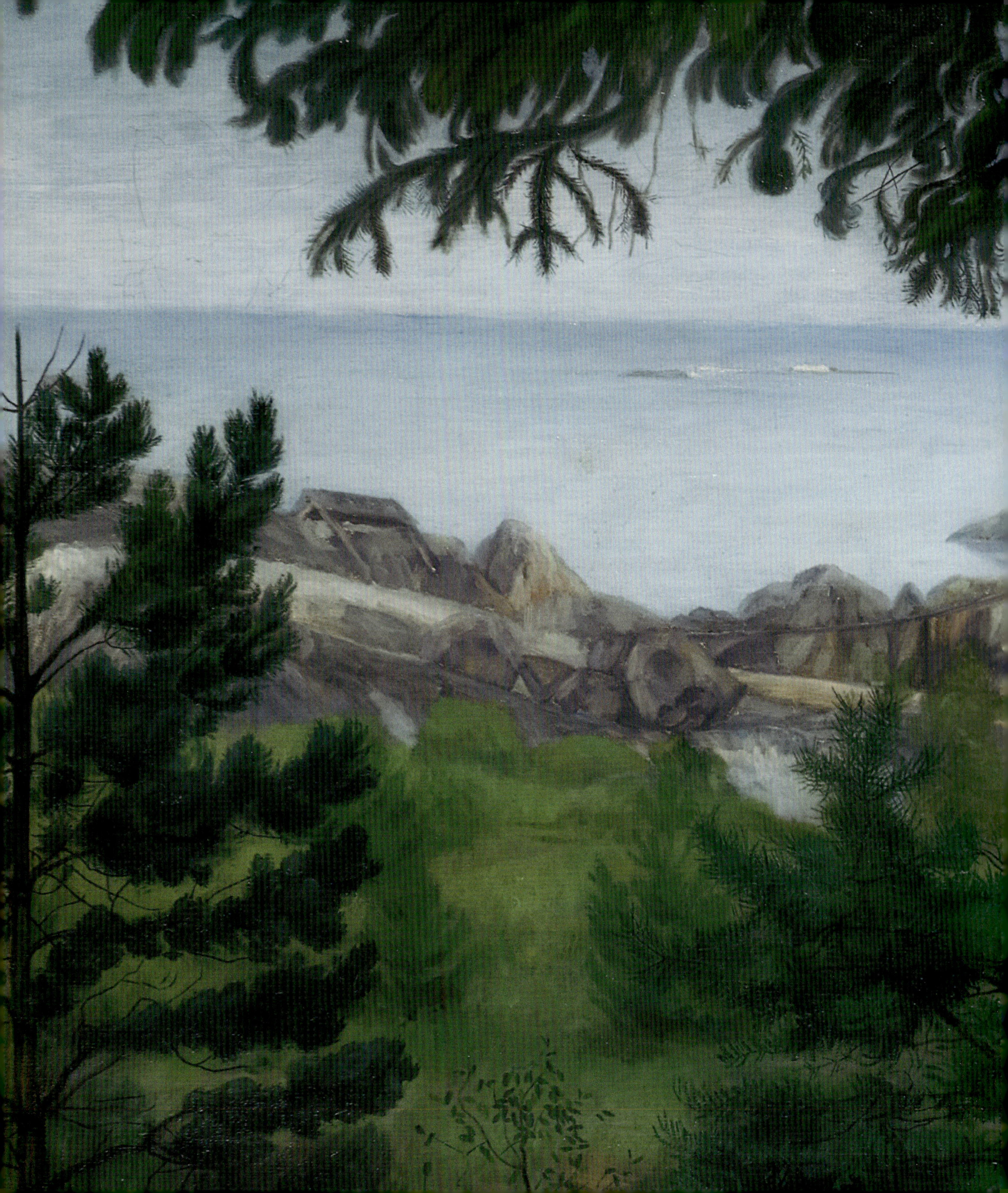

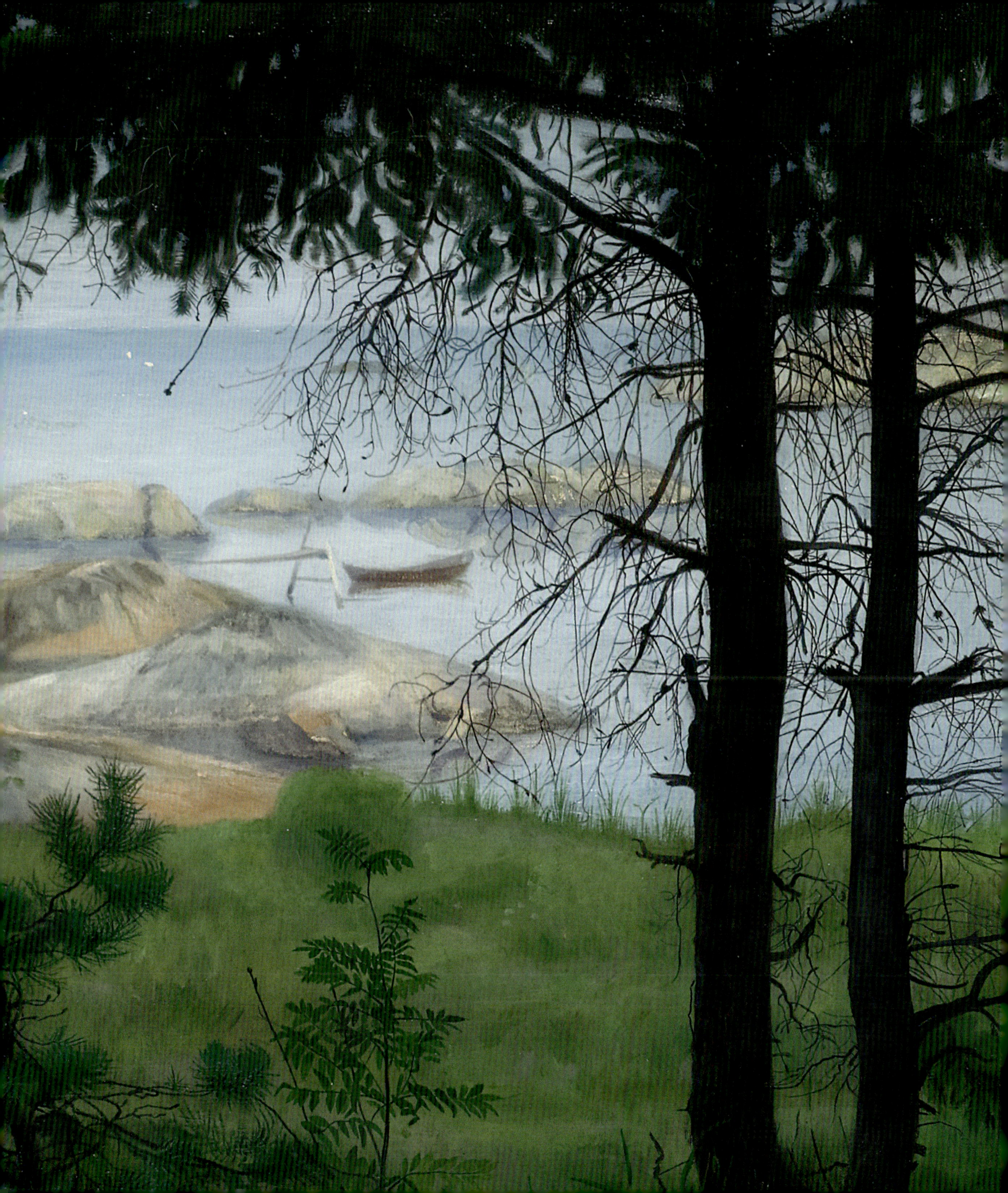

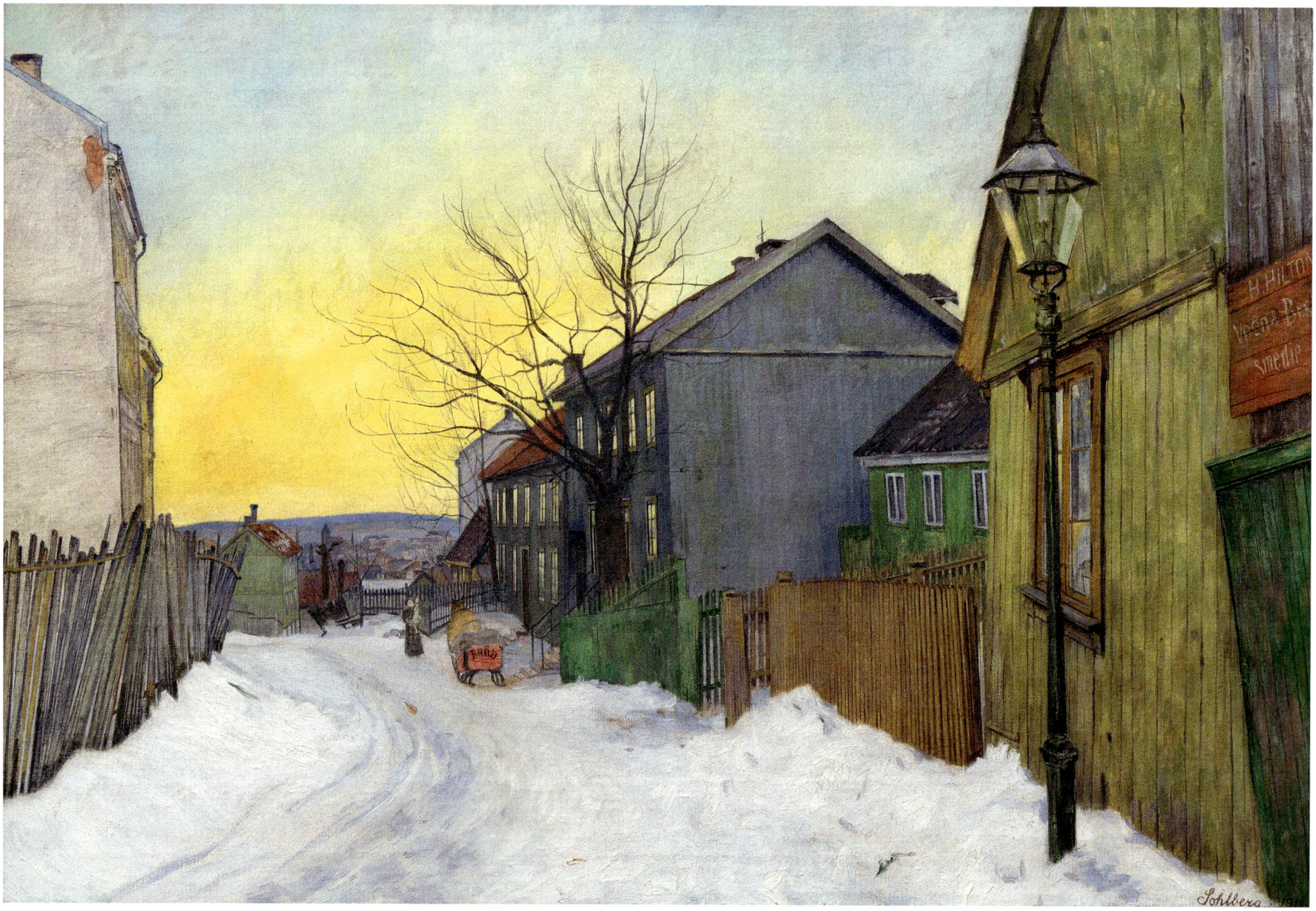

Taf. 120
Sagene, 1911
Kat. 54

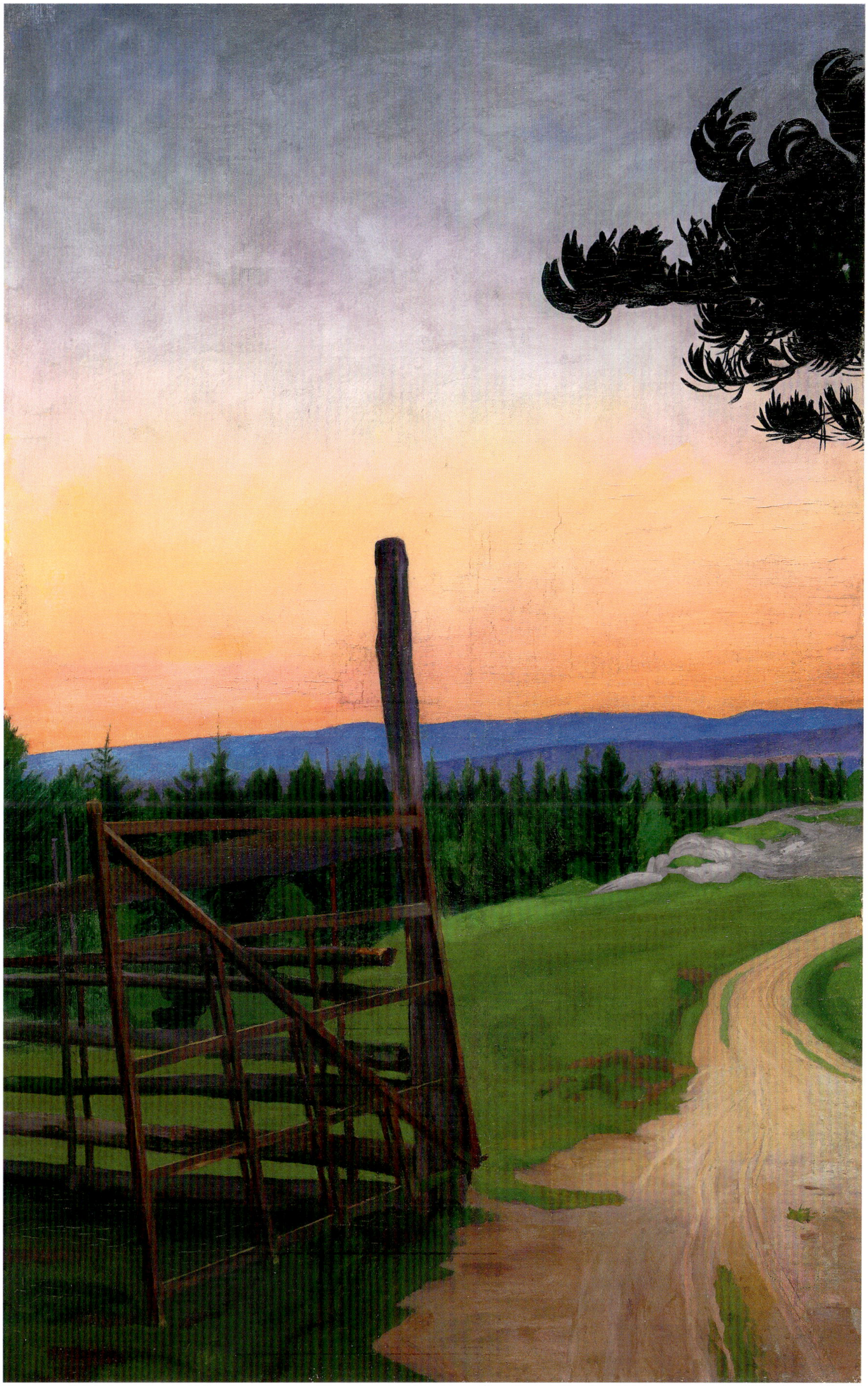

Taf. 121
Landstraße I (linker Teil) (1912)
Kat. 57

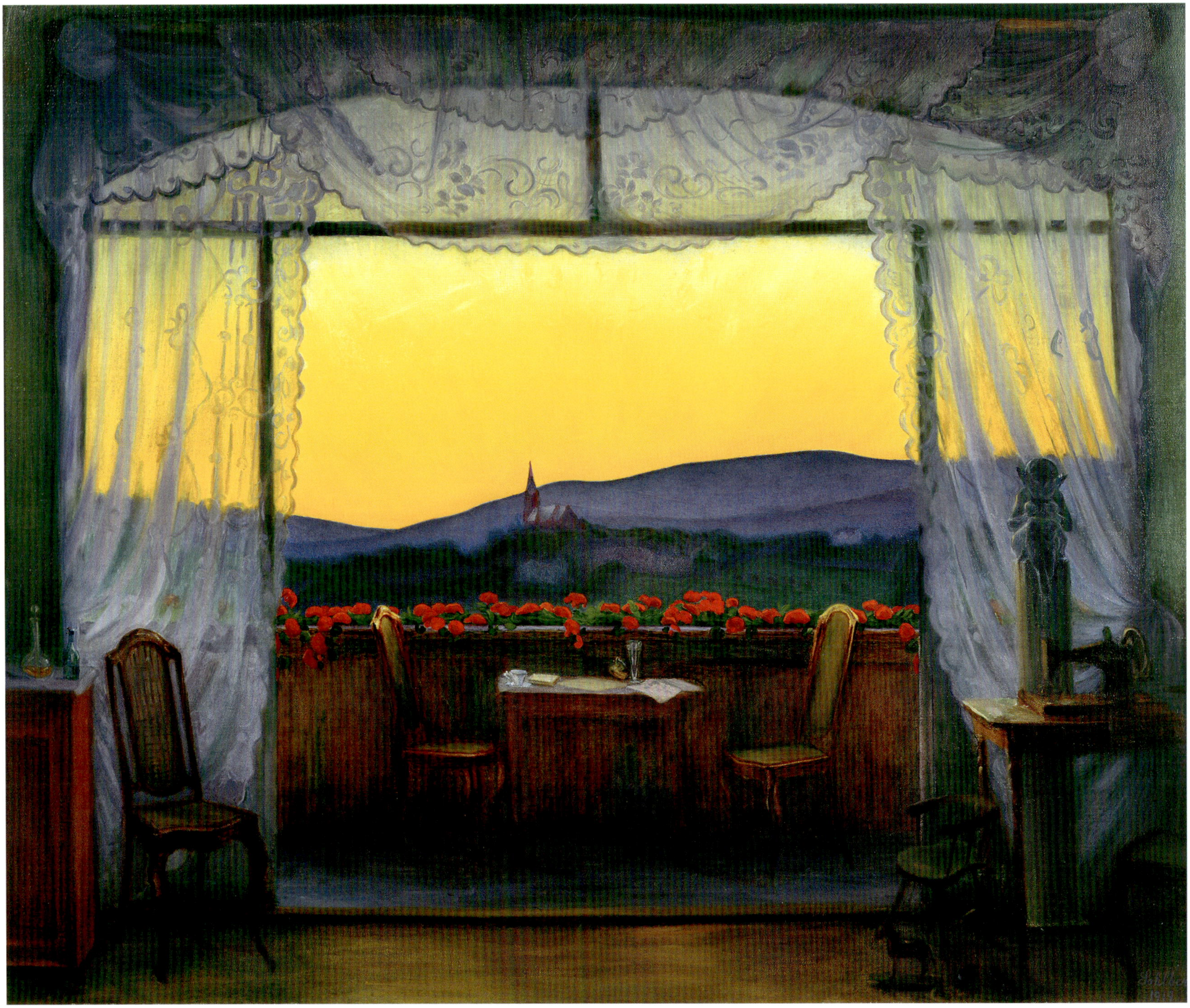

Taf. 122
Von einem Zuhause aus (1919)
Kat. 61

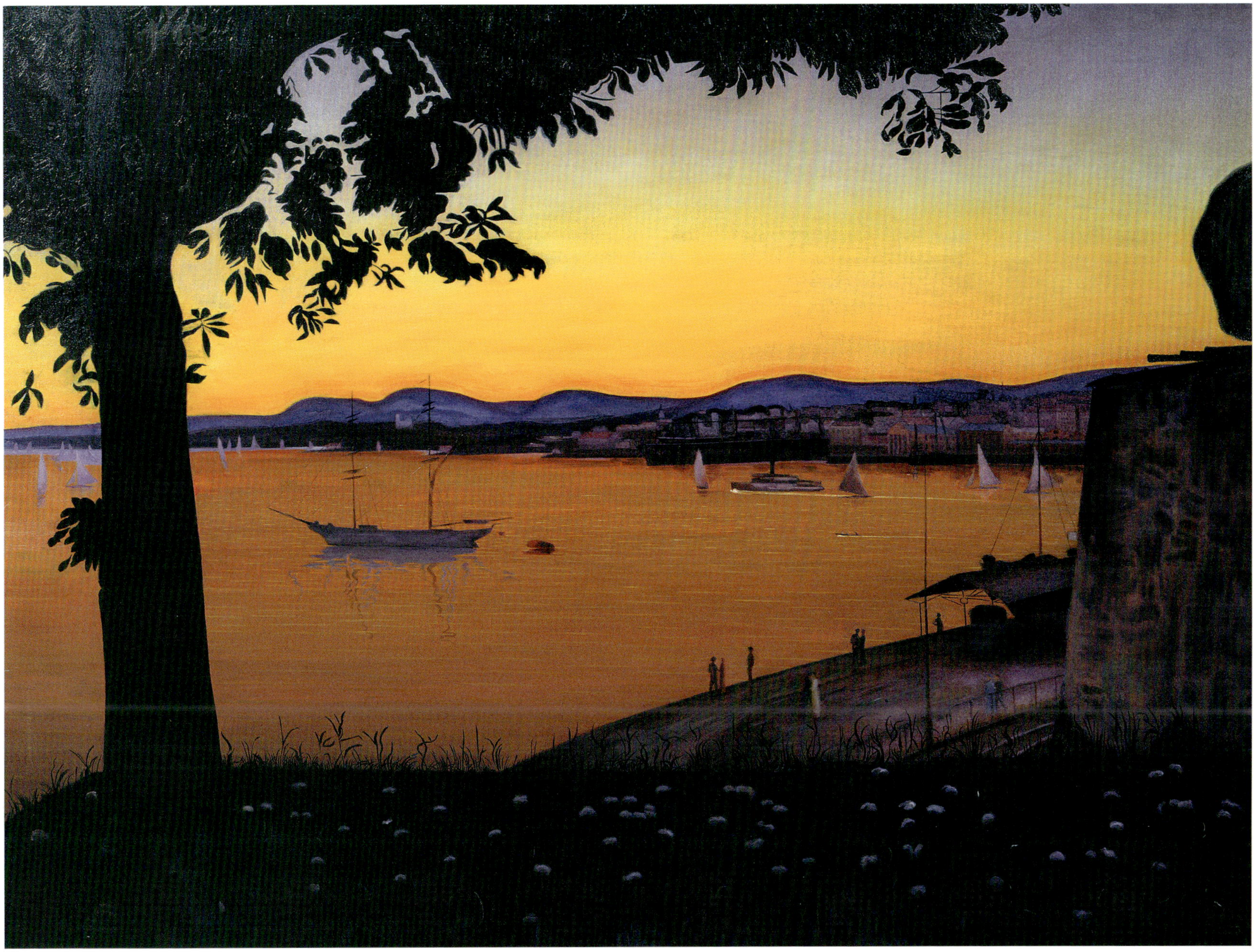

Taf. 123
Akershus, 1933
Kat. 67

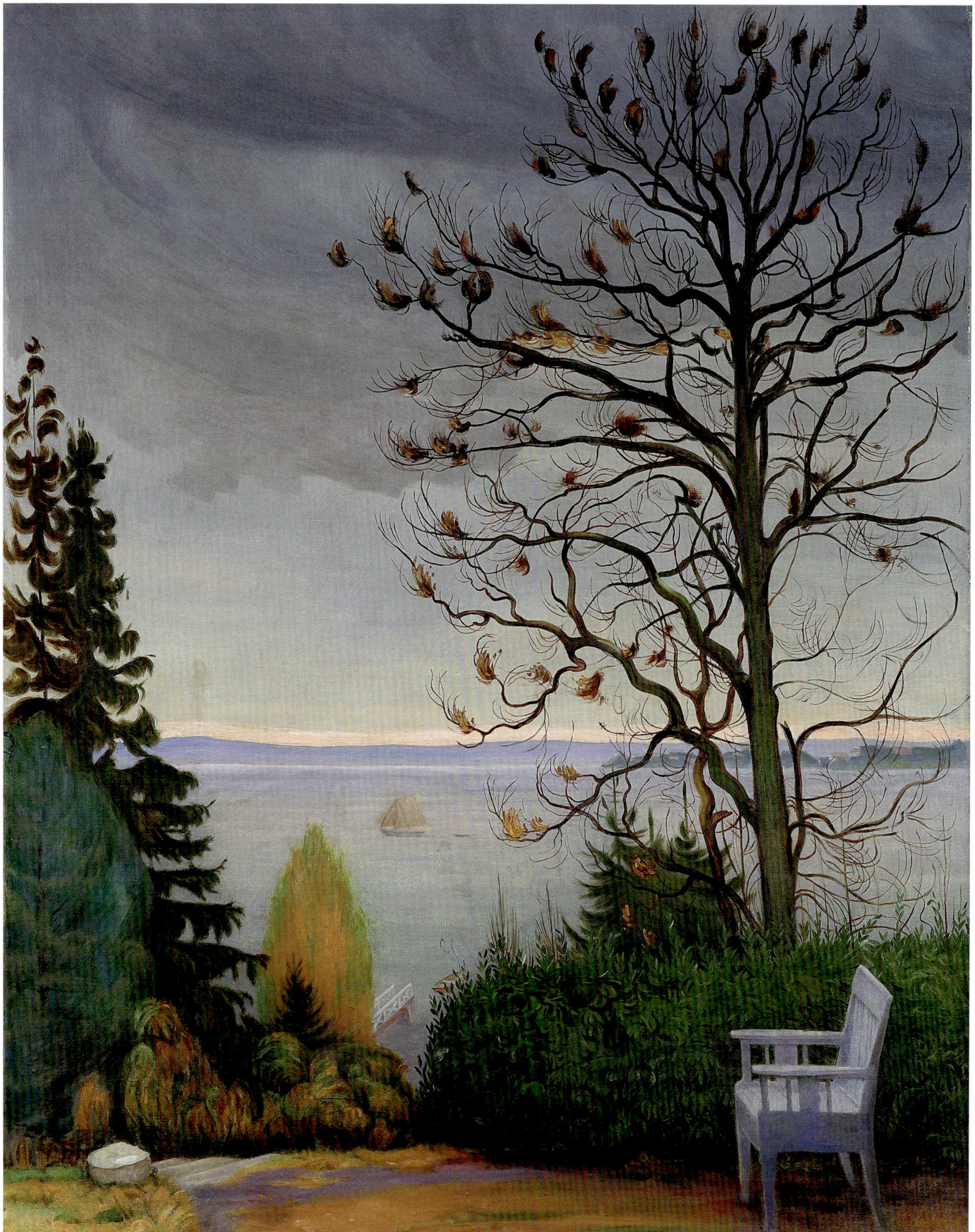

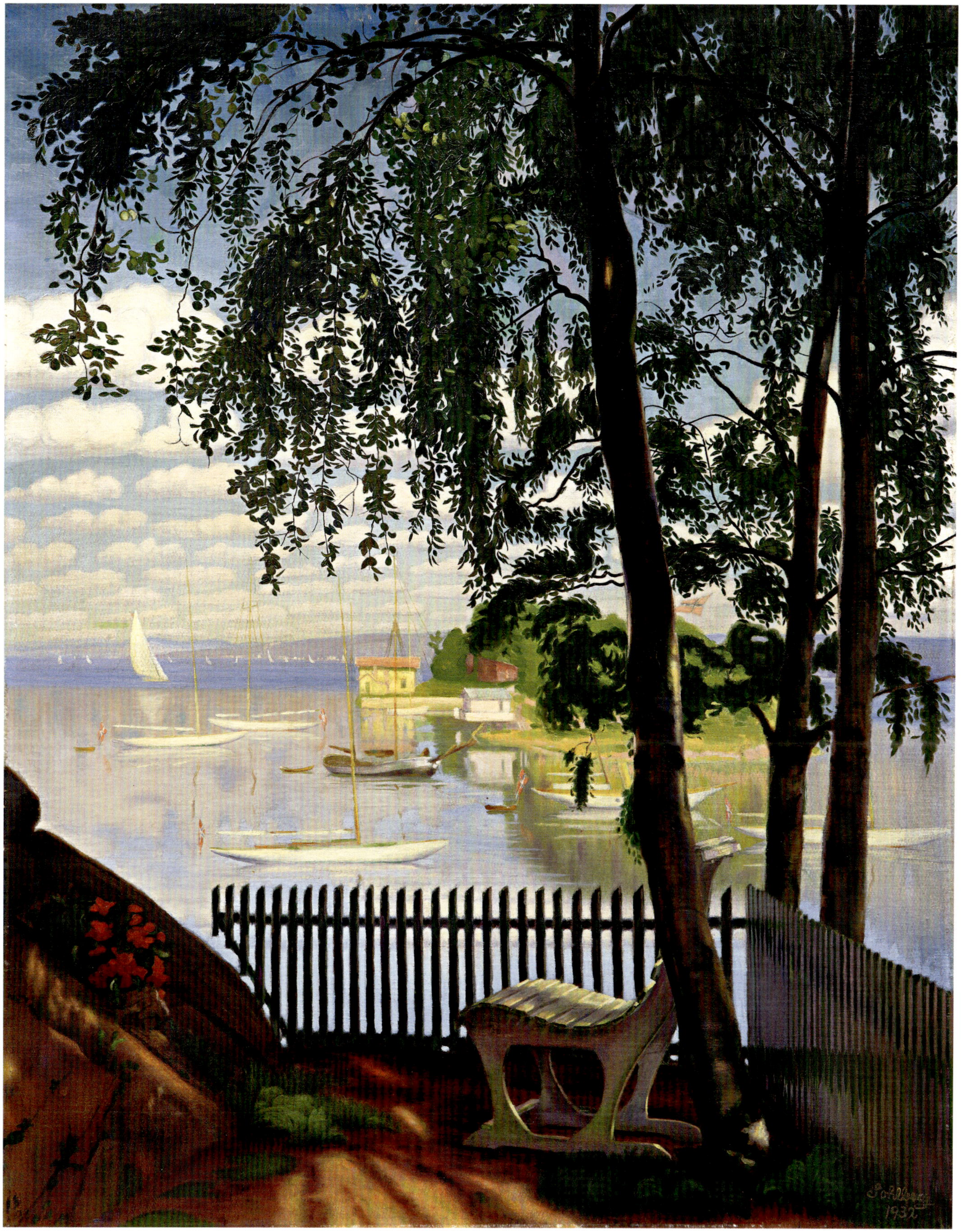

◄
Taf. 124
Oslofjord, 1926
Kat. 65

►
Taf. 125
Sommersonntag in der Nærsnes-Bucht, 1932
Kat. 66

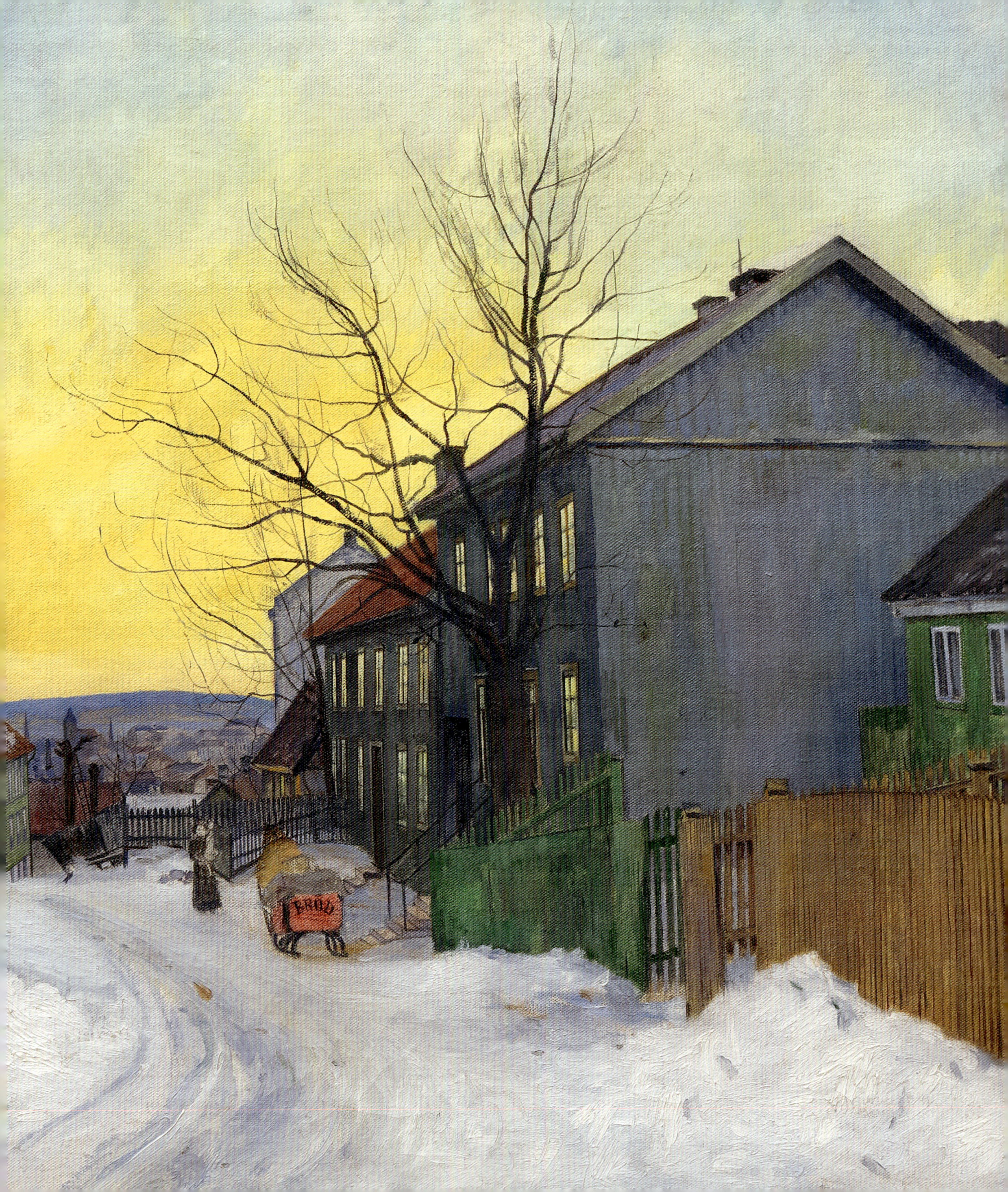

ANMERKUNGEN

EINE WELT IN EINEM TAUTROPFEN: SOHLBERGS UNENDLICHE LANDSCHAFTEN

MAI BRITT GULENG

1 *Verdens Gang,* 30.10.1903. Dank an Øivind Storm Bjerke, der seine Forschungsergebnisse mit mir geteilt hat.
2 Northern Light: Realism and Symbolism in Scandinavian Painting 1880–1910, hg. von Kirk Varnedoe (Ausst.-Kat. Corcoran Gallery of Art, Washington, D.C. / The Brooklyn Museum, New York / Minneapolis Institute of Arts, 1982/83), Washington, D.C., 1982.
3 Henrik Haugstøl, Malerfirmaet Wilhelm Krogh. 100 År: 1854 15. Desember 1954, Oslo 1954.
4 Eingetragen am 8.1.1885 in die Elementar-, Konstruktions- und Ornamentklasse. Die Handwerksmeister in Kristiania waren verpflichtet, den Lehrlingen den Schulbesuch zu ermöglichen.
5 Am 1.10.1889 wurde Sohlberg in die dritte sogenannte Freihandklasse der Kunst- und Handwerksschule aufgenommen, die den Kunststudierenden vorbehalten war.
6 Andreas Aubert, Det nye Norges malerkunst: attenhundre og fjorten til nittenhundre: Kunsthistorie i grundlinjer, Kristiania 1904, S. 86. Øivind Storm Bjerke, Style and Technique as Strategic Devices used by the »Middle Generation« 1882–86, in: Ingebjørg Ydstie, Mai Britt Guleng (Red.), Munch becoming »Munch«. Artistic Strategies 1880–1892 (Ausst.-Kat. Munch Museet, Oslo 2008/09), Oslo 2008.
7 Jens Thiis, in: *Verdens Gang,* 12.4.1894.
8 Brief von Harald Sohlberg an Schwester Gyda, Privatbesitz.
9 Antrag von Sohlberg an die Stiftung A.C. Houens legat, 17. 1.1897, Fotokopie in der Nationalbibliothek, Oslo (NBO).
10 Brief von Harald Sohlberg an den Vater, 9.11.1895, Bries. 596, NBO.
11 Mehr über das Verhältnis zwischen Munch und Sohlberg, siehe u.a. Øivind Storm Bjerke, Edvard Munch. Harald Sohlberg. Landscapes of the Mind, New York 1995.
12 Das Bild ist bei einer Explosion an Bord des Dampfschiffes »Kong Alf« in der Nacht zum 9.12.1901 auf dem Heimweg von der Ausstellung in München verloren gegangen.
13 Der Gedanke, dass tote Dinge emphatisch gedeutet werden könnten, war in der zeitgenössischen Kunsttheorie weit verbreitet. Siehe Harry Francis Mallgrave (Hg.), Empathy, Form and Space. Problems in German Aesthetics, 1873–1893, Santa Monica, CA, 1994. Siehe auch den Beitrag von Dario Gamboni in diesem Katalog.
14 Eine theoretische Einführung darin, was eine Stadtlandschaft enthalten sollte, findet sich bei Lorentz Dietrichson, Det Skönas Verld. Estetik och Konsthistoria med Specielt Afseende på den bildande Konsten, populärt Framställda, Bd. 2, Stockholm 1879, S. 425.
15 Jens Trøan in: *Fjeld-Ljom*, 20.10.1905.
16 Frances Fowle, Silent Cities, in: Richard Thomson (Hg.), Traumlandschaften. Symbolistische Malerei von van Gogh bis Kandinsky (Ausst.-Kat. Van Gogh Museum, Amsterdam / Scottish National Gallery, Edinburgh / Ateneum Art Museum, Finnish National Gallery, Helsinki, 2012), Stuttgart 2012, S. 105–125; Jean-David Jumeau-Lafond, Landscapes of the Soul and Painted Landscapes, in: Katharine Lochnan, Roald Nasgaard, Bogomila Welsh-Ovcharov (Hg.), Mystical Landscapes. From Vincent van Gogh to Emily Carr (Ausst.-Kat. Musée d'Orsay, Paris / Art Gallery of Ontario, Toronto, 2017), München 2016, S. 113–125; Katharine Lochnan, »Solitude and Silence«. Contemplative Landscapes from Turner to Monet, in: ebd., S. 133–147.
17 Unsigniert [Carl Wille Schnitler?], in: *Aftenposten,* 19.10.1905.
18 Vilhelm Krag, in: *Morgenbladet,* 19.11.1905.
19 *Aftenposten*, 10.5.1914. Über die Jubiläumsausstellung aus dem »Saal der Jungen«.
20 *Tromsøposten,* 4.10.1905.
21 Øivind Storm Bjerke, Harald Sohlberg. Ensomhetens Maler, Oslo 1991, S. 199.
22 Harald Sohlberg, Tagebuchaufzeichnungen 1921, Ms. fol. 3922:2a, NBO, S. 12–13.
23 Trude Olsen, Forholdet mellom Bilde og Tekst. En Analyse av Ekfraser til Bilder malt av Harald Sohlberg, Masterarbeit Kunstwissenschaft, Universität Tromsø, 2006.
24 Michelle Facos, Thor J. Mednick, Introduction, in: The Symbolist Roots of Modern Art, hg. von Michelle Facos, Thor J. Mednick, Farnham 2015, S. 2.
25 1888/89 hatte die Schule 559 Schüler, 20 davon waren Künstler, der Rest Handwerker, davon wiederum 99 Handwerksmaler. Siehe Aarsberetning fra Den kgl. norske Kunst- og Haandværksskole i Christiania 1888–1889, Christiania 1889, S. 8.
26 Angaben gemäß Jahresbericht der Schule. Siehe Guido Schreiber, Das technische Zeichnen. Praktische Anleitung für Architekten, Techniker, Mechaniker und Bauhandwerker insbesondere für Bau- und Gewerbschulen, Leipzig 1865–1875, S. 4b. Das Buch beeinhaltet Projektionslehre, Übertragung von Zeichnung, Geometrie, Linienperspektive und Farbenlehre.
27 Sverre Ihle, in: *Norske Intelligenssedler,* 13.9.1904.
28 *Verdens Gang,* 30.10.1903.
29 Frits Thaulow, in: *Verdens Gang*, 12.10.1904.
30 Über die Bedeutung des Strichs im Modernismus, siehe Richard Shiff, The End of Impressionism, in: Charles S. Moffett, The New Painting. Impressionism 1874–1886, Oxford 1986, S. 61–86; Øystein Sjåstad, A Theory of the Tache in Nineteenth-Century Painting, Farnham u. a. 2014.
31 Peder Balke verwendete ebenfalls Techniken, deren Einflüsse aus seiner Zeit als Dekorationsmaler herrührten, aber sich stärker in Richtung Abstraktion bewegten. Siehe Dieter Buchhart, Peder Balke – Pionier der Moderne, in: Peder Balke – ein Pionier der Moderne. Modernismens norske Pioner (Ausst.-Kat. Kunsthalle Krems / Ordrupgaard, Kopenhagen 2008/09), hg. von Dieter Buchhart, Anne-Birgitte Fonsmark, Heidelberg 2008, S. 28–45.
32 Frits Thaulow (wie Anm. 29).
33 Harald Sohlberg, Tagebuchaufzeichnungen 1921, Ms. fol. 3922:2a, NBO.
34 Øivind Storm Bjerke, Harald Sohlberg Andante og Eken, in: Svein Olav Hoff (Red.), Kunst og kommentar, Asker 1992, S. 74–87. Brief von Harald Sohlberg an Vater Johan, 14.4.1908.
35 Sohlberg, Tagebuchaufzeichnungen 1921, Ms. fol. 3922:2a, NBO.
36 Oscar Nissen, in: *Socialdemokraten,* 27.10.1908.
37 Brief von Harald Sohlberg an den Sohn Einar und die Schwiegertochter Karin, 24.10.1928. *Frühlingsabend, Akershus* wurde erst in der zweiten Hängung gezeigt, denn Sohlberg war besorgt, dass die Farbwirkung zu eintönig werden könnte.
38 Det ny Aarhundrede, in: *Maanedsskrift*, Kopenhagen 1906.
39 Levetus, Feuilleton. Norwegische Künstler in Wien, in: *Pester Lloyd Morgenblatt*, Budapest, 26.1.1912.
40 Christian Brinton, Introduction, in: ders. u. a., Exhibition of contemporary Scandinavian art held under the auspices of the American-Scandinavian Society (Ausst.-Kat. The American Art Galleries, New York, 1912), New York 1912, S. 11–26, hier 12.
41 Jens Thiis, The Art of Norway, in: ebd., S. 39–52, hier S. 50 f.
42 Ebd., S. 44; Jens Thiis, Norske Malere og Billedhuggere, Bergen 1904.
43 *Winternacht in Rondane* (Taf. 41) wurde vor der Verschiffung in die USA für 10 000 Kronen an Jørgen Breder Stang verkauft.
44 Øivind Storm Bjerke, in: Kunst og kommentar 1992 (wie Anm. 34), S. 77. Bjerke 1991 (wie Anm. 21), S. 174–176.
45 Unsigniert [Carl Wille Schnitler?], in: *Aftenposten,* 19.10.1905. Brief von Harald Sohlberg an Ludvig O. Ravensberg, 2.3.1904, MS fol. 4517 A, NBO.

46 *Tidens Tegn,* 31.10.1922. Bisher war in einer norwegischen Stadt erst ein zusammenhängendes Häuserensemble unter Denkmalschutz gestellt worden, und zwar im Jahre 1920 Teile des Speicherviertels Bryggen in Bergen, ebenfalls unter Harry Fett.
47 Bei der Ausstellung in San Francisco war es vor allem Sohlberg, der Werke von privaten Besitzern leihen musste. Siehe J. Nilsen Laurvik, Modern Norwegian Art, in: John E.D. Trask (Hg.), Catalogue de Luxe of the Department of Fine Arts. Panama-Pacific International Exposition, San Francisco 1915, Bd. 2, S. 276–278.

HOMO ABSCONDITUS: HARALD SOHLBERG UND DIE SYMBOLISTISCHE LANDSCHAFT

DARIO GAMBONI

1 Lumières du nord. La peinture scandinave 1885–1905, hg. von der Association Française d'Action Artistique, (Ausst.-Kat. Musée du Petit Palais, Paris 1987), Paris 1987, S. 308.
2 Roald Nasgaard, »Alone in the Wilderness«: Northern European Perspectives, in: Katharine Lochnan, Roald Nasgaard, Bogomila Welsh-Ovcharov (Hg.), Mystical Landscapes. From Vincent van Gogh to Emily Carr (Ausst.-Kat. Musée d'Orsay, Paris / Art Gallery of Ontario, Toronto, 2017), München 2016, S. 218.
3 Ludwig Tieck, Franz Sternbalds Wanderungen. Studienausgabe, hg. von Alfred Anger, Stuttgart 1994, S. 256, 258 (Zweiter Teil, Erstes Buch, Kap. 5).
4 Siehe: www.hamburger-kunsthalle.de/sammlung-online/philipp-otto-runge/niltal-landschaft-studie-zum-gemaelde-ruhe-auf-der-flucht-nach [gelesen am 14.3.2018].
5 Julius Lange, Studiet i Marken. Skilderiet. Erindringens Kunst, in: Bastien Lepage og andre Afhandlinger, Kopenhagen 1889, S. 57–75. Mein Dank geht an Mai Britt Guleng, die mir eine englische Übersetzung dieses Aufsatzes besorgte und mich einlud, den vorliegenden Beitrag zu verfassen.
6 Siehe https://nbl.snl.no/Andreas_Aubert [gelesen am 17.11.2017].
7 Charles Baudelaire, Der Salon von 1859, in: ders., Der Künstler und das moderne Leben. Essays, »Salons«, intime Tagesbücher, Leipzig 1990, S. 199–229, hier S. 216.
8 Siehe Filiz Eda Burhan, Visions and Visionaries: Nineteenth Century Psychological Theory, the Occult Sciences and the Formation of the Symbolist Aesthetic in France, Ann Arbor, MI, University Microfilms International, 1979, S. 143–148. Zur symbolistischen Landschaft siehe auch Rodolphe Rapetti, Le Symbolisme, Paris 2005, S. 232–243 und Richard Thomson (Hg.), Traumlandschaften. Symbolistische Malerei von van Gogh bis Kandinsky (Ausst.-Kat. Van Gogh Museum, Amsterdam / Scottish National Gallery, Edinburgh / Ateneum Art Museum, Finnish National Gallery, Helsinki, 2012), Stuttgart 2012.
9 Siehe Dario Gamboni, Le »symbolisme en peinture« et la littérature, in: Revue de l'art, 96, 1992, S. 13–23; James Kearns, Symbolist Landscapes. The Place of Painting in the Poetry and Criticism of Mallarmé and his Circle, London 1989.
10 Albert Aurier, Textes critiques 1889–1892. De l'impressionnisme au symbolism [1891], Paris 1995, S. 32; Maurice Denis, Le Ciel et l'Arcadie [1892], hg. von Jean-Paul Bouillon, Paris 1993, S. 28.
11 Siehe Merete Bodelsen, Gauguin Ceramics in Danish Collections, Kopenhagen 1960; Torsten Gunnarsson u.a. (Hg.), Impressionism and the North: Late 19th Century French Avant-Garde Art and the Art in the Nordic Countries 1870–1920 (Ausst.-Kat. Nationalmuseum Stockholm / Statens Museum for Kunst, Kopenhagen 2002/03), Stockholm 2002; Nils Messel, Franske Forbindelser. Kunst, kapital og konjunkturer i Norge rundt 1. Verdenskrig, Oslo 2016, insbes. S. 71–78.
12 Abgebildet in: Øivind Storm Bjerke, Edvard Munch and Harald Sohlberg. Landscapes of the Mind, New York 1995, S. 235, Kat. 122.
13 Siehe Douglas Druick (Hg.), Odilon Redon Prince of Dreams 1840–1916 (Ausst.-Kat. The Art Institute of Chicago / Van Gogh Museum, Amsterdam / Royal Academy of Arts, London, 1994/95), New York 1994, S. 47 f., 61, 81, 174, 266, 312; Dario Gamboni, The Brush and the Pen. Odilon Redon and Literature, Chicago 2011, S. 170–179.
14 Siehe Kerstin Thomas (Hg.), Stimmung. Ästhetische Kategorie und künstlerische Praxis, Berlin/München 2010.
15 Der Scherenschnitt ist in einer 1915/16 erstmals veröffentlichten und häufig wiederaufgelegten deutschen Anthologie abgebildet, siehe Martin Knapp (Hg.), Deutsche Schatten- und Scherenbilder aus drei Jahrhunderten, Dachau b. München [1916], S. 99.
16 Siehe Kjeld Heltoft, Hans Christian Andersen as an Artist, Kopenhagen 1977; Beth Wagner Brust, The Amazing Paper Cuttings of Hans Christian Andersen, Boston 1994.
17 Siehe Dario Gamboni, Potential Images. Ambiguity and Indeterminacy in Modern Art, London 2002.
18 Siehe ders., Paul Gauguin. The Mysterious Centre of Thought, London 2014, S. 69–75, 169–175.
19 Bjerke 1995 (wie Anm. 12), S. 57.
20 Aurier 1995 (wie Anm. 10), S. 35.
21 Øivind Storm Bjerke, Harald Sohlberg. Ensomhetens Maler, Oslo 1991, S. 76.
22 Ebd., S. 62–68; Øivind Storm Bjerke, The Mermaid Motif in Edvard Munch's Art, in: Mai Britt Guleng (Hg.), eMunch.no – Text and Image (Ausst.-Kat. Munch Museet, Oslo, 2011), Oslo 2011, S. 169–184.
23 Siehe Rodolphe Rapetti, Munch dans le contexte du symbolisme: la part de l'influence française, in: Arne Eggum, R. Rapetti (Hg.), Munch et la France (Ausst.-Kat. Musée d'Orsay, Paris / Munch Museet, Oslo / Schirn Kunsthalle Frankfurt, 1992), Paris 1991, S. 148–185; Mai Britt Guleng, Edvard Munch und die verborgenen Tiefen der Erinnerung, in: Michael Fuhr (Hg.), Edvard Munch und das Unheimliche (Ausst.-Kat. Leopold Museum, Wien, 2009/10), Wien 2009, S. 22–29; Gamboni 2002 (wie Anm. 17), S. 18–20.
24 *Aus Valle bei Tønsberg* (1915), abgebildet in: Bjerke 1991 (wie Anm. 21), S. 200.
25 J.J. Grandville, Les Fleurs animées, Paris 1847; August Strindberg, Inferno, hg. von Ann-Charlotte Gavel Adams, Stockholm 1994, Abb. 37. Siehe Clélia Nau, Fleurs de métamorphose: Munch et Strindberg à l'école d'Ovide, in: Jackie Pigeaud, Métamorphose(s). XIIIe entretiens de la Garenne Lemot, Rennes 2016, S. 319–339.
26 Siehe Bjerke 1995 (wie Anm. 12), S. 108 f.
27 Lange 1889 (wie Anm. 5), S. 72.
28 Siehe Heather Lemonedes, Belinda Thomson, Agnieszka Juszczak, Paul Gauguin. Durchbruch zur Moderne (Ausst.-Kat. The Cleveland Museum of Art / Van Gogh Museum, Amsterdam, 2009/10), Ostfildern 2009; Gamboni 2014 (wie Anm. 18), S. 137–140.
29 Bjerke 1995 (wie Anm. 12), S. 52 f.
30 Siehe Joëlle Ansieau, Georges Lacombe 1868–1916. Catalogue raisonné, Paris 1998, S. 72–76.
31 Armand Seguin, Paul Gauguin, in: L'Occident, April/Mai 1903, S. 16–18, 166; Gamboni 2014 (wie Anm. 18), S. 137 f. sowie als Beispiel Gauguins Gemälde *Felsige Meeres*küste (1887), erworben vom Kunstmuseum Göteborg im Jahre 1918.
32 Undatierte Postkarte, nachgedruckt vom Norwegischen Eisenbahnmuseum in Hamar/Norwegen.
33 Strindberg 1994 (wie Anm. 25), S. 206 und Abb. 49, 50; s. *Die Weiße Stute II* (1892, Nationalmuseum, Stockholm), *Klippe I* (1902, Nordiska Museet, Stockholm) und *Klippe III* (1902, Nordiska Museet, Stockholm). Siehe Dario Gamboni, »Dieses Schillern der Eindrücke freute mich …«. August Strindberg und unabsichtliche Bilder im Paris der 1890er Jahre, in: Gerhard von Graevenitz, Stefan Rieger, Felix Thürlemann (Hg.), Die Unvermeidlichkeit der Bilder, Tübingen 2001), S. 173–186.
34 Siehe August Cappelen, *Moosüberwachsender Findling* (1851, Nasjonalmuseet, Oslo) und August Cappelen, *Aussterbender Urwald* (1852, Nasjonalmuseet, Oslo).
35 Abgebildet in: Bjerke 1995 (wie Anm. 12), S. 241, Kat. 139.
36 Siehe Michel Weemans, Dario Gamboni, Jean-Hubert Martin (Hg.), Voir double. Pièges et révélations du visible, Paris 2016.
37 Theodor Kittelsen, *Nykene gesehen von Skomvær. Variante einer Illustration zu Von der Lofoten II* und *Die Sieben Schwestern. Variante einer Illustration zu Von Lofoten II* (beide 1888, Nasjonalmuseet, Oslo).
38 Siehe Tina Grütter, Selbstbildnis eines radikalen Pantheisten. Das Gemälde *La Morte* von Giovanni Segantini, in: Neue Zürcher Zeitung, 8./9. Mai 2004, S. 65 f.; Dario Gamboni, Hodler et les symbolismes, in: Oskar Bätschmann, Matthias Frehner, Hans-Jörg Heusser (Hg.), Ferdinand Hodler: Die Forschung – Die Anfänge – Die Arbeit – Der Erfolg – Der Kontext, Zürich 2009, S. 249–262.
39 Bjerke 1995 (wie Anm. 12), S. 65.
40 Ebd., S. 64.
41 Abgebildet in: Einar Wexelsen, Gunnar Danbolt, Øystein Loge (Hg.), Nikolai Astrup: Tilhørighet og identitet, Oslo 2005, S. 149. Siehe auch Frances Carey, Ian A. C. Dejardin, Mary-Anne Stevens (Hg.), Painting Norway. Nikolai Astrup 1880–1928 (Ausst.-Kat. Dulwich Picture Gallery, London / Henie Onstad Kunstsenter, Hovikodden / Kunsthalle, Emden, 2016/17), London 2016.
42 Siehe Horst Bredekamp, Ohne Abweichung kein Leben – Die bildende Kunst und die Symmetrie, in: Nova Acta Leopoldina NF, 412, 2016, S. 187–209.

43 Siehe Dario Gamboni, Beitrag zu Notes from the Field: Anthropomorphism, in: Art Bulletin, 94/1 (März 2012), S. 20–22.
44 Zit. in: Bjerke 1991 (wie Anm. 21), S. 102.
45 Matthias Schirren, Bruno Taut, Alpine Architektur. Eine Utopie/A Utopia, München u. a. 2004), insbes. S. 9, 19, 78–85, 112 f.
46 Ebd., S. 8.
47 Theodor Lipps, Ästhetik. Psychologie des Schönen und der Kunst, 2 Bde., Leipzig/Hamburg 1914, Bd. 1, S. 163.
48 Ebd. Siehe auch Spyros Papapetros, On the Animation of the Inorganic. Art, Architecture, and the Extension of Life, Chicago 2012.
49 Bjerke 1995 (wie Anm. 12), S. 67, 75; Nasgaard 2016 (wie Anm. 2), S. 218.
50 Zit. in: Bjerke 1995 (wie Anm. 12), S. 87.

WINTERNACHT IN DEN BERGEN

ØIVIND STORM BJERKE

1 Werner Werenskiold beschreibt in Den Norske Turistforenings Årbok von 1960 (Fra istid til i dag, S. 39–53) die geologische Geschichte der norwegischen Gebirge.
2 Eine Zusammenfassung über den Umgang mit diesem Motiv in der norwegischen Kunst bietet: Karin Hellandsjø (Red.), Fjellet i Norsk Kunst (Ausst.-Kat. Henie Onstad Kunstsenter, Høvikodden, 2008), Oslo 2008.
3 Eine gute Zusammenfassung dieses Trends in: Roald Nasgaard, The Mystic North. Symbolist Landscape Painting in Northern Europe and North America 1890–1940 (Ausst.-Kat. Art Gallery of Ontario, Toronto, Cincinnati Art Museum, 1984), Toronto 1984.
4 Dies geschieht in einem Nachruf in der Tageszeitung *Sydsvenska Dagbladet* vom 21.6.1935 durch H. Hedemann Gade. Siehe Øivind Storm Bjerke, Harald Sohlberg. Ensomhetens Maler, Oslo 1991, S. 249, Fn 31. Friedrichs heutige Position macht ihn quasi zu einem Filter, durch den Sohlbergs Bild betrachtet wird, und schreibt ihm eine wichtigere Rolle in der Rezeption zu als in der Ausformulierung des Motivs durch Sohlberg.
5 Bjerke 1991 (wie Anm. 4), S. 37, 78, 106–107, 158–159.
6 Knut Liestøl, P. Chr. Asbjørnsen, Oslo 1984, S. 126–128, 142. Ragnar Frislid, Med Asbjørnsen i Rondane, in: Årbok 1960 (wie Anm. 1), S. 87–90.
7 Aasmund Olavsson Vinje, Faerdaminne, Frå Sumaren [1861], Oslo 1923, S. 84.
8 Aasmund Olavsson Vinje, Dikt, Oslo 1864, S. 161 ff.
9 Einar Østvedt, Med Henrik Ibsen i fjellheimen. Med Henrik Ibsens egne tegninger og malerier. Tegninger av Tore Bernitz Pedersen, Skien 1967.
10 Haldis Buer Stamnes, Theodor Caspari. Naturverner, Romantiker, Polemiker, Oslo 2012, S. 374–376.
11 Einar Sohlberg in der Tageszeitung *Aftenposten* vom 1.4.1987. Der Vater erzählte ihm, dass die Zeichnung im Zug von Atna nach Elverum entstand, nach einem Ausflug in das Rondane-Gebirge in den Ostertagen 1899.
12 Arne Stenseng suchte 1945 Sohlbergs Motive und Menschen auf, mit denen der Künstler im Rondane-Gebirge Kontakt gehabt hatte. Stensengs Notizen sind in der Norwegischen Nationalbibliothek in Oslo (NBO) verwahrt. Diese Notizen bildeten die Grundlage seines Artikels Rondane sett med malerøyne, in: Årbok 1960 (wie Anm. 1), S. 124–138. Siehe auch Arne Stenseng, Harald Sohlberg. En Kunstner utenfor allfarvei, Oslo 1963, S. 69–81, 128–137, 43–145. An dieser Stelle wurde 2008 im Zusammenhang mit der Fertigstellung der Nationalen Landschaftsroute Rondane ein Rastplatz angelegt. 2006 wurde bei Nesset eine Aussichtsplattform eingerichtet, die den Namen »Sohlbergplassen« trägt. Rastplatz und Plattform wurden vom Architekten Carl-Viggo Hølmebakk gezeichnet.
13 Den ersten Brief von Sohlberg, den wir aus dieser Zeit kennen, ist vom 17.2.1900, adressiert an seinen Bruder Karl, NBO, Brevs. 596.
14 Edvard K. Bart identifiziert die Berge in einem Brief an den Autor vom 21.1.1992.
15 Werenskiold 1960 (wie Anm. 1), S. 49–50.
16 Siehe Briefe von Harald Sohlberg an Karl Sohlberg, 28.3. und 20.4., 24.4. und 25.6.1900. Privatarchiv. Er bittet Karl, fotografisches Material zu kaufen, das »notwendig [ist] für meine Studien«, und wiederholt diese Begründung in einem Brief an Ragna (Sohlberg), 1.6.1900. Privatarchiv.
17 Brief von Harald Sohlberg an die Schwester Johanne (Sohlberg), 11.3.1900. Privatarchiv.
18 Brief von Harald Sohlberg an Johan Sohlberg, undatiert. Privatarchiv. Der Inhalt deutet auf Spätsommer 1900 hin, der Brief wurde nicht beendet und wahrscheinlich nie abgeschickt.
19 Ebd. »Ich habe mehr als 20 Zeichnungen und Skizzen sowohl in Kohle als auch Bleistift und Öl gemacht, bis ich meinte, für den Hauptangriff ausreichend vorbereitet zu sein.« Privatarchiv.
20 Briefentwurf von Harald Sohlberg an Joachim Grieg von 1917, im Notizbuch bezeichnet als Nr. 12. Privatarchiv. Mehrere Entwürfe mit kleineren Abweichungen.
21 Sohlberg bezieht sich auf die Kunstsammlung von Jørgen Breder Stang. Brief von Harald Sohlberg an Joachim Grieg, 14.4.1917. Kopie im Nationalmuseum Oslo, Dokumentationsarchiv.
22 Brief von Harald Sohlberg an die Mutter, 9.8.1901. Privatarchiv. Sohlberg berichtet, dass ihm bei der Arbeit ein Missgeschick passiert sei und er mehrmals übermalen musste.
23 So Oscar Nissen in der Zeitschrift *Socialdemokraten* am 8.10.1904. Er erwähnt die Arbeit an einem großen Gemälde von Rondane, das er bei einem Besuch in Røros gesehen habe.
24 Stenseng 1963, S. 78.
25 Henrich Steffens, Ueber die Bedeutung der Farben in der Natur, in: ders., Schriften. Zweiter Band, Breslau 1821, S. 5–35, hier S. 7.
26 John Gage, Color and Meaning. Art, Science, and Symbolism, London 1999. Siehe den Abschnitt »Mood Indigo – From the Blue Flower to the Blue Rider«, S. 185 ff.
27 Munch und Synästhesie wird erörtert in: Gustaf Uddgren, Max Dauthendey, Verdensaltet. Det nye Sublime i Kunsten, Kopenhagen 1893.
28 Eric R. Kandel, Das Zeitalter der Erkenntnis. Die Erforschung des Unbewussten in Kunst, Geist und Gehirn von der Wiener Moderne bis heute, München 2014. Der Nobelpreisträger beschäftigt sich mit der Beziehung zwischen Kunst und Emotionen. Den Schwerpunkt bildet dabei die Rezeptionshaltung des Betrachters, wobei er neueste Hirnforschungen und die Psychologie in Wien zu Beginn des 20. Jahrhunderts zugrunde legt.
29 Leif Østby schreibt über »die Blaumalerei« in: Fra Naturalisme til Nyromantikk. En Studie i Norsk Malerkunst i Tiden ca. 1888–1895, Oslo 1934, S. 52–64. Sohlberg wird in diesem Buch aufgrund des gewählten Zeitrahmens nicht behandelt, aber es enthält eine Übersicht über die Vorgänger.
30 Dieser Aspekt des literarischen Symbolismus wird diskutiert in: Øivind Storm Bjerke, Symbolist Aesthetics and the open Mind, in: ders., Edvard Munch and Harald Sohlberg. Landscapes of the Mind, New York 1995, S. 89–98.
31 Cynthia W. Peterson in einem Brief an den Autor, 29.1.1996.
32 Im Notizbuch »Angaaende malerier …«, S. 25 f., datiert auf Januar 1914. Privatarchiv.
33 Marit Werenskiold, Øivind Storm Bjerke, Erik Werenskiold og hans krets. Utfordringen fra Cézanne, Lillehammer 2010.
34 Im Notizbuch »Angaaende malerier …«, S. 19 f. Privatarchiv.
35 »Obwohl er das Dekorative des Impressionismus weiter als andere trieb, ließ er nie von der Aufgabe ab, die Natur und nichts als Natur in Farben und Tönen zu singen.« Julius Meier-Graefe, Paul Cézanne, München 1913 [1910], S. 28–30.
36 Siehe die Artikel über Aubert und den Diskurs über das Dekorative in der norwegischen Kunst in den Essays von Magne Malmanger, Nils Messel und Øivind Storm Bjerke in: Tone Skedsmo (Red.), Tradisjon og fornyelse. Norge rundt Århundreskiftet (Ausst.-Kat. Nasjonalgalleriet Oslo, 1994/95), Oslo 1994.
37 Bjerke 1991 (wie Anm. 4), S. 109, Fn 44.

ZU HARALD SOHLBERGS MALTECHNIK: EINE UNTERSUCHUNG ANHAND VON NEUN GEMÄLDEN

THIERRY FORD

1 Gunnar Danbolt, Norsk Kunsthistorie. Bilde og Skulptur frå Vikingtida til i dag, Oslo 2009, S. 219.
2 *Eugenie* (NG.M.02394), *Korsfestelsen* (NG.M.04272), *På Veranden* (NG.M.01828), *Natteglød* (NG.M.00441), *Eftermiddagssol* (NG.M.04322), *Sommernatt* (NG.M.00525), *Vinternatt i Rondane* (NG.M.01185), *Gate i Røros* (NG.M.00882) und *En Blomstereng nordpå* (NG.M.00692).
3 Rhona MacBeth, The Technical Examination and Documentation of Easel Paintings, in: Joyce Hill Stoner, Rebecca Anne Rushfield, Conservation of Easel Paintings, London 2012, S. 291–305. Untersuchungsmethoden: Stereomikroskopie, Leica Wild M8 (Vergrößerungsfaktor 5X–50X); Röntgenaufnahmen, 5 ma, 45 kV, Belichtung 2 Minuten; IRR-Fotografie, ARTIST-Kamera, Spektralbereich 365–1100 nm; Röntgen-fluoreszenz-Handgerät (XRF), Thermo Scientific NITON®, XL3t 900 Gold, energiedispersive Röntgenfluoreszenzanalyse (EDXRF). Nasjonalmuseet for Kunst, Oslo.

4 Øvind Storm Bjerke, Harald Sohlberg. Ensomhetens Maler, Oslo 1991, S. 13.
5 Selvbiografi I, Ms. fol 3922:1a, Nasjonalbibliotek, Oslo, S. 7.
6 Bjerke 1991 (wie Anm. 4), S. 47–53.
7 2003 wurde die Nationalgalerie Teil des NMK.
8 Leslie Carlyle, The Artist's Assistant. Oil Painting Instruction Manual and Handbooks in Britain 1800–1900. With Reference to Selected Eighteenth-Century Sources, London 2001, S. 218.
9 Ebd., S. 208. Eine bekannte und beliebte Methode der Übertragung einer Zeichnung auf die Leinwand.
10 Die Beobachtung erfolgte aufgrund der genauen visuellen Untersuchung der Maloberfläche. Das Bindemittel wurde nicht analysiert. In seinen Tagebüchern und Briefen erwähnt Sohlberg später Experimente mit Tempera zur Darstellung des Himmels. Siehe den Brief von Harald Sohlberg an Eilif Peterssen, Brevs. 209, Nasjonalbibliotek und Dagbok, Bygdevei II 1913/14, S. 1.
11 Carlyle 2001 (wie Anm. 8), S. 215.
12 Die Oberfläche von *Sommernacht* wurde seit dem Erwerb des Gemäldes 1899 restauratorisch nicht behandelt, weshalb der teilweise Überzug dunklerer Partien mit Firnis auf Sohlbergs malerische Intentionen zurückzuführen sein muss.
13 Brief von Harald Sohlberg an seinen Bruder Einar, Sundet, Helgøy – Hedmark, 7.9.1928.
14 Die Berichte über die Restaurierung des Gemäldes zeugen seit 1960 von dem Bemühen, die Farbschicht zu stabilisieren. 1966 wurde das Gemälde gereinigt und mittels Wachs eine Doublierung der Leinwand vorgenommen. 2014 fand erneut eine Behandlung statt. NG.M.01185, Restaurierungsberichte, NMK.
15 Arne Stenseng, Harald Sohlberg. En Kunstner utenfor allfarvei, Oslo 1963, S. 73 und Bjerke 1991 (wie Anm. 4), S. 102–116.
16 Auf der Landkarte sind mehrere von Sohlberg stammende Markierungen mit Rotstift angebracht, mit denen Orte und Wanderungen markiert sind. Sohlberg hat allem Anschein nach auch mit Bleistift den Weg von Straumbu zur Berghütte Bjørnhollia eingezeichnet, von dem aus die Ansichten des Gebirgsmassivs die größte Übereinstimmung mit der Darstellung auf dem Gemälde aufweisen.
17 Selvbiografi II, Ms. fol 3922:1b, Nasjonalbibliotek, Oslo, S. 3
18 Brevs, 596, Brief von Harald Sohlberg an Johanne Sohlberg, Rondane, 30.5.1900, Nasjonalbibliotek, Oslo. Siehe auch die Abbildung in Bjerke 1991 (wie Anm. 4), S. 105.
19 Bjerke 1991 (wie Anm. 4), S. 116.
20 Tagebuch von 1922/23.
21 In den zwei Malkästen von Sohlberg sind noch 24 Tuben mit Ölfarbe erhalten. Darunter auch Kobaltblau und Kobaltviolett von den Firmen Schmincke, Lefranc und Alf Bjercke. In seinen Tagebüchern aus den Jahren 1913/14 und 1922/23 erwähnt Sohlberg auch die Verwendung von Ölfarben der Marken Winsor & Newton sowie Morin et Janet.
22 Briefe aus Røros vom 9.9. und 5.11.1903.
23 Bjerke 1991 (wie Anm. 4), S. 102–117, 187–194.
24 Ebd., S. 126.
25 In einem der beiden noch vorhandenen Malkästen von Sohlberg befindet sich eine Flasche Nussöl von Alf Bjercke. In seinem Tagebuch von 1922/23 erwähnt Sohlberg immer wieder die Verwendung von Nussöl.
26 Selvbiografi II, Ms. fol 3922:1b, Nasjonalbibliotek, Oslo, S. 4.

HARALD SOHLBERG IN WEIMAR: AUFBRUCH AUS DEM AKADEMISCHEN

PETER FORSTER

1 Siehe Arne Stenseng, Harald Sohlberg. En Kunstner utnfor allfarvei, Oslo 1963.
2 Landesarchiv Thüringen-Hauptstaatsarchiv Weimar, Großherzoglich Sächsische Hochschule für bildende Kunst Nr. 136, Bl. 31v32r. Siehe auch Dagmar Blaha, Frank Boblenz, Volker Wahl (Bearb.), Von der Kunstschule zum Bauhaus. Spezialrepertorium zu den Archivbeständen der Kunstlehranstalten in Weimar, Weimar 2008 (=Repertorien des Thüringischen Hauptstaatsarchivs Weimar, Bd. 4).
3 Alle Briefstellen Sohlbergs, auf die in diesem Text verwiesen sind, finden sich in: Øivind Storm Bjerke, Harald Sohlberg. Ensomhetens Maler, Oslo 1991.
4 Siehe Sabine Wendt, Frithjof Smith. Die Kunstschule in Weimar und ein Schüler namens Max Beckmann, Köthen 2010.
5 Siehe Walther Scheidig, Die Geschichte der Weimarer Malerschule: 1860–1900. Weimar 1971.
6 Ekkehard Mai, Die deutschen Kunstakademien im 19. Jahrhundert. Künstlerausbildung zwischen Tradition und Avantgarde, Köln 2010, S. 239.
7 Beim Berufungsverfahren für eine neue Lehrstelle nahm der gesamte Lehrkörper teil. Die letzte Entscheidung verblieb aber beim Landesherrn.
8 Siehe Horst Dauer, Die Weimarer Malerschule, Leipzig 1983.
9 Siehe Mai 2010 (wie Anm. 6), S. 239.
10 Bjerke 1991 (wie Anm. 3).

DER MALER UND SEINE DRUCKGRAFISCHEN ARBEITEN

MØYFRID TVEIT

1 Handschriftensammlung der norwegischen Nationalbibliothek, Oslo. Ms. fol. 3922:1–2 Autobiografie I–II. 2a Tagebuchaufzeichnungen 1921, erste Seite.
2 Øivind Storm Bjerke hat sich bereits ausführlich mit dem grafischen Werk Sohlbergs auseinandergesetzt. Siehe Øivind Storm Bjerke, Harald Sohlberg, Oslo 1986 und ders., Grafikeren, in: ders., Harald Sohlberg. Ensomhetens Maler, Oslo 1991, S. 211. Ein anderes wichtiges Kapitel in der Forschungsgeschichte findet sich in: Sidsel Helliesen, Norsk Grafikk Gjennom 100 År, Oslo 2000, S. 91–94.
3 Blomqvist Kunsthandel, 1895; Ausstellungsraum Diorama, 1897.
4 Die Radierklasse der norwegischen Kunst- und Handwerksschule wurde seit der Gründung 1899 von Johan Nordhagen geleitet. Hier hatte Sohlberg vor allem Zugang zu den Geräten, die für die Herstellung der Platten und Steine für die Farblithografien erforderlich waren. Dem Schülerprotokoll zufolge war Sohlberg von November 1906 bis Januar 1907 und vom Frühjahrssemester 1912 bis zum Ende des Schuljahres 1915/16 Schüler der Abendschule. Helliesen 2000 (wie Anm. 2), S. 160.
5 Gerd Woll, Edvard Munchs Grafikk Gjennom 50 År, in: Edvard Munch. Samlede Grafiske Verk, Oslo 2012, S. 63.
6 Obwohl sich die Farbgrafik unter den Grafikkünstlern in Europa damals als Technik etabliert hatte, war sie Anfang des 20. Jahrhunderts in Norwegen kaum bekannt. Munch und Astrup sind hier die Ausnahmen, ebenso wie Frits Thaulow; doch auch er ist eher internationalen als norwegischen Künstlerkreisen zuzurechnen. Sohlberg kannte ihn aus seiner Zeit in Paris.
7 Arne Stenseng, En Kunstner utenfor Allfarvei, Oslo 1963, S. 54: »In dem kleinen Kreis, der sich in der Nationalgalerie traf und Kopien von Meisterwerken der Malerei studierte, waren Sohlberg, Ravensberg, Eiebakke und Stadskleiv die häufigsten Teilnehmer.« Bjerke zufolge erinnert sich Ravensberg daran in einem Interview, das Stenseng mit ihm führte am 6.11.1946. Siehe Bjerke 1991 (wie Anm. 2), S. 48 und Anm. 19.
8 Der Norwegische Verband für Grafische Kunst (Norsk Forening for Grafisk Kunst) wurde 1908 gegründet und sah seine Aufgabe darin, das Interesse für die Grafik zu fördern. Von Anfang an wurden Jahresmappen herausgegeben, die vier bis fünf grafische Blätter für die Mitglieder des Verbandes enthielten. Heute werden die Jahresmappen in einer Auflage von 100 Stück gedruckt, was sich an der ungefähren Zahl der Abonnenten orientiert. In den ersten Jahren war die Zahl doppelt so hoch. Siehe Sidsel Helliesen, Norsk Forening for Grafisk Kunst, in: Kunst og Kultur, 2, 1984, S. 102–124. Neben den Drucken von Künstlern, die als ausgewiesene Grafikkünstler galten, enthielten die Mappen auch einzelne Blätter von namhaften Künstlern. Man wollte damit die Position und den Umsatz der Mappen stärken. Sohlberg veröffentlichte *Mondschein* (1912) (Taf. 101), *Das Haus des Fischers* (1913) (Taf. 95) und *Akershusvollen, Abend* (1926) (Taf. 100). Vielleicht ermutigte ihn diese Publikationsmöglichkeit, weiter druckgrafisch zu arbeiten.
9 Zusammen mit Edvard Munch, Erik Werenskiold und anderen lud Harald Sohlberg im November 1919 zur Gründung des Vereins Norske Grafikere ein. Siehe Protokoll Norske Grafikere, 1919–1941. Dokumentationsarchiv des Nationalmuseums.
10 Bjerke 1986 (wie Anm. 2), S. 53 f.
11 Helliesen 2000 (wie Anm. 2), S. 63.
12 Jens Thiis, En utrettelig Kunstpopulisator, in: Samleren, 1935, S.69–75.
13 Zu Johannessens bekanntesten Lithografien von Gemälden gehören Anders Zorns *Im Schärengarten*, Christian Krohgs *Schlafende Mutter mit Kind in der Wiege* und Edvard Munchs *Selbstporträt*, allesamt Gemälde, die sich in der Sammlung der Nationalgalerie befanden, als die Farblithografien entstanden. Zu den beliebtesten Lithografien von Holm gehören Edvard Munchs *Frühling*, Theodor Kittelsens *Das Schloss Soria*

Moria, Halfdan Egedius *Samstagabend* und Christian Skredsvigs *Weidenflöte*, die alle zwischen 1912 und 1919 entstanden.

14 »Winter 1914/15 in Oslo. Begann damals mit der Farblithografie *Winternacht in den Bergen*«. Er setzte diese Arbeit im Winter 1916/17 und im Sommer 1917 fort und vollendete den Druck im Winter 1917/18. Nationalbibliothek, Oslo, Ms. fol. 3922: 1b, 6.

15 Sohlbergs hinterlassene Notizen vermitteln den Eindruck, dass er im Allgemeinen sehr gründlich vorging, wenn er mit einer Grafik begann. Siehe sein Notizheft über Grafik »Radierung auf Kupferplatten und Vorgehensweise beim Drucken« und lose Notizen, Privatarchiv.

16 Interview mit der norwegischen Zeitung *Verdens Gang*, 29.5.1917, Signatur »Scapin«. Auch in der Zeitung *Morgenbladet,* 23.5.1917, wird die Lithografie sehr positiv besprochen. Die Abonnenten reagierten schnell, und die Lithografie wurde in Kristiania im Kunsthandel zum Verkauf angeboten.

17 Sohlbergs Entwurf eines Briefes an Johan Grieg, 1917. Notizheft Nr. 12, Privatarchiv.

18 Sohlbergs Notizheft über Grafik »Radierung auf Kupferplatten und Vorgehensweise beim Drucken« und lose Notizen. Nationalbibliothek, Oslo. Ms. fol. 3922: 1a: s.14.

19 Helliesen 2000 (wie Anm. 2), S. 92.

20 Antony Griffiths, The Print Before Photography. An Introduction to European Printmaking 1550–1820, London 2016, S. 464.

21 Helliesen 2000 (wie Anm. 2), S. 92. Die Grafikversion des Motivs wurde von der Presse positiv aufgenommen. Siehe *Morgenbladet*, 7.12.1913 und *Aftenposten*, 10.12.1913.

22 In seinen Notizen beschreibt Sohlberg detailliert, wie er am 13. September mit dem eigentlichen Radieren begann, nachdem er »mit der Übertragung einer äußerst vollständigen Pauskopie nach der Zeichnung fertig [geworden war]«. Sohlberg beschäftigte sich den Winter über mit der Radierung (zuletzt arbeitet er Mitte März daran) und greift im November 1928 wieder zur Nadel.

23 Rosalind E. Krauss, You Irreplaceable You, in: Kathleen Preciado (Red.), Retaining the Original. Multiple Originals, Copies, and Reproductions, Washington, D.C., 1989, S. 151–159.

HARALD SOHLBERG: DAS FOTOGRAFISCHE ŒUVRE

NILS OHLSEN

1 Mit Fotografien sind hier sowohl Abzüge als auch Negative gemeint. Wie viele und welche Art von Abzügen Sohlberg anfertigte, ist im Einzelfall nicht zu ermitteln.

2 Zu den Briefen siehe Øivind Storm Bjerke, Harald Sohlbergs Fotografier, in: Arne Eggum, Bodil Stenseth (Red.), Skandinavisk Kunst og Fotografi, Oslo 1988, S. 84 (=Munch-Museets Skrifter; Bd. 4).

3 Ebd., S. 95.

4 Ebd., S. 81–93.

5 Ebd., S. 93–95. Peter Larsen und Sigrid Lien kommen zum gleichen Ergebnis, in: Norsk Fotohistorie frå Daguerreotypi til Digitalisering, Oslo 2007, S. 133.

6 Siehe Dominique de Font-Réaulx, Revolutions in Landscape, in: dies., Painting and Photography 1839–1914, Paris 2012, S. 108–141.

7 Siehe Peter Henry Emerson, Naturalistic Photography for Students of the Art, London 1889 und Sadakichi Hartmann, A Few Reflections on Amateur and Artistic Photography, in: Camera Notes, 2, 1898/99, S. 41–45.

8 Zur Entwicklung im Norden siehe Hanne Holm-Johnsen: Inspirations – Interactions: Pictorialism Reconsidered. Beitrag zum Symposium »Inspirationen – Interaktionen: Kunstfotografie um 1900 neu betrachtet«, 21.–23.11.2013 im Museum für Fotografie in Berlin: http://piktorialismus.smb.museum/images/lecture_9.pdf?1507987243 [gelesen am 12.4.2018]. Dies., Tradisjon og Fornyelse i Kunstnerisk Fotografi omkring 1900, in: Kunst og Kultur, 3, 2009, S. 118–135, hier S. 121 ff.; dies., Fjellet i Fotografi, in: Karin Hellandsjø (Hg.), Fjellet i Norsk Kunst. Oppdagelse/Formasjon/Visjon, Oslo 2008, S. 116–120; dies., Kunst eller Kitsch? Piktorialisme i Preus Museums Samling, in Kunst eller kitsch? Piktorialisme i Preus Museums Samling (Ausst.-Kat. Preus Museum Collection 2010/11), Horten 2010, S. 15 ff.; Øivind Storm Bjerke, Det maleriske Fotografiet, in: Det maleriske Fotografiet. Kunstnerisk Fotografi ved Inngangen til det Tyvende Århundrede (Ausst.-Kat. Haugar Vestfold Kunstmuseum, Tønsberg, 2000), Horten 2000, o. S. sowie Martin Friedman, The Painter's Lens, in: The Frozen Image. Scandinavian Photography (Ausst.-Kat. Walker Art Center, Minneapolis, 1982/83), New York 1982, S. 104–125, hier S. 104.

9 Henrik Grosch (Hg.), Udstilling af Kunstneriske Fotografier fra Forskjellige Lande, Kristiania [Oslo] 1908, o. S.

10 Siehe Ulrich Pohlmann, Natur und Landschaft, in: Ulrich Pohlmann (Hg.), Eine neue Kunst? Eine andere Natur? Fotografie und Malerei im 19. Jahrhundert (Ausst.-Kat. Kunsthalle der Hypo-Kulturstiftung, München, 2004), München 2004, S. 148 f.

11 Siehe Dominique de Font-Réaulx, Painter Photographers, in: dies., Painting and Photography 1839–1914, Paris 2012, S.262–295, hier S. 263 ff.

12 Ebd., S. 264.

13 Hanne Holm-Johnsen: Fjellet i Fotografi. Fra Oppdagelse og Temming til Estetisk Objekt og Begjær, in: Karin Hellandsjø (Hg.), Fjellet i Norsk Kunst. Oppdagelse/Formasjon/Visjon, Oslo 2008, S. 95.

14 Hanne Holm-Johnsen hat in Holm-Johnsen 2009 (wie Anm. 8) auf das symptomatische Versäumnis hingewiesen, dass die Ausstellung *Tradition og Fornyelse* die Fotografie nicht berücksichtigte. Diese Situation hat sich bis heute nicht wesentlich geändert.

15 Brief von Harald Sohlberg an seinen Bruder Karl, 1.6.1900, zit. nach: Bjerke 1988 (wie Anm. 2), S. 84.

16 Milan Chlumsky, Vom Mont Maudit zum Montblanc, in: Ulrich Pohlmann (Hg.), Eine neue Kunst? Eine andere Natur? Fotografie und Malerei im 19. Jahrhundert (Ausst.-Kat. Kunsthalle der Hypo-Kulturstiftung, München, 2004), München 2004, S. 189 ff.

17 Siehe Holm-Johnsen 2008 (wie Anm. 13), S. 96–114; Robert Meyer, Knud Knudsens Landskapsfotografi, in: Kunst og Kultur, 4, 1987, S. 235 ff. sowie ders., The Primal Landscape of Knud Knudsen, in: The Frozen Image. Scandinavian Photography (Ausst.-Kat. Walker Art Center, Minneapolis, 1982/83), New York 1982, S. 27.

18 Information von Trond Bjorli, der darauf hinweist, dass sich unter Wilses zahlreichen Porträts keines von Sohlberg findet.

19 Siehe Øivind Storm Bjerke, Anders Beer Wilse i Amerika, in: Crossroads (Ausst.-Kat. Lillehammer Kunstmuseum / Drammens Museum, 2014/15), Oslo 2014, S. 15–22 sowie Trond Bjorli (Hg.), Wilse. Mitt Norge, Oslo 2015, S. 10 f.

20 Siehe Robert Cahn, Robert Glenn Ketchum, American Photographers and The National Parks, New York 1981.

21 Siehe Nils Ohlsen, Japans Einfluss auf die nordische Fotografie, 1900–1914, in: Gabriel P. Weisberg, Anna-Maria von Bonsdorff, Hanne Selkokari (Hg.), Japanomania im Norden Europas 1875–1918 (Ausst.-Kat. Valtion Taidemuseo, Helsinki / Nasjonalmuseet, Oslo / Statens Museum for Kunst, Kopenhagen, 2016/17), Berlin 2016, S. 215–221.

22 Siehe Ulrich Pohlmann, Wolken und Wellen, in: Ulrich Pohlmann (Hg.), Eine neue Kunst? Eine andere Natur? Fotografie und Malerei im 19. Jahrhundert (Ausst.-Kat. Kunsthalle der Hypo-Kulturstiftung, München, 2004), München 2004, S. 172 f.

23 Font-Réaulx 2012 (wie Anm. 11), S. 294.

VERZEICHNIS DER BILDTAFELN

Für Werke, die nicht vom Künstler datiert wurden, wird ein wahrscheinliches Datum in Klammern angegeben.

Die Maße der Gemälde sind in Zentimeter angegeben, auf den nächsten halben Zentimeter gerundet, Höhe × Breite.

Für Arbeiten auf Papier, die vom Nationalmuseum Oslo gemessen wurden, sind die Maße in Millimeter angegeben. Die Maße anderer Arbeiten auf Papier sind in Zentimeter auf den nächsten halben Zentimeter gerundet angegeben. (VM) zeigt die sichtbaren Abmessungen an, zum Beispiel das sichtbare Format eines Bildes innerhalb eines Passepartouts oder Rahmen. Das Nationalmuseum für Kunst, Architektur und Design in Oslo wird verkürzt als »Nasjonalmuseet, Oslo« aufgeführt.

GEMÄLDE

Kat. 1
Stillleben, 1889
Öl auf Leinwand
49 × 65 cm
Privatbesitz
Taf. 2

Kat. 2
Sommertag an der Hegge Kirche, 1889
Öl auf Leinwand auf Tafel montiert
18 × 30,5 cm
Privatbesitz
Taf. 3

Kat. 3
Eugenie, 1891
Öl auf Papier auf Holztafel montiert
23 × 21 cm
Nasjonalmuseet, Oslo
NG.M.02394
Taf. 60

Kat. 4
Eugenie, 1891
Öl auf Tafel
45,5 × 21,5 cm
Privatbesitz
Taf. 61

Kat. 5
Auf der Veranda, 1892
Öl auf Leinwand
69,5 × 42,5 cm
Nasjonalmuseet, Oslo
NG.M.01828
Taf. 64

Kat. 6
Kreuzigung (vermutlich 1892)
Öl auf Leinwand auf Holzfasertafel montiert
33 × 26,5 cm
Nasjonalmuseet, Oslo
NG.M.04274
Taf. 63

Kat. 7
Abendrot, Studie (1893)
Öl auf Karton auf Leinwand montiert
33 × 24 cm
Privatbesitz
Courtesy of Galleri K
Taf. 26

Kat. 8
Abendrot, 1893
Öl auf Leinwand
80 × 62,5 cm
Nasjonalmuseet, Oslo
NG.M.00441
Taf. 25

Kat. 9
Sonnenstrahlen, 1894
Öl auf Leinwand
73 × 59 cm
Gard forsikring, Arendal
Taf. 28

Kat. 10
Mystik, 1894
Öl auf Leinwand
32,5 × 41 cm
Privatbesitz
Courtesy of Galleri K
Taf. 66

Kat. 11
Mädchen mit wilder Margerite (1894)
Öl auf Tafel
13,5 × 20 cm
Privatbesitz
Taf. 39

Kat. 12
Mädchen mit wilder Margerite (1894)
Öl auf Tafel
20 × 27 cm
Privatbesitz
Taf. 40

Kat. 13
Blick von der Straße Karl XII. (1894)
Öl auf Leinwand
45,5 × 36,5 cm
Nasjonalmuseet, Oslo
NG.M.01827
Taf. 65

Kat. 14
Laterne (1894)
Öl auf Leinwand
15 × 19 cm
Privatbesitz
Taf. 67

Kat. 15
Schweigen (1894)
Öl auf Leinwand
76 × 110,5 cm
Privatbesitz
Courtesy of Galleri K
Taf. 98

Kat. 16
Nachmittagssonne, 1895
Öl auf Leinwand
65 × 81,5 cm
Nasjonalmuseet, Oslo
NG.M.04322
Taf. 32

Kat. 17
Selbstporträt (1895)
Bleistift, Kohle und Lasur in Öl auf Leinwand
48,5 × 32 cm
Privatbesitz
Taf. 6

Kat. 18
Selbstporträt (1896)
Öl auf Leinwand
39 × 28,5 cm
Privatbesitz
Taf. 1

Kat. 19
Landhaus, 1896
Öl auf Leinwand
131 × 91 cm
Privatbesitz
Courtesy of Galleri K
Taf. 71

Kat. 20
Meerjungfrau, 1896
Öl auf Leinwand
51 × 89 cm
Privatbesitz
Taf. 108

Kat. 21
Tod (um 1895/96)
Öl auf Tafel
27 × 20 cm
Privatbesitz
Taf. 84

Kat. 22
Meerjungfrau, 1897
Öl auf Leinwand
46,5 × 54,5 cm
Privatbesitz
Taf. 109

Kat. 23
Reife Felder, Skizze (vor 1898 [fälschlicherweise 1891])
Öl auf Leinwand
40 × 60 cm
Privatbesitz
Courtesy of Galleri K
Taf. 4

Kat. 24
Reife Felder (1898)
Öl auf Leinwand
73 × 116 cm
Privatbesitz
Taf. 5

Kat. 25
Meerjungfrau (1898)
Öl auf Leinwand
18 × 27 cm
Privatbesitz
Taf. 110

Kat. 26
Winter auf dem Balkon (1899)
Öl auf Tafel
68,5 × 91 cm
Privatbesitz
Taf. 70

Kat. 27
Sommernacht, Skizze
(vermutlich 1899)
Öl auf Karton
46 × 55 cm
Nasjonalmuseet, Oslo
NG.M.01829
Taf. 69

Kat. 28
Sommernacht, 1899
Öl auf Leinwand
114 × 135,5 cm
Nasjonalmuseet, Oslo
NG.M.00525
Taf. 68

Kat. 29
Winternacht in den Bergen,
Studie, 1900
Öl auf Leinwand
36 × 45 cm
Privatbesitz
Taf. 47

Kat. 30
Winternacht in den Bergen, 1901
Öl auf Leinwand
70 × 92 cm
Privatbesitz
Courtesy of Galleri K
Taf. 42

Kat. 31
Rondane bei Sonnenaufgang
(vor 1902)
Öl auf Leinwand
18 × 27 cm
Privatbesitz
Taf. 56

Kat. 32
Straße in Røros, 1902
Öl auf Leinwand
88 × 60,5 cm
Nasjonalmuseet, Oslo
NG.M.00883
Taf. 10

Kat. 33
Straße in Røros im Winter, 1903
Öl auf Leinwand
60,5 × 90,5 cm
Nasjonalmuseet, Oslo
NG.M.00882
Taf. 72

Kat. 34
Elegie, 1903
Öl auf Leinwand
38 × 46,5 cm
Privatbesitz
Courtesy of Galleri K
Taf. 11

Kat. 35
Nacht, Røros Kirche, Skizze, 1903
Öl auf Papier auf Leinwand
39,5 × 46,5 cm
Nasjonalmuseet, Oslo
NG.M.01676
Taf. 91

Kat. 36
Große Straße, Røros, 1904
Öl auf Leinwand
46 × 57 cm
Privatbesitz
Courtesy of Gallery K
Taf. 114

Kat. 37
Nacht, 1904
Öl auf Leinwand
113 × 134 cm
Trondheim kunstmuseum MiST
TKM-143-1904
Taf. 12

Kat. 38
Gullikstad, 1904
Öl auf Leinwand
32 × 46 cm
Privatbesitz
Courtesy of Galleri K
Taf. 115

Kat. 39
Landstraße, 1905
Öl auf Leinwand
95,5 × 110 cm
Privatbesitz
Taf. 14

Kat. 40
Blumenwiese im hohen Norden, Skizze, 1905
Öl auf Holz
32 × 41 cm
Privatbesitz
Courtesy of Galleri K
Taf. 30

Kat. 41
Blumenwiese im hohen Norden, 1905
Öl auf Leinwand
96 × 111 cm
Nasjonalmuseet, Oslo
NG.M.00692
Taf. 29

Kat. 42
Schneefall, Gullikstad, 1905
Öl auf Leinwand
52 × 65 cm
Privatbesitz
Courtesy of Galleri K
Taf. 116

Kat. 43
Hof im Schneematsch, Røros, 1905
Öl auf Leinwand
60,5 × 70,5 cm
Nasjonalmuseet, Oslo
NG.M.02072
Taf. 117

Kat. 44
Das Haus des Fischers (1906)
Öl auf Leinwand
54 × 46 cm
Privatbesitz
Taf. 96

Kat. 45
Ein Haus an der Küste, 1906
Öl auf Leinwand
109 × 94 cm
Art Institute of Chicago
Gift of Edward Byron Smith, 2000.1
Inv. ART549530
Taf. 97

Kat. 46
Mondschein am Meer, 1907
Öl auf Leinwand
46 × 54 cm
Privatbesitz
Taf. 19

Kat. 47
Eiche, 1908
Öl auf Leinwand
90,5 × 80 cm
Det Faste Galleri, Drammens Museum
DFG 264
Taf. 15

Kat. 48
Andante, 1908
Öl auf Leinwand
81 × 101,5 cm
Det Faste Galleri, Drammens Museum
DFG 263
Taf. 35

Kat. 49
Andante, 1908
Öl auf Leinwand
40 × 48 cm
Privatbesitz
Taf. 36

Kat. 50
Winterabend, 1909
Öl auf Leinwand
70 × 83 cm
Privatbesitz
Taf. 94

Kat. 51
Am Meer, Ranviken, 1909
Öl auf Leinwand
78 × 88 cm
Privatbesitz
Taf. 118

Kat. 52
Mondscheinstimmung (1909)
Öl auf Leinwand
35 × 47 cm
Privatbesitz
Courtesy of Galleri K
Taf. 92

Kat. 53
Herbstliche Landschaft, westlich von Kjerringvik (1910)
Öl auf Leinwand
82 × 70,6 cm
KODE Kunstmuseene i Bergen
RMS.M.463
Taf. 119

Kat. 54
Sagene, 1911
Öl auf Leinwand
65,5 × 90 cm
KODE Kunstmuseene i Bergen
RMS.M.464
Taf. 120

Kat. 55
Mittsommernacht, Nordisches Motiv, 1911
Öl auf Leinwand
82 × 115,5 cm
Privatbesitz
Taf. 37

Kat. 56
Hütten und Fabriken, 1912
Öl auf Leinwand
86 × 101 cm
Göteborgs Konstmuseum
GKM 0511
Taf. 16

Kat. 57
Landstraße I (linker Teil) (1912)
Öl auf Leinwand
100 × 62 cm
Privatbesitz
Taf. 121

Kat. 58
Frühlingsabend, Festung Akershus, 1913
Öl auf Leinwand
81 × 114 cm
Oslo kommunes kunstsamling
OKK.E.00047
Taf. 22

Kat. 59
Winternacht in Rondane, 1914
Öl auf Leinwand
160 × 180,5 cm
Nasjonalmuseet, Oslo
NG.M.01185
Taf. 41

Kat. 60
Landstraße II, 1916
Öl auf Leinwand
103 × 138 cm
Privatbesitz
Taf. 17

Kat. 61
Von einem Zuhause aus (1919)
Öl auf Leinwand
116 × 135 cm
Privatbesitz
Courtesy of Galleri K
Taf. 122

Kat. 62
Værvågen, 1921
Öl auf Leinwand
91 × 121 cm
Privatbesitz
Courtesy of Galleri K
Taf. 18

Kat. 63
Mondschein Nevlunghavn, 1922
Öl auf Leinwand
94 × 123 cm
Privatbesitz
Courtesy of Galleri K
Taf. 20

Kat. 64
Historische Landschaft, Tingelstad, 1925
Öl auf Leinwand
86 × 112 cm
Privatbesitz
Taf. 21

Kat. 65
Oslofjord, 1926
Öl auf Leinwand
93 × 72 cm
Privatbesitz
Taf. 124

Kat. 66
Sommersonntag in der Nærsnes-Bucht, 1932
Öl auf Leinwand
94 x 71,5 cm
Privatbesitz
Courtesy of Galleri K
Taf. 125

Kat. 67
Akershus, 1933
Öl auf Leinwand
94 × 125 cm
Privatbesitz
Taf. 123

ZEICHNUNGEN

Kat. 68
Nach Michelangelos Sterbendem Sklaven (vermutlich 1889)
Kohle auf Papier
1183 × 600 mm
Privatbesitz
Taf. 73

Kat. 69
Mädchen aus Slagen (1890)
Kohle auf Papier
519 × 320 mm
Privatbesitz
Taf. 74

Kat. 70
Eugenie (1891)
Kohle auf Papier
464 × 372 mm
Nasjonalmuseet, Oslo
NG.K&H.B.00474
Taf. 62

Kat. 71
Meerjungfrau (14), 1893
Stift, Pinsel und Lavur auf Papier
18 × 10 cm
Privatbesitz
Taf. 105

Kat. 72
Meerjungfrau (1893)
Stift und Pinsel auf Papier
170 × 100 mm
Privatbesitz
Taf. 106

Kat. 73
Meerjungfrau (II) (1893)
Stift auf Papier
18 × 10 cm
Privatbesitz
Taf. 107

Kat. 74
Wolke (1893)
Stift über Bleistift auf Papier
23,5 × 18 cm
Privatbesitz
Taf. 24

Kat. 75
Studie zu Abendrot (1893)
Stift über Bleistift auf Papier
196 × 270 mm
Privatbesitz
Taf. 27

Kat. 76
Alte Dame mit Strimmel-Haube, 1894
Bleistift und Kohle auf Papier
49,5 × 40,5 cm (VM)
Privatbesitz
Taf. 80

Kat. 77
Bärtiger Mann, 1894
Kohle auf Papier
53 × 42,5 cm (VM)
Privatbesitz
Taf. 82

Kat. 78
Mädchen mit wilder Margerite (um 1894)
Stift über Bleistift auf Papier
148 × 206 mm
Privatbesitz
Taf. 38

Kat. 79
Christus in Gethsemane (um 1894)
Stift und Lavur auf Papier
313 × 199 mm
Privatbesitz
Taf. 86

Kat. 80
Christus spricht zu den Menschen (um 1895/96)
Stift und Lavur auf Papier
19 × 32 cm (VM)
Privatbesitz
Taf. 85

Kat. 81
Liebe und Tod (um 1895/96)
Bleistift auf Papier
45 × 32 cm (VM)
Privatbesitz
Taf. 83

Kat. 82
Frau X (1895/96)
Bleistift und Stift auf Papier
43 × 35 cm (VM)
Privatbesitz
Taf. 81

Kat. 83
Selbstporträt (1895)
Bleistift auf Papier
465 × 334 mm
Privatbesitz
Taf. 87

Kat. 84
Meerjungfrau (1897)
Stift, Aquarell und Gouache auf Papier
34 × 21,5 cm (VM)
Privatbesitz
Taf. 113

Kat. 85
Meerjungfrau (1897)
Bleistift, Stift, Lavur und Gouache auf Papier
45,5 × 28,5 cm (VM)
Privatbesitz
Taf. 111

Kat. 86
Meerjungfrau (1897)
Bleistift, Lavur und Aquarell auf Papier
155 × 140 mm
Privatbesitz
Taf. 112

Kat. 87
In der Tiefe meines Gartens (vor 1897)
Tusche, Stift und Bleistift auf Papier
33,5 × 21 cm (VM)
Privatbesitz
Taf. 23

Kat. 88
Studie eines alten Mannes (vermutlich 1897)
Kohle auf Papier
880 × 660 mm
Privatbesitz
Taf. 79

Kat. 89
Mann mit Hut (vermutlich 1897)
Kohle und Bleistift auf Papier
37 × 30 cm (VM)
Privatbesitz
Taf. 78

Kat. 90
Mädchen von Schafteløkken (vermutlich 1897)
Bleistift, Pinsel, Lavur, Aquarell und Gouache auf Papier
54,5 × 36 cm (VM)
Privatbesitz
Taf. 8

Kat. 91
Schafteløkken (1897)
Aquarell über Bleistift auf Papier
1262 × 880 mm
NG.K&H.B.00571
Taf. 7

Kat. 92
Schafteløkken, 1898
Kohle und Bleistift auf Papier
640 × 820 mm
Privatbesitz
Taf. 9

Kat. 93
Winternacht in den Bergen (1899)
Bleistift und Gouache (auf Rückseite eines Briefumschlags)
12 × 16 cm
Privatbesitz
Taf. 43

Kat. 94
Hulda (1890er)
Bleistift und Kohle auf Papier
51 × 39,5 cm
Privatbesitz
Taf. 75

Kat. 95
Weiblicher Halbakt (1890er)
Bleistift auf Papier
242 × 228 mm
Privatbesitz
Taf. 77

Kat. 96
Weiblicher Akt (1890er)
Kohle auf Papier
591 × 447 mm
Privatbesitz
Taf. 76

Kat. 97
Skifahrer, Studie (1900)
Bleistift auf Papier
150 × 220 mm
Privatbesitz
Taf. 44

Kat. 98
Winternacht in den Bergen (1900)
Kohle und Aquarell auf Papier
68,5 × 89 cm
Privatbesitz
Taf. 45

Kat. 99
Rondane von Nordnesset aus gesehen (1900)
Bleistift und Farbstift auf Papier
457 × 595 mm
Privatbesitz
Taf. 46

Kat. 100
Winternacht in den Bergen, Studie (1900)
Kohle und Aquarell
148,5 × 170 cm
Oslo kommunes kunstsamling
OKK.E.00053
Taf. 55

Kat. 101
Winternacht in den Bergen, Studie (1901/02)
Kohle, Tusche und Aquarell
161 × 184 cm
Nationalmuseum, Stockholm
NMB 2018
Taf. 54

Kat. 102
Rondane (1901/02)
Bleistift und Aquarell auf Papier
229 × 318 mm
Privatbesitz
Taf. 48

Kat. 103
Rondane (1901/02)
Bleistift, Pinsel und Aquarell auf Papier
316 × 480 mm
Privatbesitz
Taf. 49

Kat. 104
Rondane (1901/02)
Bleistift und Aquarell auf Papier
229 × 315 mm
Privatbesitz
Taf. 50

Kat. 105
Rondane (1901/02)
Bleistift und Aquarell auf Papier
233 × 334 mm
Privatbesitz
Taf. 51

Kat. 106
Baumstudie (1901/02)
Bleistift auf Papier
333 × 235 mm
Privatbesitz
Taf. 52

Kat. 107
Baumstudie (1901/02)
Bleistift auf Papier
183 × 122 mm
Privatbesitz
Taf. 53

Kat. 108
Kirche in Røros, Studie (1903)
Bleistift auf Papier
374 × 448 mm
Privatbesitz
Taf. 13

Kat. 109
Wilde Margeriten (1905)
Stift und Bleistift auf Papier
39 × 37 cm (VM)
Privatbesitz
Taf. 31

Kat. 110
Exodus (1908)
Aquarell, Gouache und Bleistift auf Papier
86 × 107 cm (VM)
Privatbesitz
Taf. 34

Kat. 111
Gischt (um 1908)
Stift, Lavur und Aquarell auf Papier
407 × 540 mm
Privatbesitz
Taf. 33

Kat. 112
Ein Treffen (1910)
Bleistift auf Papier
442 × 229 mm
Nasjonalmuseet, Oslo
NG.K&H.1996.0043
Taf. 104

Kat. 113
Ein königliches Treffen, 1910
Stift über Aquarell auf Papier
623 × 417 mm
Nasjonalmuseet, Oslo
NG.K&H.1974.0080
Taf. 103

Kat. 114
Angreifer (1911)
Stift und Pinsel auf Papier
40 × 57 cm (VM)
Privatbesitz
Taf. 102

Kat. 115
Winternacht in den Bergen (1911)
Aquarell und Tusche auf Papier
55 × 65,5 cm (VM)
Privatbesitz
Taf. 57

Kat. 116
Winternacht in den Bergen, 1911
Aquarell
575 × 650 mm
Privatbesitz
Taf. 59

Kat. 117
Winternacht in Rondane, 1911
Pastell, Kohle und Aquarell auf Papier
56,5 × 64 cm
KODE Kunstmuseene i Bergen
RMS.465
Taf. 58

Kat. 118
Winternacht in Rondane (1911)
Stift über Bleistift auf Pauspapier
542 × 725 mm
Privatbesitz
Taf. 89

Kat. 119
Nacht (1922)
Stift über Lavur und Schabtechnik auf Papier
497 × 646 mm
Nasjonalmuseet, Oslo
NG.K&H.B.08221
Taf. 90

DRUCKGRAFIK

Kat. 120
Mondschein (1912)
Strichätzung und Aquatinta auf Papier
191 × 266 mm
Nasjonalmuseet, Oslo
NG.K&H.B.09952
Taf. 101

Kat. 121
Mitternacht, 1914
Ätzung in zwei Farben auf Papier
466 × 640 mm
Nasjonalmuseet, Oslo
NG.K&H.A.19501
Taf. 93

Kat. 122
Das Haus des Fischers (1913)
Ätzung und Aquatinta auf Papier
255 × 206 mm
Nasjonalmuseet, Oslo
NG.K&H.A.19333
Taf. 95

Kat. 123
Winternacht in Rondane (1917)
Farblithografie auf Papier
524 × 602 mm
Nasjonalmuseet, Oslo
NG.K&H.A.19500
Taf. 88

Kat. 124
Akershusvollen, Abend, 1926
Ätzung auf Papier
205 × 294 mm
Nasjonalmuseet, Oslo
NG.K&H.A.19392
Taf. 100

Kat. 125
Schweigen (1931 oder 1936)
Ätzung auf Papier
160 × 233 mm
Nasjonalmuseet, Oslo
NG.K&H.1966.0140
Taf. 99

VERZEICHNIS DER VERGLEICHSABBILDUNGEN

Abb. 1: Frits Thaulow, *Mitternacht in Amiens*, um 1897, Öl auf Leinwand, 73 × 92 cm, Nasjonalmuseet, Oslo, Inv. NG.M.00483. Foto: Nasjonalmuseet/Jacques Lathion

Abb. 2: Aufstellung von Telegrafenmasten, 1900. Foto: Erik Hadland Torjusen, Dalane Folkemuseum

Abb. 3: Thorvald Erichsen, *Kviteseid, Telemark*, 1900, Öl auf Leinwand, 101,5 × 132 cm, Nasjonalmuseet, Oslo, Inv. NG.M.00595. Foto: Nasjonalmuseet/Jacques Lathion

Abb. 4: Harald Sohlberg auf dem Weg an Gullikstad vorbei nach Trondheim, vermutlich 1904/05. Foto: Olaf Kosberg

Abb. 5: Anders Castus Svarstad, *An der Akerselva*, 1908–1912, Öl auf Leinwand, 116 × 140,5 cm, Det Faste Galleri, Drammens Museum, Inv. DFG 277. Foto: Bjørn Johnsen

Abb. 6, Kristen Holbø, *Die Alm Holbøsetra im Mondschein*, 1909, Öl auf Leinwand, 100 × 130,5 cm, Nasjonalmuseet, Oslo, Inv. NG.M.00816. Foto: Nasjonalmuseet/Børre Høstland

Abb. 7: Odilon Redon, *Die Stille in diesen unendlichen Räumen erschreckt mich*, um 1870, Grafit, 22,5 × 27,5 cm, Musée du Petit Palais, Paris, Inv. PPD 2019. Foto: Petit Palais/Roger-Viollet

Abb. 8: Wilhelm Repsold, *Weide*, undatiert, Scherenschnitt, 17 × 9,3 cm, Standort unbekannt. Siehe Martin Knapp (Hg.), Deutsche Schatten- und Scherenbilder aus drei Jahrhunderten, Dachau b. München [1916], S. 99.

Abb. 9: Paul Gauguin, *Der Verlust der Unschuld (oder Frühlingserwachen)*, 1891, Öl auf Leinwand, 90 × 130 cm, The Chrysler Museum, Norfolk, VA, Schenkung von Walter P. Chrysler, jr. Foto: The Chrysler Museum

Abb. 10: Arnold Böcklin, *Pan im Schilf*, 1859, Öl auf Leinwand, 199,7 × 152,6 cm, Bayerische Staatssammlungen, Neue Pinakothek, München. Foto: bpk-Bildkunst, Berlin

Abb. 11: Nikolai Astrup, *Märzmorgen*, um 1920, Öl auf Leinwand, 65 × 46,5 cm, KODE Kunstmuseene i Bergen (Depot), Sparebankstiftelsen DnB. Inv. BKM. Dep.00352/07. Foto: Dag Fosse

Abb. 12: Maurice Denis, *Prozession unter Bäumen*, 1892, Öl auf Leinwand, 56 × 81 cm, Collection Mr. and Mrs. Arthur G. Altschul, New York. In: Jean-Paul Bouillon, *Maurice Denis*, Genf 1993, S. 35.

Abb. 13: Paul Gauguin, *Waschfrauen*, 1889, Zinkografie auf gelbem gewebtem Papier, 21,2 × 26,5 cm. Aus der Mappe »Dessins lithographiques«, National Gallery of Art, Washington, D.C., Print Purchase Fund (Rosenwald Collection). Foto: National Gallery of Art, Washington, D.C.

Abb. 14: Theodor Kittelsen, *Die Bergkette der Sieben Schwestern*, 1888, Stift und Tusche, 282 × 477 mm, Nasjonalmuseet, Oslo, Inv. NG.K&H.B.00147. Foto: Nasjonalmuseet/Dag Ivarsøy

Abb. 15: Emil Nolde, *Jungfrau, Mönch und Eiger* (Bergpostkarte 7), 1894, Mischtechnik, 82 × 119 mm, Nolde Stiftung Seebüll. Foto: Nolde Stiftung Seebüll, © Nolde Stiftung Seebüll

Abb. 16: Titelblatt in Bruno Taut, *Alpine Architektur,* Hagen 1920 (datiert 1919). Foto: Deutsches Museum, München

Abb. 17: Giovanni Segantini, *Die Strafe der Wollüstigen*, 1891. Öl auf Leinwand, 99 × 173 cm. Walker Art Gallery, Liverpool. Foto: Unbekannt

Abb. 18: Thomas Fearnley, *Grindewaldgletscher*, 1838, Öl auf Leinwand, 157 × 194 cm, Nasjonalmuseet, Oslo, Inv. NG.M.00038. Foto: Nasjonalmuseet/Jacques Lathion

Abb. 19: Theodor Caspari, *Norwegisches Hochgebirge* [Norsk Høifjeld], Kristiania 1898, S. 11. Foto: Nasjonalbiblioteket, Oslo

Abb. 20: Karte von Rondane mit Sohlbergs Notizen. Foto: Nasjonalmuseet, Oslo

Abb. 21: Harald Sohlbergs Hauptaufenthaltsort im Rondane-Gebirge. Foto: Harald Sohlberg. Preus Museum, Horten

Abb. 22: Edvard Munch, *Nacht in Nizza*, 1891, Öl auf Leinwand, 48 × 54 cm, Nasjonalmuseet, Oslo, Inv. NG.M.00394. Foto: Nasjonalmuseet/Jacques Lathion

Abb. 23: Querschliff einer Farbprobe, der Partie des orangefarbenen Himmels entnommen. Mehrere übereinander gelagerte dünne Farbschichten über weißer Grundierung (200-fach). *Abendrot*, 1893 (Taf. 25). Foto: Thierry Ford

Abb. 24: Ausschnitt. Infrarotaufnahme aus der Unterzeichnungen in schwarzer Kohle sowie Abänderungen während des Malprozesses. *Nachmittagssonne*, 1895 (Taf. 32). Foto: Thierry Ford

Abb. 25: Ausschnitt. Infrarotaufnahme mit Unterzeichnungen und Gittersystem. *Sommernacht*, 1899 (Taf. 68). Foto: Thierry Ford

Abb. 26: Ausschnitt. Mikroskopische Aufnahme aus der linken Hälfte des Gemäldes. Zahlreiche dünne blaue Pinselstriche auf hellerem Grund (20-fach). *Winternacht in Rondane*, 1914 (Taf. 41). Foto: Thierry Ford

Abb. 27: Ausschnitte. Schwarze Umrisslinien markieren die Stellen mit dickerem weißem Schnee (10-fach). *Straße in Røros im Winter*, 1903 (Taf. 72). Foto: Thierry Ford

Abb. 28: Ultraviolettfotografie mit Fluoreszenz der Firnisschichten. Es ist deutlich erkennbar, dass die wilden Margeriten im Vordergrund über dem Firnis aufgetragen wurden. *Blumenwiese im hohen Norden*, 1905 (Taf. 29). Foto: Thierry Ford

Abb. 29: Carl Frithjof Smith, *Henrik Ibsen*, 1898 (in München. Replik. Orig. 1888), Öl auf Leinwand, 167 × 123,5 cm, Oslo Museum, Byhistorisk samling. Foto: Oslo Museum

Abb. 30: Carl Frithjof Smith, *Nach der Erstkommunion*, 1892, Öl auf Leinwand, 136 × 183 cm, Museo Baron Revoltella, Triest. Foto: Petar Miloševič

Abb. 31: Harald Sohlberg, *Darwins Lehre* (1897), Bleistift und Kohle auf Papier, 86 × 68 cm, Privatbesitz. Foto: O. Væring

Abb. 32: Max Thedy, *Studie eines sitzenden Alten*, 1879, Öl auf Leinwand, 105 × 94 cm, Privatbesitz

Abb. 33: Edvard Munch, *Das kranke Kind* (1894), Kaltnadel, Roulette und Polierstahl auf Papier, 387 × 291 mm, Nasjonalmuseet, Oslo, Inv. NG.K&H.A.19054. Foto: Nasjonalmuseet/Dag Ivarsøy

Abb. 34: Begonnene Platte für *Nacht*, 1927. Privatbesitz. Foto: Nasjonalmuseet/Børre Høstland

Abb. 35: Anders Beer Wilse, *Rondane*, 1912, Silbergelatine auf Barytpapier, 53 × 72 cm, Foto: Norsk Folkemuseum, Oslo

Abb. 36: Carleton E. Watkins, *El Capitan from the Foot of the Mariposa Trail*, um 1867, Albumindruck, 19,4 × 29,7 cm, The Museum of Modern Art (MoMA), New York, Foto: The Museum of Modern Art, New York/Scala, Florenz

Abb. 37: Alfred Stieglitz, *From the Back Window at »291«, 3. April 1915,* Platindruck, 24,7 × 19,5 cm, The Museum of Modern Art (MoMA), New York, Foto: The Museum of Modern Art, New York/Scala, Florenz

Abb. 38: Alvin Langdon Coburn, *Wapping*, 1904, Fotogravur, 22,7 × 17 cm, George Eastman Museum, Rochester, NY. Foto: George Eastman Museum

Abb. 39: Alvin Langdon Coburn, *Landschaft*, 1902, Platindruck, 24 × 18,8 cm, The Museum of Modern Art (MoMA), New York, Foto: The Museum of Modern Art, New York/Scala, Florenz

Abb. 40: Rondane und alte Alm Nr. 1, Originalnegativ eines Nitrozellulose-Rollfilms, aufgeschnitten, ca. 85 × 100 mm (Negativmaß), 1913, Depositum, Preus Museum, Horten

Abb. 41: Rondane Nr. 5, Originalnegativ eines Nitrozellulose-Rollfilms, aufgeschnitten, ca. 85 × 100 mm (Negativmaß), 1911, Depositum, Preus Museum, Horten

Abb. 42: Rondane, Original Glasnegativ 120 × 60 mm (Negativmaß), undatiert, Privatbesitz

Abb. 43: An der Akerselva, Originalnegativ eines Nitrozellulose-Rollfilms, aufgeschnitten, ca. 100 × 85 mm (Negativmaß), 1910, Depositum, Preus Museum, Horten

Abb. 44: Akerselva, Originalnegativ eines Nitrozellulose-Rollfilms, aufgeschnitten, ca. 85 × 100 mm (Negativmaß), 1910, Depositum, Preus Museum, Horten

Abb. 45: Akerselva, Originalnegativ eines Nitrozellulose-Rollfilms, aufgeschnitten, ca. 85 × 100 mm (Negativmaß), 1910, Depositum, Preus Museum, Horten

Abb. 46: Akerselva, Silbergelatine auf Barytpapier, 76 × 99 mm, 1912, Depositum, Preus Museum, Horten

Abb. 47: Akershus, Originalnegativ eines Nitrozellulose-Rollfilms, aufgeschnitten, ca. 85 × 100 mm (Negativmaß), undatiert, Depositum, Preus Museum, Horten

Abb. 48: Hafen von Oslo (?), Originalnegativ eines Nitrozellulose-Rollfilms, aufgeschnitten, ca. 85 × 100 mm (Negativmaß), undatiert, Depositum, Preus Museum, Horten

Abb. 49: Hafen in Oslo (?) «Nr 1». Originalnegativ eines Nitrozellulose-Rollfilms, aufgeschnitten, ca. 100 × 85 mm (Negativmaß), undatiert, Depositum, Preus Museum, Horten

Abb. 50: Slagentangen, Vestfold. Originalnegativ eines Nitrozellulose-Rollfilms, aufgeschnitten, ca. 100 × 85 mm (Negativmaß), vermutlich 1906, Depositum, Preus Museum, Horten

Abb. 51: Blumenwiese, wilde Margeriten, Gullikstad. Original Glasnegativ, 10,2 × 7,6 cm, vermutlich 1905, Depositum, Preus Museum, Horten

Abb. 52: Straße Karl XII., ein zusammenhängendes Mehrfamilienhaus mit zwei Fassaden, die andere Seite lag zur Straße Vognmands Gade. Harald Sohlberg steht rechts. Die Fotografie stammt vermutlich aus den 1890er-Jahren. Foto: Olaf Væring/Byhistorisk samling, Oslo Museum

Abb. 53: Familie Sohlberg im Wohnzimmer in ihrer Wohnung in der Straße Victoria Terrasse. Foto um 1890. Unbekannter Fotograf/Byhistorisk samling, Oslo Museum

Abb. 54: Harald Sohlberg mit den Schwestern Anna, Ragna und Sigrid, 1894. Foto: Hans Maartmann/Byhistorisk samling, Oslo Museum

Abb. 55: Die Straße Lillegaten in Røros, rechts Harald Sohlberg auf Skiern, 1903. Foto: Olaf Kosberg/Leihgabe Preus Museum, Horten

Abb. 56: Lilli Sohlberg mit dem Hund Fram in Gullikstad, fotografiert von Harald Sohlberg, 1904 oder 1905. Depositum Preus Museum, Horten

Abb. 57: Lilli Sohlberg und die Söhne Harald und Einar, fotografiert von Harald Sohlberg, 1904 oder 1905. Depositum Preus Museum, Horten

Abb. 58: Harald Sohlberg auf dem Lido in Venedig, 1907. Unbekannter Fotograf/Depositum Preus Museum, Horten

Abb. 59. *Eiche* und Lilli Sohlberg, fotografiert von Harald Sohlberg in Kjerringvik, 1908. Depositum Preus Museum, Horten

Abb. 60: Harald Sohlberg malt unter freiem Himmel in Nærsnes. Unbekannter Fotograf/Depositum Preus Museum, Horten

Abb. 61: Karte mit den Orten in Norwegen, an denen Harald Sohlberg sich aufhielt und die Motive für seine Kunstwerke fand

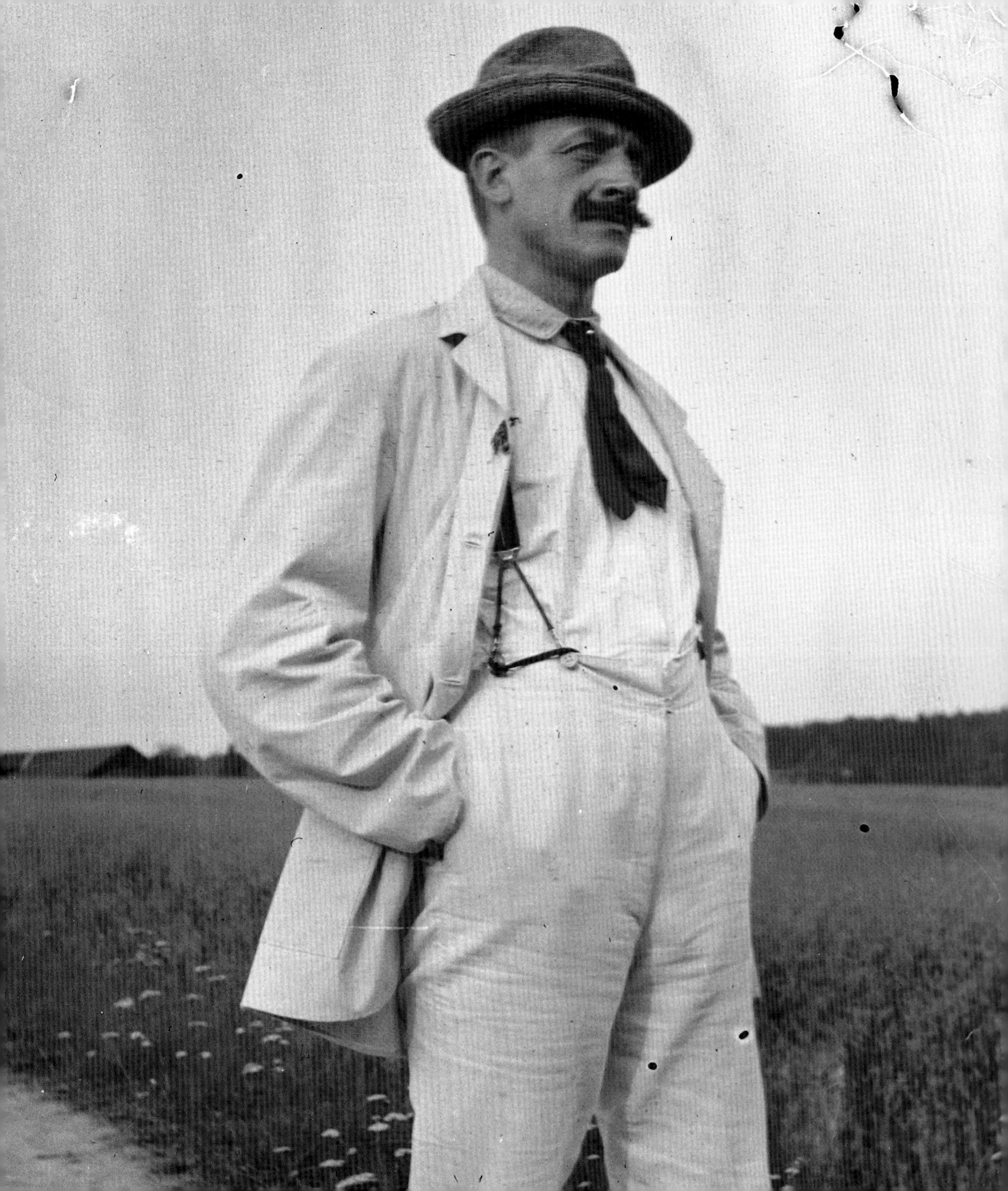

HARALD SOHLBERG – BIOGRAFIE

1869
Harald Oskar Sohlberg wird am 29. November in Kristiania (Oslo) geboren. Als achtes von zwölf Kindern wächst er in der Store Vognmands Gade 12 (später Karl XIIs Gate) auf. Im gleichen Haus betreibt sein Vater ein Pelzgeschäft.

1885
Lehrling beim Dekorateur- und Malermeister Wilhelm Krogh und Schüler der Königlichen Kunst- und Handwerksschule in Kristiania.

1887
Die Familie Sohlberg zieht in das neue und renommierte Wohnviertel Victoria Terrasse in Kristiania.

1889
Aufenthalt auf dem Hof Nordtorp in Valdres (Provinz Oppland). Er malt allein und ohne Anleitung. Schließt die Handwerksausbildung ab, verbleibt aber bis Ende 1890 in der Akt-Klasse der Kunst- und Handwerksschule.

1890
Schüler des Malers Sven Jørgensen in Slagen (Provinz Vestfold).

1891
Verbringt den Winter und Frühling auf dem Hof Rotnes (Provinz Nittedal), wo er ohne Anleitung arbeitet. Sommeraufenthalt mit Thorvald Erichsen in Gausdal (Provinz Oppland). Im Herbst Arbeit unter Anleitung bei Eilif Peterssen und Erik Werenskiold, bevor er im Dezember nach Kopenhagen reist.

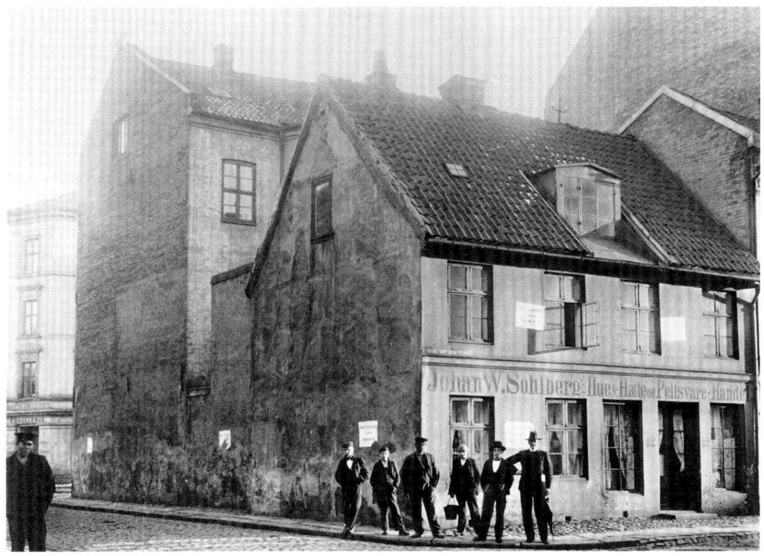

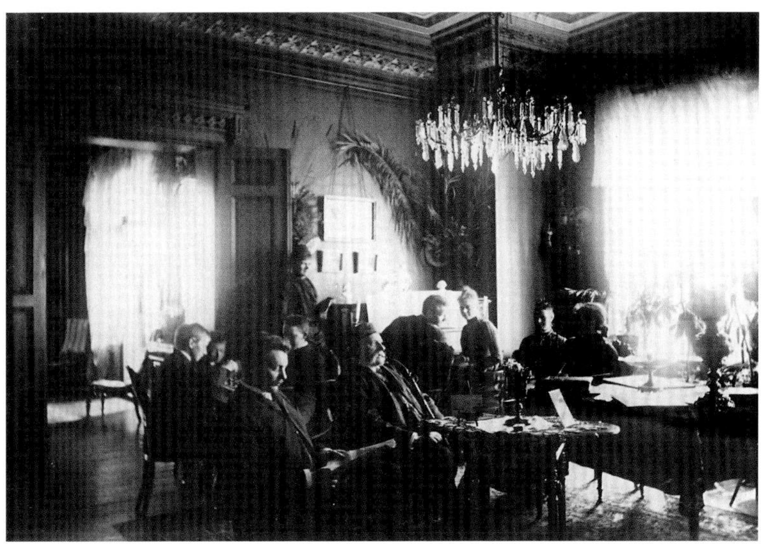

Abb. 52: Straße Karl XII., ein zusammenhängendes Mehrfamilienhaus mit zwei Fassaden, die andere Seite lag zur Straße Vognmands Gade. Harald Sohlberg steht rechts. Die Fotografie stammt vermutlich aus den 1890er-Jahren.

Abb. 53: Familie Sohlberg im Wohnzimmer in ihrer Wohnung in der Straße Victoria Terrasse. Foto um 1890. Unbekannter Fotograf

◄
Harald Sohlberg, Ås, 1912

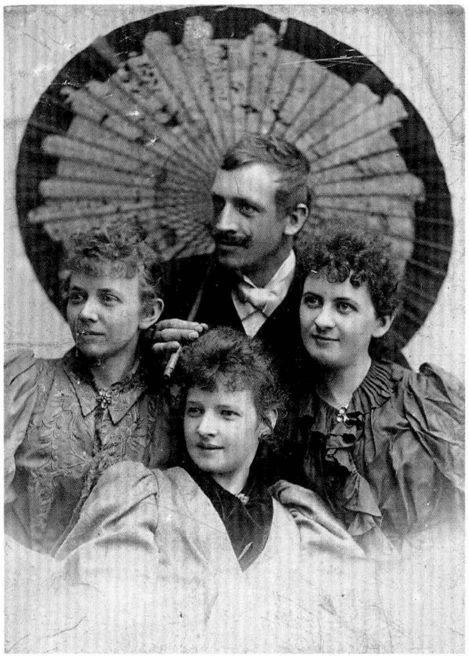

Abb. 54: Harald Sohlberg mit den Schwestern Anna, Ragna und Sigrid, 1894

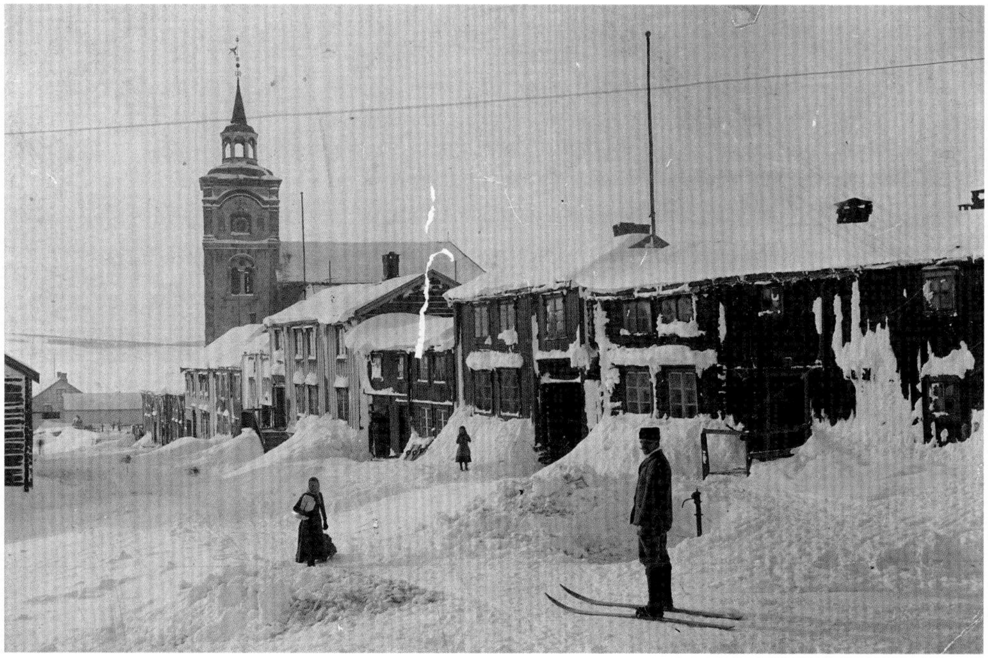

Abb. 55: Die Straße Lillegaten in Røros, rechts Harald Sohlberg auf Skiern, 1903

1892
Januar bis Mai Schüler bei Kristian Zahrtmann in Kopenhagen. Wehrpflicht in der Festung Oscarsborg (Drøbak). Künstlerisches Debüt mit zwei Zeichnungen auf der Schwarz-Weiß-Ausstellung in der Galerie Tostrupgården in Kristiania.

1893
Verbringt den Sommer mit seinen Eltern auf der Insel Nordre Langøy im Bunnefjorden (bei Kristiania), bis 1897 jeden Sommer. Arbeitet am Gemälde *Abendrot* (Taf. 25). Eröffnet sein eigenes Atelier in der Straße Welhavens Gate in der Nähe des Stadtteils Homansbyen in Kristiania.

1894
Arbeitet im Frühjahr in seinem Atelier in der Welhavens Gate. Zeigt *Abendrot* (Taf. 25) auf der Staatlichen Kunstausstellung (Frühlingsausstellung). Das Gemälde wird von Eilif Peterssen gekauft, der es an die Nationalgalerie weiterverkauft. Vier Monate lang Schüler in der Malereischule von Harriet Backer und Eilif Peterssen.

1895
Reist im Herbst mit 1500 Kronen, die er von der Stiftung A. C. Houens legat erhalten hat, nach Paris. Arbeitet allein.

1896
Weitere finanzielle Mittel aus A. C. Houens legat. Reist im Dezember nach Weimar, wo er an der Kunstschule Weimar Schüler von Frithjof Smith wird.

1897
Kehrt im Sommer aus Weimar zurück. Mietet eine Wohnung mit Arbeitszimmer in der Straße Schafteløkken im Stadtteil Frogner in Kristiania.

1898
Der Kunstverein Trondheim kauft das Gemälde *Studie aus einem Arbeiterviertel in Oslo*, das 1901 auf der internationalen Kunstausstellung in München gezeigt wird (und das beim Rücktransport bei einer Explosion auf dem Dampfschiff »Kong Alf« zerstört wird). Sohlberg zieht in den Stadtteil Nordstrand um. Malt dort *Sommernacht* (Taf. 68), das im folgenden Jahr ausgestellt und für die Nationalgalerie angekauft wird. Infolge einer Bürgschaftshaftung muss Sohlbergs Vater Insolvenz anmelden.

1899
Zu Ostern im Rondane-Gebirge. Verlobung mit Lilli Rachel Hennum (1878–1967). *Sommernacht* (Taf. 68) wird auf der Herbstausstellung gezeigt und von der Nationalgalerie angekauft. Lernt den Maler und Mäzen Olaf Schou kennen.

1900
Verlegt seinen Wohnsitz ins Rondane-Gebirge und wohnt dort an verschiedenen Orten (Strømbua, Midtnesset, Sollien, Amperhaugen). Arbeitet hier mit einer Reihe von Entwürfen für das Motiv »Winternacht in den Bergen«.

1901
Harald Sohlberg und Lilli Hennum heiraten.

1902
Zieht nach Røros um. Der erste Sohn Harald wird geboren. Die Mutter Johanne und der Bruder Einar sterben.

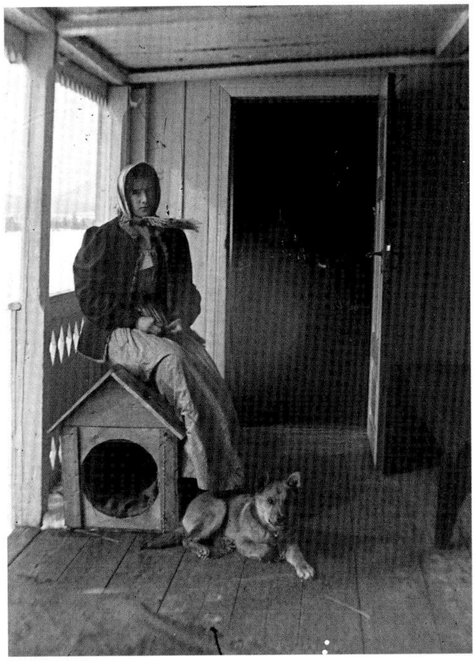

Abb. 56: Lilli Sohlberg mit dem Hund Fram in Gullikstad, fotografiert von Harald Sohlberg, 1904 oder 1905

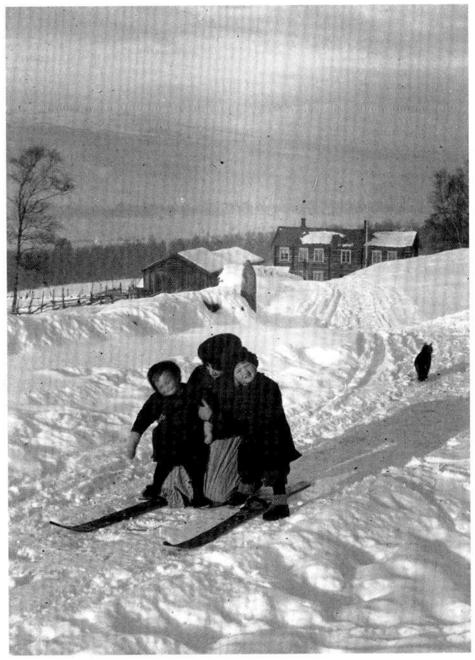

Abb. 57: Lilli Sohlberg und die Söhne Harald und Einar, fotografiert von Harald Sohlberg, 1904 oder 1905

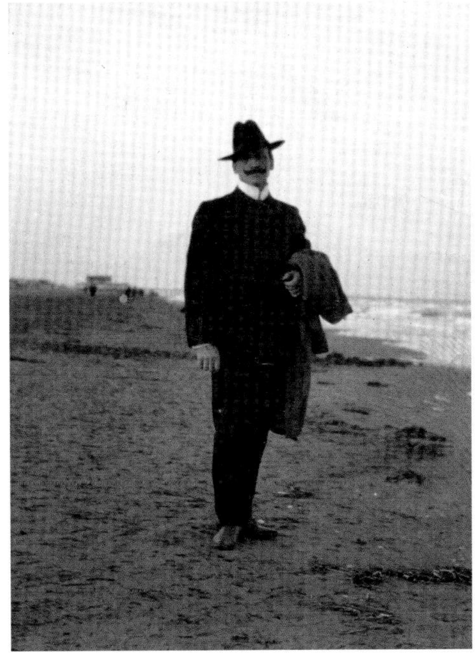

Abb. 58: Harald Sohlberg auf dem Lido in Venedig, 1907

1903
Sohn Einar wird geboren.

1904
Zieht von Røros aus 4 bis 5 Kilometer nach Norden auf den Hof Gullikstad. *Nacht* (Taf. 12) wird vom Kunstverein Trondheim erworben.

1905
Zieht in die Tostrups Gate in Kristiania. Sohn Dag wird geboren. Sohlberg bekommt das Henrichsens Stipendium.

1906
Reist mithilfe des Stipendiums über Amsterdam – Haag – Haarlem – Antwerpen – Brüssel nach Paris. In Paris ist er in Gesellschaft mit Jens Thiis und dem Maler Ludvig Karsten. *Blumenwiese im hohen Norden* (Taf. 29) wird aus der Herbstausstellung für die Nationalgalerie angekauft. Im Sommer in Slagen bei Åsgårdstrand am Kristianiafjord (Oslofjord), wo er *Ein Haus an der Küste* (Taf. 97) malt.

1907
Von Januar bis Mai reist er über Hamburg und München nach Venedig. *Ein Haus an der Küste* (Taf. 97) wird bei der Biennale ausgestellt. Reist über Verona, Burano und Hamburg nach Norwegen zurück. Aufenthalt in Kjerringvik im Bezirk Vestfold.

1908
Aufenthalt in Kjerringvik (Provinz Vestfold), wo er *Andante* (Taf. 35, 36) malt. Reist nach Kopenhagen, um eine Ausstellung zur englischen Malerei zu besuchen.

1909
Der Kunstsammler Rasmus Meyer bestellt bei Sohlberg drei Gemälde. Der Vater Johan stirbt.

1910
Zieht nach Skovly in Nordberg/Vestre Aker vor den Toren von Kristiania.

1911
Erneut Aufenthalt im Rondane-Gebirge, wo er zeichnet und fotografiert. Stellt bei der norwegischen Ausstellung in Helsinki und bei der Esposizione Internazionale di Roma aus. Die Familie zieht in die General Birchs Gate in Kristiania. Dies ist der Wohnsitz der Familie bis zu Lillis Tod im Jahre 1967.

1912
Stellt beim Künstlerbund Hagen in Wien und bei der Wanderausstellung *The Scandinavian Exhibition* in den American Art Galleries in New York aus. Die Ausstellung wurde dann 1913 in der Albright Gallery in Buffalo, im Kunstmuseum von Toledo, im Art Institute of Chicago und schließlich im Boston Museum gezeigt. Verbringt den Sommer in Hoxtvedt in Ås südöstlich von Kristiania, bis einschließlich 1916 jeden Sommer. Die Tochter Kari wird geboren.

1913
Zieht in sein Arbeitszimmer in der neuen Frauenklinik in Kristiania, wo er an *Winternacht in Rondane* (Taf. 41) arbeitet. Zahlreiche grafische Arbeiten.

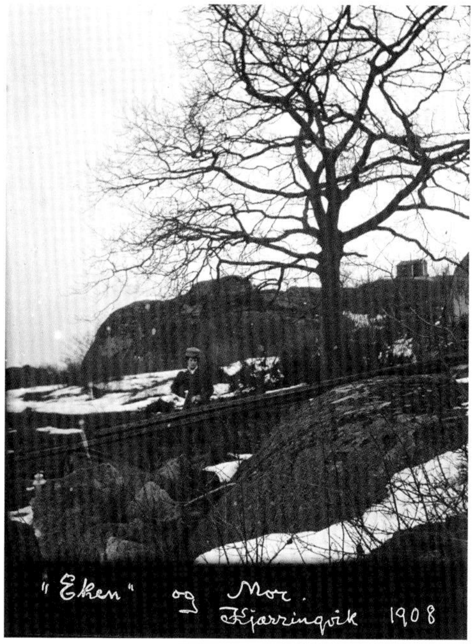

Abb. 59. *Eiche und Lilli Sohlberg*, fotografiert von Harald Sohlberg in Kjerringvik, 1908

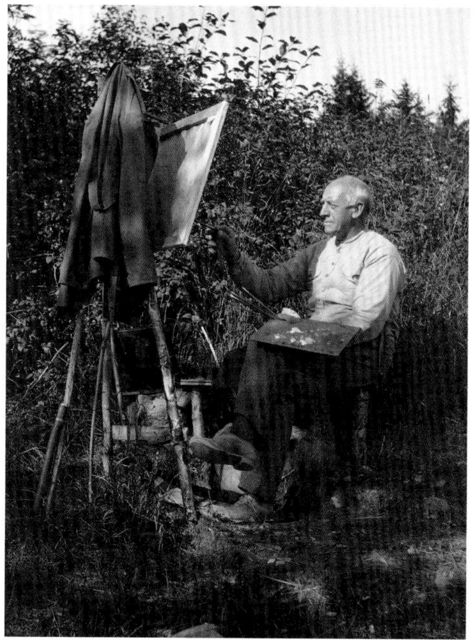

Abb. 60: Harald Sohlberg malt unter freiem Himmel in Nærsnes. Unbekannter Fotograf

1914
Nimmt u.a. mit *Winternacht in Rondane* (Taf. 41) an der Jubiläumsausstellung (100-jähriges Verfassungsjubiläum in Norwegen) in Kristiania teil. Die Nationalgalerie spricht sich gegen einen Kauf des Werkes aus.

1915
Nimmt an der Weltausstellung in San Francisco teil und wird mit der Ehrenmedaille ausgezeichnet. Ist auf der norwegischen Ausstellung im Schloss Charlottenborg in Kopenhagen vertreten. *Winternacht in Rondane* (Taf. 41) wird vom Reeder Jørgen Breder Stang erworben.

1916
Malt Motive aus der Gegend um Ås im Bezirk Akershus und arbeitet an der Farblithografie *Winternacht in Rondane* (Taf. 88).

1917
Den Sommer verbringt die Familie in Hvalstad/Asker, während Sohlberg versucht, die Farblithografie *Winternacht in Rondane* (Taf. 88) fertigzustellen, die er dann aber erst im folgenden Jahr beendet.

1918
Winternacht in Rondane (Taf. 41) geht als Schenkung von Jørgen Breder Stang an die Nationalgalerie. Sohlberg verbringt den Sommer in Skjeggestad am Viksfjorden, Gemeinde Tjølling in Vestfold. Malt dort mehrere Bilder.

1919
Erkrankung an der Spanischen Grippe.

1920
Reist im Sommer nach Værvågen bei Helgeroa im Bezirk Vestfold, wo er bis einschließlich 1923 jeden Sommer verbringt. In Værvågen und Nevlunghavn, ebenfalls in Vestfold gelegen, findet er die Motive für mehrere Bilder, die er dann zu Hause in Kristiania fertigstellt. Zieht in ein neues Atelier in der Straße Wilhelms Gate 1 im Stadtteil Bislett in Kristiania ein. Wird wegen Gallensteinen operiert.

1921–1923
Verbringt die Sommer in Helgeroa und arbeitet an mehreren Bildern. Erkrankt an Nierensteinen.

1924
Verbringt den Sommer in Kristiania und fertigt Studien der Festung Akershus an.

1925
Verbringt den Sommer in Tingelstad, Gemeinde Hadeland, wo er das große Gemälde *Historische Landschaft* (Taf. 21) malt.

1926
Sommer und Herbst auf dem Landsitz des Industriellen Johan Throne Holst in Leangbukta am Oslofjord.

1928
Verbringt den Sommer in der Provinz Hedmark, wo er auch arbeitet. Nimmt an der *Exhibition of Norwegian Art* in London teil.

1929
Aufenthalt in Stockholm. Verlegt sein Atelier von der Wilhelms Gate zur Tiermedizinischen Hochschule. Nimmt an der Weltausstellung in Barcelona teil und wird mit dem Diplom Ersten Ranges ausgezeichnet.

1930
Sommer in Nærsnes bei Slemmestad, Gemeinde Røyken, Buskerud. Hier verbringt er von da ab und bis 1932 jeden Sommer.

1932
Wird als Kandidat für ein staatliches norwegisches Künstlergehalt vorgeschlagen, doch der Antrag wird vom Parlament abgelehnt. Als Protest erteilt der Künstlerverband Sohlberg für ein Jahr ein Künstlergehalt.

1935
Drei Monate vor seinem Tod durch Rückenmarkkrebs wird ihm vom norwegischen Parlament das staatliche Künstlergehalt gewährt. Harald Sohlberg stirbt am 19. Juni. Seine Witwe Lilli sorgt in unermüdlicher Arbeit dafür, den künstlerischen Ruf von Sohlberg aufrechtzuerhalten.

1936
Große Gedenkausstellung im Kunstnernes Hus in Oslo. Andere größere Ausstellungen gab es 1971 im Kunstverein Oslo, 1985 im Trondheim Kunstforening, 1986 in der Galleri K in Oslo und 1991 im Henie Onstad Kunstsenter bei Oslo.

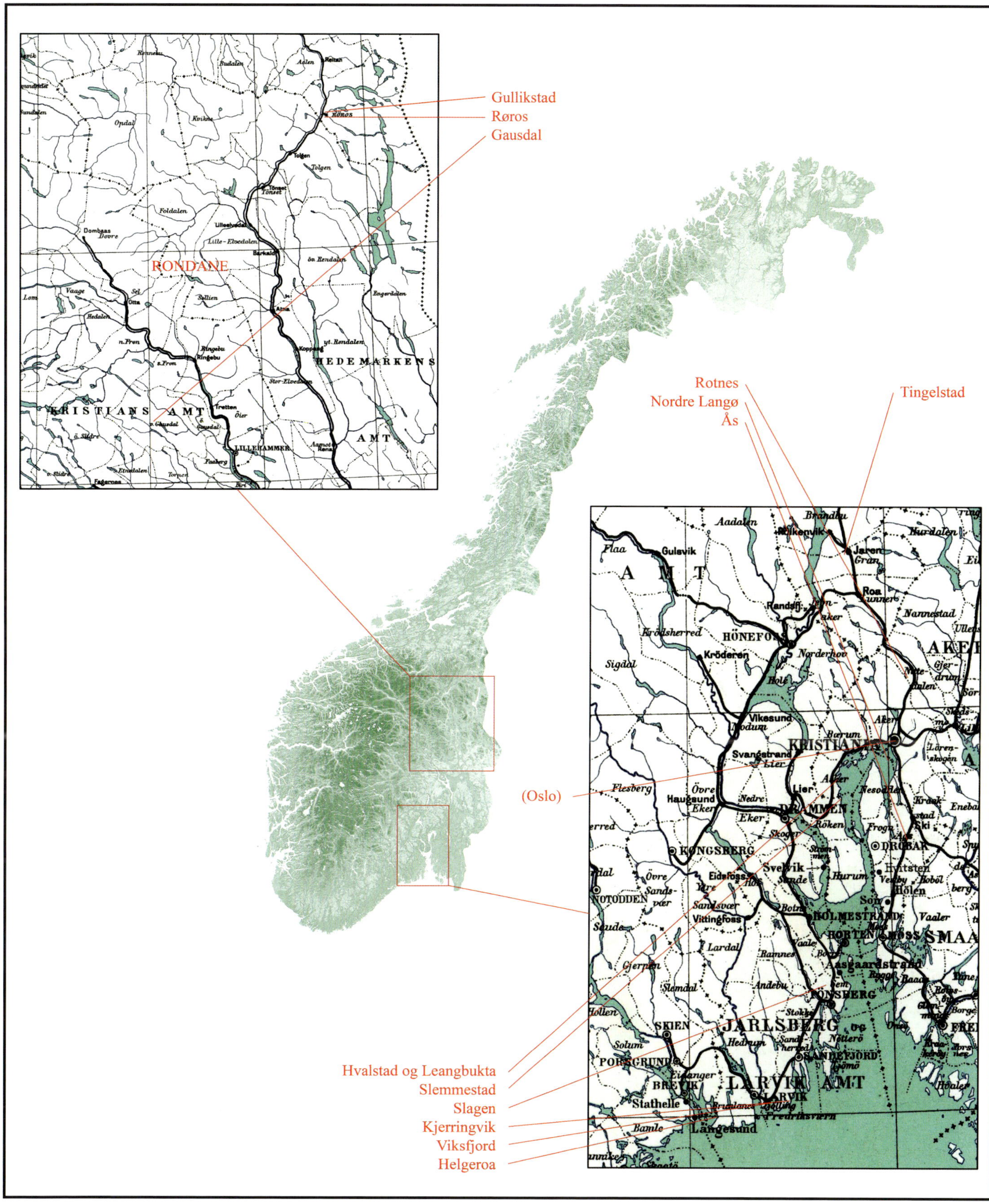

Abb. 61: Karte mit den Orten in Norwegen, an denen Harald Sohlberg sich aufhielt und die Motive für seine Kunstwerke fand

BIBLIOGRAFIE

Ansieau, Joëlle, Georges Lacombe 1868–1916. Catalogue raisonné, Paris 1998.

Aubert, Andreas, Det nye Norges malerkunst attenhundre og fjorten til nittenhundre: Kunsthistorie i grundlinjer, Kristiania 1904.

Aurier, Albert, Textes critiques 1889–1892. De l'impressionnisme au symbolisme, Reprint, Paris 1995 [1891].

Baudelaire Charles, Der Salon von 1859, in: ders., Der Künstler und das moderne Leben. Essays, »Salons«, intime Tagesbücher, Leipzig 1990, S. 199–229.

Bjerke, Øivind Storm, Harald Sohlberg, Oslo 1986.

Ders., Harald Sohlbergs Fotografier, in: Arne Eggum, Bodil Stenseth (Hg.), Skandinavisk Kunst og Fotografi, Oslo 1988, S. 79–98 (=Munch-Museets Skrifter; Bd. 4).

Ders., Harald Sohlberg: Ensomhetens maler, Oslo 1991.

Ders., Harald Sohlberg Andante og Eken, in: Kunst og kommentar, hg. von Svein Olav Hoff, Asker 1992, S. 74–87.

Ders., Edvard Munch, Harald Sohlberg. Landscapes of the Mind (Ausst.-Kat. National Academy of Design, New York 1995/96), New York 1995.

Ders., Det maleriske Fotografiet, in: Det maleriske Fotografiet. Kunstnerisk Fotografi ved Inngangen til det Tyvende Århundrede (Ausst.-Kat. Haugar Vestfold Kunstmuseum, Tønsberg, 2000), Horten 2000.

Ders., Style and Technique as Strategic Devices used by the »Middle Generation« 1882–86, in: Ingebjørg Ydstie, Mai Britt Guleng (Hg.), Munch becoming »Munch«. Artistic Strategies 1880–1892 (Ausst.-Kat. Munch Museet, Oslo 2008/09), Oslo 2008.

Ders., The Mermaid Motif in Edvard Munch's Art, in: Mai Britt Guleng (Hg.), eMunch.no – Text and Image (Ausst.-Kat. Munch Museet, Oslo, 2011), Oslo 2011, S. 169–184.

Ders., Crossroads (Ausst.-Kat. Lillehammer Kunstmuseum / Drammens Museum, 2014/15), Oslo 2014.

Bjorli, Trond (Hg.), Wilse. Mitt Norge, Oslo 2015.

Blaha, Dagmar, Frank Boblenz, Volker Wahl (Bearb.), Von der Kunstschule zum Bauhaus. Spezialrepertorium zu den Archivbeständen der Kunstlehranstalten in Weimar, Weimar 2008 (=Repertorien des Thüringischen Hauptstaatsarchivs Weimar, Bd. 4).

Bodelsen, Merete, Gauguin Ceramics in Danish Collections, Kopenhagen 1960.

Bredekamp, Horst, Ohne Abweichung kein Leben – Die bildende Kunst und die Symmetrie, in: Nova Acta Leopoldina NF, 412, 2016, S. 187–209.

Brinton, Christian, Introduction, in: ders. u. a., Exhibition of contemporary Scandinavian art held under the auspices of the American-Scandinavian Society (Ausst.-Kat. The American Art Galleries, New York, 1912), New York 1912.

Brust, Beth Wagner, The Amazing Paper Cuttings of Hans Christian Andersen, Boston 1994.

Buchhart, Dieter, Peder Balke – Pionier der Moderne, in: Peder Balke – ein Pionier der Moderne. Modernismens norske Pioner (Ausst.-Kat. Kunsthalle Krems / Ordrupgaard, Kopenhagen 2008/09), hg. von Dieter Buchhart, Anne-Birgitte Fonsmark, Heidelberg 2008.

Burhan, Filiz Eda, Visions and Visionaries: Nineteenth Century Psychological Theory, the Occult Sciences and the Formation of the Symbolist Aesthetic in France, Ann Arbor, MI, University Microfilms International, 1979.

Cahn, Robert, Robert Glenn Ketchum, American Photographers and The National Parks, New York 1981.

Carey, Frances, Ian A. C. Dejardin, Mary-Anne Stevens (Hg.), Painting Norway. Nikolai Astrup 1880–1928 (Ausst.-Kat. Dulwich Picture Gallery, London / Henie Onstad Kunstsenter, Hovikodden / Kunsthalle, Emden, 2016/17), London 2016.

Carlyle, Leslie, The Artist's Assistant. Oil Painting Instruction Manual and Handbooks in Britain 1800–1900. With Reference to Selected Eighteenth-Century Sources, London 2001.

Chlumsky, Milan, Vom Mont Maudit zum Montblanc, in: Ulrich Pohlmann (Hg.), Eine neue Kunst? Eine andere Natur? Fotografie und Malerei im 19. Jahrhundert (Ausst.-Kat. Kunsthalle der Hypo-Kulturstiftung, München, 2004), München 2004.

Danbolt, Gunnar, Norsk Kunsthistorie. Bilde og Skulptur frå Vikingtida til i dag, Oslo 2009.

Dauer, Horst, Die Weimarer Malerschule, Leipzig 1983.

Denis, Maurice Le Ciel et l'Arcadie [1892], hg. von Jean-Paul Bouillon, Paris 1993.

Dietrichson, Lorentz, Det Skönas Verld. Estetik och Konsthistoria med Specielt Afseende på den bildande Konsten, populärt Framställda, Bd. 2, Stockholm 1879.

Druick, Douglas, Odilon Redon Prince of Dreams 1840–1916 (Ausst.-Kat. The Art Institute of Chicago / Van Gogh Museum, Amsterdam / Royal Academy of Arts, London, 1994/95), New York 1994.

Emerson, Peter Henry, Naturalistic Photography for Students of the Art, London 1889.

Facos, Michelle, Thor J. Mednick, Introduction, in: The Symbolist Roots of Modern Art, hg. von Michelle Facos, Thor J. Mednick, Farnham 2015.

Font-Réaulx, Dominique de, Painting and Photography 1839–1914, Paris 2012.

Fowle, Frances, Silent Cities, in: Traumlandschaften. Symbolistische Malerei von van Gogh bis Kandinsky (Ausst.-Kat. Van Gogh Museum, Amsterdam / Scottish National Gallery, Edinburgh / Ateneum Art Museum, Finnish National Gallery, Helsinki, 2012), hg. von Richard Thomson Stuttgart 2012, S. 105–125.

Friedman, Martin, The Painter's Lens, in: The Frozen Image. Scandinavian Photography (Ausst.-Kat. Walker Art Center, Minneapolis, 1982/83), New York 1982, S. 104–125.

Frislid, Ragnar, Med Asbjørnsen i Rondane, in: Årbok 1960, S. 87–90.

Gage, John, Color and Meaning. Art, Science, and Symbolism, London 1999.

Gamboni, Dario, Le »symbolisme en peinture« et la littérature, in: Revue de l'art, 96, 1992, S. 13–23.

Ders., »Dieses Schillern der Eindrücke freute mich ...«. August Strindberg und unabsichtliche Bilder im Paris der 1890er Jahre, in: Gerhard von Graevenitz, Stefan Rieger, Felix Thürlemann (Hg.), Die Unvermeidlichkeit der Bilder, Tübingen 2001, S. 173–186.

Ders., Potential Images. Ambiguity and Indeterminacy in Modern Art, London 2002.

Ders., Hodler et les symbolismes, in: Oskar Bätschmann, Matthias Frehner, Hans-Jörg Heusser (Hg.), Ferdinand Hodler: Die Forschung – Die Anfänge – Die Arbeit – Der Erfolg – Der Kontext, Zürich 2009, S. 249–262.

Ders., The Brush and the Pen. Odilon Redon and Literature, Chicago 2011.

Ders., Notes from the Field: Anthropomorphism, in: Art Bulletin, 94/1 (März 2012), S. 20–22.

Ders., Paul Gauguin. The Mysterious Centre of Thought, London 2014.

Grandville, J.J., Les Fleurs animées. Paris 1847.

Griffiths, Antony, The Print Before Photography. An Introduction to European Printmaking 1550–1820, London 2016.

Grosch, Henrik. Udstilling af kunstneriske fotografier fra forskjellige lande. Kristiania 1908.

Guleng, Mai Britt, Mai Britt Guleng, Edvard Munch und die verborgenen Tiefen der Erinnerung, in: Michael Fuhr (Hg.), Edvard Munch und das Unheimliche (Ausst.-Kat. Leopold Museum, Wien, 2009/10), Wien 2009, S. 22–29.

Dies. (Hg.), eMunch.no – Text and Image (Ausst.-Kat. Munch Museet, Oslo, 2011), Oslo 2011.

Gunnarsson, Torsten u.a. (Hg.), Impressionism and the North: Late 19th Century French Avant-Garde Art and the Art in the Nordic Countries 1870–1920 (Ausst.-Kat. Nationalmuseum Stockholm / Statens Museum for Kunst, Kopenhagen 2002/03), Stockholm 2002.

Hartmann, Sadakichi, A Few Reflections on Amateur and Artistic Photography, in: Camera Notes, 2, 1898/99, S. 41–45.

Haugstøl, Henrik, Malerfirmaet Wilhelm Krogh. 100 År: 1854 –15. Desember 1954, Oslo 1954.

Hellandsjø, Karin (Hg.), Fjellet i Norsk Kunst (Ausst.-Kat. Henie Onstad Kunstsenter, Høvikodden, 2008), Oslo 2008.

Helliesen, Sidsel, Norsk Forening for Grafisk Kunst, in: Kunst og Kultur, 2, 1984, S. 102–124.

Dies., Norsk Grafikk Gjennom 100 År, Oslo 2000.

Heltoft, Kjeld, Hans Christian Andersen as an Artist, Kopenhagen 1977.

Holm-Johnsen, Hanne, Fjellet i Fotografi, in: Karin Hellandsjø (Hg.), Fjellet i Norsk Kunst. Oppdagelse/Formasjon/Visjon, Oslo 2008, S. 116–120.

Dies., Tradisjon og Fornyelse i Kunstnerisk Fotografi omkring 1900, in: Kunst og Kultur, 3, 2009, S. 118–135.

Dies., Kunst eller Kitsch? Piktorialisme i Preus Museums Samling, in: Kunst eller kitsch? Piktorialisme i Preus Museums Samling (Ausst.-Kat. Preus Museum Collection 2010/11), Horten 2010.

Dies., Inspirations – Interactions: Pictorialism Reconsidered. Beitrag zum Symposium »Inspirationen – Interaktionen: Kunstfotografie um 1900 neu betrachtet«, 21.–23.11.2013 im Museum für Fotografie in Berlin: http://piktorialismus.smb.museum/images/lecture_9.pdf?1507987243 [gelesen am 12.4.2018].

Jumeau-Lafond, Jean-David, Landscapes of the Soul and Painted Landscapes, in: Katharine Lochnan, Roald Nasgaard, Bogomila Welsh-Ovcharov (Hg.), Mystical Landscapes. From Vincent van Gogh to Emily Carr (Ausst.-Kat. Musée d'Orsay, Paris / Art Gallery of Ontario, Toronto, 2017), München 2016, S. 113–125.

Kandel, Eric. R., Das Zeitalter der Erkenntnis. Die Erforschung des Unbewussten in Kunst, Geist und Gehirn von der Wiener Moderne bis heute, München 2014.

Kearns, James, Symbolist Landscapes. The Place of Painting in the Poetry and Criticism of Mallarmé and his Circle, London 1989.

Knapp, Martin Deutsche Schatten- und Scherenbilder aus drei Jahrhunderten, Dachau b. München [1916].

Krauss, Rosalind E., You Irreplaceable You, in: Kathleen Preciado (Hg.), Retaining the Original. Multiple Originals, Copies, and Reproductions, Washington, D.C., 1989, S. 151–159.

Lange, Julius, Studiet i Marken. Skilderiet. Erindringens Kunst, in: Bastien Lepage og andre Afhandlinger, Kopenhagen 1889, S. 57–75.

Larsen, Peter, Sigrid Lien, Norsk Fotohistorie frå Daguerreotypi til Digitalisering, Oslo 2007.

Laurvik, J. Nilsen, Modern Norwegian Art, in: John E.D. Trask (Hg.), Catalogue de Luxe of the Department of Fine Arts. Panama-Pacific International Exposition, San Francisco 1915, Bd. 2, S. 276–278.

Lemonedes, Heather, Belinda Thomson, Agnieszka Juszczak, Paul Gauguin. Durchbruch zur Moderne (Ausst.-Kat. The Cleveland Museum of Art / Van Gogh Museum, Amsterdam, 2009/10), Ostfildern 2009.

Liestøl, Knut, P. Chr. Asbjørnsen, Oslo 1984.

Lipps, Theodor, Ästhetik. Psychologie des Schönen und der Kunst, 2 Bde., Leipzig/Hamburg 1914.

Lochnan, Katharine, »Solitude and Silence«. Contemplative Landscapes from Turner to Monet, in: Katharine Lochnan, Roald Nasgaard, Bogomila Welsh-Ovcharov (Hg.), Mystical Landscapes. From Vincent van Gogh to Emily Carr (Ausst.-Kat. Musée d'Orsay, Paris / Art Gallery of Ontario, Toronto, 2017), München 2016, S. 133–147.

Lumières du nord. La peinture scandinave 1885–1905, hg. von Association Française d'Action Artistique, (Ausst.-Kat. Musée du Petit Palais, Paris 1987), Paris 1987.

MacBeth, Rhona, The Technical Examination and Documentation of Easel Paintings, in: Joyce Hill Stoner, Rebecca Anne Rushfield, Conservation of Easel Paintings, London 2012, S. 291–305.

Mai, Ekkehard, Die deutschen Kunstakademien im 19. Jahrhundert. Künstlerausbildung zwischen Tradition und Avantgarde, Köln 2010.

Mallgrave, Harry Francis (Hg.), Empathy, Form and Space. Problems in German Aesthetics, 1873–1893, Santa Monica, CA, 1994.

Meier-Graefe, Julius, Paul Cézanne, München 1913 [1910].

Messel, Nils. Andreas Aubert, in: Norsk biografisk leksikon https://nbl.snl.no/Andreas_Aubert [gelesen am 12.4.2018].

Ders., Franske Forbindelser. Kunst, kapital og konjunkturer i Norge rundt 1. Verdenskrig, Oslo 2016.

Meyer, Robert, The Primal Landscape of Knud Knudsen, in: The Frozen Image. Scandinavian Photography (Ausst.-Kat. Walker Art Center, Minneapolis, 1982/83), New York 1982.

Ders., Knud Knudsens Landskapsfotografi, in: Kunst og Kultur, 4, 1987, S. 235–247.

Nasgaard, Roald, The Mystic North. Symbolist Landscape Painting in Northern Europe and North America 1890–1940 (Ausst.-Kat. Art Gallery of Ontario, Toronto, Cincinnati Art Museum, 1984), Toronto 1984.

Ders., »Alone in the Wilderness«: Northern European Perspectives, in: Katharine Lochnan, Roald Nasgaard, Bogomila Welsh-Ovcharov (Hg.), Mystical Landscapes. From Vincent van Gogh to Emily Carr (Ausst.-Kat. Musée d'Orsay, Paris / Art Gallery of Ontario, Toronto, 2017), München 2016, S. 209–235.

Nau, Clélia, Fleurs de métamorphose: Munch et Strindberg à l'école d'Ovide, in: Jackie Pigeaud, Métamorphose(s). XIIIe entretiens de la Garenne Lemot, Rennes 2016, S. 319–339.

Ohlsen, Nils, Japans Einfluss auf die nordische Fotografie, 1900–1914, in: Gabriel P. Weisberg, Anna-Maria von Bonsdorff, Hanne Selkokari (Hg.), Japanomania im Norden Europas 1875–1918 (Ausst.-Kat. Valtion Taidemuseo, Helsinki / Nasjonalmuseet, Oslo / Statens Museum for Kunst, Kopenhagen, 2016/17), Berlin 2016, S. 215–221.

Olsen, Trude, Forholdet mellom Bilde og Tekst. En Analyse av Ekfraser til Bilder malt av Harald Sohlberg, Masterarbeit Kunstwissenschaft, Universität Tromsø, 2006.

Papapetros, Spyros, On the Animation of the Inorganic. Art, Architecture, and the Extension of Life, Chicago 2012.

Pohlmann, Ulrich, Natur und Landschaft, in: Ulrich Pohlmann (Hg.), Eine neue Kunst? Eine andere Natur? Fotografie und Malerei im 19. Jahrhundert (Ausst.-Kat. Kunsthalle der Hypo-Kulturstiftung, München, 2004), München 2004.

Ders., Wolken und Wellen, in: Ulrich Pohlmann (Hg.), Eine neue Kunst? Eine andere Natur? Fotografie und Malerei im 19. Jahrhundert (Ausst.-Kat. Kunsthalle der Hypo-Kulturstiftung, München, 2004), München 2004.

Rapetti, Rodolphe, Munch dans le contexte du symbolisme: la part de l'influence française, in: Arne Eggum, Rodolphe Rapetti (Hg.), Munch et la France (Ausst.-Kat. Musée d'Orsay, Paris / Munch Museet, Oslo / Schirn Kunsthalle Frankfurt, 1992), Paris 1991, S. 148–185.

Ders., Le Symbolisme, Paris 2005.

Scheidig, Walther, Die Geschichte der Weimarer Malerschule: 1860–1900. Weimar 1971.

Schirren, Matthias, Bruno Taut. Alpine Architektur. Eine Utopie/A Utopia, München u.a. 2004.

Schreiber, Guido, Das technische Zeichnen. Praktische Anleitung für Architekten, Techniker, Mechaniker und Bauhandwerker insbesondere für Bau- und Gewerbschulen, Leipzig 1865–1875.

Seguin, Armand, Paul Gauguin, in: L'Occident, April/Mai 1903, S. 16–18.

Shiff, Richard, The End of Impressionism, in: Charles S. Moffett, The New Painting. Impressionism 1874–1886, Oxford 1986, S. 61–86.

Sjåstad, Øystein, A Theory of the Tache in Nineteenth-Century Painting, Farnham u. a. 2014.

Skedsmo, Tone, Tradisjon og fornyelse. Norge rundt Århundreskiftet (Ausst.-Kat. Nasjonalgalleriet Oslo, 1994/95), Oslo 1994.

Stamnes, Haldis Buer, Theodor Caspari. Naturverner, Romantiker, Polemiker, Oslo 2012.

Steffens, Henrich, Ueber die Bedeutung der Farben in der Natur, in: ders., Schriften. Zweiter Band, Breslau 1821, S. 5–35.

Stenseng, Arne, Rondane sett med malerøyne, in: Den Norske turistforenings årbok, 1960, S. 124–138.

Ders., Harald Sohlberg. En Kunstner utenfor allfarvei, Oslo 1963.

Strindberg, August, Inferno, hg. von Ann-Charlotte Gavel Adams, Stockholm 1994.

Thomson, Richard (Hg.), Traumlandschaften. Symbolistische Malerei von van Gogh bis Kandinsky (Ausst.-Kat. Van Gogh Museum, Amsterdam / Scottish National Gallery, Edinburgh / Ateneum Art Museum, Finnish National Gallery, Helsinki, 2012), Stuttgart 2012.

Tieck, Ludwig, Franz Sternbalds Wanderungen. Studienausgabe, hg. von Alfred Anger, Stuttgart 1994.

Thiis, Jens. Norske malere og billedhuggere. En fremstilling af norsk billedkunsts historie i det nittende århundrede, Bergen 1904.

Ders., The Art of Norway, in: Christian Brinton u. a., Exhibition of contemporary Scandinavian art held under the auspices of the American-Scandinavian Society (Ausst.-Kat. The American Art Galleries, New York, 1912), New York 1912, S. 39–52.

Ders., En utrettelig Kunstpopulisator, in: Samleren, 1935, S. 69–75.

Thomas, Kerstin (Hg.), Stimmung. Ästhetische Kategorie und künstlerische Praxis, Berlin/München 2010.

Uddgren, Gustaf, Max Dauthendey, Verdensaltet. Det nye Sublime i Kunsten, Kopenhagen 1893.

Varnedoe, Kirk (Hg.), Northern Light: Realism and Symbolism in Scandinavian Painting 1880–1910 (Ausst.-Kat. Corcoran Gallery of art, Washington, D.C. / The Brooklyn Museum, New York / Minneapolis Institute of Arts, 1982/83), Washington, D.C., 1982.

Vinje, Aasmund Olavsson, Faerdaminne, Frå Sumaren, Oslo 1923 [1861].

Ders., Diktsamling, Kristiania 1864.

Weemans, Michel, Dario Gamboni, Jean-Hubert Martin (Hg.), Voir double. Pièges et révélations du visible, Paris 2016.

Wendt, Sabine, Frithjof Smith. Die Kunstschule in Weimar und ein Schüler namens Max Beckmann, Köthen 2010.

Werenskiold, Marit, Øivind Storm Bjerke, Erik Werenskiold og hans krets. Utfordringen fra Cézanne, Lillehammer 2010.

Werenskiold, Werner, Fra istid til i dag, in: Den Norske turistforenings årbok, 1960, S. 39–53.

Wexelsen, Einar, Gunnar Danbolt, Øystein Loge (Hg.), Nikolai Astrup: Tilhørighet og identitet, Oslo 2005.

Woll, Gerd, Edvard Munch. Samlede Grafiske Verk, Oslo 2012.

Østby, Leif, Fra Naturalisme til Nyromantikk. En Studie i Norsk Malerkunst i Tiden ca. 1888–1895, Oslo 1934, S. 52–64.

Østvedt, Einar, Med Henrik Ibsen i fjellheimen. Med Henrik Ibsens egne tegninger og malerier. Tegninger av Tore Bernitz Pedersen, Skien 1967.

Aarsberetning fra Den kgl. norske Kunst- og Haandværksskole i Christiania 1888–1889. Christiania 1889.

AUTORINNEN UND AUTOREN

Øivind L. Storm Bjerke (geb. 1953). Seit 2002 Professor für Kunstgeschichte an der Universität Oslo. Seine Magisterarbeit trägt den Titel *Matthias Stoltenberg* (1983). Von 1984 bis 1989 war er Direktor und künstlerischer Leiter der Trondhjems Kunstforening und der Trøndelag Kunstgalleri (heute Trondheim Kunstmuseum), von 1989 bis 1997 Chefkurator des Henie Onstad Kunstsenter, von 1997 bis 2002 Leiter des norwegischen Museums für Fotografie, des Preus Museum. Bjerke engagierte sich in zahlreichen ehrenamtlichen Ämtern, etwa als Mitglied im geisteswissenschaftlichen Gremium des Norwegischen Forschungsrats (2005–2007), als Vorstandsmitglied im Hasselblad Center in Göteborg und als Chairman des Hasselblad International Award, 2005. Als Kurator hat er über 100 Ausstellungen betreut. Er veröffentlichte zahlreiche Artikel und Bücher über norwegische Kunst, darunter *Harald Sohlberg* (1991); *Landscapes of the Mind. Edvard Munch and Harald Sohlberg* (1995); *Munch 1863–1944* (2005); und *Aase Texmon Rygh* (2010).

Thierry O. Ford (geb. 1971). Seit 2006 Gemäldekonservator am Nationalmuseum. War zuvor am Norwegischen Institut für Kulturdenkmalforschung beschäftigt. Studium der Kunst- und Designgeschichte an der Universität in Leeds, Master in Gemäldekonservierung der Universität Northumbria (1996). Forschungsbereich und Schwerpunkt seiner Veröffentlichungen sind Gemälde von Hans Gude, Édouard Manet, Edvard Munch, Artemisia/Orazio Gentileschi und Pablo Picasso. Mitglied im Vorstand der norwegischen Abteilung des Nordischen Konservatorverbandes. Derzeit ist er PhD-Stipendiat für Konservierung an der Universität Oslo (IAKH).

Peter Forster (geb. 1968). Dr. Forster ist Kunsthistoriker und Kustos für die Sammlung 14. bis 19. Jahrhundert im Museum Wiesbaden. Verantwortlich für die Jugendstil-Sammlung Ferdinand Wolfgang Neess, Leiter der Provenienzforschung und zuständig für die Koordination Museumspädagogik. Studium der Kunstgeschichte, Klassischen Archäologie und Byzantinischen Kunstgeschichte in Mainz und Frankfurt/Main. Kurator diverser Ausstellungen sowie Verfasser zahlreicher kunsthistorischer Texte.

Dario Gamboni (geb. 1954). Professor für Kunstgeschichte an der Universität Genf. Studierte Kunstgeschichte, französische und englische Literatur an der Universität Lausanne. War Fellow am CASVA, am Henry Moore Institute, am Clark Art Institute, an der Freien Universität Berlin, am Swiss Institute for Art Research und am Kunsthistorischen Institut in Florenz. Gastprofessuren auf drei Kontinenten. Er hat Ausstellungen wie *Iconoclash* und *Making Things Public* in Karlsruhe (ZKM) und *Une image peut en cacher une autre* in Paris (Grand Palais) kuratiert. Zu seinen Veröffentlichungen gehören *The Destruction of Art. Iconoclasm and Vandalism since the French Revolution* (1997), *Potential Images. Ambiguity and Indeterminacy in Modern Art* (2002), *The Brush and The Pen. Odilon Redon and Literature* (1989/2011), und *Paul Gauguin. The Mysterious Centre of Thought* (2013/2014). Demnächst erscheint sein Buch *The Museum as Experience. Artists' and Collectors' Museums, a Dialogue*.

Mai Britt Guleng (geb. 1961). Kuratorin, Nasjonalmuseet, Oslo. Magister in Kunstgeschichte. In ihrer Arbeit befasst sie sich hauptsächlich mit dem Leben und Werk von Edvard Munch, der Historiografie der Kunst sowie mit norwegischer Malerei und Bildhauerei des 19. Jahrhunderts. Von 2006 bis 2011 war sie Senior-Kuratorin am Munch-Museet in Oslo. In diesem Zusammenhang betreute sie das Project »Edvard Munch's Writings«, aus dem das digitale Archiv www.eMunch.no hervorging. Sie kuratierte Ausstellungen und war Herausgeberin der dazugehörigen Ausstellungskataloge (u. a.): *eMunch.no – Text and Image* (2011), *Munch becoming Munch. Artistic Strategies 1880–1892* (2008) sowie *Egon Schiele* (2007). Sie ist Autorin verschiedener Werke über die Historiografie der Kunst. 2013 war sie Kokuratorin und Mitherausgeberin bei *Edvard Munch 1863–1944*.

Nils Ohlsen (geb. 1967) war von 2010 bis Juni 2018 Direktor der Abteilung für alte Meister und moderne Kunst am Nationalmuseum für Kunst, Architektur und Design in Oslo. Zuvor war er Kurator und ab 2006 wissenschaftlicher Leiter der Kunsthalle Emden. Studium der Kunstgeschichte, Klassischen Archäologie, Ur- und Frühgeschichte sowie des Multi-Media-Designs in Berlin und Stockholm. 1997 Promotion zum Thema des Interieurs in der skandinavischen Malerei im späten 19. und frühen 20. Jahrhundert. Zahlreiche Ausstellungen und Veröffentlichungen zur Kunst vom 19. Jahrhundert bis zur Gegenwart, u. a. *Der Akt in der Kunst des 20. Jahrhunderts* (2002), *Garten Eden. Der Garten in der Kunst seit 1900* (2007) und *Realismus. Das Abenteuer der Wirklichkeit* (2010). Er war Kokurator bei *Edvard Munch 1863–1944* (2013) und hat Katalogbeiträge geschrieben für *Dahl und Friedrich. Romantische Landschaften* (2014) und *Japanomania im Norden Europa* 1875–1918 (2016).

Møyfrid Tveit (geb. 1962). Kunsthistorikerin an der Universität Oslo. Kuratorin am Nationalmuseum in Oslo, Abteilung für ältere und moderne Kunst, wo sie seit 1996 mit der Sammlung für Grafiken und Zeichnungen arbeitet. Ihr Fachgebiet ist Grafik und Zeichnung von 1500 bis heute, wobei der Schwerpunkt auf der norwegischen Kunst von 1850 bis 1945 liegt. Sie hat mehrere Artikel verfasst und zu zahlreichen Ausstellungen aus ihrem Fachgebiet beigetragen sowie diese teilweise verantwortet.

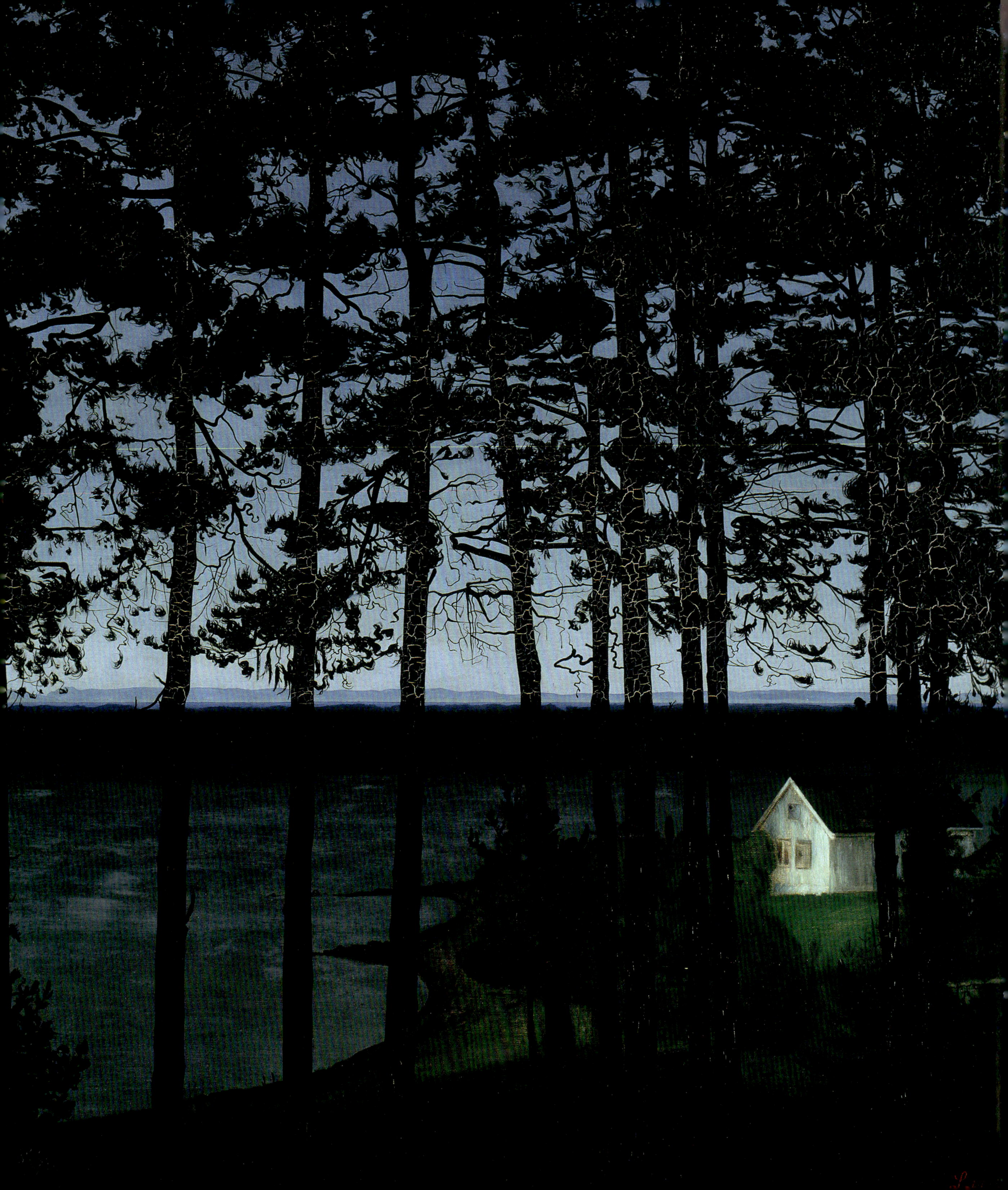

UND DER WINTER

Und der Winter flüstert dem Menschen zu:
Halt dich fest an meiner Kälte
halt fest an den Sternen
halt fest am Schnee
wie ein verlassenes Haus
ein Echo wirft von den Stimmen
der Weggezogenen
denn der Frühling kommt wenn die Ewigkeit
weicht
und im Wahnwitz des Augenblicks
erblüht

HAUS AM MEER

Und das Haus starrt aufs Meer
so wie jemand einen Gast
in ein anderes Zimmer schubst:
Er ist dort, aber nichts ist zu hören.
So verbirgt das Meer
seine Millionen von Fischen
und Walen
und die friedlichen Schneckenhäuser
und Krabben

Über Harald Sohlberg
GUNVOR HOFMO

Aus dem Norwegischen
von Sabine Richter

PERSONENREGISTER

IMRESSUM

Dieser Katalog erscheint anlässlich der Ausstellung

Harald Sohlberg
Unendliche Landschaften

Organisiert vom Museum Wiesbaden in Zusammenarbeit mit Nasjonalmuseet, Oslo und Dulwich Picture Gallery, London

Nasjonalmuseet, Oslo
28.9.2018–13.1.2019
Dulwich Picture Gallery, London
13.2.2019–2.6.2019
Museum Wiesbaden
12.7.2019–27.10.2019

Ausstellung

Nasjonalmuseet, Oslo
Karin Hindsbo, Direktorin
Nils Ohlsen, Direktor (bis Juni 2018), Alte Meister und Moderne Kunst
Mai Britt Guleng, Ausstellungskuratorin
Ellen J. Lerberg, Seniorkuratorin Bildung und Vermittlung
Rikke Lundgreen, Projektmanagerin

Dulwich Picture Gallery, London
Jennifer Scott, Sackler Director
Kathleen Soriano, Ausstellungskuratorin
Alexander Moore, Leiter Ausstellungen
Dana Mokaddem, Koordinatorin Ausstellungen und Sammlungspräsentation
Jane Findlay, Leiterin Vermittlung
Clare Simpson, Leiterin Ausstellungen (bis März 2018)

Museum Wiesbaden
Alexander Klar, Direktor
Roman Zieglgänsberger, Ausstellungskurator
Lea Schäfer, Wissenschaftliche Volontärin
Caren Jones, Registrarin

Katalog

Wissenschaftliche Redaktion: Mai Britt Guleng
Redaktion: Marianne Yvenes
Bildredaktion: Beate Marie Bang
Biografie: Ellen J. Lerberg und Beate Marie Bang
Bibliografie: Hildegunn Gullåsen
Archivstudien: Tina Jensen
Übersetzung: Jens-Uwe Kumpch, Tübingen (aus dem Norwegischen), Bernadette Ott, München (aus dem Englischen)

Alle Beiträge wurden durch ein Peer-Review-Verfahren begutachtet

Hirmer Verlag

Projektleitung: Kerstin Ludolph
Projektmanagement: Karen Angne
Lektorat: Lutz Stirl, Berlin
Gestaltung und Satz: Sophie Friederich
Lithografie: Reproline mediateam GmbH, München
Papier: Galerie Silk Art, 150g/m²
Schrift: Freight, Proxima Nova
Produktion: Sophie Friederich
Druck und Bindung: APPL, Aprinta Druck, Wemding

Printed in Germany

Bibliografische Information der Deutschen Nationalbibliothek: Die Deutsche Nationalbibliothek verzeichnet diese Publikation in der Deutschen Nationalbibliografie; detaillierte bibliografische Daten sind im Internet über http://www.dnb.de abrufbar.

ISBN 978-3-7774-3086-7 (Deutsche Buchhandelsausgabe)
978-3-7774-3206-9 (Deutsche Museumsausgabe)
ISBN 978-82-8154-129-0 (Englische Museumsausgabe Oslo)
ISBN 978-1-898519-05-8 (Englische Museumsausgabe Dulwich)
ISBN 978-3-7774-3088-1 (Englische Buchhandelsausgabe)
ISBN 978-82-8154-128-3 (Norwegische Museumsausgabe)
ISBN 978-3-7774-3087-4 (Norwegische Buchhandelsausgabe)

www.hirmerverlag.de

Umschlagsmotive

Vorn: Harald Sohlberg, *Sommernacht*, 1899 (Taf. 68, Ausschnitt)

Hinten: Harald Sohlberg, *Winternacht in Rondane*, 1914 (Taf. 41, Ausschnitt)

Ausschnitte

S. 8: Taf. 14/Kat. 39, S. 10: Taf. 12/Kat. 37, S. 19: Taf. 10/Kat. 32, S. 32: Taf. 11/Kat. 34, S. 44: Taf. 28/Kat. 9, S. 53: Taf. 26/Kat.7, S. 74: Taf. 42/Kat. 30, S. 85: Taf. 54/Kat. 101, S. 104: Taf. 72/Kat. 33, S. 111: Taf. 70/Kat. 26, S. 128: Taf. 79/Kat. 88, S. 133: Taf. 86/Kat. 79, S. 148: Taf. 99/Kat. 125, S. 153: Taf. 94/Kat. 50, S. 172: Abb. 41, S. 189: Taf. 119/Kat. 53, S. 214: Taf. 120/Kat. 54, S. 236: Taf. 97/Kat. 45

Bildnachweise

Alle Aufnahmen von Arbeiten Harald Sohlbergs aus der Sammlung des Nasjonalmuseet wurden von den Fotografen des Nasjonalmuseet Børre Høstland und Jacques Lathion angefertigt.

Aufnahmen von Leihgaben wurden von folgenden Fotografen aufgenommen:

Taf. 1, 4, 5, 11, 20, 26, 28, 30, 35, 39, 47, 56, 70, 92, 94, 97, 98, 108, 114: Nasjonalmuseet / Jacques Lathion. Taf. 2, 107: Hilde-Marie D. Sørensen. Taf. 6, 78, 107, 109: Olav Storm. Taf. 8, 14, 36, 37, 117: Thomas Widerberg. Taf. 9, 13, 27, 33, 43, 44, 46, 48, 49, 50, 51, 52, 53, 73, 74, 75, 76, 77, 79, 84, 86, 87, 89, 106, 112: Nasjonalmuseet / Børre Høstland. Taf. 12: Trondheim Kunstmuseum. Taf. 15: Drammens Museum / Elin Eike Worren. Taf. 16: Göteborgs konstmuseum / Hossein Sehatlou. Taf. 17, 18, 45, 57, 66, 67, 80, 81, 82, 83, 85, 113, 123: O. Væring Eftf. AS. Taf. 21: Nasjonalmuseet / Annar Bjørgli. Taf. 22, 55: Oslo kommunes kunstsamling / Werner Zellien. Taf. 23, 24, 31, 34, 40, 75, 102, 105, 110, 111: DanwithKare Photography. Taf. 42, 71, 115, 116, 125: Reto Pedrini. Taf. 54: Nationalmuseum, Stockholm. Taf. 58, 120: KODE / Dag Fosse. Taf. 59: Foto unbekannt. Taf. 96: The Art Institute of Chicago / Art Resource, NY / Scala, Firenze. Taf. 121: Blomqvist Kunsthandel. Taf. 124: Øystein Thorvaldsen